昂贵的和平

中日马关议和研究

（修订版）

吉辰 ——— 著

上海人民出版社

献给我的外公

目　录

引　言

　　日本山口县的下关，又名马关，是本州岛最西端的一座城市。在这处扼守本州、九州之间要道的重镇，曾上演过几场著名的历史剧。元历二年（1185），在此爆发的坛浦之战结束了源氏与平氏两家武士集团的争霸，平清盛的外孙、年仅八岁的安德天皇被外祖母抱着投海自尽。庆长十七年（1612），剑客宫本武藏和佐佐木小次郎在附近的一个小岛上进行了那场著名的决斗。而在元治元年（1864），英美法荷四国联合舰队为报复"攘夷"的长州藩将炮口指向了这里。当时，两位名叫伊藤俊辅和井上闻多的长州藩士竭力试图阻止开战，但他们的努力以失败告终，马关的炮台被轰得粉碎。事后，德川幕府还不得不为长州藩的"攘夷"行为承担了三百万美元的赔款，这笔赔款直到十年后才被继起的明治政府还清。

　　又是三十年过去了。光绪二十一年二月二十三日（1895年3月19日）上午八点，大清帝国钦差头等全权大臣李鸿章的座船驶入了马关港。几乎同时，从广岛大本营出发的日本内阁总理大臣伊藤博文也抵达了这里。他正是当年的伊藤俊辅，如今将是李鸿章的主要对手，与之进行议和谈判。前来迎接李鸿章一行的则是外务省书记官井上胜之助，也就是井上闻多（即时任驻朝鲜公使的井上馨）的嗣子。

历经二十九天的波折之后，《讲和条约》签订，即中国所称的《马关条约》。又过了二十一天，条约在烟台互换，开始生效。它的效力，改变了中国近代史的走向。

《马关条约》共十一条，其内容之苛刻在中国近代对外签署的条约中罕有其匹：中国割让辽东半岛、台湾与澎湖列岛，赔款库平银二万万两，日本将在"以中国与泰西各国现行约章为本"签署的新通商条约中分享列强的一切在华权益……在此之前，无论是扯下"天朝"面幕的《南京条约》还是作为城下之盟的《北京条约》，其危害都远远不能与之相比。

那么，这部条约是怎样出笼，又是怎样签订，怎样批准，怎样互换的？这样的结果是否有机会避免？这就是本书所要叙述的内容。

2009 年，我进入北京大学历史学系读研，不久便在导师茅海建教授的指示下将马关议和作为硕士论文的选题。对此，许多师友的反应如出一辙：这个题目已经有很多人做过了吧？

这是一种善意的提醒，也是对先行研究的总体观感。在整理学术史的过程中，我确实感到了先行研究数量的庞大。进入写作阶段之后，也时时觉得自己是站在前人的肩膀上顾盼。在我看来，以下研究是相关成果中对本书的写作助益最大的：

石泉（刘适）先生 1948 年完成的硕士论文《中日甲午战争前

后之中国政局》（出版时改名《甲午战争前后之晚清政局》①）对政局与战争的关系作出了相当精到的论说，至今看来仍然难以超越。

戚其章先生的《甲午战争史》②以战局为重心描绘了甲午战争的全景，为相关研究提供了较好的基础。

孙克复先生的《甲午战争外交史》③对甲午战争中的外交做了全面论述，特别是在马关谈判部分大段摘译《日本外交文书》④。尽管此书现在不难查阅（可在日本外务省网站阅览与下载全部电子版），但这样的摘译工作还是为阅读提供了便利。

中塚明先生的《日清战争的研究》⑤较早地利用了日本国立国会图书馆藏《陆奥宗光关系文书》等日方原始档案，对《马关条约》版本等问题做了基础性的研究。《蹇蹇录的世界》⑥则对陆奥宗光回忆录《蹇蹇录》的版本做了细密的考订，并对陆奥的性格、心态有着引人入胜的分析。

高桥秀直先生的《走向日清战争之路》⑦着力论述了中日开战

① 石泉：《甲午战争前后之晚清政局》，北京：生活·读书·新知三联书店，2023年（1997年初版）。
② 戚其章：《甲午战争史》，上海：上海人民出版社，2024年（人民出版社1990年初版）。
③ 孙克复：《甲午战争外交史》，沈阳：辽宁大学出版社，1989年。
④ 戚其章主编《中国近代史资料丛刊续编·中日战争》第9、10册（中华书局1994—1995年版）收录了《日本外交文书》甲午战争部分的中译，但未收入这些谈判记录（第1089号文件附件）。
⑤ 中塚明：《日清戦争の研究》，東京：青木書店，1968年。
⑥ 中塚明：《蹇蹇録の世界》，東京：みすず書房，2006年（1992年初版）。本书有中译本，即于时化译：《还历史的本来面目——日清战争是怎样发生的》，天津：天津古籍出版社，2005年（与氏著《歴史の偽造をただす：戦史から消された日本軍の「朝鮮王宮占領」》中译本合刊）。
⑦ 高橋秀直：《日清戦争への道》，東京：東京創元社，1995年。

的过程，史料之丰与考证之细都令人钦佩，本书第一章的写作从中得益不浅。

斋藤圣二先生的《日清战争的军事战略》①对甲午战争中日本军事战略的演进做了明晰的论述，对于理解军事与外交的互动关系价值很大。

茅海建先生的《"公车上书"考证补》②运用多种清宫档案，逐日重建了清政府中枢自谈判后期至烟台换约的决策过程，本书第六章第一、二节完全跳不出这篇长文的圈子。

崔丕先生的《中日〈马关条约〉形成问题研究》③是目前国内学界唯一一篇考订《马关条约》演化过程的论文，开创之功不可磨灭。

堀口修先生的《关于日清讲和条约案的起草过程》④与《关于下关讲和谈判时日本的通商要求——以原敬通商局长的意见书为中心》⑤对《马关条约》的演化过程做了非常完备的论述，本书第四章第三节的相关论述对此没有多少可超越的地方。

君塚直隆先生的《英国政府与日清战争——罗兹伯里内阁的内

---

① 斎藤聖二：《日清戦争の軍事戦略》，東京：芙蓉書房，2003 年。
② 茅海建：《"公车上书"考证补（一）（二）》，《近代史研究》2005 年第 3—4 期。该文收入氏著：《戊戌变法史事考二集》，北京：生活·读书·新知三联书店，2011 年。
③ 崔丕：《中日〈马关条约〉形成问题研究》，《近代史研究》1987 年第 4 期。
④ 堀口修：《日清講和条約案の起草過程について（Ⅰ）（Ⅱ）》，《政治経済史学》第 230—231 号，1984—1985 年。
⑤ 堀口修：《下関講和談判における日本の通商要求について—特に原敬通商局長の意見書を中心として—》，《中央史学》第 2 号，1979 年。

外政策决定过程》①从内政的角度论述了英国在甲午战争中外交政策的变化，视角独特，有助于理解英国外交的消极。

葛夫平先生的《法国与中日甲午战争》②着重使用法国外交文件论述了法国在甲午战争期间的外交，是国内目前仅见的此类研究成果。

理查德·西姆斯（Richard Sims）先生的《法国对幕府与明治日本的政策：1854—1895 年》③是一部大量引用法国外交文件的力作，其中第七章第五节为《法俄同盟与三国干涉》，论述了法国加入干涉的过程。由于甲午战争时期的法国外交文件未经中译发表，我又不通法文，在与战争关系最为密切的英、俄、美、德、法诸国之中，本书唯独没有使用法国的档案，这是我引以为憾的。因此，葛先生、西姆斯先生的研究对本书更显重要。

当然，相关的重要论著不止这些，此处只是就惠及本书较多者而言。我对学术史的梳理可能也有疏漏，或许有些成果未曾拜读。

对先行研究摸底之后，我仍然胆敢将这个选题进行下去，是自认前人多少还留下了一些空间。毕竟，关于马关议和的全过程，国

---

① 君塚直隆：《イギリス政府と日清戦争—ローズベリ内閣の内外政策決定過程—》，《西洋史学》第 179 号，1995 年。
② 葛夫平：《法国与中日甲午战争》，《中国社会科学》2013 年第 3 期。该文收入氏著：《法国与晚清中国》，北京：中国社会科学出版社，2022 年。
③ Richard Sims：*French Policy towards the Bakufu and Meiji Japan 1854—95*，Richmond：Curzon Press，1998. 我使用的是该书的日译本（リチャード・シムズ著，矢田部厚彦訳《幕末・明治日仏関係史—1854～1895 年—》，京都：ミネルヴァ書房，2010 年）。

内外学界至今还没有一部较为全面的论著。不过，写完二十多万字的论文定稿，又花了近一年时间来修订三十多万字的书稿，我不得不承认，自己实在提不出多少创见，更不要说颠覆什么结论，构建什么框架，基本只是前人基础上的小修小补（时隔十年再做修订，也仅是查漏补缺、添枝加叶）。讲得好听些，或者算是"史实重建"吧。

史实重建要靠史料。在重读现有史料的同时，我在搜集稀见史料方面颇下了一番功夫。总算功夫不负有心人，或者按图索骥，或者无心巧遇，几年间不断有所斩获。本书所征引的史料，有相当部分未经中外学界使用。

在此对本书使用的主要史料做一简介。

史料集　首先应当说明，在甲午战争研究这一领域，史料整理与出版工作是比较突出的。1956 年，作为"中国近代史资料丛刊"的一种，《中日战争》丛刊 7 册出版。1989—1996 年，又陆续出版了续编 12 册。这两套丛刊为甲午研究提供了极大便利。就研究议和而言，正编中收录的《美国外交文件》《科士达外交回忆录》，续编中收录的清宫档案、《日本外交文书》《英国外交文件》《美署中日议和往来转达节略》《龚照瑷往来官电（选录）》《科士达日记》等尤其有用。日本方面的出版工作虽不能与之相比，但亦有可观者：宫内厅收藏的《伊藤博文文书》①已被影印出版，其中的《日清事件》（即甲午战争）部分也有 12 册之多。

---

① 这一史料曾以《秘書類纂》之名于 1933—1936 年刊行，但经过了窜改和省略。其中的《機密日清戦争》（即《日清事件》之一部分）于 1967 年再版，其余各册于 1970 年再版，2008 年又影印出版了完整的资料。

档案 战争期间清政府方面的上谕、奏折、电报之类档案，前述《中日战争》丛刊续编已有较多收录。此外，本书使用较多的有中国社会科学院近代史研究所档案馆（现为中国历史研究院图书档案馆）藏张之洞档案、《清光绪朝中日交涉史料》《清季中日韩关系史料》《光绪朝上谕档》《清代军机处电报档汇编》《李鸿章全集》《俄事纪闻》《盛宣怀档案资料选辑之三·甲午中日战争》等。

由于中国海关总税务司赫德（Robert Hart）是战争中的一个关键角色，这一时期的海关档案亦有重要价值。本书使用的主要是《中国海关与中日战争》所收赫德与其部下金登干（James Duncan Campbell）往来函电。

至于日本及列强方面，日英两国已出版的甲午战争时期外交文件（《日本外交文书》①与英国外交部档案②）已被《中日战争》丛刊续编收录，便于利用（《日本外交文书》译文颇有节略之处，仍有必要参考原书）。美国外交文件在丛刊正编中亦有选译，然数量较少，本书使用原始文件加以补充。另外，俄国方面有《红档杂志有关中国交涉史料选译》，德国方面有《德国外交文件有关中国交涉史料选译》。

本书还使用了多种日方未刊档案：亚洲历史资料中心

---

① 外务省编：《日本外交文书》明治期第27—28卷，东京：日本国际连合协会，1953年。

② Ian Nish ed.：*British Documents on Foreign Affairs*，Part 1，Series E，vol.4—5，Frederick：University Publications of America，1989. 本书收录的是英国外交部档案 F.O.405 中的甲午战争与三国干涉部分。

（http://www.jacar.go.jp）公开的日本外务省外交史料馆、国立公文书馆、防卫省防卫研究所藏档案，其中最重要的是外务省外交史料馆藏《日清讲和条约缔结一件》；日本国立国会图书馆宪政资料室藏档案，特别是《陆奥宗光关系文书》与《宪政史编纂会收集文书》（原为伊东巳代治所藏文件）。

日记 本书使用的日记之中，最重要的是清朝重臣翁同龢的日记（包括《翁文恭公日记》中未收的《甲午日记》与《随手记》）。这一史料对于了解清政府中枢动态有着无可替代的价值。近年上海辞书出版社出版的《翁同龢日记》（翁万戈编，翁以钧校订）更修正了以往诸版存在的不少错误。此外，较重要的还有张荫桓、王文韶、张謇、徐世昌等人的日记。日本方面，可资利用的日记较少。不过，枢密顾问官佐佐木高行的日记反映了明治天皇的言行，内阁书记官长伊东巳代治的日记记录了他作为日方全权大臣参加烟台换约的全过程，史料价值都很大。

书信 本书使用的清人书信除各种习见者外，还有中国社会科学院近代史研究所档案馆藏孙毓汶存札（已影印出版）、李鸿藻存札与罗丰禄家书。日本方面，则有《伊藤博文关系文书》《山县有朋关系文书》《大隈重信关系文书》所收政治高层往来书信。

回忆录、自传 这类史料首推日本外务大臣陆奥宗光的《蹇蹇录》。由于此书出版前曾有不少删改，本书初版在使用伊舍石先生中译本（商务印书馆 1963 年版）的同时，也参考了中塚明先生编订的校注本。如今该书已有两个新译本（皆基于中塚先生的校注本），故此次修订时改用生活·读书·新知三联书店 2018 年本。此外，美国驻华公使田贝（Charles Harvey Denby）、法国驻华公使施阿兰（Auguste Gérard）、中方使团顾问科士达（John Watson Foster）、日本外务次官林董、驻德公使青木周藏、第三师团长桂太郎、陆奥宗光的秘书中田敬义、为李鸿章治伤的军医总监石黑忠惪与佐藤进的回忆录或自传也都是相当宝贵的史料。

第一章 树欲静，风不止

1894 年，岁在甲午。

按照中国纪年，这一年是光绪二十年。对清政府来说，这是个喜庆的年份，慈禧太后将在这一年十月初十日（11 月 7 日）迎来她的六十大寿。这次"万寿庆典"从前年起便开始筹备，爱玩乐的老太后早就想趁此机会大张旗鼓地热闹一番。

对日本而言，这一年（明治二十七年）同样有着喜庆的意味。3 月 9 日是明治天皇的银婚纪念日，日本政府也在加意张罗，日本第一枚纪念邮票就是为此发行的。

清政府也注意到了东邻的这场庆典。正月十七日（2 月 22 日），礼部奏请由驻日公使汪凤藻届时致贺并馈赠礼品，奉旨批准。贺书云：

> 大清国大皇帝问大日本国大皇帝好：本年二月初三日为大皇帝成婚二十五年吉期，麻徵克迓，欣庆同深。因念中国与贵国谊属同洲，凤敦友睦，特派驻扎贵国钦差大臣二品顶戴翰林院编修汪凤藻亲赍贺书礼物，代达通好致贺之意。惟祝长延福

祚，共享升平，朕实有厚望焉。①

不知是什么缘故，贺书和礼物到得很迟，直到四月十二日（5 月 16 日）才由汪凤藻递交日本外务省。日本人的动作同样慢慢吞吞。六月初二日（7 月 4 日），日本驻华代理公使小村寿太郎照会总理衙门，请求觐见光绪帝以便答谢。初十日（7 月 12 日），小村在北海承光殿觐见，并递交了天皇的复信：

> 大日本国大皇帝复大清国大皇帝：为欣庆朕结婚二十五年吉期，令贵国钦差大臣二品顶戴翰林院编修汪凤藻寄赠贵书佳品，辱领之。大皇帝友谊敦厚，朕所不堪欢喜，兹致感谢之意，并祈大皇帝宝祚无疆。②

这样彬彬有礼的言辞，此时读来已显得很是讽刺。在两国君主书信的一来一回之间，中日关系急转直下。当年春夏之交，朝鲜东学党起义声势大盛，朝鲜政府请求清政府出兵镇压。而日本政府得到消息之后，抢在清军抵达前派兵入朝并进驻首都汉城，令朝鲜局势愈发复杂。此后，中方不断要求日方撤军，日方则拒不承认朝鲜是中国藩属，并提出共同改革朝鲜内政。由于双方立场差距太大，尽管英、俄等国曾出

---

① 《礼部奏日本国君主举行庆礼请颁给贺书礼物折》（光绪二十年正月十七日）、《礼部拟致日本国君主贺书》，故宫博物院编：《清光绪朝中日交涉史料》卷 13，北平：故宫博物院文献馆，1932 年，第 1 页。

② 《出使汪大臣来电》（光绪二十年四月十二日到）、《总理各国事务衙门奏日本使臣请觐见折》（光绪二十年六月初六日）、《日本国国书》，《清光绪朝中日交涉史料》卷 13，第 5 页；卷 14，第 11 页。

面调停，但围绕撤军与改革的谈判最终仍陷入了僵局。①

就在觐见光绪两天后，小村寿太郎向清政府递交了被日方称作"第二次绝交书"的照会（此前日本外务大臣陆奥宗光向汪凤藻递交的照会被称为"第一次绝交书"）。②对这份措辞强硬的照会，总理衙门当日致电直隶总督、北洋大臣李鸿章，表示"词意甚为决绝，似无转圜之机。本日已有廷寄，命决进兵之策"。③

---

① 关于甲午战争前夕的中日交涉，参见王信忠：《中日甲午战争之外交背景》，北平：国立清华大学出版事务所，1937 年，第 159—230 页；田保桥洁：《日清戦役外交史の研究》，東京：刀江書院，1951 年，第 110—265 页；高橋秀直：《日清戦争への道》，第 317—481 页；石泉：《甲午战争前后之晚清政局》，第 49—70 页；戴东阳：《晚清驻日使团与甲午战前的中日关系（1876～1894）》，北京：社会科学文献出版社，2012 年，第 317—368 页；大沢博明：《明治日本と日清開戦—東アジア秩序構想の展開—》，東京：吉川弘文館，2021 年，第 212—253 页；檜山幸夫：《日清戦争の研究》上卷，東京：ゆまに書房，2023 年，第 187—591 页。

② 这份照会由内阁会议决定，由陆奥以英文电报传达给小村，汉文本见《清光绪朝中日交涉史料》卷 14，第 32 页。日文本、英文本及其中译文见外务省编：《日本外交文書》明治期第 27 卷第 2 册，第 248 页；戚其章主编：《中国近代史资料丛刊续编·中日战争》（以下简称《中日战争》续编）第 9 册，北京：中华书局，1994 年，第 267—268 页。藤村道生先生认为，汉文本的"总而言之，清国政府有意滋事也，则非好事而何乎"一句中，"有意滋事"是主张强硬的小村擅自添加的，见信夫清三郎著，藤村道生校订《增补日清战争：その政治的·外交の観察》，東京：南窓社，1970 年，第 596 页。的确，日文本此句作"是则非贵国政府好事而何也"，没有"有意滋事"的字眼，但是在陆奥向小村传达照会的电报中，此句作"The only conclusion deducible form these circumstances is that the Chinese Government are disposed to precipitate complications"（旁边又有汉字夹注"是则非贵国好事而何也"），直译为"根据种种情况，可推断出的唯一结论就是中国政府倾向于促进纷争"。译出"有意滋事"一语，似不能算是添油加醋。

③ 《译署来电》（光绪二十年六月十二日亥刻到），顾廷龙、戴逸主编：《李鸿章全集》第 24 册，合肥：安徽教育出版社，2008 年，第 130 页。

此时清政府进行对日交涉的主要人物，上有秉承慈禧、光绪旨意的军机处和总理衙门王大臣，下有身处第一线的驻日公使汪凤藻和"驻扎朝鲜总理交涉通商事宜"袁世凯，而居中主持的核心人物正是李鸿章。

李鸿章，字渐甫，号少荃，安徽合肥人。凭着镇压太平军、捻军的军功，他从同治初年起在政坛扶摇直上，同治十一年（1872）"拜相"，授武英殿大学士，两年后又改文华殿大学士，得到了清代文官所能得到的最高官位。《清史稿·李鸿章传》说："国家旧制，相权在枢府。鸿章与国藩为相，皆总督兼官，非真相。然中外系望，声出政府上，政府亦倚以为重。"①这里的"枢府"与"政府"，指的是清朝权力中心军机处。②李鸿章虽不是军机大臣，却能以疆臣的身份"声出政府上"。自同治九年（1870）接替恩师曾国藩出任直隶总督以来，他已在这个疆臣之首的位子上稳稳地坐了二十余年。

这年正月初一日，由于本年正逢慈禧太后"六旬万寿"，朝廷颁布了一系列谕旨奖赏大小臣工。其中，李鸿章获赏三眼花翎。③

这是极罕有的赏赐。此前二百多年间，王公之外获赏三眼花翎者仅有乾隆朝的傅恒和福康安、嘉庆朝的和琳、道光朝的长龄和禧恩五人，汉大臣则无一人获此殊荣。李鸿章当时致信老友俞樾，回

① 赵尔巽等：《清史稿》第39册，北京：中华书局，1977年，第12017页。
② 关于当时"政府"的含义，参见王宏斌：《光绪朝"政府"词义之嬗变》，《近代史研究》2007年第6期。
③ 中国第一历史档案馆编：《光绪宣统两朝上谕档》第20册，桂林：广西师范大学出版社，1996年，第3页。

顾这一赏赐的历史之后写道："鸿章特以军旅起家，仰蒙记注，遂蒙此赏，诚为故事之所稀，旷典滥膺，转益愧悚。台端旧日史官，当代耆硕，能如来示，详加考订，增入大著《丛钞》，询可续吾山之《话》，补啸亭之《录》矣。"①字里行间，踌躇满志的神色跃然纸上。

《清史稿·李鸿章传》对此的记载则是："二十年，赏戴三眼花翎，而日朝变起。"②

一个简简单单的"而"字，蕴含着修史人"日中则昃，月盈则食"的喟叹。

此前，李鸿章曾屡次参与重大外交事件的谈判，如日本侵台事件、马嘉理事件、琉球交涉、中法战争与甲申事变。在时人眼里，他承担这个角色是理所当然的。但是，这次交涉实在非同小可。身为当时最熟悉外国事务的重臣，李鸿章相当了解近年日本国力（尤其是军力）的蒸蒸日上。一旦中日开战，首当其冲的也将是他属下的淮军与北洋海军。这两支军队堪称当时清朝陆海军的精华，但要以此制服日军，他实在没有把握。所以，他力图以和平方式解决朝鲜问题，为此将主要精力放在了委托列强调停上。

清政府中枢与李鸿章在朝鲜问题上的态度原本并无分歧。但随着日方不断增兵，中枢开始转向强硬。五月二十二日（6 月 25

① 《复诂经精舍山长前河南学台俞》（光绪二十年二月二十四日），《李鸿章全集》第 36 册，第 12 页。《丛钞》即俞樾所著笔记《茶香室丛钞》。吾山之《话》、啸亭之《录》，即阮葵生（号吾山）所著《茶余客话》与昭梿所著《啸亭杂录》，都是清代著名的笔记。
② 赵尔巽等：《清史稿》第 39 册，第 12019 页。

日)，上谕令李鸿章"妥筹办法，迅速具奏"。石泉先生指出："是为中枢态度与李鸿章分歧之始。此后主战派日益活跃，其影响于中枢之决策亦日大，上谕之致李鸿章者，常系根据主战人士之奏疏而略加调停之论。"①

在小村递交"第二次绝交书"的第二天，光绪根据庆亲王奕劻"请简派老成练达之大臣数员会商"的面奏，派户部尚书翁同龢、礼部尚书李鸿藻与军机、总署王、大臣会同详议朝鲜事务，六月十六日（7月18日）又"命嗣后电报仍会商"，赋予了翁、李与枢译诸臣同等的发言权。②二人皆为清流派领袖，倾向于对日强硬，这大大影响了中枢的态度。十四、十五（7月16、17日）两日，各大臣两次在军机处会商，十六日复奏，一面主张"即饬派出各军迅速前进，勿稍迟缓"，一面表示"如倭人果有悔祸之意，情愿就商，但使无碍大局，仍可予以转圜"。③石泉先生认为："此一奏折，盖可以综结过去主战派与李鸿章间之分歧，而形成一'一面和商，一面备战'之政策，为此后中枢行动之一准则。"④

同时，光绪与慈禧也作出了表态。六月十四日，光绪在召见军机大臣时表示了强硬态度："上意一力主战，并传懿旨亦主战"；十五日，光绪又在书房私下向翁同龢授意："上曰撤兵可讲（引者按：

---

① 石泉：《甲午战争前后之晚清政局》，第 64 页。
② 翁万戈编，翁以钧校订：《翁同龢日记》第 6 卷，上海：上海辞书出版社，2020年，第 2754 页。
③ 《翁同龢日记》第 6 卷，第 2753—2754 页；《户部尚书翁同龢等覆陈会议朝鲜之事折》（光绪二十年六月十六日），《清光绪朝中日交涉史料》卷 14，第 40 页。
④ 石泉：《甲午战争前后之晚清政局》，第 69 页。

即讲和），不撤不讲，又曰皇太后谕不准有示弱语。"①

　　总的来说，中枢的态度此时趋于强硬，不惜对日一战。尽管托英、俄等国调停的努力还在进行，但仍无实质进展。这引起了若干主和大臣的忧虑。

　　时任总署总办章京的吕海寰当时外放江苏常镇通海道，六月下旬赴任时途经天津，与李鸿章有过交谈。他在自订年谱中这样写道：

　　　　时值日本启衅，清流主战，洞达时事者主和，纷纷扰扰，莫衷一是。高阳（引者按：即李鸿藻）遂为清流所惑，一意主战，弹章劾李中堂者日数起，李中堂亦嗫不敢力争。枢府许恭慎公（引者按：军机大臣兼总署大臣许庚身，上年年底病故，此处显然有误，其人应是顶替许庚身进入军机、总署的徐用仪）、孙文恪公（引者按：军机大臣兼总署大臣孙毓汶）怒焉忧之，嘱予路过天津，探问李中堂与日本交战有无把握，并云：我们均为隐忧，唯上意已决，难以挽回云云。到津后谒见中堂，甚蒙青睐，当将许、孙二枢臣之意代达。予又将私见诉说，言职道未尝学问，亦未见在外阅历过，惟在总署当差多年，与洋员时常接晤，据西洋人云，东洋练兵甚合西法，未可轻视。今遽与之决裂，未敢谓操必胜之券。中堂为国家柱石，当言则可直言之，不宜曲徇一偏之见，致误大局。中堂云，大家一定要战，我亦无法阻止，然北洋练军多年，以之伐人则不

①　《翁同龢日记》第6卷，第2753页。

足，以之自守尚有余。并云临时倘或决裂，俄国必出而调停，不至于不可收拾。①

吕海寰在总署长达十二年，是老资格的章京。他根据对日本练兵成效的粗略了解，反对开战，这也代表了中枢孙毓汶等人的意见。李鸿章则表示，他也不想打仗，但声称北洋军队自守有余，又说俄国人会出来调停。

这些话，恐怕连李鸿章自己都未必多么相信，不如看作是说出来给自己打气的。也就在这时，他采取了非同寻常的行动，准备径自对日谈判，寻求和平解决。六月十一日（7月13日），日本外务大臣陆奥宗光致电驻天津领事荒川巳次：

> 如果你于七月十二日（引者按：阴历六月初十日）应李鸿章的要求发了电报，要秘密告诉他日本政府对他和王大臣间态度不同，不知如何解释。因为当他现在表示出调和打算的时候，王大臣却没有尊重英国公使所做的努力，迫使我们向中国政府提出声明，即他们倾向于促进事态复杂化。对他们所造成的这种局势所产生的任何意外事件，我们概不负责。如果你的电报不是应李鸿章之要求，则不要采取上述步骤。但要告知我此情报之来源。②

---

① 李文杰整理：《吕海寰资料两种》，《近代史资料》第123号，第144页。
② 《陆奥外务大臣致驻天津荒川领事电》（1894年7月13日发），《中日战争》续编第9册，第269页。

次日，荒川回电：

> 我的七月十二日电报是应伍廷芳之秘密要求。被李鸿章正式派来的可能是罗丰禄，伍、罗二人都是被李鸿章秘密授予使命的。我应干什么，请指示。①

同日，陆奥回电：

> 如你会见伍廷芳，则设法探听到他的答复。如果你认为向他指出天津、北京间存在不同意见是合适的，可将我第一号电报（引者按：指前引陆奥去电）中那部分内容，非正式地告诉他。并电告结果。②

六月十三日（7月15日），荒川回电：

> 在天津与北京的态度不同问题上，我探听了伍廷芳。在我看来，李鸿章好像倾向于同意你的看法中的一些原则来解决朝

---

① 《驻天津荒川领事致陆奥外务大臣电》（1894 年 7 月 14 日下午 3 时发，5 时 40 分收），《中日战争》续编第 9 册，第 270 页。伍廷芳（1842—1922），广东新会人，出生于新加坡，毕业于英国林肯法律学院（Lincoln's Inn），是第一个取得英国律师资格的中国人，光绪八年（1882）入李鸿章幕府，当时以候选道办理北洋铁路官商两局事务。罗丰禄（1850—1903），福建闽侯人，福建船政学堂第一届毕业生，曾在伦敦国王学院（King's College London）学习化学和政治，时任北洋水师营务处总办。
② 《陆奥外务大臣致驻天津荒川领事电》（1894 年 7 月 14 日发），《中日战争》续编第 9 册，第 270 页。

鲜问题，而不接触宗主国问题。然而，李鸿章也没有受到把你的看法误解为占领的王大臣的责备。伍告诉我，李鸿章能解决朝鲜问题而无需考虑北京的态度，并重复了他的要求。①

次日，陆奥回电：

> 告诉伍廷芳，过去经验教育了我们，与中国进行朝鲜问题的谈判，最后只能使我们失望。所以尽管李鸿章真的希望建议解决目前这一问题，除非此建议以最明确具体的形式，并通过适当公认的渠道传达给我们外，日本政府将不予考虑。②

由以上几通电文可以知道，荒川在六月初十日应李鸿章幕僚伍廷芳的秘密要求，向国内发出了一份电报，而授意伍廷芳的则是李鸿章。这份电报的原文，我在已刊的《日本外交文书》与原始的外务省记录中均未找到，但从上述电文的字里行间可以看出大概：李鸿章拟通过荒川对日方表示调和之意，并准备派特使赴日谈判。特使的人选，可能是李鸿章的幕僚罗丰禄。荒川还根据与伍廷芳的谈话认为，李鸿章甚至愿意向日方作出若干让步，如回避对朝鲜的宗主权问题。这一态度，显然较总署所代表的清政府有所软化。但陆奥拒绝这种非正式的渠道，要求李鸿章以公开渠道向日方传达。这正

---

① 《驻天津荒川领事致陆奥外务大臣电》（1894 年 7 月 15 日下午 6 时 50 分发，7 月 16 日中午 12 时 40 分收），《中日战争》续编第 9 册，第 272 页。
② 《陆奥外务大臣致驻天津荒川领事电》（1894 年 7 月 16 日发），《中日战争》续编第 9 册，第 272 页。

是陆奥当时一贯的态度。此前，他曾经致电小村，表示"李鸿章与天津领事间的任何谈话，都不能看成是适当的外交渠道"。①

但是，对李鸿章来说，要将这一私下行动摆上台面，显然是难以办到的。荒川在六月十四日复电通知陆奥，李鸿章不接受这一要求：

> 我已根据你的指示告诉了伍廷芳。他告诉我，他将把此事通知李鸿章。我想李鸿章是倾向于和平解决的，但如何方能开始谈判，他是很焦虑的。因为他已非常果断地拒绝了你的建议。②

但是，李鸿章仍未放弃和平解决的努力。六月二十一日（7月23日），荒川致电陆奥：

---

① 《陆奥外务大臣致驻中国小村临时代理公使电》（1894年6月20日发），《中日战争》续编第9册，第246页。耐人寻味的是，就在一年前，日方却试图通过与李鸿章私下交涉来处理外交问题。光绪十九年（1893），为了解决日朝之间关于"防谷令"的纠纷，伊藤博文委托李鸿章从中斡旋。伊藤当时并没有采用官方渠道，而是让陆奥宗光指示荒川巳次私下联系李鸿章，情形恰与此时相似。而李鸿章也嘱咐荒川，不要将交涉情况报告日本政府，仅应私下向伊藤汇报，并表示伊藤是自己的"政友"与"挚友"。佐佐木雄一先生据此指出，"在日后的甲午战争中，处于劣势的李鸿章之所以反复诉诸与伊藤之间的个人纽带，是因为有这样的历史经纬。"见佐々木雄一：《リーダーたちの日清戦争》，東京：吉川弘文館，2022年，第29—30页。关于中日朝三国围绕防谷令的交涉，参见李穗枝：《朝鮮の対日外交戦略：日清戦争前夜1876—1893》，東京：法政大学出版局，2016年，第239—272页。
② 《驻天津荒川领事致陆奥外务大臣电》（1894年7月16日晚8时发，11时55分收），《中日战争》续编第9册，第273—274页。

李鸿章于七月二十二日派他的秘书罗丰禄到我处，并秘密通知我，他已决定派罗到东京做为秘密特使与伊藤内阁总理联系。他忠诚希望和睦解决，并安排如何就朝鲜问题开始谈判。他要求日本政府保证在秘密特使到达东京前，在朝鲜之日本军队不要采取敌对行动。立即答复。罗假托在日本的中国公使之使命已准备出发。海关道秘密告诉我，中国军队派往朝鲜是为了做样子而不是打仗。因此，中国军队不能去汉城或仁川。①

对此，陆奥六月二十二日（7 月 24 日）回电答复：

尽管到目前为止，中国与日本的敌对行动还没有开始，日本政府也不能保证他们在朝鲜之军队放弃敌对行动。因为在朝鲜，目前仍不断发生政治事件。然而，日本政府也不特别反对罗来日本。②

陆奥没有作出任何保证，而罗丰禄最终也没有成行，李鸿章的努力

---

① 《驻天津荒川领事致陆奥外务大臣电》（1894 年 7 月 23 日晚 8 时 30 分发，7 月 24 日上午 11 时 50 分收），《中日战争》续编第 9 册，第 282 页。海关道，指天津海关道盛宣怀。荒川与盛宣怀的谈话，应当是在六月二十（7 月 22 日）在海关道台衙门进行的。前一天伍廷芳致函盛宣怀称，"今日往晤荒川领事，面约明日午后三点同弟与贵署亲领大教"，见陈旭麓等主编：《盛宣怀档案资料选辑之三·甲午中日战争》（以下简称《盛档·甲午中日战争》）下册，上海：上海人民出版社，1982 年，第 59 页。

② 《陆奥外务大臣致驻天津荒川领事电》（1894 年 7 月 24 日发），《中日战争》续编第 9 册，第 282 页。

就此搁浅。这次未遂的外交行动，往往被各种相关论著所忽略，而姜鸣先生对此有一段精到的评论：

> 罗丰禄的这次外交试探是中国外交史上前所未有的极不寻常的事件，我们迄今不知是谁给李鸿章授过权。按说如此重大的事件，必须有最高当局的直接命令，即使是军机大臣，也只能是转述皇帝、皇太后的谕旨。然而，没有任何线索透露朝廷的这种立场。所有已经发表的军机处、总理衙门发给李鸿章的指令，都是要他做好开战准备。那么，就出现了另一种可能：是李鸿章自行决定与日本进行高层接触，他要不惜一切代价，把中日在朝鲜即将发生的军事对抗平息下去。这种越过皇帝、军机处和总理衙门，擅自开展的外交活动，有点类似中法战争前他与福禄诺谈判的重演。……在甲午7月，他之所以不择手段地寻求和平，显然是判定慈禧太后不愿在六旬大寿之年爆发战争；对于日本，他所统辖的海陆军也没有必胜的信心。但有一点，李鸿章似乎有把握，倘若他以外交手段将密布的战云消退，他就一定能找到办法说服朝廷。①

姜先生对李鸿章用意的判断，我十分赞同。至于这次行动究竟是怎样失败的，姜先生因材料不足而未能作出判断，但提出了两个很有价值的疑问：

---

① 姜鸣：《龙旗飘扬的舰队——中国近代海军兴衰史》下册，南京：江苏凤凰文艺出版社，2021年，第371—372页。

　　首先是荒川的电报延误一整天，使得整个议和行动失去了回旋的时间余地。这个延误是故意的还是简单的技术故障？其次，日方既已允诺罗丰禄密访日本，为什么没有做出相应的协调动作？是日本政治家与军方在和战问题上无法协调，军方不顾一切可能的政治运作，非要发动一场战争，还是由于时间和通信原因，无法进行联络，或是日本最高当局打定主意，就是要通过战争逼迫中国做出更大的让步？①

对第一个疑问（荒川六月二十日与罗丰禄会晤，但次日晚上才给陆奥发电通报），我也无力回答，但倾向于认为荒川应当不会故意耽搁给顶头上司的紧要电报。至于第二个疑问，当时陆奥宗光写给首相伊藤博文的两通信函或可解释一二。六月二十二日，陆奥致函伊藤：

　　　　附纸想已邀览。李（引者按：指李鸿章）采穷极之策，一至于此。其无论如何亦要达成目的之状，也着实令人怜悯。此前，小生已向李表示须以公开方式谈判，而今罗丰录〔禄〕又

①　姜鸣：《龙旗飘扬的舰队——中国近代海军兴衰史》下册，第373页。在注释中，姜先生还提出了一个问题：前引陆奥、荒川二人从六月十一日到十四日的六通来往电文分别被编为各自的第一至三号，但在《日本外交文书》中缺失了双方的第四至六号（荒川二十一日电是第七号），因此无从得知十四日到二十一日之间的交涉情形，有待发掘材料，见同书第471页。应该指出，姜先生忽略了前引陆奥二十二日电（被编为第六号）。至于其他电报，我查找了原始外交档案，已找到双方的第四号电报与荒川的第五号去电，但这些电报并未提及此事，见 JACAR（亚洲历史资料中心）Ref. B07090594200（第83、91画面），東学党変乱ノ際日清両国韓国ヘ出兵雑件（5.2.2.1），日本外务省外交史料馆藏。

等待商议谈判程序之事，实在难以办到。在已拒绝英国政府延期之后，更无法接受以其他渠道开谈。况且，鉴于海、陆军不知何时会开启战端，在谈判程序之下商议无论如何也是迂阔之事。因此，应向荒川指示：

> 日本帝国政府之意见，已数次向清国政府传达，清国政府对此已经熟知。故罗丰录［禄］欲往日本，应令其具备公开资格，以全权委员之身份前来。如今更无商议之余地。又，在前文中提及之罗氏抵达东京之前不开始采取敌对行动一事，现今无论如何难以办到。
>
> 总之，应如此处理。昨晚脑痛略有发作，半边头痛，甚为难受。医师劝告，本日应卧床一日，故草草作书。匆匆顿首。[1]

由此可以看出，陆奥此时仍然坚持之前的主张，即罗丰禄来日必须具备"公开资格"。他给"公开资格"做了一个注脚，即拥有全权委员的身份（这也是后来中日议和过程中争执的重点之一，参见本书第三章）。在致伊藤的另一函中，他写道：

> 拜读尊翰，敬悉一切。然而，电令大鸟暂停攻击牙山云云，事到如今无论如何无法办到，其原因在于，大鸟按所谓乙案向朝鲜提出照会，内容为倘若朝鲜是独立国，朝鲜应自行要

---

[1]　陆奥宗光致伊藤博文函，1894 年 7 月 24 日，伊藤博文関係文書研究会编：《伊藤博文関係文書》第 7 卷，東京：塙書房，1979 年，第 295—296 页。

求援助属邦的清国兵撤回；倘若清兵拒绝撤回则驱逐之；朝鲜兵力不足则以我兵力援助之。由于政府的回答不令人满意，故围攻王宫。倘若大院君等人与大鸟谈判，此件自须立即实行，但此事如今必定办不到。综上所述，暂停攻击牙山，如今碍难实行。至于给川上的训示，恐将引起外出文武官员的龃龉，在与小生商谈之前，暂勿发出电令，是为至急。以上所书颇为紧要，在卧榻执笔。谨以奉闻。①

可见，伊藤曾打算电令驻朝公使大鸟圭介暂停攻击驻扎朝鲜牙山的清军，似乎是想缓和局势，回应李鸿章的外交努力。但陆奥以日军已经行动为由，坚决反对。六月二十一日清晨，日军混成旅团攻占朝鲜王宫，控制了国王。②二十三日（7月25日）早晨，日本舰队在丰岛海面截击中国舰船，击沉运载清军的"高升"轮。中日两军终于开始冲突。当时伊藤是怎样答复陆奥的，现在无法知晓。可以知道的是，在木已成舟的情况下，他最终放弃了谈判，默认了开战。

---

① 陆奥宗光致伊藤博文函，《伊藤博文関係文書》第 7 卷，第 297—298 页。该函未写明日期，文集编纂者定为 7 月 29 日（六月二十七日），藤村道生先生判断为 7 月 28 日（六月二十六日）。高桥秀直先生反对以上两说，判断为 7 月 24 日（六月二十二日），见氏著：《日清戦争への道》，第 452、478 页。我赞同高桥先生对其余两说的否定，但认为似无证据证明该函写于 24 日，只能确定在 24 日至 28 日之间。所谓乙案，是大鸟在六月初八日（7 月 10 日）致陆奥函中提到的对朝行动草案，预备以否认中朝宗藩关系为由展开武力行动，见《驻朝鲜国大鸟公使致驻陆奥外务大臣电》（1894 年 7 月 10 日发），《中日战争》续编第 9 册，第 63—64 页。

② 关于日军进攻王宫的情况，参见中塚明：《还历史的本来面目——日清战争是怎样发生的》，第 24—31 页。

战争无疑是日本人挑起来的。但如果说日本最高当局在一开始就打定主意开战，似乎并不妥当。如前所述，身为首相的伊藤在和战问题上的态度较为稳重，直到最后关头仍有避免中日冲突的打算。毕竟，日本自明治维新以来还没有打过一场真正的对外战争，何况这次的对手又是庞大的清帝国，谁敢保证一定能打赢？正如外务次官林董所言："伊藤总理大臣以对上下责任皆重之地位，自然考虑尽量和平了结。"①伊藤持这种态度，是不难理解的。相对来说，陆奥的态度更令人感兴趣。作为外交部门的主持者，他反而更倾向于以武力手段解决外交问题。广为学界所知的是，在日本决定出兵朝鲜的当天晚上，他便和林董以及参谋次长川上操六在自己的官邸密谋派遣大量兵力，"此时所议，并非应如何和平了事，而是应如何兴战，如何取胜"。②

在国内学界，陆奥已被广泛认作甲午战争中日本"开战外交"的象征，但对其人的全面研究是远远不够的。在此有必要做些简要的介绍。

陆奥宗光原姓伊达，幼名小次郎，弘化元年（1844）生于和歌山藩的一个藩士家庭。他青年时代曾投身"尊王攘夷"运动，在坂本龙马劝说下进入神户海军操练所学习，后加入坂本领导的倒幕组织海援队。明治政府成立后，历任外国事务局御用挂、摄津县知事、丰崎县知事、兵库县知事、神奈川县令、元老院副议长等职。明治十一年（1878）由于参与土佐立志社的反政府密谋，被判处五

---

① 林董著，由井正臣校注：《後は昔の記 他 林董回顧錄》，東京：平凡社，1970年，第75—76页。

② 林董：《後は昔の記 他 林董回顧錄》，第75页。

年徒刑。出狱后游学欧洲诸国,之后重入政界,历任驻美公使、驻墨西哥公使、农商务大臣,明治二十五年（1892）出任第二次伊藤内阁外务大臣。①

比起枯燥的履历,读者更感兴趣的或许是对个人性格的分析。陆奥在神户海军操练所求学时的业师胜海舟,对这位学生有一段传神的描写:

> 他那时是十六七岁的年轻人,腰间佩着和身高不相称的长刀,给人一种有点小聪明的感觉。到了晚上,总在塾中的庭院前和同窗伊东等人比试气力。那个伊东,就是后来的海军军令部长伊东祐亨。在学塾里面,小次郎的风评很糟糕。大家都把他叫做"吹牛小次郎"。在全体塾生之中,萨州(引者按:即萨摩藩)人居多,与其说专心学问,毋宁说着重磨砺胆识,博取功名。小次郎那样有点小聪明的小才子,总是受到大家的排斥。
>
> 在那之后,萨摩购入了军舰,接着纪州(引者按:即和歌山藩)也开始买了。我的学塾,由于大家都被任命为军舰乘员,也随之关闭了。从那以后,我始终没有再遇见小次郎。维新之后,我的塾生大体上都出人头地了,不过像伊东祐亨也好,堀基也好,都不忘昔年的情谊,不时地来问候我。惟有小

---

① 关于陆奥的生平,可参看信夫清三郎:《陆奥宗光》,東京:白揚社,1938 年;安岡昭男:《陆奥宗光》,東京:清水書院,2012 年;佐々木雄一:《陆奥宗光「日本外交の祖」の生涯》,東京:中央公論新社,2018 年。

次郎，至死都摆着架子，一次也没有来看过我。①

青年时代的陆奥，已显露出了恃才傲物、孤立不群的鲜明性格。后来在苦寒的山形和仙台坐牢时，他写了不少汉诗，排遣幽囚的苦闷。其中有一首《咏自影》，可谓他的自我写照：

瘦骨棱棱毛发蓬，偏标特立不羁容。

平生肮脏与人忤，爱汝飘然到处从。②

这样的性格，在政界必然要碰壁。事实上，再次从政之后，陆奥也改不了这副脾气。在晚年匿名发表的一篇文章里，陆奥以第三者的口气这样绘声绘色地描写自己的性格："彼毋宁说有议论癖，往往口沫飞溅，有好与他人争论其胜之病，又不厌乘胜追击穷寇。故彼之谈论引证明晰，论旨正确，不容对谈者有反驳之言，且为时甚久，人难免怀有不平不满之念。"③担任农商务大臣时，他与同僚的摩擦不断：先是激烈批评外务大臣榎本武扬修改条约的方案，弄得对方难以下台；之后兼任内阁政务部长，又极力揽权，大起纠

---

① 勝海舟著，江藤淳、松浦玲編：《氷川清話》，東京：講談社，2000 年，第 148 页。伊东祐亨，萨摩藩士，甲午战争时任日本联合舰队司令长官。堀基，萨摩藩士，明治维新后长期在北海道从政经商。

② 陸奥宗光伯七十周年記念会編：《陸奥宗光伯 小伝・年譜・付録文集》，東京：霞関会，1992 年，第 75 页。

③ 《諸元老談話の習癖》，《陸奥宗光伯 小伝・年譜・付録文集》，第 134 页。这篇文章为陆奥匿名所作，在他去世半年前发表在《世界之日本》第 15 号（1897 年 5 月）上。

纷，任职一月便即辞职；最终因反对解散议会与其他阁员对立，辞去大臣一职。此外，陆奥没有藩阀的背景，在政界更是显得形单影只。由于履历上曾有谋反的污点，天皇也不信任他。要不是伊藤博文、井上馨等政界大老欣赏他的才干，他恐怕很难找到容身之地。①

陆奥对自己的外交才能也相当自负。任农商务大臣时，他曾对修改条约发表过这样的言论："这不是榎本这样的人能办成的事情。我虽不肖，到伊藤伯爵或井上伯爵提携我组织内阁的时候，也只有我去担当外交事务了。"②

话虽说得狂傲，后来的事情倒也如他所言。陆奥在第二次伊藤内阁中任外务大臣，在中日开战前基本完成了与欧美各国修改条约的任务。修约是1880年代以来困扰日本外交界的一大难题，前后几任外务大臣为此费尽心力，总是未竟全功。

这无疑是陆奥的一大功绩，但他未必就此满足。据陆奥当时的副手林董记载，在甲午战争前夕，林氏刚读完了俾斯麦、老皮特（英国政治家，曾领导英国取得七年战争的胜利）和卡布拉尔（葡萄牙探险家，曾远航印度并发现巴西）的传记。他认为："世间大抵因事之成败褒贬人，而成败之最著者为战争。故古今有为之政治家，博得世人之信任而成大事业者，除门阀世家之人外，皆通过战争之胜利而拥有势力。"某天，他和陆奥喝茶时谈起这种思想，对方低头沉思良久，说道："做来瞧瞧吧！"林董后来得意洋洋地写

① 中塚明：《还历史的本来面目——日清战争是怎样发生的》，第228—234、247—257页。本书中对陆奥性格的分析，得益于此书良多。
② 中塚明：《还历史的本来面目——日清战争是怎样发生的》，第249页。

道："焉知陆奥氏发动日清战争，非为我此时之言动其心耶?"①

林董的记载未必没有自夸的成分。不过，这提示我们思考这样一种可能：陆奥是否将发动对外战争当作巩固与扩张自己政治势力的手段？这或许有助于解释陆奥在对华政策上异常激进的态度。②

且不论动机如何，纵观整场战争的外交，可以说陆奥始终都在充当鹰派角色，致力于强行实现日本利益的最大化。在外交战场上，清政府碰到了一个最危险的对手。作为内阁首脑的伊藤，尽管在对华外交上不如陆奥那样锋芒毕露，但在两人意见出现分歧之时，他又往往依从了激进的陆奥。

不过，这些都是后话了。

---

① 林董：《後は昔の記 他 林董回顧錄》，第74—75 页。另可参见中塚明：《还历史的本来面目——日清战争是怎样发生的》，第255—256 页。
② 关于陆奥在战前外交中的独断强硬行为及其个人动机，高桥秀直先生有详细的论述，见氏著：《日清戦争への道》，第470—500 页。

第二章 难产的议和

日军攻占朝鲜王宫、袭击中国舰船之后，战争已注定不可避免。

清政府对此的反应则显得从容不迫。六月二十四日（7月26日），中枢接到李鸿章转来的电报，得知日军"围宫拘王"。第二天翁同龢入直时，本以为会宣战并通告各国，但并非如此。这天傍晚，丰岛海战的消息又接踵而至，中枢还是没有动静。当天英国公使欧格讷（Nicholas Roderick O'Conor）劝告总署，列强正在向日本施加压力，"据我看尚可缓数日，能说合更好"。①迟不宣战的原因，除此之外恐怕还有一个：第二天就是"万寿节"：光绪皇帝的虚岁二十四岁生日。按清朝制度，皇帝、皇太后生辰及其前三天、后三天属于"花衣期"（整寿年份则会有所延长），有资格穿用花衣（蟒袍）的官员必须穿用。这段日子里，禁止屠宰，不理刑名，奏折里也不能出现不吉利的事情和不吉利的字眼。兵凶

---

① 《总理各国事务衙门与英使欧格讷问答》，《清光绪朝中日交涉史料》卷15，第23页。

战危，自不必说。①

六月二十六日（7 月 28 日）辰初（上午 7 时），群臣集合在太和殿前，恭祝皇上万寿无疆。已初（上午 9 时），殿上大开筵宴。礼节的无比繁缛，昭示着皇权的无上威严：入座三叩，进茶一叩，赐果一叩，赐食一叩，筵毕三叩。数十名王公、枢臣与近臣享受到了殊荣，光绪亲自以玉碗给他们赐酒，他们也因此多叩了两次头。而在紫禁城的东北，宁寿宫畅音阁上的戏班从辰正（上午 8 时）就已经开锣，热热闹闹一直演到戌初一刻（晚上 7 时 15 分）。②

同一天，日军混成旅团逼近屯扎朝鲜成欢的清军叶志超、聂士成部。旅团长大岛义昌观察清军阵地后，决定次日凌晨发动进攻。③

办完了喜事，总算可以办兵事了。第二天，中枢拟好了宣战上谕，但未定何日发下。④六月二十九日（7 月 31 日），总署照会小村寿太郎，通告两国断交。同日，陆奥宗光通告各国公使，表示中日已进入战争状态。⑤

---

① 关于花衣期制度，参见拙作：《清代的花衣期制度——以万寿节为中心》，《史学月刊》2016 年第 5 期。光绪的生日本为六月二十八日（7 月 30 日），但因为正逢孟秋的享太庙礼，需要斋戒，故从光绪三年（1877）起改为在六月二十六日行礼。但是，花衣期仍以六月二十八日为正日计算。光绪二十年的光绪万寿节花衣期为六月二十五日（7 月 27 日）至七月初二日（8 月 2 日）。日方当时也认识到了光绪万寿节的影响，见《驻清国小村临时代理公使致陆奥外务大臣函》，《中日战争》续编第 9 册，第 401 页。
② 《翁同龢日记》第 6 卷，第 2757—2758 页；李宗侗、刘凤翰：《清李文正公鸿藻年谱》下册，台北：台湾商务印书馆，1981 年，第 689 页；北京市档案馆编：《那桐日记》上册，北京：新华出版社，2006 年，第 150 页。
③ 戚其章：《甲午战争史》，第 67 页。
④ 《翁同龢日记》第 6 卷，第 2758 页。
⑤ 《陆奥外务大臣致各国代表（清国公使除外）函》《驻清国小村临时代理公使致陆奥外务大臣函》，《中日战争》续编第 9 册，第 331、403 页。

第二天，光绪皇帝与明治天皇同日下诏，正式向对方宣战。①
战争，终究还是在花衣期内爆发了。

一、清政府透露和意

在战争爆发后的一个多月里，中日双方一时并没有大规模的交
锋。待到八月十六日（9 月 15 日），清军重兵据守的平壤被攻陷。
十八日（9 月 17 日），北洋海军又在黄海海战中铩羽而归。海陆战
事的失败，影响到了中枢的决策。石泉先生因而作出了这样的划
分：自宣战至平壤、黄海之败，"此五十日间，为清廷一意作战之
时"。自此之后，对日讲和之议逐渐萌生。②

八月二十一日（9 月 20 日），翁同龢日记载："礼王、庆王并
见慈圣起。此后连日如此。"③礼亲王世铎是首席军机大臣，庆亲王
奕劻是首席总理衙门大臣，慈禧连日召见二人，意味着她在光绪十

---

① 据时任外务大臣秘书官的中田敬义记载，日方由于破译了清政府与汪凤藻之间
　的密电，得以在清政府宣战的同日宣战，见中田敬义：《日清戦争ノ前後》，広
　瀬順晧監修・編・解題：《近代外交回顧録》第 1 卷，東京：ゆまに書房，2000
　年，第 75 页。中田所说的密电，可能是指六月二十八日李鸿章致汪凤藻电：
　"总署沁午电：日本击我兵轮，业已绝好开衅。出使日本大臣汪凤藻应即撤令回
　国。遵旨电达，转电汪使云。"见《寄日本汪使》（光绪二十年六月二十七〔八〕
　日酉刻），《李鸿章全集》第 24 册，第 176 页。"沁"是二十八日的代码，《李
　集》将发电时间标作二十七日，显然有误。该电的日方破译文见山辺健太郎：
　《資料解說と增補》，伊藤博文編：《機密日清戦争》，東京：原書房，1967 年，
　第 23 页。其中"达"字未译出，且标为"东京发，天津行"，显然写反了。关
　于清政府密码被破译一事，详见第五章第一节。
② 石泉：《甲午战争前后之晚清政局》，第 78 页。
③ 《翁同龢日记》第 6 卷，第 2776 页。

五年（1889）结束"训政"之后，又一次从幕后走向前台。这带来了战争指导方针的转变。

八月二十八日（9月27日），慈禧、光绪召见庆亲王、军机大臣与翁同龢、李鸿藻。在翁、李见起时，慈禧向翁同龢分派了一项差使。翁同龢日记载：

> 皇太后曰："有一事，翁某可往天津面告李某，此不能书廷寄，不能发电旨者也。"臣问"何事？"曰："俄人喀希尼前有三条同保朝鲜语，今喀使将回津，李某能设法否？"臣对此事有不可者五，最甚者俄若索偿，将何畀之，且臣于此等始未与闻，乞别遣，叩头辞者再，不允。最后谕曰："吾非欲议和也，欲暂缓兵耳，汝既不欲传此语，则径宣旨，责李某何以贻误至此，朝廷不治以罪，此后作何收束，且退衄者淮军也，李某能置不问乎？"臣敬对曰："若然，敢不承。"则又谕曰："顷所言作为汝意，从容询之。"臣又对曰："此节只有李某复词，臣为传述，不加论断，臣为天子近臣，不敢以和局为举世唾骂也。"允之。……既又谕明日即行，往返不得过七日。①

慈禧的意图很明显，即托俄国驻华公使喀希尼（Артур Павлович Кассини）谋求议和，对日程的限定更显得心情急切。所谓"三条同保朝鲜"，可能指喀希尼之前以三国（中、日、俄）会议解决朝

---

① 《翁同龢日记》第6卷，第2778页。在翁同龢另一部《军机处日记》中，关于此事的记载作"命臣赴津与李鸿章商饷械，仍责其商定战事有何把握"，极简略且未触及要点，显然有所避讳，见《翁同龢日记》第8卷，第3759页。

鲜问题的提案，"三条"或为"三国"之讹。①三天前李鸿章曾电告总署："俄领事来称：喀使三四日内来津，奉国命在津过冬会商一切。俄廷初意不改，不愿日得韩地云。闻俄已在海参崴预备海舰、陆兵颇多，未知所向，俟晤喀探询再奉闻。"②无疑，是这份电报让慈禧看到了一线希望。

从前引日记可以看出，翁同龢对慈禧交给他的使命不以为然。翁同龢，字叔平，号瓶生、瓶庐，江苏常熟人，咸丰六年（1856）状元。他的仕途经历与军功起家、久历封疆的李鸿章截然不同：除了当过一任陕西学政外，一直在京官上迁转，并先后担任了同治、光绪两位皇帝的师傅。在朝中，他有一大批门生故旧；在宫中，他可以利用书房功课的机会向光绪进言；论性格，他又是固执己见、遇事力争的类型。在战时的中枢，他的角色相当关键。

翁同龢主战，慈禧不会不明白，因此要辩解"吾非欲议和也，欲暂缓兵耳"。但翁同龢也清楚慈禧实欲议和，故一再推托，最后义正辞严地摆明了立场："臣为天子近臣，不敢以和局为举世唾骂也。"高阳（许晏骈）先生对这一指派的解读颇为精到："谋和则必须主战派同意，领导清议者翁同龢、李鸿藻，翁又较李得势，因此，派翁同龢与李鸿章会商此事，如有结果，则翁、李皆有安抚朝士之责。舆论不致过分情绪化，和议始可望有成。"③

---

① 李鸿章五月底六月初与总署往来诸电，《李鸿章全集》第 24 册，第 93、94、100、101、107、115 页。
② 《寄译署》（光绪二十年八月二十五日辰刻），《李鸿章全集》第 24 册，第 368 页。
③ 高阳：《翁同龢传》，合肥：黄山书社，2008 年，第 187 页。但作者接下来的论述显然比较武断："此为李鸿章与庆王商定的办法，而由慈禧出面主持。证据是慈禧面谕'喀使将回津'——俄驻华公使的行踪，总署亦未必知道，（转下页）

接到命令的翌日，翁同龢动身出京。尽管他在日记中称"检点行李，秘不使人知，甚苦"，但实际上内情立即外泄，时人日记、信函、笔记多有记载。[①]至于他自己，也在途中写信给姻亲季邦桢（字士周，时任长芦盐运使），透露了些许蛛丝马迹：

> 士周姻世仁兄大人阁下：
>
> 前日得示未及复，是日申刻慈圣召见，命弟即日赴津与傅相商量饷事而不令外人知。（谕辞严切，万万不可传播）乃于廿九早出京，值过兵觅一小舟，两日而达，今泊岸下矣。既未便修谒，又未可以幅巾叩铃阁〔下〕，乞示其宜，为感。（只可通信，切不可过访，或令子固来则可，至多不过留一日，归时

（接上页）深宫太后何由得知？明明为李鸿章所透露。"如前引文所示，喀希尼回津的消息是李鸿章告知总署的。慈禧应从总署大臣处得知。

① 《翁同龢日记》第 6 卷，第 2778 页；《那桐日记》上册，第 156 页；祁龙威：《张謇日记笺注选存》，扬州：广陵书社，2007 年，第 21 页；严复致陈宝琛函，光绪二十年九月初五日，王栻主编：《严复集》第 3 册，北京：中华书局，1986年，第 499 页；《闻尘偶记》，汪叔子编：《文廷式集（增订本）》第 3 册，北京：中华书局，2018 年，第 1128 页；《缘督庐日记钞（选录）》，《中日战争》续编第 6 册，第 467—468 页；《龟庵槁言》，同书第 555 页；苏州工业园区档案管理中心编：《李超琼日记（元和—阳湖—元和）》，南京：江苏人民出版社，2012 年，第 220 页。翁同龢此行也引发了一些流言。直隶饶阳县知县汪宝树在日记中写道："翁叔平夫子微服至津，直入盐署。季士周都转少君出见之，导入内，与都转久谈。都转以小轿送至督署，与李爵相密谈甚久，辞出即回京。所谈何语，人皆不得知也。传言太后以人言纷纷，莫衷一是，欲明降谕旨，派使至津，又恐扰乱人心，故特令密往密来。如此则内外归于一画，君臣不至龃龉，真不愧为宫中尧舜之称矣。传言皇后崩，为太后万寿伊迩，密不发丧。又传言皇上人道不举，思建储，即择普〔溥〕伦贝勒，成亲王之后也。"见《汪宝树日记》第 2 函第 5 册，中国社会科学院近代史研究所藏档案（以下简称所藏档），甲 283-2。

必须借小轮拖带，并乞先办妥尤感。）即颂勋祺。舟行摇兀，
殊草草。弟名另具。

致傅相函或请转呈。走与阁下非他客可比，此外则遵旨不
见一客也。弟又启。

翁同龢在函中只说此行是"商量饷事"，但又极力强调"不令外人
知"，"万不可传播"，自然会引人疑心。如果只是"饷事"，哪里用
得着这样保密？他又表示想和季氏见一面，为此自我解释"走与阁
下非他客可比，此外则遵旨不见一客也"。①他有什么话要跟对
方说？

中枢意欲议和的消息，迅速传播开来。

九月初二日，翁同龢抵津与李鸿章面谈。其日记中记谈话情形云：

遂乘小轿入督署，见李鸿章传皇太后、皇上谕慰勉，即严
责之。鸿章惶恐，引咎曰："缓不济急，寡不敌众，此八字无
可辞。"复责以水陆各军败衄情状，则唯唯而已。余复曰："陪
都重地，陵寝所在，设有震惊，奈何？"则对曰："奉天兵实不
足恃，又鞭长莫及，此事真无把握。"论议反复数百言，对如

① 《致季士周函》，谢俊美编：《翁同龢集（增订本）》第 2 册，北京：中华书局，
2021 年，第 670 页。标点有改动，文字原有小误，已据原件影印本（《翁常熟
（同龢）手札》，台北：文海出版社影印本，1970 年，第 78—80 页）校正。着
重号系原文所有。整理者标为光绪二十年八月二十九（9 月 28 日），误。从
"乃于二十九早出京，值过兵觅一小舟，两日而达，今泊岸下矣"一句来看，此
函写于九月初二日（9 月 30 日）。翁同龢日记当日载："季士周来谈"，"访士
周，见孙婿、孙女及小儿女三人"，见《翁同龢日记》第 6 卷，第 2779 页。

前。适接廷寄一道，寄北洋及余，云闻喀希尼三四日到津，李某如与晤面，可将详细情形告知翁某回京复奏云云。余曰出京时曾奉慈谕，现在断不讲和，亦无可讲和，喀使既有前说，亦不决绝，令不必顾忌，据实回奏。李云喀以病未来，其国参赞巴维福先来，云俄廷深恶倭占朝鲜，中国若守十二年所议之约，俄亦不改前意，第闻中国议论参差，故竟中止，若能发一专使与商，则中俄之交固，必出为讲说云云。又云喀与外部侍郎不协，故喀无权。余曰回京必照此复奏。余未到译署，且此事未知利害所在，故不加论断，且俄连而英起奈何。李云无虑也，必能保俄不占东三省云云。①

可以看出，翁同龢虽然奉有慈禧的指示，在很大程度上却是根据自己的价值取向行事的。一如觐见时所表现的态度，他不愿传达慈禧欲托喀希尼调停之意，直到廷寄到来才不得不提及。而他明知慈禧实欲议和，却故意曲解本意，声称"曾奉慈谕，现在断不讲和，亦无可讲和"。尽管如此，以李鸿章之老练，必然会窥出个中真情。李鸿章的女婿张佩纶九月初三日（10月1日）接到太太从天津寄来的家书，内称"并闻翁叔平来津，有责备合肥（引者按：即李鸿章）语，并微露主和之意"。②这显然是李鸿章的解读。

九月初五日（10月3日），翁同龢回京。次日，先入书房报告

① 《翁同龢日记》第6卷，第2779页。巴维福（Александр Иванович Павлов），又译巴福禄、巴布罗福、巴府罗富，时任俄国驻华使馆参赞。十二年所议之约，指光绪十二年（1886）中俄两国因巨文岛事件达成协议，皆不侵占朝鲜领土。
② 《涧于日记（选录）》，《中日战争》续编第6册，第487页。

光绪，旋即被慈禧召见，"详述情形，并力言喀事恐不足恃，以后由北洋奏办，臣不与闻"。①这可说是一种鸵鸟式的态度。无论他是否"与闻"，议和势必将进行下去。

二、恭王出山与列强调停

就在翁同龢一去一回之间，中枢政局发生了重大变化。九月初一日（9月29日），上谕派恭亲王奕訢"管理总理各国事务衙门事务，并添派总理海军事务，会同办理军务"，同时著在内廷行走。②

恭亲王是道光帝第六子，咸丰帝异母弟，才干远胜乃兄。咸丰帝驾崩不久，他与两宫太后合谋发动"祺祥政变"，摧毁肃顺一党势力，造成了两宫垂帘的局面，居功甚伟，自己也被授为议政王，总揽朝政。然而，威望日隆的恭亲王与揽权心切的慈禧之间难免摩擦，明争暗斗接连不断。③光绪十年三月十三日（1884年4月18日），一场前所未有的政坛地震令双方的政争尘埃落定：自恭亲王以下，军机大臣全遭罢免，史称"甲申易枢"。恭亲王自此赋闲十年之久。

开战以来，多有朝臣对中枢秉政者不满，于是谋划请出恭亲王主持大局。④对此，光绪与慈禧的态度如何？八月二十八日的翁同

---

① 《翁同龢日记》第6卷，第2780—2781页。
② 朱寿朋编：《光绪朝东华录》第3册，北京：中华书局，1958年，第162页。
③ 关于恭亲王与慈禧的政治斗争，参见宝成关：《奕訢慈禧政争记》，长春：吉林文史出版社，1990年。
④ 关于恭亲王出山的来龙去脉，参见石泉：《甲午战争前后之晚清政局》，第99—101页。

龢日记有一条重要记载："与李公（引者按：即李鸿藻）合词吁请派恭亲王差使，上执意不回，虽不甚怒，而词气决绝，凡数十言，皆如水沃石。"①关于此处"上"的所指，学界颇有分歧。早在20世纪30年代，已有掌故家分析了这条史料，认为"上"指慈禧："时光绪帝虽已亲政，而是日后、帝同召见，此'上'字盖仍指后，观上文谕话可辨也。"②石泉、宝成关、马忠文诸先生也持相同看法。③而高阳、戚其章、林文仁诸先生则认为"上"指光绪。其中，高阳先生的理由在于光绪当日已在书房将李文田请求任用恭亲王的奏折出示给翁同龢，"如不以恭王复起为然，则翁李根本就不必'合词吁请'"，戚先生未做说明，而林先生的理由是翁同龢日记的"笔法"："凡太后与皇帝并列，'上'必称皇帝而非太后"。④

　　本书初版持后一种观点，理由与林先生近似。最近，韩策先生对此提出了温和而有力的批评：

① 《翁同龢日记》第6卷，第2778页。前一天，礼部右侍郎李文田等奏请饬派恭亲王出而任事，奉旨留中，谕令军机大臣公同商酌。同日军机处有奏片称："李文田等折内所称各节，不为无见，谨合词吁恳天恩，可否恭请懿旨，将恭亲王量予任用之处，伏候圣裁。"见军机处《洋务档》光绪二十年八月二十八日，转引自茅海建：《从甲午到戊戌——康有为〈我史〉鉴注》，北京：生活·读书·新知三联书店，2009年，第88页。
② 徐凌霄、徐一士：《凌霄一士随笔》上册，北京：中华书局，2018年，第509页。
③ 石泉：《甲午战争前后之晚清政局》，第100页；宝成关：《奕訢慈禧政争记》，第357页；马忠文：《荣禄与晚清政局》，北京：社会科学文献出版社，2021年，第133页。
④ 高阳：《翁同龢传》，第188—189页；戚其章：《甲午战争国际关系史》，北京：人民出版社，1994年，第264页；林文仁：《派系分合与晚清政治：以"帝后党争"为中心的探讨》，北京：中国社会科学出版社，2005年，第205页。

　　我感觉此处"上"仍应指太后。理由有三：其一，《翁同龢日记》中的"上"常指光绪，但也不时用"上"指代慈禧（光绪九年九月初九日，十年二月二十一日、六月初一至初二日、六月初七日、八〔六〕月十八日、八〔六〕月二十日，十一年三月十九日，十二年六月二十一日）。其二，此时光绪和翁同龢等人运作恭王出山的动静甚大，绝瞒不过慈禧，故光绪似也不至于如此"故作姿态"，明示太后以"虚伪"。其三，因为光绪早朝可以召见大臣，故下午两宫召见大臣时，主要是太后和大臣交流。因此，有太后在座，似也轮不到光绪执意不回、词气决绝，跟大臣对话数十言。①

不过，韩先生的论述还不能完全说服我。前引第二、三条理由固然言之成理，但毕竟不算十分过硬。第一条理由指出翁同龢日记中多处以"上"指代慈禧的案例，论证更为扎实。不过，所举年份皆在光绪亲政之前，距离此时尚早。以我所见，在甲午战争前后，翁同龢日记中似无能够确定指代慈禧的"上"字用例（在前引八月二十八日的日记中，翁同龢两次用"皇太后"指代慈禧）。继韩先生之后，戴海斌先生也参与了这一讨论，在总结以往诸说之后，表示"据翁同龢日记的习惯用例以及文意的逻辑推断，我更倾向于'上'指光绪帝，而非慈禧太后"。②总之，这一问题还有继续讨论的空间。

① 韩策：《江督易主与晚清政治》，北京：北京大学出版社，2023 年，第 100 页。按，《翁同龢日记》光绪十年八月十八、二十日并无"上"字。韩先生告诉我，应为六月十八、二十日。
② 戴海斌：《清史与近代史研究的"彼此系连"与"交互映发"》，《清史研究》2024 年第 4 期，第 119 页。

如果此处"上"字确系指代光绪，他这样表态，我认为是由于深知慈禧猜忌恭亲王，因而故作姿态。高阳先生如此分析光绪的心理："他虽赞成复起恭王，但须得太后一言而定。'恩出自上'的警惕，为以下事上之道。"[①]而深谙权术的慈禧眼见恭亲王重出的呼声甚高，也索性顺水推舟。许宝蘅藏札中有一条札记，披露了恭亲王出山的内幕。许宝蘅虽未亲历其事，但在清末曾任军机章京，熟悉枢垣掌故，其记载应当是有由来的。

> 甲午十一月恭忠亲王之再起也，先日，礼亲王世铎与孙毓汶、翁同龢、李鸿藻、徐用仪、刚毅同诣邸请谒，王辞以病，拒不见。礼王等于次日奏闻孝钦，乃遣李连英往问疾，王不能拒。连英先传太后闻王病，并述平时殷念之旨，又问王之饮食起居，琐屑备至。言次，渐及时局之艰难与两宫之忧劳，又言及枢廷辅佐之无能，远不如甲申以前，王大为感动。然后，连英又述慈圣待见之殷。王遂谓：吾明日当挟病入觐，连英即叩头谢曰：王爷如此，实为国家之福！即当归奏以慰慈意。于是次日入见，遂奉枢直之旨。退下，即至直庐。礼王迎见，跪安，称"请老爷安"。王曰：汝如何亦称我老爷？又曰：汝在军机如许年，何以弄得如此之糟？礼邸及诸公皆嗫不敢声。[②]

---

① 高阳：《翁同龢传》，第 188—189 页。

② 许恪儒整理：《许宝蘅藏札》上册，北京：中华书局，2013 年，第 151 页。按，这条札记有几处错误：恭亲王再起在甲午九月，而非十一月；在任命下达之"先日"（八月二十九日），翁同龢在赴津途中，而刚毅尚未补授军机大臣，都不会前去拜访恭亲王；"奉枢直之旨"应指补授军机大臣，事在十一月。

慈禧的手腕，令起用恭亲王一事完全像是她的恩惠。她甚至表示"枢廷辅佐之无能，远不如甲申以前"，事实上为当年发动"甲申易枢"道了歉。这样的态度，不能不让恭亲王"大为感动"。

对"甲申易枢"后顶替自己领导军机处的礼亲王，恭亲王很不客气地斥其"何以弄得如此之糟"，一吐郁积十年的胸中怨气。不过，他也实在没有力挽狂澜的雄心了。据说，他重入军机处后大叹："许星叔好福气！许星叔好福气！"许星叔即军机大臣许庚身，"甲申易枢"后进入军机处，以干练闻名，光绪十九年底病故，未见甲午烽烟，所以恭亲王说他"好福气"。①

恭亲王的精力，确实也很难支持他重挑大梁了。据外国人的观察，这年六十有二的他已经耳聋眼花，脚步蹒跚。②从当值记录看，他复出后频请病假，显然身体状况不佳。而在慈禧面前，他也没有一丁点重臣的气魄了。有这么一件小事，很能体现恭亲王复出后的谨小慎微。一日，众枢臣正在军机处商量文稿，有太监来传慈禧召见。军机大臣孙毓汶正在起稿，便请恭亲王出面表示稍后便去。恭亲王摇手说："我无此胆量。"③

甲午年的恭亲王，早已不是当年那位敢于顶撞嫂子太后的

---

① 《芸阁偶记》，《文廷式集（增订本）》第 3 册，第 1156 页。文廷式称"庚身在枢廷十年，前不及法、越（引者按：指中法战争），后不及倭、韩（引者按：指甲午战争），可云厚幸"，前一句有误。许庚身光绪十年三月十八日（1884 年 4 月 13 日）在军机大臣上学习行走，八月初一日（9 月 19 日）正式授军机大臣，正逢中法战争。

② （法）施阿兰著，袁传璋、郑永慧译：《使华记》，北京：商务印书馆，1989 年，第 33 页。

③ 任青、马忠文整理：《张荫桓日记》下册，北京：中华书局，2015 年，第 553 页。

六爷。

对恭亲王的复出，主战诸臣原本抱有很大期望，结果却适得其反。正如石泉先生所言："然恭王出山以后，乃使主战派大失所望，盖彼竟追随太后之后，力谋促成和议，而成外廷中和议运动之中心人物也。"①

在翁同龢回京复命的同一天，新由恭亲王领导的总署向李鸿章发出一封密函，重申托喀希尼调停一事：

> 初六日，翁叔平尚书复命后，于枢直晤谈，具悉一切，刻下战守均不可恃。喀使前约势须复理。该使前称数日内来津，可询之。巴参赞如能早日到津，望阁下即与密议，如何妥筹善策，总以无伤国体，暂止兵争。及此敌未入境之先，速筹停战之法，以后如何办理，再行商议。此策出于万不得已，惟祈阁下不避嫌疑，凡喀使所言办法，悉行据实示复。事关紧要，务希格外缜密，不可稍有泄露，是为至要。专此奉布，即颂勋祺。恭亲王等同启。初六日。②

九月十四日（10月12日），李鸿章回信并附上了与喀希尼的问答节略。在谈话中，李鸿章一再要求俄国出面干涉，喀希尼不允，只是劝告尽早议和："今昔时势已殊，俄暂难挽越，亦无可如何。日

---

① 石泉：《甲午战争前后之晚清政局》，第102页。
② 《恭邸等密函》（光绪二十年九月初七日到），《李鸿章全集》第25册，第22页。致函一事见"中央研究院"近代史研究所编：《清季中日韩关系史料》，台北："中央研究院"近代史研究所，1972年，第3641页。

人自以为水陆之战皆甚得手，现时如与议和，中国已须吃亏。然如不趁此了结，将来日兵再进一步，贪心更大，和局更难。"①被寄予厚望的俄国，并未给清政府有力的臂助。

事实上，俄国早已决定不积极干涉战争。七月二十一日（8 月 21 日），俄国政府召开特别会议，通过决议："俄国积极干涉中日战争是不符我国利益的，会议认为，在朝鲜问题上我们应继续与其他有关国家共同行动，努力使交战双方尽速停止军事行动而以外交方式解决朝鲜问题。"②而俄国国内局势也不具备干涉的条件：沙皇亚历山大三世此时已经病入膏肓，十月初四日（11 月 1 日）去世；外交大臣吉尔斯（Николáй Кáрлович Гир）和副大臣基斯敬（Николай Павлович Шишкин）的健康状况同样不佳，前者于次年正月初一日（1 月 26 日）病故。③已有论者指出，"这种局势是不会有助于发展一种强有力的外交政策的"。④

相对于俄国外交行动的消极迟缓，这时的英国显得较为积极。不过，对于是否介入中日战争，英国政府内部也并非铁板一块。在内阁中，首相罗兹伯里伯爵（Archibald Philip Primrose, Earl of

---

① 《致总署 述商议和停战》（光绪二十年九月十四日）、《与俄国喀使问答节略》（光绪二十年九月十四日），《李鸿章全集》第 36 册，第 51—52 页。

② 《一八九四年八月九日（二十一日）特别会议记录》，张蓉初译：《红档杂志有关中国交涉史料选译》，北京：生活・读书・新知三联书店，1957 年，第 142 页。

③ 喀希尼会见李鸿章时透露，对于清政府请求俄国干涉朝鲜问题一事，"久未接俄廷电信，因嘎尔斯（引者按：即吉尔斯）及外部侍郎（引者按：即基斯敬）患病，似将此事搁起。"见《致总署 述商议和停战》（光绪二十年九月十四日），《李鸿章全集》第 36 册，第 51 页。

④ （美）安德鲁・马洛泽莫夫著，商务印书馆翻译组译：《俄国的远东政策 1881—1904 年》，北京：商务印书馆，1977 年，第 66 页。

Rosebery）和外交大臣金伯利（John Wodehouse Kimberley）主张积极外交，而财政大臣哈考特（William Harcourt）、北爱尔兰事务大臣莫雷（John Morley）、海军大臣斯宾塞（John Spencer）则持慎重态度，双方在外交政策上的对立十分明显。九月初六日（10月4日），内阁就中日战争召开紧急会议。罗兹伯里、金伯利不顾莫雷等人的反对，执意进行调停。①

罗兹伯里、金伯利外交政策中的一位至关重要的推手，是中国海关英籍总税务司赫德。他既是清政府的得力雇员，也是英国利益的忠实代表。开战后，赫德通过在伦敦的部下金登干多次提出警告，认为英国若不加以干涉，中国将会倒向俄国，并得到了罗兹伯里的重视。在九月初六日的内阁会议上，赫德的来电被提交讨论。同一天，赫德会晤了总署大臣。由于英国公使欧格讷不在北京（此时正在烟台），他只得独自张罗调停。②于是，清政府将原本寄予喀希尼的希望转移到了赫德身上。

九月初七日（10月5日），赫德致电英国政客伦道尔（Stuart Rendel），声称清政府请英国政府根据"有关各国如能相互保证朝鲜的独立和中立，而不必中国政府自行出面求和，中国政府可以放弃宗主权"的条件出面斡旋。伦道尔是英国自由党议员，造船与军火工业巨头，此前因购械与借款与清政府多有来往，在英国政界也很有影响。甲午战争时，他常常以英国政府代理人的身份，通过金

① 君塚直隆：《イギリス政府と日清戦争—ローズベリ内閣の内外政策決定過程—》，第37—39页。
② 相关情况见赫德与金登干往来诸电，中国近代经济史资料丛刊编辑委员会主编：《中国海关与中日战争》，北京：中华书局，1983年，第58—60页。

登干与赫德通电商议外交事务。赫德特别声明："此电系应总理衙门之请，并经授权拍发的，已经赋予行动的全权。英国公使回来以后可以接办。"①在赫德的推动下，清政府迈出了谋求议和的第一步。

其后，赫德向总署提交了自拟的节略，经孙毓汶修改后，由恭亲王于九月十三日（10月11日）见起时呈递。据翁同龢记载，其内容大致为：

> 首言"属国"二字本不能认，十一年约中已落此权矣。次言西例本有各国保护之法，可照土尔其、瑞士置朝鲜于局外，末言庆典届期宜停战事，以迓祥和云云。②

可见，这一节略的原则是遵循清政府原则的，即以放弃对朝鲜的宗主权作为议和条件。③为了顾及颜面，节略甚至称清政府在光绪十

---

① 《1894年10月5日北京去电新字第八九七号》《1894年10月5日北京去电新字第八九六号》，《中国海关与中日战争》，第60页。

② 《翁同龢日记》第8卷，第3763页。所谓"照土尔其、瑞士置朝鲜于局外"，前者应指1856年巴黎会议规定黑海中立化（黑海入口的博斯普鲁斯、达达尼尔两海峡是土耳其领海），后者应指瑞士自1815年维也纳会议之后成为中立，见《国际条约集（1648—1871）》，北京：世界知识出版社，1984年，第347—348、417—418页。

③ 此前，俄国曾于七月二十五日（8月25日）向日本提议结束战争，并表示"列强应当说服中国向它们做出声明，今后决不以任何方式干涉朝鲜的内部事务，并放弃其代表享有而其它国家的代表却不享有的一切特权。列强则可以将此种结果向日本做出声明，意思是说这意味着朝鲜独立"，见《楚恩迟致金伯利函（第101号，机密）》（1894年8月30日发，9月29日到），《中日战争》续编第11册，第420—421页。但这一提案当时未必得到过清政府的认可。

一年（1885）签订的《天津会议专条》即"十一年约"中已经失去了这一权利。[①]"庆典"云云是指慈禧太后的六十寿辰即将来临，她不希望在这个喜庆时候打仗。清朝臣僚个个对此心知肚明，却又不便公开议论。节略总算捅破了这层窗户纸，不知是赫德的手笔，还是孙毓汶添上去的。赫德作出这样的筹划之后，恭亲王及军机大臣孙毓汶、徐用仪"催令速办"。[②]

另一方面，英国于九月初八日（10月6日）向俄、德、法、美四国提议联合调停。[③]值得注意的是，英国提出的议和条件，除了列强保证朝鲜独立之外，还有赔偿日本军费一条。[④]这项赫德并未提到、更让清政府难以接受的条件，是由罗兹伯里提议，而由外交部采用的。[⑤]这种擅自代清政府出价的行为，足以令人吃惊。金

---

① 《天津会议专条》共三款："一、议定中国撤驻扎朝鲜之兵，日本国撤在朝鲜护卫使馆之兵弁，自画押盖印之日起，以四个月为期，限内各行尽数撤回，以免两国有滋端之虞。中国兵由马山浦撤去、日本国兵由仁川港撤去。一、两国均允劝朝鲜国王教练兵士，足以自护治安。又由朝鲜国王选雇他外国武弁一人或数人，委以教演之事。嗣后中日两国均无派员在朝鲜教练。一、将来朝鲜国若有变乱重大事件，中、日两国或一国要派兵，应先互行文知照，及其事定，仍即撤回，不再留防。"见王铁崖编：《中外旧约章汇编》第1册，北京：生活·读书·新知三联书店，1957年，第465页。

② 《翁同龢日记》第8卷，第3763页。

③ （英）菲利浦·约瑟夫著，胡滨译：《列强对华外交（1894—1900）——对华政治经济关系的研究》，北京：商务印书馆，1959年，第53页。

④ 《歌珅致葛礼山》（1894年10月6日发，9日到），中国史学会主编：《中日战争》第7册，上海：新知识出版社，1956年，第447页。歌珅（William Edward Goschen），英国驻美公使。葛礼山（Walter Quintin Gresham），美国国务卿，原文作"格莱锡"，但葛礼山系当时清朝官方译名，为避免出现混乱，本书一律径改。

⑤ 《1894年10月15日伦敦来电新字第八〇〇号》，《中国海关与中日战争》，第67页。马士所著《中华帝国对外关系史》称调停及其条件系由中国提出，（转下页）

登干从伦道尔处得知这一情况后大为惊讶，指出这不是赫德的建议，清政府也决不会接受。①但英国政府依旧我行我素。随后，伦道尔又发电询问清政府能否考虑以割让台湾代替赔款，这是一个更离谱的方案。赫德的回电明确指出："割让台湾完全不能答应，赔款几乎同样不行，英国政府提出赔款建议很遗憾。"②

作为一位长期服务于清政府的官员，赫德的判断很准确。在战火还未烧到本土的情况下，清政府很难同意赔款的条件，更不要说割地。正如他在九月十四日致伦道尔电中所说的："中国的舆论认为，朝鲜的独立已是巨大的议和代价，胜利者虽说可以要索赔款，但这难道是合理的吗？"而伦道尔回电表示："以朝鲜独立的单纯条件，是没有希望能开谈判的。提出发动战争的道义问题也没有用，必须完全面对既成事实。迄现在为止与各国的磋商是顺利的，而日本却是气势汹汹，除非中国立即同意英国所提朝鲜独立，另加金钱赔偿的建议，恐将错过目前有利于谈判的时机。"③字里行间，暗示赫德劝说清政府接受赔款。

赫德深知赔款大犯清政府之忌，因此采用了私下探询的办法。九月十五日（10 月 13 日），他致电伦道尔："昨天自某大臣处探

（接上页）而石泉先生提出质疑，认为系英国创议，见石泉：《甲午战争前后之晚清政局》，第 109 页。根据赫德与伦道尔的来往电文，应该认为，调停以及朝鲜独立的条件是中国提出的（尽管有赫德的推动），而赔款则是英国擅自添加的。

① 陈霞飞主编：《中国海关密档》第 6 卷，北京：中华书局，1992 年，第 134 页。
② 《1894 年 10 月 9 日伦敦来电新字第八〇七号》《1894 年 10 月 10 日北京去电新字第八九一号》，《中国海关与中日战争》，第 64—65 页。
③ 《1894 年 10 月 12 日北京去电新字第八九〇号》《1894 年 10 月 11 日伦敦来电新字第八〇五号》，《中国海关与中日战争》，第 65 页。

悉，赔款虽然难堪，但并非绝对不行。我们虽然未便明提赔款，如数目不是不合理，也许会为了和平而偿付。假定赔款原则被接受，数额可否由五强决定?"①而在同一天，欧格讷从烟台回到北京，加入了调停活动，其做派与赫德大为不同。途经天津时，他曾与李鸿章会晤，表示"（作战）恐无把握，不如早日议和"，"今要讲和，非允赔兵费不可"。②到京后，他又力劝清政府接受英国的调停条件，其行径几近胁迫："即日到译署促邸（引者按：即恭亲王）会商，以两事要挟：一以朝鲜为各国保护之国；一日本须偿兵费，限明日三钟回复。"③

对欧格讷的做法，赫德很是不满。次日他致电伦道尔："英国公使昨已回来，他在和我接触以前迳去总理衙门。机密：赔款之议是个错误，它是既不成熟，又未经授权，而且是个很拙劣的策略"。④

但清政府终究接受了这个"很拙劣的策略"。九月十五日欧格讷提出两项条件后，总署王、大臣一直商议到亥正（深夜 12 时）时分。第二天，翁同龢、李鸿藻得知此事，与孙毓汶、徐用仪大起争执。翁同龢在日记中写道："孙、徐汹汹，以为不如此不能保陪都、护山陵。余与李公谓英使不应要挟催逼，何不称上意不允以折之，俟俄使到（北洋来信，喀希尼昨晚起身来京）再商。孙、徐不可。"⑤

---

① 《1894 年 10 月 13 日北京去电新字第八八九号》，《中国海关与中日战争》，第 66 页。"某大臣"应指孙毓汶或徐用仪。
② 《致总署 述商议和停战》（光绪二十年九月十四日），《李鸿章全集》第 36 册，第 51 页。
③ 《翁同龢日记》第 8 卷，第 3763 页。
④ 《1894 年 10 月 14 日北京去电新字第八八八号》，《中国海关与中日战争》，第 66 页。
⑤ 《翁同龢日记》第 6 卷，第 2783 页。

翁、李二人希望借"上意不允"挡回欧格讷的催逼，但见起的结果恰恰相反。当天，恭亲王、翁李二人、军机大臣依次见起。翁同龢记载："圣意于首一事（引者按：指朝鲜独立）固俯允，即第二事（引者按：指赔偿军费）亦可商。余等入对，力陈允兵费不知为数多少，且驷舌难追。谕若多仍不允"，"论款事（引者按：即赔款）语极长，然天意已定，似不能回矣"。于是，当天总署通知欧格讷，"如所请矣"。①赫德随即又致电伦道尔，表示"中国已原则上同意赔款"。②

不过，尽管迫使清政府接受了自己的出价，但英国的调停之议并没有得到其他列强的积极回应。其中，美德两国明确谢绝建议。俄国宣称赞成调停，但表示需要得到沙皇的同意。鉴于沙皇病危，俄国其实已不可能加入调停。法国则先征询了盟友俄国的意见，然后以"有关政府之间未能就英国的建议达成一致"为由婉拒调停。事实上，俄法两国已达成默契，避免让英国在列强调停中充当领头羊。③

于是，英国只能单独出面。九月初十日（10 月 8 日），英国驻

---

① 《翁同龢日记》第 6 卷，第 2783 页；同书第 8 卷，第 3763—3764 页。
② 《1894 年 10 月 14 日北京去电新字第八八七号》，《中国海关与中日战争》，第 66 页。
③ 关于列强对此次调停的态度，参见古結諒子：《日清戦争終結に向けた日本外交と国際関係—開戦から「三国干渉」成立に至る日本とイギリス—》，《史学雑誌》第 120 巻第 9 号，2011 年，第 5—6 页，该文收入氏著：《日清戦争における日本外交—東アジアをめぐる国際関係の変容—》，名古屋：名古屋大学出版会，2016 年；君塚直隆：《イギリス政府と日清戦争—ローズベリ内閣の内外政策決定過程—》，第 40 页；菲利浦·约瑟夫：《列强对华外交（1894—1900）——对华政治经济关系的研究》，第 53—54 页；葛夫平：《法国与晚清中国》，第 104—108 页；（英）托马斯·奥特著，李阳译：《中国问题：1894—1905 年的大国角逐与英国的孤立政策》，北京：生活·读书·新知三联书店，2019 年，第 40—41 页。

日公使楚恩迟（Power Henry Le Poer Trench）向陆奥探询，是否同意以清政府承认朝鲜独立并向日本赔偿军费为条件进行议和，并表示如果日本提出反建议，将向本国电告。九月二十五日（10月23日），日本正式拒绝调停。①另外，意大利此时以相同的条件向日本单独提出调停，也未成功。②

日本拒绝英国调停的理由，是"在现阶段之战争中，事态发展尚未取得一定进展，以肯定谈判会达到令人满意之结果"。③也就是说，日本只有在战场上取得足够的筹码才会同意议和。这决定了战争将走向深化。

黄海海战之后，日本取得了黄海的制海权，具备了渡海开辟新战场的能力。八月二十二日（9月21日），日军第二军开始编成，准备进攻辽东半岛。九月二十六日（10月24日），日本拒绝调停的第二天，第二军先头部队开始在辽东半岛东南的花园口登陆。同一天，从朝鲜一路北上的日军第一军突破清军在鸭绿江的防线。④

---

① 《陆奥外务大臣致伊藤内阁总理电》（1894年10月8日发）、《陆奥外务大臣致英国公使（手交）》（1894年10月23日），《中日战争》续编第9册，第433—434、441页。

② 《驻意国高平公使致陆奥外务大臣电》（1894年10月9日发，10月11日收）、《驻意国高平公使致陆奥外务大臣函》（1894年11月26日收）、《驻意国高平公使致陆奥外务大臣函》（1894年12月14日收），《中日战争》续编第9册，第434—435、437—439、442—443页。关于意大利的东亚政策，参见（日）信夫清三郎著，于时化译：《甲午日本外交内幕》，北京：中国国际广播出版社，1994年，第341—343页。

③ 《陆奥外务大臣致英国公使（手交）》（1894年10月23日），《中日战争》续编第9册，第441页。

④ 参谋本部编纂，桧山幸夫监修：《明治二十七八年日清战史》第3卷，东京：ゆまに书房，1998年，第1页；《日清战争实记选译》，《中日战争》续编第8册，第93、284页。

在朝鲜燃起的战火，开始延烧到中国的土地上。

三、和战两派的论调

清政府决意托列强调停的同时，也激起了其内部主战一派的强烈反弹。大致说来，主战派在中央奉翁同龢、李鸿藻为领袖，以众多言官、词臣为羽翼，在外则广结淮系之外的疆臣将帅，其组成与清流集团有很大程度上的重合。①从战争爆发起，主战派反对议和

① 甲午战争时期的和战两派之争是个讨论已久的话题，在 1980 年代与 1990 年代前期，国内学界的争鸣一度相当热烈。一种相当流行的观点是，当时清政府上层分为帝后两党，帝党主战，后党主和，和战之争是帝后党争的表现形式，甚至有论者将其性质上升到"爱国与卖国之争"的高度。亦有不少论者表示反对，认为双方的阵营并非如此鲜明，且对和战的态度也有转变之时。我认为，甲午战争时期似未形成所谓的帝党和后党（这样的两个集团究竟是真正存在的，还是戊戌政变后康有为、梁启超等人创造的概念，也是一个值得探讨的问题），但确实存在和战两派的分野，不过二者之争主要缘自对战争的观点，并不是帝后党争的表现形式。当然，和战两派的概括难免失之过简，而且其成员对和战的观点也可能前后不一，这样只是大略言之。为求用词准确，本书不使用"帝党""后党"的概念，而使用"主战派""主和派"。关于这一问题，参见拙作：《政治宣传与历史书写：论晚清"帝党""后党"概念的起源》，《史学理论与史学史学刊》2022 年上卷。另外还可指出，甲午战争期间主战派、主和派的分野与同治以降的清流、浊流分野有某种一致性。陈寅恪先生曾指出："简要言之，自同治至光绪末年，京官以恭亲王奕訢李鸿藻陈宝琛张佩纶等，外官以沈葆桢张之洞等为清流。京官以醇亲王奕𝑎孙毓汶等，外官以李鸿章张树声为浊流。"见氏著：《寒柳堂记梦未定稿》，《寒柳堂集》，北京：生活·读书·新知三联书店，2001 年，第 191 页。这两种分野有着内在的共通之处：清流"大抵为少年科第，不谙地方实情及国际形势，务为高论"（《寒柳堂记梦未定稿（补）》，《寒柳堂集》，第 219 页），故容易高唱主战；而被讥为"浊流"者相对通晓洋务，对中日实力对比了解较多，故萌生主和之议。

的上奏络绎不绝，而绝无一人公开言和。①即使到了筹议调停之时，议和仍然是无法提到台面上来讲的。关于这种情形，赫德在九月初九日（10月7日）致金登干的信函中有生动的描述：

昨天孙毓汶和徐用仪（两位都是总理衙门和军机处的大臣）同我自下午四点钟谈到六点钟。他们两个几乎痛哭流涕，愿意听受任何好的建议，答应以后办这样办那样。他们说两个月以前人们除了"宣战"以外不敢讲别的，一个星期以前还没

---

① 从战争爆发到八月底清政府准备托俄国调停之时，官员上奏内反对议和的有：《刘坤一奏现与日本所议各条不可稍有迁就片》（光绪二十年六月二十九日）、《给事中余联沅奏疆臣贻误大局沥陈危急情形折》（光绪二十年七月二十六日）、《礼部侍郎志锐奏为战争已开皇上主持宜定折》（光绪二十年七月初三日）、《吏部尚书麟书等据呈代奏编修丁立钧讨日五条折》（光绪二十年七月初三日）、《御史叶庆增奏为请罢和议严防备战以杜窥伺折》（光绪二十年七月初八日）、《御史钟德祥奏请皇上早决对日策略片》（光绪二十年七月十七日）、《御史张仲炘奏为筹度战守事宜六条折》（光绪二十年七月十八日）、《御史钟德祥奏请迅简将帅以振全局折》（光绪二十年七月二十四日）、《御史安维峻奏陈用兵之道应多筹游击之师片》（光绪二十年七月二十八日）、《吏部尚书麟书等据呈代奏检讨蒯光典条陈时务折》（光绪二十年七月二十九日）、《编修张百熙奏敌情诡秘应严密筹防并于京城等处清查奸细折》（光绪二十年八月初一日）、《左都御史裕德等据呈代奏候选知县言有章敬陈六策折》（光绪二十年八月初七日）、《南洋大臣刘坤一奏为中日既经开战不宜轻与议和折》（光绪二十年八月初十日）、《黑龙江将军依克唐阿奏日启衅和害战利请调雄师力敌折》（光绪二十年八月十九日）、《礼部侍郎志锐奏为办事大臣结党阻战并陈日本奸细实情折》（光绪二十年八月二十一日），见《清光绪朝中日交涉史料》卷17，第22页；卷18，第6—8页；《中日战争》续编第1册，第41—43、46—48、65—67、100—101、109—113、126—129、148—149、154—177、184—186、198—203、205—207、226—228、233—235页。翰林院检讨陈存懋的奏折措词稍异，认为"大局终归于和"，但着重论述"能战而后能和"，敦促备战，见《吏部尚书麟书等据呈代奏检讨陈存懋条陈时务折》（光绪二十年七月二十三日），《中日战争》续编第1册，第120—123页。

有人敢倡议讲和，直到现在，如果求和的消息一泄漏，北京的那帮既不明了实情，又没有责任和职守，而专喜欢放言高论的人们，仍旧会一致攻击政府。①

主战派之所以竭力反对议和，主要有两个理由。一是基于儒家的夷夏观念和前朝的和战史事。对于熟读经史的士大夫来说，这些都是烂熟于心的常识，以此立论再自然不过。这一角度的论说，翰林院检讨蒯光典七月二十九日（8月29日）的上奏是一个典型的例子。该折"首斥和议之非"，先引《诗经》若干诗句证明主战的合理，其次博引诸史中"因和亡国"的例子，从秦并六国讲到元灭宋金，最后得出结论："未有以战而亡其国者，未有恃和而不亡其国者。"②

二是基于对东洋小国日本的轻视。战争爆发三天后，赫德写道："现在中国除了千分之一的极少数人以外，其余九百九十九人都相信大中国可以打垮小日本。"③事实的确如此。主战派的上奏，每每将中日两国的国力军力进行不切实际的对比，并得出中国必胜的结论。其中，两江总督、南洋大臣刘坤一八月初十日（9月9日）的上奏很有代表性。这道奏折从陆军、海军、国力、通商四个方面论证中国必胜，因此主张"中倭既经开衅，不宜轻与议和，以

---

① 《1894年10月7日北京去函Z字第六三五号》，《中国海关与中日战争》，第63页。

② 《吏部尚书麟书等据呈代奏检讨蒯光典条陈时务折》（光绪二十年七月二十九日），《中日战争》续编第1册，第154—157页。

③ 《1894年7月27日北京去函Z字第六二五号》，《中国海关与中日战争》，第50页。

申天威，而维国体"。①刘坤一长期出任沿海地区两广、两江的封疆大吏，对于外务理应比翰林之类京官通达得多，却仍然作出了错误的判断。而在日后率领湘军北上之后，他将切身体会到自己的无知。

在八月底之前，由于朝廷并未透露出议和的意图，有关拒和的上奏可以说没有什么针对性，只是在表明立场而已。而在此之后，主战派针对议和之议拿出了自己的斗争策略。

为了对抗列强调停的提议，主战派提出结连外援。此议的谋主，似是风头正健的新科状元张謇。早在七月，他就向座师翁同龢提出过借英、德船只接济驻朝清军的策略，进而主张联英制日。②其日记九月初五日载："与子培（引者按：刑部郎中沈曾植）、仲弢（引者按：翰林院编修黄绍箕）、叔衡（引者按：翰林院编修丁立钧）申议联络英、德。"次日又记："定联络英、德之议。"③至于出头号召的，则是翰林院侍讲学士文廷式和编修李盛铎。④九月初八

---

① 《南洋大臣刘坤一奏为中日既经开战不宜轻与议和折》（光绪二十年八月初十日），《中日战争》续编第 1 册，第 205—207 页。刘坤一由于把话说得太满，在平壤、黄海之败后受到了含蓄的批评。八月二十四日（9 月 23 日），军机处字寄刘坤一，指出其上奏所称的日军"未经大敌，徒饰外观，金鼓一震，心胆俱碎"等豪言壮语"与现在情势迥不相同"，令其严密布置南洋海防。见《中日战争》续编第 1 册，第 260 页。

② 马忠文、谢冬荣编著：《甲午时期翁同龢朋僚书札辑证》，北京：北京联合出版公司，2023 年，第 380、388—392 页。张謇此前曾随淮军将领吴长庆赴朝平定壬午兵变，于朝鲜局势较为熟悉，因此其意见备受翁同龢重视。参见刘禺生：《世载堂杂忆》，北京：中华书局，1960 年，第 104 页。

③ 祁龙威：《张謇日记笺注选存》，第 23 页。

④ 叶昌炽日记九月初八日载："木斋、道希约赴谢公祠，议今晚递联衔封奏，阻款议及邀英人助顺。"徐世昌日记同日载："芸阁、慕斋约到谢公祠议联衔上疏，午后往。"道希、芸阁，即文廷式。木斋（慕斋），即李盛铎。见《缘督庐日记钞（选录）》，《中日战争》续编第 6 册，第 467 页；吴思鸥等点校：（转下页）

日，文廷式邀集翰林院同人在京师城南谢文节祠集会，商议此事。
时为编修的蔡元培在日记中有详细记载：

> 往谢文节祠。文芸阁读学又集同院诸君于谢文节祠，议上
> 封事。传闻前日我遣□国居间与日本议和，日本要台湾，要兵
> 费十九千万，议不成，而彼举倾国之师，取道黄海，其兵舶有
> 自西贡来者，盖法郎西助之云。英圭黎以法倭之合也，颇嫉
> 之。德意志素洽于我，军兴，许我往购军器，其国人任于我
> 者，皆加宝星（二事皆违公法）。此摺请简重臣，结英德伐倭，
> 许以犒师转饟，闻两湖总督张之洞曾议及，无虑二千万云。①

蔡元培所说的国际局势和实际情况相差甚远。法国并未勾结日本，
英国也不会因此嫉妒，德国更无所谓"素洽于我"。但在不熟悉外
务的翰林们看来，"结英德伐倭"的策略倒也显得顺理成章。第二
天早晨，奏折递上，主稿者为文廷式本人。②该折共有三十八名翰
林院官员联名，具衔者包括了前面提到的张、黄、丁三人，沈曾植
由于不是翰林院中人而未列名，但其弟沈曾桐在内。其要点大致如
蔡元培所记载，首先定下基调："自古驭夷之道，不出和、战二端。
能和而不能战，则和亦不可恃；战败而遂求和，则国必不复振。"
随后切入时事，认为"无论如何曲从，而识者知其必出于战矣"。
同时正话反说，委婉拒和："道路传闻，以为赔款割地之举。朕生

（接上页）《徐世昌日记》第1册，北京：北京出版社，2018年，第289页。
① 王世儒编：《蔡元培日记》上册，北京：北京大学出版社，2010年，第21页。
② 《缘督庐日记钞（选录）》，《中日战争》续编第6册，第467页。

民有限之脂膏，蹙祖宗世传之基业，度圣明在上，必不肯出此下策，以偷安一时。"接着征引战国、唐、宋时结连外援的史例，主张联合英德，并称"闻英、德使臣皆已微示其意，湖广督臣张之洞亦经密与商谋，大约不过二千万金上下，便可遵办"。①递折后，具衔（名列第四）的翰林院侍讲樊恭煦被召见，据张謇说"奏对殊不餍人意"。②

此折特别值得注意的是对清流派疆臣张之洞的援引。此前，张之洞曾于八月二十九日致电总署，陈策五条请求代奏。其中最后一条为"联络各国"："英忌倭，实忌俄，颇袒中国。闻德因开战时，倭漏知会，亦不悦倭，似宜结约借助……俄虽与倭亲，倭踞朝鲜亦非所愿，宜加意联结。"③这应当是此折所言的由来。

对张之洞，翰林们还有进一步的动作，意欲召其进京。时任翰林院编修的徐世昌在九月初九日的日记中写道："晨起，倩少泉（引者按：徐世昌内侄）代写奏折（昨日已书一半）。己〔巳〕正进城谒徐荫师（引者按：翰林院掌院学士徐桐），请代上单衔封事，久谈。到范孙（引者按：翰林院编修严修）处小坐，又谒麟芝师

---

① 《翰林院文廷式等奏请密连英德以御倭人折》（光绪二十年九月初九日），《清光绪朝中日交涉史料》卷 21，第 24—25 页。
② 祁龙威：《张謇日记笺注选存》，第 23 页。据说樊氏在等待召见时被徐用仪"责其不附和议"，见《请敕徐用仪明白回奏片》，《散木居奏稿》卷 1，台北：华文书局，1968 年，第 22—23 页。
③ 《致总署》（光绪二十年八月二十九日申刻发），苑书义等主编：《张之洞全集》第 3 册，石家庄：河北人民出版社，第 1993—1994 页。所谓"德因开战时，倭漏知会，亦不悦倭"纯属讹传，日本在对华宣战时并未忘记通知德国，见《德国公使致陆奥外务大臣函》（1894 年 8 月 1 日），《中日战争》续编第 9 册，第 333 页。

（引者按：翰林院掌院学士麟书）。重到荫师处封折，由署中笔政代递，傍晚归。"次日又写道："子刻即起，进内上封事，请召张之洞咨询大计（两李［掌］院领衔）。"①当天即有上谕："张之洞著来京陛见，湖广总督著谭继洵暂行兼护。"②

　　这一人事变动无疑与联外之议有关。对此，时人多认为张之洞将会进入军机。如他的资深幕僚王秉恩电称"闻电旨入觐，是师帅当入枢，可为朝廷天下贺"，台湾布政使唐景崧也表示"公内召见明文，此行必秉国钧，大局可振"。③但是，张之洞一直没有动静。此时的军机处可谓是非之地，一旦入枢，便会直面和战之争。以他的精明，不会轻易涉足其中，因此使出了拖字诀。十月初四日，又有电旨催张来京。张之洞次日回电，声称饷械、工厂等事务繁忙，是以未动身。同日又有电旨："刘坤一著即来京陛见。两江总督著张之洞署理，迅赴署任，毋庸来京。"④刘坤一是与张之洞同样被主

---

①　《徐世昌日记》第1册，第289页。徐世昌折见《退耕堂政书》卷1，台北：文海出版社影印本，1968年，第19—23页。

②　《光绪宣统两朝上谕档》第20册，第447页。

③　《广州王守来电》（光绪二十年九月十四日申刻发，亥刻到）、《台湾唐藩司来电》（光绪二十年九月十六日亥刻发，十七日未刻到），《张之洞存各处来电》第13函第3册，所藏档，甲182-125。

④　《总署来电》（光绪二十年十月初四日亥刻到）、《致总署》（光绪二十年十月初五日午刻发）、《总署来电》（光绪二十年十月初五日戌刻到），《张之洞全集》第3册，第2002—2003页。有说法称"有诏召之洞入觐，有尼之者而止。"（贺培新辑：《徐世昌年谱》，《近代史资料》第69号，第16页）所言不确。另外，张之洞族侄孙（张之万之孙）张达骧与张之洞幕僚李葆恂之孙李石孙曾撰文陈述张之洞事迹，内称："是年九月初十，张之洞奉旨着即来京陛见。半月多以后，他仍无动身准备。南皮同乡时常往来于北京、湖北之间的人很多，他们在京传布说：'四大人（引者按：指张之洞）见到召见圣旨以后，时常蒙被而卧，有时痛哭流涕。'当时任军机大臣的他的族兄张之万也听到这样的话，因于（转下页）

战派看好的疆臣，他的内召颇有李代桃僵的味道，张之洞就此脱身。①

　　相似的情形，几年后又曾发生过两次。光绪二十四年（1898）春，张之洞的门生杨锐及杨氏友人刘光第由于不满中枢疲弱无力，策动大学士徐桐奏请召张之洞进京，旨准。而张氏先是回电推搪，遭到严旨斥责之后不得已才起程。行到半路，因沙市事件引发对日交涉，奉旨折回处理，正中他的下怀。几个月后，又有不少官员奏请召张入京，其动机多半是不满百日维新中走红的康有为一派。这些奏请则因戊戌政变的发生无疾而终。②至于张之洞此时的态度，仍与前两次如出一辙。③他的为官之道实在是太谨慎了。

　　在九月初九日文廷式等人联衔折递上的前一天，礼部右侍郎志锐亦奏称联英拒日可转败为胜，与文折互相呼应。志锐与文廷式交情匪浅，事先很可能有过协调。志折的观点与文折大体一致，而看

（接上页）十月初四上谕'奉旨前谕张之洞来京陛见，日久未接复电，著即迅速启程北来，毋稍延缓。'录此备考。见张达骧、李石孙：《张之洞事迹述闻》，《文史资料选辑》第99辑，第76页。

① 关于张之洞署理两江总督一事，参见韩策：《江督易主与晚清政治》，第101—103页。

② 茅海建：《戊戌变法史事考》，北京：生活·读书·新知三联书店，2005年，第188—194、211—217页；同氏：《戊戌年徐桐荐张之洞及杨锐、刘光第之密谋》，《中华文史论丛》2007年第4期；《"张之洞档案"阅读笔记之五：张之洞与陈宝箴及湖南维新运动》，《中华文史论丛》2011年第3期，第274—279页；《戊戌变法的另面："张之洞档案"阅读笔记》，上海：上海古籍出版社，2014年，第54—74页。

③ 戊戌政变前几日，张之洞接到在京幕僚钱恂来电，得知袁世凯准备奏请召他进入军机，于是回电力阻："袁如拟请召不才入京，务望力阻之。才具不胜，性情不宜，精神不支，万万不可。"见《致京钱念劬》（光绪二十四年八月初三日辰刻发），《张之洞全集》第9册，第7654页。

上去更加言之凿凿："奴才昨倩与赫德相熟之人到彼探询。据赫德云，英国现有兵轮五十二号在中国海面，若请相助，必能为力。"他还指名主张"密请懿旨，专责恭亲王一人办理"。①当日，志锐被召见。②

志折当天专交恭亲王。对于文折，当日军机处也提出"拟俟臣恭王今日传询赫德后再行商酌覆奏"。③但赫德并未支持两折的观点。九月初八日孙毓汶、徐用仪会见赫德，后者否认英国军舰可为中国所用。次日，恭亲王亲自会见赫德。二人会谈的情况不详，但根据翁同龢初十日的日记能猜到一二："恭邸有起。（大氐〔抵〕著重赫议，余坚不与闻也。）"④"赫议"的内容应该与调停有关，故翁同龢"坚不与闻"。这次联外之议，就此告吹。其实，这一策略当时在朝中也并没有被广泛认可。时任翰林院编修的叶昌炽在九月十一日（10月9日）的日记中写道："闻联英之议，岩岩者俱以为引狼入室，深闭固阻。"⑤但在此后，借助外力作为一根屡弃屡拾的救命稻草，仍被主战派诸臣一再提起。

比起频频上奏的主战派，主和派的势力要薄弱得多，简直难以

---

① 《礼部侍郎志锐奏为联英拒日可转败为胜折》（光绪二十年九月初八日），《中日战争》续编第1册，第319—320页。
② 《翁同龢日记》第6卷，第2781页。
③ 《军机处奏阅商发下电报折件拟缮谕旨进呈片》（光绪二十年九月初九日），《清光绪朝中日交涉史料》卷21，第29页。
④ 《翁同龢日记》第6卷，第2781—2782页；同书第8卷，第3760页。
⑤ 《缘督庐日记钞（选录）》，《中日战争》续编第6册，第467页。岩岩，山石堆积之貌，比喻大员，典出《诗经·小雅·节南山》："节彼南山，维石岩岩。赫赫师尹，民具尔瞻。"本诗的主旨是讥刺周太师尹氏。由此观之，叶昌炽似不赞成"岩岩者"抗拒联英的主张。

称之为"派"。他们的首脑，是孙毓汶与徐用仪。孙毓汶，字莱山，山东济宁人。他与翁同龢同为咸丰六年会试鼎甲，金榜题名时棋差一着，屈居榜眼。一般认为，他是甲午战争时期翁同龢在朝中的头号政敌。翁同龢日记中，确实也有不少二人争论的记载。不过，不宜将翁、孙的对立看得太绝对。两人是世交兼同年，同样喜爱书画，此前的私交颇为密切。从中国社会科学院近代史研究所藏孙毓汶存札可以看出，即使是在战争期间，他们的往来也很频繁。翁同龢时常写信向孙毓汶咨询意见、探问病情，信中曾有"老弟国之柱石"的赞誉，甚至称对方"吾师"，恐怕不能一概以客套恭维视之。①

孙毓汶的仕途经历也和翁同龢很近似：同样出身官宦世家，一直在京官上迁转，甚至背后都有一位当过上书房总师傅的父亲。据说，咸丰皇帝当年对这两位帝师子弟分占一甲一、二名很高兴，认为是一段佳话。②此外，他们都与醇亲王走得很近。甲申易枢之后，醇亲王取代恭亲王主持朝政，孙毓汶也进入中枢，尽管起初只是资历最浅的"挑帘子军机"，但很快成为军机处实际上的当家人。颇有记载称，他参与了易枢的幕后策划。亦有证据表明，翁同龢可能也有份。③

---

① 虞和平主编：《近代史所藏清代名人稿本抄本》第一辑第 40 册，郑州：大象出版社，2011 年，第 2—26 页。石泉先生早已指出，翁孙两人"久为世交，私谊颇厚"。不过，先生也认为两人在甲申易枢之后日渐疏离，"醇王死后，冲突尤甚，下迄甲午，乃成水火"，用词似乎有些过当，见氏著：《甲午战争前后之晚清政局》，第 47 页。

② 《松禅自订年谱》，《翁同龢集（增订本）》第 4 册，第 1653 页。

③ 石泉：《甲午战争前后之晚清政局》，第 43—44 页；姜鸣：《龙旗飘扬的舰队——中国近代海军兴衰史》上册，第 172 页。

易枢后孙毓汶权势之煊赫，从光绪十六年（1890）樊增祥致张之洞的一通信函可见一斑：

> 近有一人引见来京，馈大圣六百（大圣见面不道谢），相王半之（道谢不见面），洨长二百（见面道谢），北池一百（见面再三道谢），其腰系战裙者，则了不过问矣，时人以为得法。①

此函列举了一个进京官员对诸军机大臣的馈赠数目与对方的态度。用当时的习语来说，谁"红"谁"黑"一目了然。"相王"指军机处领班礼亲王，"洨长"指许庚身（东汉许慎曾任洨县长），"北池"指张之万（家住京师北池子），"腰系战裙者"指额勒和布（时人以"额勒和布"与"腰系战裙"作"无情对"），而"大圣"则是孙毓汶。这个代号既用《西游记》典故扣住孙姓，又暗示他在朝中神通广大。另一方面，张之洞的门生兼幕僚杨锐则在电报中用"性恶"代指孙毓汶。"性恶"典出荀子的性恶说，荀字与孙字古音相同，

---

① 黄濬：《花随人圣盦摭忆》上册，北京：中华书局，2008 年，第 386 页。按，此函末署"九月十三日"，无年份，黄氏考定为光绪十六年，石泉先生引用黄著所收此函时写作光绪十五年，但未作解释（氏著：《甲午战争前后之晚清政局》，第 45 页），高阳先生亦认作光绪十五年，并有详细考释（氏著：《柏台故事》，北京：华夏出版社，2004 年，第 224—231 页）。高著的考释有精于黄著之处（如考证"高密"非荣禄而是邓华熙），但对年份的判断仍以黄著为是。最关键的证据是，函中有"苏鄂对调"一语，而光绪十六年八月十三日（1890 年 9 月 26 日）江苏布政使黄彭年与湖北布政使邓华熙对调（见《光绪宣统两朝上谕档》第 16 册，第 248 页）。高著对"苏鄂对调"有深入的分析，可惜未能扣住关键的时间。

荀卿（荀子）又称孙卿。这个代号无疑昭示了张之洞一系对孙毓汶的憎恶。①

徐用仪，字吉甫、筱（小）云，浙江海盐人。他出身举人，长期担任军机、总署章京，累迁至吏部左侍郎，光绪十九年（1893）在军机大臣上学习行走，本年六月光绪生日那天正式补授军机大臣。他得以进入枢垣，缘自孙毓汶的提携，但远不像孙毓汶那样精明强干、善于揽权。时人对他的评价是"官京师四十余年，畏慎小心，遇事模棱，有孔光、冯道之风"，"工小楷娴例案，他无一长，

---

① 杨锐烟台换约后曾致电张之洞："昨戌刻换约，辽旅全退。法保护台，尚有曲折，须许界务商务利益，方有济。性恶通内，雠视言官，尤忿三国助华，搅散和局，恐以鼓动各国为谗。前电请公勿争，即是此意。文请假，沈力孤，无大效。公呈未递，承问感悚。月底出京。■■（引者按：两字涂黑）。啸。"见《北京来电》（光绪二十一年四月十七日酉刻发，十八日未刻到），《张之洞存各处来电》第 20 函第 2 册，所藏档，甲 181-132。据电报原件，涂黑两字为"锐禀"，见茅海建：《"张之洞档案"阅读笔记之二：张之洞与杨锐的关系——兼谈孔祥吉发现的"百日维新密札"作者》，《中华文史论丛》2010 年第 4 期，第 130 页。茅先生在该文中已指出"'性恶'，似指孙毓汶等人"，后来又在修订版中具体诠释了"性恶"的隐喻，见氏著：《戊戌变法的另面："张之洞档案"阅读笔记》，第 149 页。
　　根据对"性恶"的解读，还可破译另一通电报中的暗语。张之洞在《马关条约》签订后曾致电刘坤一的幕僚易顺鼎："时局如此，阁下有何良策？朝士有何嘉谋？当道如何补救？祈速示。洞。俭。"易氏回电："俭电谨悉。廿五入都上书，请迁、请守、请邸督师，保倭不犯。联外援俄、法，断内应荀、斯。不报，将归去。鼎叩。盐。"其中"荀、斯"两字上画圈，表示收电者怀疑两字有误。见茅海建：《戊戌变法史事考二集》，北京：生活·读书·新知三联书店，2011 年，第 116 页。这里"荀"即指荀子，影射孙毓汶。"斯"应指李斯，影射李鸿章。所谓"断内应荀、斯"，是易顺鼎光绪二十一年四月初八日（5 月 2日）呈文（次日由都察院代奏）中的主张，内称："一曰绝内应。李鸿章者，日本之内应也。孙毓汶者，又李鸿章之内应也。"见《河南候补道易顺鼎呈文二》，《清光绪朝中日交涉史料》卷 42，第 16 页。

当官烟视媚行，守亦非洁"。①

其时世论，"以骂洋务为清流，以办洋务为浊流"②，孙毓汶和徐用仪自然被划归"浊流"之列。两人的为官操守都不高明，这个"浊"字谥得不冤。不过，他们担任总署大臣都已将近十年，比较通达外务，清楚中国没有胜算，因此才会冒着极大风险主张议和。第一章里曾引用的吕海寰自订年谱说，当时"清流主战，洞达时事者主和"，代表了总署中人对和、战两派的一种看法。

有这种见识的不仅是孙、徐这样的高层人物，也不限于吕海寰这样的洋务人才。梁漱溟的父亲梁济向来喜好兵家学说，勤读戚继光、胡林翼著作。他当时在北京做塾师，开战后曾向世交长辈孙毓汶上书，认为"近日兵事蹉跌，由于承平日久，节制不精之故"。论述军事问题之后，他总结道：

> 今日之兵似已胆寒气馁，欲使之杀敌致果，齐力向前，须有廉劲忠诚，而又才大如海，心细如发，能陶熔战士者为帅，认真训练，剔除其弊，鼓励其心，蓄养其气，壁垒坚固，方可以言战。但转弱为强之事，其中亦有次第，断非仓猝所能奏功。目今事已临期，思之万分可虑，似又宜以屈为伸，乃克有

---

① 陆玉芹：《穿越历史的忠奸之辨：庚子事变中"五大臣"被杀研究》，北京：中国社会科学出版社，2010年，第89—91页。陆著称"徐用仪是孙毓汶的堂叔孙楫的门生"，误。孙楫是孙毓汶堂侄（孙毓汶堂兄毓溎之子），但年纪较孙毓汶为长。徐用仪入军机处的时间，见《光绪宣统两朝上谕档》第19册，第300页；第20册，第378页。
② 《与陈右铭方伯》（闰月十一日亥刻），徐寿凯、施培毅校点：《吴汝纶全集》第3册，合肥：黄山书社，2002年，第103页。该函写于光绪二十一年闰五月。

所济也。①

梁济建议"以屈为伸"，委婉地主张议和。他日后倾心新学，但此时
对日本未必有太多了解。至于对整军经武的见解，也脱不出几百年
前戚家军的范畴，丝毫不涉西法。但是，他能意识到清军的步伐纪律
与枪炮器械都不如日军，比起那些盲目放言清军必胜或发明种种荒唐
战法的官员，见识已经高出了一大截。他自己也在日记中批评道：

> 数月来对奏虽多，而条陈兵事真知形势深中要害者绝少，
> 皆不察其致败之由，不知其兵不堪用之故。而盈廷皆督战责效
> 之人，无日不催进兵，无日不请招兵增兵调兵，以为招集多
> 营，遂足以壮声威而侮敌也。夫以新集冗杂之兵而尝试精锐方
> 张之寇，此何事哉？真不知彼我形势之大者矣！况营愈多则机
> 绪愈乱，将领那能一心？号令难周，犹治丝而棼之也。②

对梁济的上书，孙毓汶想必是欣赏的。不过，在主战派的滔滔声势
之下，这样的言论无人敢于陈奏。于是，主和派只能选择其他渠道
为议和营造舆论。

张謇日记九月十一日载："闻浙人有上恭邸书，请上忍辱受和

① 梁济上书原件见《近代史所藏清代名人稿本抄本》第一辑第40册，第568—
569页。该件无日期，似附于前一件信函（日期署作"冬月十二日"即十一月
十二日）之后。梁济年谱亦有收录，见《桂林梁先生遗书》，中国文化书院学术
委员会编：《梁漱溟全集》第1册，第568—569页，其内容与原件多有出入，
所据可能是梁家所藏底稿。
② 《桂林梁先生遗书》，《梁漱溟全集》第1册，第569页。

者，发端先引明与我朝事。"次日又载："知昨闻果实。领衔者编修
戴兆春，主稿者孙宝琦，与其事者孙宝瑄、夏敦复、夏偕复、姚诒
庆、汤寿潜、陈昌绅等十四人，皆杭、嘉、绍人，军机徐用仪嗾之
云。或谓军机孙毓汶之子楗嗾之。"①叶昌炽日记九月二十三日（10
月 21 日）载："闻本月十四日枢臣某嗾其乡人联衔递议和说帖于恭
邸，为瑞景苏前辈所劾。"②枢臣某即徐用仪。按张、叶二人的说
法，这次上书是徐氏利用同乡关系组织起来的。瑞景苏即国子监司
业瑞洵，他于九月二十一日（10 月 19 日）上奏斥责戴兆春等人，
"请严旨申诫，以杜莠言乱政之渐，或即敕令恭亲王指名奏参，用
昭惩戒"，并有附片称上书系徐用仪授意，请求命令徐氏"明白回
奏"。据他说："闻浙江京官上恭亲王之书系出军机大臣徐用仪授
意，先令呈递封奏，继以樊恭煦等不以为然，众多引去，余十四人
遂改为上书。"③九月十三日，江南道监察御史张仲炘上奏，内称：

---

① 祁龙威：《张謇日记笺注选存》，第 24 页。杭、嘉、绍，即余杭、嘉兴、绍兴。
② 《缘督庐日记钞（选录）》，《中日战争》续编第 6 册，第 468 页。
③ 《国子监司业瑞洵奏请严旨申诫与倭言和折》（光绪二十年九月二十一日），《清
　光绪朝中日交涉史料》卷 22，第 12 页。附片即《请敕徐用仪明白回奏片》，
　《散木居奏稿》卷 1，第 22—23 页。该片未标日期，军机处《随手登记档》亦
　无记录，根据内容应系于此折之后。瑞洵本人的记载可为佐证："九月二十一日
　具奏和议渐滋有妨战事请旨申诫折。同日附奏浙江京官上书恭亲王一节系军机
　大臣徐用仪授意据实劾参片……以上留中。"见《瑞洵笔记》，所藏档，甲 205。
　《散木居奏稿》整理者从台北故宫博物院检出了这件奏片，但认为编者所标日
　期（光绪二十年九月二十一日）"未确"，而根据《随手登记档》光绪二十一年
　四月初九日有瑞洵上奏记录，将该片系于此日，不确，见瑞洵著，杜宏春校证：
　《散木居奏稿校证》，北京：商务印书馆，2018 年，第 25—27 页。其实，《随手
　登记档》光绪二十一年四月初九日仅记"司业瑞洵折一"，未载附片，显然与
　该片无关，见中国第一历史档案馆编：《清代军机处随手登记档》第 142 册，北
　京：国家图书馆出版社，2013 年，第 234 页。

"外间谣言四起，佥谓款议将成；又谓军机大臣徐用仪嗾使其同乡联名上书，意主求和而罢战。"①所指也是此事。此外，蔡元培也在日记中记载："军兴，劾军机、北洋者不一，而编修陈昌绅集朝士十余人（大都浙西人也）上书恭王，大抵主张和议，而诋言者集矢合肥之非，有曰自古至弱之国有以战而亡，未有以和而亡者。乌呼，是何言与！昌绅自言由军机大臣授意。阅日，御史张仲炘揭奏谓议和可杀，军机持和议不自奏闻，而授意党人，使上书亲王，其意叵测，尤可杀不赦。"②

不少论者注意到了这次上书，但皆根据侧面材料，没有引用原始的上书内容。我在《光绪朝朱批奏折》中发现了这份上书的原件。③由于其内容较为重要，在此将全文抄录标点分段如下：

翰林院编修戴兆春等叩首上书。王爷殿下：窃惟近日军威大挫，敌焰日张，传闻倭人增添陆兵九万人，用水师铁舰护送，直攻山海关，专意注重京师，大局岌岌可危。中国兵单饷绌，船械俱乏，战守二者万不足恃，不待智者而始知。都人士愤惋窃叹，私居议论，或多以和议为然，顾尚未敢有昌言于皇太后、皇上之前者。伏惟殿下勋旧懿亲，出持大计，以宗社生

① 《江南道监察御史张仲炘奏请严申军令以固防守折》（光绪二十年九月十三日），《清光绪朝中日交涉史料》卷21，第34页。
② 《蔡元培日记》上册，第25页。
③ 中国第一历史档案馆编：《光绪朝朱批奏折》第119辑，北京：中华书局，1995年，第752—754页。原件无日期，编者定为十月，不确。关于此次上书，参见拙作：《甲午战争期间浙江京官上书恭亲王考》，《西部史学》第5辑，2020年，第62—69页。

灵为重,除权宜议款外,别无长策,固已在殿下远谋深虑之中,似万万无待于刍言。而兆春等鳃鳃过计,窃意殿下上顾宗社,下畏清议,两者兼权,或至持重不发。而枢垣、译署诸臣亦明知事势宜然,断不敢冒天下之不韪。事机已间不容发,而濡忍不决,贻误非浅。

殊不知和之一字,为南宋以后诸儒之第一恶名,而南宋以前无此成见也。三代以下,主战亡国者有之,未有以主和而遽亡其国者。汉高以三十万困于平城,非娄敬之策,汉社已屋;先主败于猇亭,吴蜀不共戴天,而武侯卒不与吴争,后人无讥其忘仇蒙垢者。唐回纥、吐蕃辱肃、代、德三宗极矣,而汾阳、邠侯皆议主款。及北宋之寇莱公、范文正公、富郑公、司马温公于辽于夏,无不议和。神宗践阼,富公即云:"愿陛下二十年口不言兵。"此十数公者,岂皆古来无气男子哉?诚知其时其势,皆有所不可耳。迨辽金构衅,航海夹攻之邪说起。蔡攸、童贯思恢复幽蓟之奇功,横挑边衅,宣和因而北辙;韩侂胄希不世之勋,一战而要领不保,金人以忠缪谥之。此非古事利害之昭昭者乎?

然征引古事,犹不如称述本朝我太祖高皇帝之肇兴东土也。以明人陷害我景祖、显祖之仇,起兵伐明。萨尔浒之战,破明兵七十余万,然一胜之后遂降志忍辱,修书通好。太宗文皇帝之世,国势日强,无坚不摧,乃犹遗明帝书,愿修和好,至于十余次之多。而明之君臣执迷不悟,屡以倾国之师出关来犯,力屈于东,是以祸延于西,以致不可收拾。窃谓国家此时,正当以明之不肯言和者为殷鉴,而以我太祖、太宗之待明者待日本。夫以日本灭我朝鲜之憾，断不如明人害我二祖不共戴天之甚。以今日吏治、军政之不举，万万不如国初之强盛。乃太祖、太宗犹屈意言和，数十年之中，爱民如子，惟专以求人才，讲武备为务，大智大勇，卒雪大耻。则我今日万不得已而与日本议抚，困心衡虑，奋然振作，岂有将来不可以报仇雪耻乎？

且我见屈于日本，徒见日本之强，亦知当日日本之见屈于他国乎？同治元年至三年，英与法美诸国屡以与日本小嫌，合力攻击，逼偿兵费至三千万之多，日人乃甘心受之。明治改元，奋然崇尚西法，百务具举，尝贷洋债至二万余万，整顿商务、货价、进出口。比较十年之中，共赢洋银二千三百余万元，洋债次第归缴，国势日盛，泰西诸国亦不敢侮。设使当日日人惟务气矜，轻于一掷，则源氏已不血食矣。故以自古及今之有国家者言之，往往当积弱之后，和则犹可图存，战则日濒于危。而以本朝之开国言之，祖宗躬抱大恨，势处全盛，犹且降心修好，从不肯轻于一战。而以今日之时势言之，日本为英所陵逼，而日本因此转弱为强，尤为目前指点，万勿以权宜言和为可耻也。

我皇上聪明天亶，秉承皇太后懿旨，当此安危呼吸之际，自有圣谟广运。特恐言事诸臣非不忠义奋发，徒执一定之理，不知事势之急，犹有以始终主战之说淆惑圣听者，则为患滋亟矣。惟殿下仔肩独任，寸衷之所执，万夫非之而不挠，迅速敷奏，机在旦夕。九庙在天之灵，实式冯之。兆春等岂不知附和战说以为名高，又岂不知自安缄默，惟念大局日亟，故不避斧

> 钺之诛，冒死上陈，伏乞鉴察。翰林院编修戴兆春、陈昌绅、
> 姚士璋，刑部主事钱能训、徐宗溥、夏敦复、孙宝琦，工部主
> 事金蓉镜、周颂、夏偕复、孙宝瑄，国子监学正、学录姚诒
> 庆，候选知县汤寿潜、李鹏飞同拜上。

如此直言不讳地发表主和言论，在甲午战争期间极为罕见。从形式
上看，这份呈文与许多主战奏疏一样，也是一篇书生气息极浓的文
章，处处引用前朝史事。但截然不同的是，它将前朝史事用作主张
议和的论据，甚至认为儒家以和为耻是南宋以后的"成见"。①另
外，它也提到了敌国日本的情况，但并未得出日本必可战胜的结
论，而是指出了日本在幕末时代被欧美列强逼偿军费，而后革新自
强的前鉴，从而为议和张本。②

　　无疑，如此上书是要担不小风险的，瑞洵、张仲炘的参劾就是
明证。前引张謇日记中的"发端先引明与我朝事"一语，也暗藏着
杀机：将明朝与建州女真（后金）的和战史事拿来和今日之事做类
比，是很容易被指责"比喻不伦"进而扣上一顶"大不敬"帽子
的。不过，瑞、张的两折一片均未起到作用，可见中枢此时实在没

_____

① 曾国藩早有类似观点，同治九年十二月初二日（1871 年 1 月 22 日）致李鸿章
　函中指出"自宋以来，君子好痛诋和局而轻言战争，至今清议未改此态"，见
　《复李鸿章》（同治九年十二月初二日），汤效纯等整理：《曾国藩全集》书信十，
　长沙：岳麓书社，1994 年，第 7337 页。
② 这里所指的应当是文久三年至元治元年（1863—1864）英美法荷四国与长州藩
　之间进行的"下关战争"，长州藩战败后被迫赔偿三百万美元（由幕府承担），
　参见（日）信夫清三郎编，天津社会科学院日本问题研究所译：《日本外交史》
　上册，北京：商务印书馆，1980 年，第 96—97、102—103 页。呈文中所言时
　间与赔款金额有误。

有高调斥和的底气。

在和、战两派之外，还有人持折衷的观点。李鸿藻存札中收有一份翰林院编修黄曾源请求代奏的呈文，根据内容，应写于八月二十七日（9月26日）义州弃守至九月二十八日（10月26日）九连城陷落之间。[①]这份呈文起首写道：

> 翰林院编修黄曾源为敬呈管见恳乞代奏事：窃维倭人败盟，言战言和，纷如聚讼。言战者观于甲申之事，谓能战而后能守，能守而后能和，必百战而气不衰，乃可杜要求而消觊觎。以此言战，战其要也。而其究也，快一时之论。问所以为战者，百无可恃。战而胜，国之福。不胜，则祸败随之。彼谓战为孤注者此言也。言和者虑及庚申之变，谓先立于不败以待敌之可胜，倘一战而力难自振，势必多需索而费调停。以此言和，和其急也。而其弊也，求旦夕之安。其所以为和者，示弱召寇，一时之计，百世之忧。有以和为诟病，彼亦无辞以解也。窃尝综观全局，以为和不可轻言，战亦不容尝试也。何也？义州一役，军火器械堆积如山而犹不能固守。溃败而归。今以屡败之卒当新胜之虏，以初练之兵当方强之寇，宋庆固足以办事，能保卫汝贵、叶志超辈不蹈义州故辙乎？且也牙山不保，退而义州；义州不守，退而九连城。九连城乃奉天疆圉，万无可退矣。无可退，欲侥倖一战以成功焉，不可也。

---

① 《李鸿藻存稿（外官禀）》第1函第1册，所藏档，甲70-10。

黄曾源声称既反对战，又反对和，可谓独树一帜。呈文接下来写道：

> 然则如之何而可？曰在守险以出奇，用间以伐交。军志有之曰：知此知彼，百战百胜。又曰：势均斗力，相悬斗智。我军新败，炮火不逮于倭也明矣。然相持于平原旷野之间，则彼长而我短；相薄于险阻山林之际，则枪炮无所施其技，惟勇者胜耳。今宜严饬诸军以重兵守险，以轻兵为游骑。守险必镇定如山岳，虑敌以精骑突我也。游骑必瞥忽如风雨，败以全师为功，胜不以穷追为勇，虑敌以佯败诱我也。布置既定，然后更番出扰，相机而进。倭虽强，不过三岛。以三岛之地养数万之兵，进不能战，退不能守，行将自毙矣。
>
> 且倭于义州之役不敢乘势长驱者，意自有在。一则朝鲜新附，变故堪虞。一则俄之耽耽于其旁者，情若相助，意实相图。倭之兵守国几何，守朝鲜几何，其可战者又几何。聚之则多，分之则少，显而易见也。今倭顿兵不进，意者欲用鲜人以为战乎？用鲜兵，用鲜粮，倭于是乃可旷日而持久。倭能持久，非我之利。故济守险出奇之穷者，非用间以散倭鲜之交不可也。
>
> 且夫今日之天下，一纵横捭阖之天下也。地球之国，俄为大，英德美法次之。俄之争土耳其也，英合诸国以拒之，英非私于土也，恐封豕长蛇，荐食不已，势必终及于己也。俄以不得志于西也，遂有意于东，频年以来经营铁路，识者忧之。而不敢为戎首者，虑诸国之议其后也。今倭之猖獗如此，或谓俄

为之助，然事机未露，未便显言。而不得不虑者，窃恐倭事不解，俄必耀兵境上，假守望之助，肆侵轶之谋。斯时我之兵力不能兼顾，拒之则启衅端，许之则多后患。回疆之事，殷鉴不远，虽有智者不能善其后。故俄之可虑尤甚于倭也。然而俄强而印度危矣。以大局论，英固不容以坐视，宜遣亲信重臣以危辞说英，以巽语和俄。英耸于利害，俄迫于公论，德美法诸邦亦乐于行成，而商务不坏。倭虽狡，能违诸国以病我乎？且倭谍纵横，闻我邦交既固，彼必渐起猜疑。俄倭百相交，百相欺，苟得西洋诸国以鹬蚌渔人之说告之，倭必悔悟而罢兵归矣。

抑有请者，风闻朝鲜无事之日，李鸿章曾请以朝鲜为公保之国。百战得之，弁髦弃之，虽在至愚，亦知不可。而今非其时矣。今之朝鲜，非百战不足以复之。复之必增防而添兵，添兵必增饷，疲中国以保朝鲜。而主客或不相安，即予外人以抵攻之隙，盖我不能夷朝鲜为郡县，即不能禁他国之相欺。蕞尔朝鲜，不入于倭，必入于俄，势也。朝鲜失而东三省肩背寒矣。窃以为公保之说行之曩日为损威，行之今日为妙算，势有不同也。诚以朝鲜为公保之国，朝鲜存而我有兴灭继绝之名，一便也。以公保之说为饵，彼西洋乐得为保护，则其为我也必多，二便也。倭人假此以为名，欲食其言而不得，即以此杜倭之要求，三便也。俄虽强，同得保护之名，欲生异议不能也，四便也。又于公保朝鲜之和约必声明永远作为战外公地，各国不得于此屯兵，则朝鲜安而东三省永固矣，五便也。是或舍经从权之一道也。且尤有虑焉，承平日久，军政废弛，义州之

　败，新闻纸不无遗议。诸将非新到防者，何以毫无布置，不守
　险而凭城，是自败之道也。宜密查致败之由，如有退缩情事，
　加以不测之威，怯者去则勇者奋，军政肃而国势张，是又先声
　夺人之一助也。愚昧之见，谨具条陈，伏乞代奏。谨呈。

黄曾源提出的建议是"守险以出奇，用间以伐交"。其实，前者仍
属于"战"的领域，后者也可归入"和"的范畴。他只主张扼守险
要，不像众多主战派那样大谈如何击败日军，屡战屡败的军情无疑
已让他看穿了清军的疲弱。不过，"守险"的建议似无多少价值可
言：此前清军守平壤，守鸭绿江，皆有险要可扼，却皆以溃败告
终。他自己对此恐怕也无太大把握，论述草草几句，读起来并没有
什么说服力。

　　相比之下，他用了几倍的笔墨论述"用间"，对此的期望显然更
大。一则主张"用间以散倭鲜之交"；二则试图游说列强劝日本罢
兵；三则依照李鸿章以往对朝政策的思路，希望由列强"公保"朝
鲜。然而，当时的日朝关系建立在武力控制的基础上，根本不是清
政府"用间"可以影响的。至于游说列强规劝日本与保护朝鲜，和
主战派的联外攻日之议一样，也完全是一厢情愿的想法。不过，既
然认定战无可恃，又不肯议和，惟一的出路也只剩下求列强出面了。

　　根据清宫档案，这份呈文似未代奏。明言清军不堪一战，显然
不合主战派的口味。①

---

① 军机处《随手登记档》中未见代奏记录。黄曾源是翰林院编修，若代奏应通过
　翰林院。此时的翰林院掌院学士由吏部汉尚书徐桐和满尚书麟书兼任，（转下页）

四、调停的继续与失败

日军分两路踏破国门之后，战场局势骤然紧迫，北京城里也切实感受到了战争的威胁。在此之前，京官已纷纷挈眷出京避祸①，至此更是一发不可收拾。张佩纶在十月十二日（11月9日）的日记中写道："都下迁徙纷纷，人心涣散，可叹。"②同一天，刘光第也在家书中写道："现在事机危迫，各省京官纷纷出京，几于十室九空，流散情形，不堪目睹！"③户部主事王清穆则记载，京师社会

（接上页）其中后者是好好先生，容易说话［据曾任吏部司员的何刚德记载，"相国（引者按：指麟书）人本圆通，遇事好通融"，见何刚德：《春明梦录》，北京：北京古籍出版社，1995年，第122页］，而前者是著名的守旧派，一向主张对外强硬。拒绝代奏，应是徐桐的意见。

① 梁济在九月初五日的日记中写道："日本兵尚在高丽境内，中国全境晏然，而京官挈眷迁徙出京早避者至一二百家。旬日之间，各省京官聚其所亲商议行走，江、浙、广、楚、汴之人尤多。或将衣箱书籍等物先运回南，或仓皇逃走，弃官不要，轻举妄动种种不一。足见其心中之不深沉凝重，并不知真正情形，妄为测度，竟说出传檄而定。此国必亡，浮浅嚣卌至于此极。温州黄负一代伟人之名，而早早令其眷属逃难。顺德李为满朝文人所崇拜，而虑及随扈，又虑及书籍遭楚人之炬。似此胆小无识，唯知全身家保妻子，国家要此负重名之大臣究有何毫末之益耶？又有两贤极关切余，谆谆劝余云：'尔老母在堂亟宜戒涂远避。'余极感其古道仁心，而心知事固不至于此。此人盖未思寒士从何措一二百金之路费，而避此无影无踪之祸？诸公既慷慨言事，何不以险境练胆识，而视身家如此甚重？"见《桂林梁先生遗书》，《梁漱溟全集》第1册，第570页。温州黄，即清流健将黄体芳。顺德李，即礼部右侍郎李文田。平心而论，如果官员只是搬眷出京而非本人出逃，似不必如梁济这样责备过甚，毕竟这是人之常情。但许多京官一面"慷慨言事"，对战事似乎自信满满，一面又作此举动，无论如何也是言行不一的表现。

② 《涧于日记（选录）》，《中日战争》续编第6册，第488页。

③ 刘光第致刘庆堂函，光绪二十年十月十二日，《刘光第集》编辑组编：《刘光第集》，北京：中华书局，1986年，第255页。

得知日军渡过鸭绿江后，"一时讹言纷起，跟跄出都者车辆日以数百计，外城居家几十室而去其六七，殊属骇人"。他认为，这是因为官员起了带头作用："推其故，皆由政府大臣、司员中眷属潜避出京，先去以为民望，遂使闻者惑而滋惧"。①

在众多京官中，叶昌炽属于消息较灵通，动作也较快的人。他在九月二十八日得到中朝边境重镇九连城陷落的消息之后，立即收拾行李，准备送家小回南方老家，深恐消息传播开来，车船运费飞涨。②果然，没过几天，太后即将西行的谣言不胫而走，官员们更加坐立不安。大约在十月初，来京祝嘏（庆贺慈禧六十寿辰）的广西按察使胡燏棻在致翁同龢函中提到，"道间谣诼纷如，有谓东驾（引者按：即慈禧）西幸者"。③徐世昌在十月初四日的日记中写道，"闻皇太后因倭寇逼近拟暂西巡，京官眷属纷纷出京……一日来客不断，大半皆商行止"，他自己也着手送家小南下。④

此时的朝廷，自然更是焦急万分。连日来，重臣迭经召见。⑤同时，中枢也开始大换血。九月二十九日（10月27日），大学士福锟因"差使较多，深恐未能兼顾"开去步军统领的兼差，由来京祝嘏的西安将军荣禄补授。⑥十月初五日（11月2日），因前日庆亲

① 王清穆撰，胡坚整理：《知耻斋日记（续）》，《历史文献》第13辑，2009年，第329页。
② 《缘督庐日记钞（选录）》，《中日战争》续编第6册，第468页。
③ 李红英整理：《常熟翁氏友朋书札》下册，南京：凤凰出版社，2020年，第647页。
④ 《徐世昌日记》第1册，第291页。
⑤ 《翁同龢日记》第6卷，第2788—2791页；同书第8卷，第3767—3770页。
⑥ 《光绪宣统两朝上谕档》第20册，第485页。福锟当时身兼体仁阁大学士、内大臣、总理衙门大臣、总管内务府大臣、镶红旗满洲都统等职。

王"力陈恭亲王宜令督办军务"，朝廷颁布上谕，以恭亲王督办军务，所有各路统兵大员均归节制，庆亲王帮办，翁同龢、李鸿藻、荣禄以及礼部左侍郎长麟会同商办。①此即所谓督办军务处。新设这一机构而非让恭亲王入枢，透露出慈禧对他既不得不任用又满怀提防的心态。②同日，又应荣禄奏请设巡防处"专理军务"，派员亦即此六人。③翌日，翁同龢、李鸿藻以及来京祝嘏的广东巡抚刚毅补授军机大臣。十九日（11月16日），军机大臣额勒和布、张之万因"才欠开展"和"年逾八旬"，奉上谕退出枢垣。十一月初八日（12月4日），恭亲王补授军机大臣。十九日（12月15日），荣禄入总署行走。④

此次被撤换的福锟、额勒和布、张之万均属庸碌无为之辈。福锟被称作是清朝二百年来最会讨好太监的宰臣，据说总管内务府大臣与太监相对请安，就是从他和李莲英开始的。本年正月，正逢三年一度的"京察"。光绪本已把他排在休致名单的第一位，"枢廷为之叩首乞求，仅而获免"。而且，他九月初曾经中风，导致舌僵足弱，更难胜任掌管京师治安的步军统领这一要职。⑤张之

① 《翁同龢日记》第6卷，第2791页；《光绪朝东华录》第3册，第184—185页。
② 王刚：《甲午战争中的督办军务处》，《军事历史研究》2017年第2期，第58页；马忠文：《荣禄与晚清政局》，第136—137页。
③ 《德宗实录》卷351，光绪二十年十月戊申条，《清实录》第56册，北京：中华书局，1987年，第525页；《步军统领荣禄奏请设巡防处并派程文炳等近畿设防折》（光绪二十年十月初四日），《中日战争》续编第1册，第478—480页。
④ 《光绪宣统两朝上谕档》第20册，第498、512、539页；《光绪朝东华录》第3册，第203页。
⑤ 《志林》《知过轩谭屑》《闻尘偶记》，《文廷式集（增订本）》第3册，第1047、1090、1114页；《那桐日记》上册，第156、157、159页。关于甲午年的京察，见《德宗实录》卷333，光绪二十年正月壬寅条，《清实录》第56册，第284—285页。

万这年八十有四，是中枢的第一耄耋。他是状元出身，但为官平平，人称"一无所长，惟作画颇有家法，为数十年来显官所未有"。①至于额勒和布，前文曾经提到，某人向众军机大臣行贿时惟独对他"了不过问"，这或许证实了"时同列渐揽权纳贿，独廉洁自守"的评价，但从另一个角度则可看出伴食宰相的身份。他去世后，上谕的盖棺定论是"服官垂四十年，谨慎小心，克称厥职"，换句话说就是"多磕头，少说话"的典范。②这些人被换掉，确是应有之义。

另一方面，恭亲王重新成为军机处领班，清流领袖翁同龢、李鸿藻亦回归枢垣，令中枢愈发接近甲申易枢前的格局。他们援引的荣禄与刚毅，也称得上满人中的能吏。③如石泉先生所言："经此种种调整以后，中枢阵容较前颇见加强，而清流势力亦重入枢要。"④

然而，这些人事变动固然于政局影响很大，于战局则无甚弥补。到了这个时候，主和的声音已不像以前那样微弱。大约在九月中下旬，戴兆春等人又一次上书恭亲王，主张"此时事势，固惟壹意主和以全大局"。⑤吉林将军长顺九月二十七日（10 月 25 日）奉

① 《志林》《闻尘偶记》，《文廷式集（增订本）》第 3 册，第 1043、1096 页。据文廷式说，张之万的年龄是所谓的"官年"，实际年龄还要更大。
② 《清史稿》第 41 册，第 12398 页；王钟翰点校：《清史列传》第 15 册，北京：中华书局，1987 年，第 4493 页。
③ 关于荣禄与刚毅进入中枢的情况，参见马忠文：《荣禄与晚清政局》，第 134—135、138—139 页。
④ 石泉：《甲午战争前后之晚清政局》，第 103 页。
⑤ 《光绪朝朱批奏折》第 119 辑，第 754—755 页。从其中对军情的描述来看，这件上书大致应该上于九月二十六日鸭绿江防线失守至二十九日凤凰城陷落之间。

旨领兵援辽，途中多次致函荣禄，对战事表示悲观，并隐然建议求和。[1]

　　更有分量的是十月二十日（11 月 17 日）的一份"公呈"。这份"公呈"由盛京三陵（永陵、福陵、昭陵）总管领衔致电北京，具衔者包括盛京的二十余名官员以及旗民耆老，由督办军务处代奏。其中首先历数开战以来的败绩，指出兵不可恃，然后声称"东边为龙脉所在，天下安危实系于此。现在倭人到处盘踞，任意挖掘坑陷，修台埋雷，元气必伤，根本势将动摇"，"窃虑倭人乘虚占据陵寝重地，上惊列祖列宗在天之灵"，接下来又强调奉天各地受灾，兵荒交困，最后婉转请求议和。[2]这是战争爆发以来第一份，几乎也是战争期间唯一一份公开请求议和的上奏。其中的重点是以"龙脉"与"陵寝"为言，这无疑是最能牵动皇帝神经的，三陵总管的身份也最适合如此进言。次日进呈之后，光绪对此"颇为动容"。[3]戚其章先生认为，这一行动出于荣禄与长顺的策动，但论证有欠严密。[4]

---

① 长顺：《长顺函稿》，《近代史资料》第 28 号。最早论述这一问题的是戚其章先生，见氏著：《论甲午战争后期的帝后党争》，《山东社会科学》1990 年第 6 期，第 69—70 页。

② 《陵寝总管联瑞等来电》（光绪二十年十月二十日），《清光绪朝中日交涉史料》卷 24，第 14—16 页。

③ 《翁同龢日记》第 6 卷，第 2796 页。

④ 戚其章：《论甲午战争后期的帝后党争》，第 69—70 页；同氏著：《甲午战争新讲》，北京：中华书局，2009 年，第 255 页。首先，电奏发出之时，长顺并非如戚先生所说"当时正在沈阳"。根据戚先生依据的《长顺函稿》可知，长顺十月二十四日（11 月 21 日）还在开原，二十八日（11 月 25 日）之前抵达盛京（沈阳），见长顺：《长顺函稿》，第 83—84 页。而且，戚先生用作论据的一份长顺致荣禄函是光绪二十一年三月的，另一份无日期，据内容可知为旅顺口失守之后，都较电奏为迟。说荣禄同意或策动议和，《长顺函稿》中更无确凿证据。

我倾向于认为这是盛京当地官员的自主行动。

九月二十七日，恭亲王前往各国使馆拜访。出山之后，他只会见过英国公使欧格讷，这一举动自是加强调停努力的表现。据法国公使施阿兰（Auguste Gérard）的记载，恭亲王在会谈时毫不掩饰焦急的心情，接连询问"现在应该做些什么？有什么办法吗？"①

但这次拜访并未取得什么结果。翁同龢称，各国公使或托病，或泛谈，甚或语出讥讽："俄使喀托病不谈，他国皆泛谈，不及东事。最后与英使欧格讷语，询以有无回信，答云日本所志甚大，不在赔款，各国私议，至少须二千千万元犹不能保无它索，中国果能致死，则将倭打入海去，更无它法。又云中国喜事似可不办，何暇更及筵宴事耶？又云倭布置已好，中竟是瞎子，语皆奚落狂悖。赫语亦决绝，云只可拼死打仗，他国友邦爱莫能助也。"②

较之欧洲列强，清政府此时对美国所抱的希望更大些。十月初三日（10 月 31 日），美国公使田贝（Charles Harvey Denby）造访总署，双方会晤了两个多小时。其间，总署王、大臣屏退了仆役（据田贝称，如此做法尚是首次），请求美国依照咸丰八年（1858）签署的中美《天津条约》第一条进行调停。该条款的汉文是："嗣后大清与大合众两国并其民人，各皆照前和平友好，毋得或异；更不得互相欺凌，偶因小故而启争端。若他国有何不公轻藐之事，一经照知，必须相助，从中善为调处，以示友谊关切。"清政府所依

---

① 施阿兰：《使华记》，第 32—34 页。
② 《翁同龢日记》第 8 卷，第 3767 页。

据的，是后一句话。①这一项内容，在同时签订的中英、中俄、中法《天津条约》里是没有的。十年前的中法战争中，清政府便曾援引这一条请求美国进行调停。②总署王、大臣在会谈中也指出了这一点。

在同意向国内转达调停请求的同时，田贝顺便探问了清政府的底牌，询问是否允许朝鲜独立并以书面形式确认，得到了肯定的答复。在向国务卿葛礼山汇报此事时，田贝显得相当积极，指出清王朝已被逼到穷途末路，美国的调停可能会将其拯救出来。③

十月初六日（11月3日），总署邀请美、俄、英、德、法公使来署，请求各使致电本国政府进行调停，并递交附有中国提案的照会（照会稿为赫德起草④）。对当时不在北京的意大利公使，亦发出照会。总署所开出的条件，是朝鲜独立与赔偿军费（数额由列强决定，分期支付）。同一天，总署致电驻英、法、意、比公使龚照

---

① 《中外旧约章汇编》第1册，第89—90页。该句的中英文有差异，英文直译为："若其他国家有不义或不公的行为，合众国在得知情况之后将进行斡旋，促成问题的和平解决，以显示两国间的友好感情。"据此，居中调解是美国单方面对中国负有的义务。见 *Treaties Between the Empire of China and Foreign Powers，Together with Regulations for the Conduct of Foreign Trade，Conventions，Agreements，Regulations，etc*，Shanghai：North China Herald，1906，p.85。

② 《美国务卿费灵胡参致驻巴黎美国公使摩尔顿》（1884年7月23日），中国史学会主编：《中国近代史资料丛刊·中法战争》第7册，上海：上海人民出版社，1957年，第236页。

③ Denby to Gresham，10/31/1894，Jules Davids ed.：*American Diplomatic and Public Papers：The United States and China：Series III，The Sino-Japanese War to the Russo-Japanese War，1894—1905*，Wilmington：Scholarly Resources Inc.，1981，vol.2，pp.274—282.

④ 《1894年10月28日北京去函Z字第六三七号》，《中国海关与中日战争》，第71页。

瑗，驻美公使杨儒，驻俄、德公使许景澄，要求他们分别前往英、
法、意、美、俄、德外交部"婉言"。①

在会谈中，恭亲王还表示，本月公使祝贺慈禧太后寿辰时将在
宫中接见。此前的觐见地点是北海团城的承光殿，而法、俄公使均
曾一再要求改为宫中。②这一改变，自然是为了争取调停而作出的
让步。十月十五日（11 月 12 日），各国公使在紫禁城文华殿觐见
光绪并递交贺书。此后，公使在此觐见成为定例。③

除此之外，清政府还有出人意料的举措。十月初八日（11 月 5
日）赫德致电金登干，要他秘密致函德国前驻华公使巴兰德（Max
von Brandt），询问对方是否同意就任"中国驻欧洲特命全权公
使"。④巴兰德在华任职近二十年，在清政府口碑颇佳，在北京的外
交圈里也有很大影响力。光绪十四年（1888）起担任德国驻华外交
官，后来成为著名汉学家的福兰阁（Otto Franke）这样描述这位上
司："他在中国人中享有很高的威望。他充满尊严的形象，长长的
白胡子和可爱的举止，他敏捷而自信的亮相以及丰富的知识，使他
成为北京社交场里无可争议的中心。"⑤

---

① 《田贝致葛礼山》（1894 年 11 月 4 日发，12 月 20 日到），《中日战争》第 7 册，
   第 449—450 页；《总署为请美英俄德法各使调停中日战事致杨儒等电》（光绪二
   十年十月初六日），《中日战争》续编第 1 册，第 486 页；施阿兰：《使华记》，
   第 35 页。
② 王开玺：《清代外交礼仪的交涉与论争》，北京：人民出版社，2009 年，第
   591—595 页。
③ 《翁同龢日记》第 6 卷，第 2794 页；茅海建：《戊戌变法史事考》，第 414—415 页。
④ 《1894 年 11 月 5 日北京去电新字第八七五号》，《中国海关与中日战争》，第 72、
   74 页。
⑤ （德）艾林波、巴兰德等著，王维江、吕澍辑译：《德语文献中晚清的北京》，福
   州：福建教育出版社，2012 年，第 294 页。

提出这个建议的，是德国退役炮兵少尉汉纳根（Constantin von Hanneken）。此人多年来担任李鸿章的军事顾问，开战后不久被派往北洋海军协助指挥，九月底应清政府之招进京，提出军事建言，并由军机处代奏条陈，主张以"德国良法"练兵十万，风头甚健。[①]

翁同龢家藏文件中有一件汉纳根呈送的节略，其中首先指出日本"平时联络各西国政府"，致使开战后各国"于此次战事尚不甚明孰曲孰直，于日本尚觉有理"；然后声称"现在外国只有德国前任公使巴兰德代鸣不平"，而且长年出任驻日、驻华公使，有说服力；最后建议仿照同治七年（1868）美国人蒲安臣（Anson Burlingame）为清政府出使的先例，"即以巴大臣为全权大臣至各国随机剖辩，最要者英俄二国，与俄说朝鲜如何切近，使之劝倭罢兵"。[②]

简而言之，汉纳根主张请巴兰德为清政府做说客，游说列强出面调停。所谓"代鸣不平"一语并非空穴来风，巴兰德一向对日本

① 《电谕北洋大臣李鸿章著洋员汉纳根即来总署面询事件》（光绪二十年九月二十五日），《中日战争》续编第 1 册，第 400 页；《翁同龢日记》第 6 卷，第 2789 页；《军机处奏录呈洋员汉纳根条陈节略片》（光绪二十年十月初三日），《清光绪朝中日交涉史料》卷 23，第 10—11 页。关于汉纳根的练兵计划，参见马忠文：《荣禄与晚清政局》，第 140—146 页。很多论著称汉纳根在甲午战争中被任命为"北洋海军总教习兼副提督"，不确。其正式头衔为"总查北洋海防营务随员"，黄海海战后赏加提督衔，见《清季中日韩关系史料》，第 3531 页；《内阁奉上谕奖恤海军作战有功员弁及阵亡将弁》（光绪二十年九月二十五日），《中日战争》续编第 1 册，第 396 页。

② 翁万戈辑：《翁同龢文献丛编之五·甲午战争》，台北：艺文印书馆，2003 年，第 53—56 页。

颇有恶感，而且当时确实公开谴责日本挑起了战争。①但是，他称病推辞这一邀请，并表示即使健康许可也未便接受，其理由是"各国联合行动的建议都是不成熟的，战争愈久对中国愈有利"。②他还通过赫德致电清政府称："虽此次衅由东（引者按：即日本）开，各国不一定能帮中国。鄙意中国仍当力战，或俟东力乏，或俟各国自愿出为调停，或由中国自问东洋意欲何居，东必张大其词，骇人观听，然后由中国宣示各国，自必有作不平之鸣者。"③"各国不一定能帮中国"一语，的确一针见血，但清政府实在是难以"力战"，因此不得不求助于调停。

　　然而，这次广撒网式的调停依然收效甚微。根据英国外交档案可知，英俄两国对调停稍显积极。其中俄国希望以朝鲜独立为条件促成中日议和，并征询了英、德、法的意见，但旨在寻求列强的共同行动，无意率先出头。英国则向俄国建议两国联手调停，但由于其他列强不愿加入，俄国要求延期调停。④

---

① Rolf-Harald Wippich：*Japan und die deutsche Fernostpilitik 1894—1898：vom Ausbruch des Chinesisch-Japanischen Krieges bis zur Besetzung der Kiautschou-Bucht*；*ein Beitrag zur wilhelminischen Weltpolitik*，Stuttgart：Franz Steiner Verlag，1987，pp.90—93.
② 《1894年11月12日伦敦来电新字第七八三号》，《中国海关与中日战争》，第74页。巴兰德希望战争继续，未必没有其他用意，参见第五章第三节。
③ 《寄大高殿督办军务处》（光绪二十年十月十九日巳刻发），《李鸿章全集》第25册，第160—161页。巴兰德后于十月二十五日（11月22日）向德国外交部提交意见书，主张促成战争的结束，以便"维持由德国工商业获得的在华地位"，见工藤章、田嶋信雄编：《日独関係史 一八九〇—一九四五》第1卷，東京：東京大学出版会，2008年，第146—147页。
④ 古結諒子：《日清戦争における日本外交—東アジアをめぐる国際関係の変容—》，第55—56页。

　　根据中日两国驻外公使的报告，也可清楚看出诸国的态度。龚照瑗十月初十日致电李鸿章，报告了拜访英法外交部的结果：英国外交大臣金伯利表示，日本之前已经拒绝英国调停，现在不便再提，准备先电商俄国，再电商各国。法国外交部长哈诺托（Albert Auguste Gabriel Hanotaux）也只是回答"即电商各国"而已。后者还私下表示，现在和议未定，中国应该尽力支撑，如能取得小胜，则容易了结。[1]而日本驻法公使曾祢荒助报告国内，哈诺托宣称"根本不介入干涉之事"。[2]

　　德国外交大臣马沙尔（Adolf Marschall von Bieberstein）向许景澄表示，鉴于目前的军事情况，日本不可能接受中国的提案，因此拒绝调停。[3]日本驻德公使青木周藏则报告，此时德国频频向日示好，甚至称其"坚决站在我方，反对调停"。[4]

---

[1] 《龚照瑗往来官电（选录）》，《中日战争》续编第 6 册，第 588 页。当时法国驻华公使施阿兰对调停颇为积极，但哈诺托询问各国意见之后认为："虽然所有列强都希望恢复和平，但没有一个列强相信目前对日本进行调停会产生作用，因而都不愿意在这一调停活动中带头。这种态度要求我们特别谨慎。"见葛夫平：《法国与晚清中国》，第 108—109 页。

[2] 《驻法国曾祢〔祢〕公使致陆奥外务大臣电》（1894 年 11 月 9 日下午 7 时 20 分于巴黎，11 月 10 日下午 6 时 3 分抄录），《中日战争》续编第 9 册，第 448 页。

[3] 《外交大臣马沙尔男爵致驻伦敦大使哈慈菲尔德伯爵》（1894 年 11 月 12 日），《德国外交文件有关中国交涉史料选译》第 1 卷，北京：商务印书馆，1960 年，第 5 页。

[4] 《驻德国青木公使致陆奥外务大臣电》（1894 年 11 月 5 日发，11 月 6 日收）、《驻德国青木公使致陆奥外务大臣函〔电〕》（1894 年 11 月 6 日发，11 月 7 日收）、《驻德国青木公使致陆奥外务大臣电》（1894 年 11 月 11 日），《中日战争》续编第 9 册，第 443、449 页。德国其时固然与日本有互相示好的举动，但并非如青木所说"坚决站在我方"。它拒绝调停，主要是因为国际局势尚不明朗（如沙皇病故导致俄国外交政策不明），参见 Rolf-Harald Wippich: *Japan und die deutsche Fernostpilitik 1894—1898：vom Ausbruch des Chinesisch-Japanischen*（转下页）

此时的俄国刚刚经历了皇位更替，沙皇于十月初四日病故，新帝尼古拉二世即位。许景澄称，外交大臣吉尔斯表示"接喀使电后，即陈明俄新主以俄国愿同调处，电知各国。各国能否合一，尚未能定"，显然对调停的前途并不看好。①而日本驻俄公使西德二郎也报告，吉尔斯认为"今日未至干涉之时机"。②

至于被清政府寄予厚望的美国，其调停也未成功。接到托美国调停的消息后，葛礼山致电田贝，表示美国在双方都接受的情况下随时可以出面调停。而在得知十月初六日清政府托诸国调停之后，葛礼山又表示"总统谢绝任何共同的干涉"，但可以单独进行调停。③初九日（11 月 6 日），日本驻美公使栗野慎一郎通知陆奥，美国提出调停。两天后，美国驻日公使谭恩（Edwin Dun）亦向日方提交葛礼山关于调停的训令，要求答复。④然而，以美国一国之力，对气焰方张的日本实在难以奏效。二十日，陆奥致函谭恩，对调停表示了回绝，声称："帝国政府非欲乘胜超越此次战争之正当结果之定限外，逞其欲望。但在中国政府尚未直接向帝国政府乞和前，

（接上页）*Krieges bis zur Besetzung der Kiautschou-Bucht；ein Beitrag zur wilhelminischen Weltpolitik*，pp.79—84。

① 《驻美［俄］使臣许景澄奏俄新主以俄愿调处中日争端现电知各国电》（光绪二十年十月十一日），《中日战争》续编第 1 册，第 513 页。

② 《驻俄国西公使致陆奥外务大臣电》（1894 年 11 月 10 日发，11 月 11 日收），《中日战争》续编第 9 册，第 448 页。

③ 《葛礼山致田贝》（1894 年 11 月 6 日发）、《葛礼山致田贝》（1894 年 11 月 6 日发），《中日战争》第 7 册，第 451 页。

④ 《驻美国栗野公使致陆奥外务大臣电》（1894 年 11 月 6 日发，11 月 8 日收）、《林外务次官致陆奥外务大臣电》（1894 年 11 月 8 日发）、《驻美国栗野公使致陆奥外务大臣函》（1894 年 11 月 5 日收），《中日战争》续编第 9 册，第 444—447 页。

帝国政府不能认为已达上述定限之时机。"①

　　同时，陆奥还向谭恩传递了口信："如清国提出希望同日本国谈判时，日本国希望其提议尽量经由美公使转达。但要求此谈判绝非我方对清国劝告之结果。"谭恩据此电告葛礼山："日本外务大臣请求于中国对和平问题希望与日本接洽时经由北京美国公使馆办理。"②由此，日本向中国拉开了一线谈判的门缝，并指定美国为惟一的间人。田贝对此评论道："在这个暗示之下，外交——幸福的外交——插进它的脚来了。"③

　　十月二十四日，田贝向总署通报，"日本可以考虑中国通过我向它直接提出的和平要求"，并得到了积极回应。④次日，总署照会田贝："贵大臣既有说合之权，应请将中日两国主见互为传述商定，以期早息兵争，仍归和好，庶不负贵国国家及贵大臣美意。"并表示"中国允许朝鲜自主，并酬日本兵费，按公定议数目"。⑤当天，田贝致电谭恩，传达了清政府的议和条件。⑥

　　就在这一天，日军第二军刚刚攻占李鸿章苦心经营的中国北方

---

① 《觉书》（1894 年 11 月 17 日），《中日战争》第 7 册，第 455 页。
② 《陆奥外务大臣致驻美国栗野公使函》（1894 年 11 月 17 日发），《中日战争》续编第 9 册，第 453 页；《谭恩致葛礼山》（1894 年 11 月 17 日发），《中日战争》第 7 册，第 455 页。
③ 《田贝论中日战争》，《中日战争》第 7 册，第 489 页。
④ 《田贝致葛礼山》［1894 年 11 月（22 日?）发，12 月 28 日到］，《中日战争》第 7 册，第 455 页。
⑤ 广西师范大学出版社编：《中美往来照会集（1846—1931）》第 7 册，桂林：广西师范大学出版社，2006 年，第 528 页。
⑥ 《美国驻中国公使致美国驻日本公使电》（北京 1894 年 11 月 22 日晚 10 时 40 分发，东京 11 月 23 日上午 10 时 15 分收），《中日战争》续编第 9 册，第 465—466 页。

第一要塞旅顺口。日本人若是见好就收，这是开始议和的一个恰当时机。赫德认为："日本取得旅顺以后可能愿开谈判，如果给它朝鲜、台湾和赔款，大概可以不再前进。"①但在军方与政界，都有主张进一步扩大战争的呼声。第一军司令官山县有朋此前已建议在渤海湾北岸登陆，而大本营也在酝酿进行直隶平原作战，并于旅顺口陷落的次日决定动员国内的第四师团。陆奥亦提出攻击山海关、台湾、威海卫，对议和不屑一顾。②他认为，"此当为他们（引者按：即清政府）所选择的最为廉价之条件，而非连战连捷之后的我国所能首肯之媾和条件"。③在这种形势下，朝鲜独立和赔偿军费的条件已难以满足日本的贪欲。

十月二十九日（11 月 26 日），陆奥在征得内阁阁员同意并与伊藤磋商之后，向谭恩传达了口头照会，表示拒绝中方的条件，并宣称如中国真心讲和，应任命"合适的、有资格的全权大臣"。④至此，日本彻底拒绝了列强调停，强迫清政府进行面对面的谈判。

① 《1894 年 11 月 11 日北京去函 Z 字第六三九号》，《中国海关与中日战争》，第74 页。
② 斋藤圣二：《日清戦争の军事戦略》，第159—161 页。
③ （日）陆奥宗光著，（日）中塚明校注，赵戈非、王宗瑜译：《蹇蹇录：甲午战争外交秘录》（以下简称《蹇蹇录》），北京：生活·读书·新知三联书店，2018年，第117 页。
④ 《陆奥外务大臣致锅岛外务书记官电》（1894 年 11 月 24 日午后 6 时 10 分发）、《伊藤内阁总理大臣致陆奥外务大臣电》（1894 年 1 月 25 日广岛发）、《陆奥外务大臣致锅岛外务书记官电》（1894 年 11 月 26 日发）、《陆奥外务大臣致美国公使》（1894 年 11 月 26 日），《中日战争》续编第 9 册，第 466—468 页；Dun to Gresham，11/26/1894，*American Diplomatic and Public Papers：The United States and China：Series III，The Sino-Japanese War to the Russo-Japanese War，1894—1905*，vol.2，p.322.

小 结

从黄海、平壤战败到李鸿章赴日议和这段时间，被石泉先生划作"和战并进之时期"。这一时期如果再加细分，似可分为前后两期。前一期至十月底为止，也就是本章所叙述的内容。在此期间，对日议和之议被遮遮掩掩地提出，被小心翼翼地讨论，更关键的是，被严格限制在委托列强调停的范围内。调停的重任先托付给喀希尼，未允；然后是赫德和欧格讷，允而未成；最后先托田贝，又遍托各国，仍是失败告终。到这时，清政府终于看清，不直接面对日本人是不行了。

清政府迟迟不肯直接对日议和，一方面是因为以言官为主的主战拒和舆论过于强大；更重要的是，中枢内部的和战之争也始终没有平息。即使是对于调停，也远没有达成一致意见。赫德十月初七日（11 月 4 日）曾向金登干这样描绘北京的决策者："此间过去 10 日经常拉锯，早晨高谈大举备战，晚上就不惜一切退让。如果随他们自己去搞，明春可能看到日本皇朝建立。"①其实，"拉锯"的情况又何止是在那十天之间！

就在和与战的"锯"来回推拉之间，时间一天天过去了，战局也越来越糟。

---

① 《1894 年 11 月 4 日北京去电新字第八七六号》，《中国海关与中日战争》，第 72 页。

第三章　三渡东洋

十月初十日是慈禧太后的寿辰正日。她的这个生日过得很排场，但没有原计划那样排场。

庆典原本预定在慈禧钟爱的颐和园举行。从紫禁城西华门到颐和园东宫门，沿途道路被分为六十段，计划搭建龙棚十八座，采棚、灯棚、松棚十五座，经棚四十八座，戏台二十二座，经坛十六座，经楼四座，灯楼二座，点景罩子门二座，点景四十六座，音乐楼六十七对，灯游廊一百二十段，灯彩影壁十七座，牌楼一百一十座。这些陈设统称"点景"，是庆典工程中最气派也最烧钱的部分，估计每段需银四万两，六十段共需银二百四十万两。[1]大致在八月底九月初，连绵五十余里的点景已经次第完工，只欠修饰外观了。[2]

---

[1] 李鹏年：《慈禧六十寿庆》，王树卿、李鹏年：《清宫史事》，北京：紫禁城出版社，1986年，第103—105页。庆典经费共6457536两，实际支出5308834两，见周育民：《晚清财政与社会变迁》，上海：上海人民出版社，2000年，第319页。

[2] 李向东等标点：《徐兆玮日记》第1册，合肥：黄山书社，2013年，第5页。

在战云笼罩的气氛下，慈禧尽管心不甘情不愿，也不得不缩小了庆典的规模。八月二十六日（9月25日），上谕宣布，奉懿旨，庆典仍在宫中举行。九月十五日，礼亲王向军机大臣传达懿旨："一切点景俱暂停办，工程已立架油饰者不再添，彩绸、灯盏、陈设等均收好，候来年补祝。"[1]十月初一日（10月29日）又有旨，暂停举行原定初五、初六两日皇帝率王公百官，皇后率妃嫔、公主、福晋、命妇在皇极殿举行的筵宴。[2]

当然，精心准备的点景不会派不上用场。户部郎中那桐记载，他在所谓停办点景之后仍然视察了北长街静默寺等处的点景工程。十月初一日中午，点景中的经棚、戏台开戏，"歌喉梵语，钟磬笙簧，嘈杂盈耳"，京城士女观者如云，数以万计。他赞叹道："洵

---

[1] 《光绪宣统两朝上谕档》第20册，第433—434页；《翁同龢日记》第6卷，第2783页。开战以来，一再有上奏请求停办点景，我找到的有三件。其一为广西道监察御史高燮曾七月二十五日折，见《清光绪朝中日交涉史料》卷17，第40页。其二为礼部右侍郎李文田等折，我没有查到原折，内容见《李文田文选》，广东文征编印委员会：《广东文征》第6册，香港：广东文征编印委员会，1973年，第29页。又可见吕伟达主编：《王懿荣集》，济南：齐鲁书社，1999年，第54—55页，这说明王懿荣可能是该折的起草者。该折上于九月十四日。翁同龢日记该日载："以李文田等（南、上两斋）折令看，盖请停点景也，意防倭奸，持论极正，上云请懿旨办。"见《翁同龢日记》第6卷，第2783页。军机处《随手登记档》该日亦记载有"侍郎李文田折一"，见《清代军机处随手登记档》第140册，第98页。从时间上看，该折直接促成了九月十五日停办点景的懿旨。其三是翰林院编修张百熙折，我没有查到原折，内容见蔡冠洛编：《清代七百名人传》，台北：文海出版社影印本，1971年，第621—622页。上奏时间不详，据内容可知在八月二十六日之后（《随手登记档》未见）。另外也应该指出，停办点景并没有省钱，每段四万两银的经费仍然支领，见《翁同龢日记》第8卷，第3762页。

[2] 《光绪宣统两朝上谕档》第20册，第463、493页；李鹏年：《慈禧六十寿庆》，第106页。

圣世奇观、古今旷典也。"第二天，慈禧乘坐一架专为庆典打造的金辇从颐和园回宫。金辇形如佛龛，造价七万六千余两白银，用六十四人抬，前面是光绪亲自步行前导，又有庆亲王等王公手执如意，恭恭敬敬地俯首倒退而行。此外还有几千名衣装鲜明的侍卫、校尉、苏拉、太监，行列浩浩荡荡。"路过各处，均各有点景，结彩燃灯，陈设甚美"。当日那桐随驾，"沿途瞻仰鼓乐之盛、仪仗之多，真千载一时之盛典"，他又庆幸自己"幸际斯时，福分为不浅矣"。①

后人痛恨慈禧国难当头还有心情做寿，"一人庆有，万寿疆无"的讥刺流传至今。可是当时也有许多臣民，像那桐那样乐在其中。

就在这时，战局更加恶化了。

一、德璀琳东渡

寿庆正日这天，慈禧在宫中皇极殿接受了光绪以下王公大臣、

① 《那桐日记》上册，第158—159页；何刚德：《春明梦录》，第74—75页；李鹏年：《慈禧六十寿庆》，第100—101、108—109页。被点景吸引的京城百姓之多，从十月初六、十二日军机大臣所奉谕旨可见一斑："西华门外北长街一带，近日闲杂人等拥挤游观，仍复不少，著步军统领衙门严行禁止并认真稽查保甲，不准铺户容留闲人，以昭严肃。""前因西华门外北长街一带闲杂人等拥挤游观，叠经谕令步军统领衙门严行禁止并认真稽查保甲，不准铺户容留闲人。现在该处游观人等仍复不少，殊不足以昭严肃。仍遵前旨督饬员役认真严禁，并将保甲实力稽查，务使奸宄无从溷迹。"见《德宗实录》卷351，光绪二十年十月己酉条，《清实录》第56册，第526页；《光绪宣统两朝上谕档》第20册，第502页。西华门、北长街是慈禧从西苑回宫必经之地。这些闲人"拥挤游观"的，显然是这一带的点景。

蒙古王、贝勒、贝子、文武大小官员及朝鲜使臣的朝贺。①

当天半夜，翁同龢被荣禄派来的信使惊醒。送来的是旅顺口告警的消息，他一夜未眠。次日早晨，旅顺口后路屏障金州失守的消息传来。当天，他在巡防处"谈密事直至黄昏"。参照次日记载，大约可知所谈为何事："邸（引者按：指恭亲王与庆亲王）以昨事上陈，上可之……恭邸奏昨事，太后遍询臣等，臣对释疑忌则可，其他未敢知。且偏重尤不可。盖连鸡不飞，亦默制之法，凡四刻乃退。"②石泉先生对此诠释道，所谓"释疑忌"乃是释君臣之疑忌，即派员察看李鸿章，这是因为李氏当时饱受言官"老病昏聩"或"别有异心"的攻击；而翁同龢反对"偏重"，"盖不赞成偏重于某一国之协助"。③

翁同龢当日又记："出至直房，孙、徐拟密寄，自书之，不假章京手，待递下未初三刻矣。余携之赴督办处，两邸（引者按：恭、庆两王）咸在，樵野（引者按：户部左侍郎兼总署大臣张荫桓）亦来，当面交讫。"④所谓"密寄"，即谕旨性质的"军机大臣

---

① 徐致祥等撰：《清代起居注册》光绪朝第51册，台北：联合报文化基金会国学文献馆，1987年，第25695页。

② 《翁同龢日记》第6卷，第2793页。"连鸡不飞"原作"速鸡不飞"，难解。查日记原稿影印本，应为"连"字，见《翁文恭公日记》，《续修四库全书》第573册，上海：上海古籍出版社，2002年，第611页。连鸡，缚在一起的鸡，比喻相互牵制，此处指托列强调停，使其彼此制约。同治年间士人朱采的《海防议》中有立意与之相似的句子："各夷本为仇国，势均力敌，彼此相持，有连鸡不飞之形，为待时而动之计。"见中国史学会主编：《中国近代史资料丛刊·洋务运动》第1册，上海：上海人民出版社，1961年，第334页。另外应该指出，石泉先生也引用了本段日记（所据为影印本），释作"连鸡不飞"。

③ 石泉：《甲午战争前后之晚清政局》，第126—127页。

④ 《翁同龢日记》第6卷，第2793页。高阳先生认为"'樵野亦来，当（转下页）

密寄"（廷寄）。这道发给李鸿章的廷寄保密程度极高，由孙毓汶、
徐用仪亲自书写。由于《上谕档》等档案未加收录，我尚未查到它
的具体内容，十月十四日李鸿章致总署电可供参考：

> 奉十二日密谕谨悉。窃揆各国情形，探知俄已调集铁舰、
> 快船并运船多只来海参崴，蓄势不小。英初颇昵倭，近稍龃
> 龉，闻密谕其水师提督，如倭犯吴淞、上海，即尽力攻打。法
> 随俄意，故亦帮同排解。德、美则稍观望。我惟加意笼络俄、
> 英、法，俾共出力，倭或少知惧缩。俄主新丧，稍迟当有举
> 动。此间英人某略知倭情，姑令密往，探询其首相伊藤若何意
> 见。倭欲甚奢，似欲夺湾、旅为要挟赔费地步。转瞬冻河，舟
> 运不便，彼似无能深入，但各口防备不得不加严。可否，乞先
> 密奏。鸿章谨肃。①

"十二日密谕"即前述廷寄。李鸿章在这份电报中重点报告了对列
强能否帮助清政府的观察，可与前引翁同龢日记中的"偏重"一语
对照。不难推测，廷寄内容主要围绕这一问题。李鸿章此时仅泛泛

（接上页）面交讫'，即以'廷寄'交张荫桓，携往天津面交李鸿章"，见氏著：
《翁同龢传》，第 196 页。这一解读有误。从下文所引李鸿章十月十六日致总署
函可知，他在十月十三日已接到廷寄，其时张荫桓尚未抵津。这道廷寄应系按
照正常程序，以驿递传递。

① 《寄译署》（光绪二十年十月十四日辰［巳］刻），《李鸿章全集》第 25 册，第
140 页。按，根据军机处《电报档》，该电末注明"寒巳"，可知应为巳刻发送，
见《收北洋大臣电》（十月十四日），中国第一历史档案馆编：《清代军机处电报
档汇编》第 11 册，北京：中国人民大学出版社，2005 年，第 203 页。

地主张"加意笼络俄、英、法"，显然对列强指望不大。他相对更有建设性的意见，是提议派某英国人秘密前往日本与伊藤博文接触，探听日方的议和条件。①

下达这道廷寄的同一天，恭亲王等中枢重臣还以私人身份写了一封致李鸿章的密信。这封密信由张荫桓与督办军务处文案景星携带赴津，于十月十五日交到了李鸿章手上，内容为：

> 屡接电音，聆悉一切。事势至此，凡可上纾宵旰之忧勤者，皆当力挽回，以图补救。本日已奏，奉谕旨，饬将此事妥为筹办，并特派樵野侍郎与景道驰赴尊处，面商一是。阁下数月以来独任其难，九重业已深悉。此时应如何设法，以期了结之处，阁下受恩深重，义无旁贷，且系奉旨归我等数人办理，必可合力维持，望妥速筹办，盼甚。未尽之言，并由樵野两君面述。专此，即颂勋祉。恭亲王同启。十月十二日。②

张、景二人赴津的主旨，与九月翁同龢赴津一样，都是希望李鸿章设法促成和议。同时，此行尚有察看李鸿章的秘密使命。③密信中明确表示，议和奉旨由恭亲王等人办理，要李鸿章不必有后顾之忧。第二天，李鸿章复信：

> 十三日钦奉寄谕，谨于寒巳电（引者按：即前引李鸿章十

① 该英国人可能是其后德璀琳赴日时的两名随员之一，参见下文。
② 《恭邸等密函》（光绪二十年十月十五日到），《李鸿章全集》第25册，第145页。
③ 石泉：《甲午战争前后之晚清政局》，第127页。

四日电）内先行复陈大略。樵野侍郎、月汀观察来津，奉到赐
缄，祗聆一是。鸿章筹办日事，将及半年，毫无寸效，上廑宵
旰之忧，下丛中外之谤，困心横虑，踽踽难名。当此咎怨山积
之余，本不敢再参末议。惟既仰蒙垂问，伏念殿下慨然出身，
力任天下之重，鸿章受恩深重，谊同休戚，但有所见，何敢稍
存引避之私。窃意此时事机十分紧迫，诚如圣谕，须亟筹救急
之方。现各国虽允出为调停，深恐缓不济急。六七月间曾闻日
人之意非不愿款，但欲中国自与商办，而不愿西人干预。目下
彼方志得气盈，若遽由我特派大员往商，转虑为彼轻视。鸿章
与樵野等再三斟酌，惟有速择洋员之忠实可信者前往，既易得
彼中情伪，又无形迹之疑。查有津海关税务司德璀琳在津供差
二十余年，忠于为我。六年俄事、十年法事，彼皆暗中襄助；
十一年伊藤来津与鸿章订约，该员与伊藤幕友某英员相识，从
旁赞导，颇为得力。若令其前往察酌办理，或能相机转圜；否
则暂令停战，以待徐商，亦解目前之急。如以为可，拟由钧处
迅速请旨派往，以重事权。该洋员到日后，一切筹议情形随时
电商，即转达钧署裁夺。是否有当，悉候主持。未尽之言，均
由樵野两君面陈。①

李鸿章与张荫桓商议的结果，是决定派遣"洋员之忠实可信者"赴日，
促成议和或停战，较之此前派员探询伊藤博文"若何意见"的方案更

① 《致总署 拟令洋员赴东探议》（光绪二十年十月十六日），《李鸿章全集》第36
册，第55—56页。

进一步。此次被选定的德籍税务司德璀琳（Gustav von Detring），是很受李鸿章倚重的一名外籍幕僚。其人在华近三十年，颇有野心与才干，尤其是在中法战争期间曾促成《中法简明条约》的签订，因此被目为李鸿章的外交顾问。①张之洞的幕僚郑孝胥说他"周知中国情状，狡黠自喜"。②北洋海军洋员戴乐尔（William Ferdinand Tyler）讥讽地写道，他自认为长相与俾斯麦相似，因此在行事上也仿效这位铁血宰相。③而施阿兰则指出："德璀琳一直巴不得有一件差使，如果可能，很想抵销一下英国赫德爵士的势力。"④

李鸿章复信的同一天，张荫桓也从天津致电督办军务处：

> 闻敌有不愿局外居间之语，各国心志亦未齐。津拟遣谍迳达伊藤，较联衡说合为捷，仍与署办并行不悖。惟敌欲太奢，未易凑泊［拍］。巴兰德前议宜速行以助力。容差旋面陈。桓。⑤

---

① （美）马士著，张汇文等译：《中华帝国对外关系史》第 2 卷，北京：生活·读书·新知三联书店，1957 年，第 389、409 页；（美）福尔索姆著，刘悦斌、刘兰芝译：《朋友·客人·同事：晚清幕府制度研究》，北京：中国社会科学出版社，2002 年，第 146—147 页；张畅：《德璀琳与赫德的矛盾关系》，《历史档案》2010 年第 3 期。

② 中国历史博物馆编，劳祖德整理：《郑孝胥日记》第 1 册，北京：中华书局，1993 年，第 68 页。

③ （英）戴乐尔著，张黎源、吉辰译：《我在中国海军三十年——戴乐尔回忆录》，北京：文汇出版社，2011 年，第 37 页。

④ 施阿兰：《使华记》，第 37 页。

⑤ 《收本署张大人电》（十月十六日），《清代军机处电报档汇编》第 11 册，第 221 页。按，本电亦收入《李鸿章全集》，字句有个别出入，特别是末尾"桓"误作"恒"，容易引发误解，见《寄督办军务处》（光绪二十年十月十六日发），《李鸿章全集》第 25 册，第 145 页。

这份电报可谓是对李鸿章意图的解读。他此时对列强调停已不抱太大希望，因此准备通过德璀琳直接和伊藤对话。"敌欲太奢，未易凑拍"，表示李鸿章此时已经知道了日方的大致要价。①除了此前沸沸扬扬的各种传闻之外，他有着更加准确的情报来源：他的另一位重要外籍幕僚毕德格（William N. Pethick）②不久前刚从美国返津，十月初六日途经横滨时接到外务省美籍顾问端迪臣（Henry Willard Denison）③的邀请，次日在东京与外务省官员就中日战争进行了谈话。大约在十月下旬，李鸿章将双方的问答节略译文电寄给总署。在问答中，日方透露了大致的议和条件：

> 彼云：日本军队所至无不奏捷，朝鲜全境已为倭有，且不日即得旅顺云云。并询中国现在是否诚心讲和。毕德格云：我离开中国年余，现在情形究竟如何未及深知，惟以平日情形论之，中国于外国绝无挑衅之意，即如此次，中国并不愿与日本失和，而日本竟先与中国开战，现在日本如拟议和，所索不奢，想中国亦无不愿，但不知日本愿否即时开议。日本外务司官云：日本拟俟得旅顺口后，方肯开议。毕德格云：譬如已得旅顺，其开议之条款如何。日本外务司官云：现在主意尚未大定，其大概情形如左：一，赔费。二，朝鲜自主。三，割地。

① 李鸿章致张荫桓电中亦有类似之语，见《寄锡蜡胡同户部左堂张》（光绪二十年十月十九日巳刻发），《李鸿章全集》第25册，第161页。
② 毕德格（？—1902），美国人，曾任美国驻天津副领事，后成为李鸿章的英文秘书和翻译，与德璀琳同为李鸿章幕府中最重要的洋员，参见福尔索姆：《朋友·客人·同事：晚清幕府制度研究》，第146—148页。
③ 原文作"外务省赞谋德尼孙"。

四，江宁、杭州所杀倭人，应令赔偿。五，按照各国一体均沾之例，以后所有在华倭人应享权利与欧洲各国之人无异。①

这次谈话，可谓是日方放出的试探气球。他们自然清楚李鸿章在对日外交方面的发言权，因此通过这一私人渠道将大致条件透露给他，让清政府有足够的心理准备。

至于"巴兰德前议"，指的是上一章提到的巴氏建议，即要求日方公布议和条件，以便激起列强的反对："或由中国自问东洋意欲何居，东必张大其词，骇人观听，然后由中国宣示各国，自必有作不平之鸣者。"②派遣德璀琳赴日，也有这一目的。李鸿章在致恭、庆两王函中作了详细说明：

> 该税司（引者按：即德璀琳）屡接巴兰德电，要中国先询东洋其意何居，倘其愿望太奢，必有友邦从中调处。而德外部告许使，亦请中国设法先告倭，俟彼说出情节，再商各国等语。德税司已将奉旨往询行期电知巴使。如倭人愿望太奢，再由巴登《新报》遍告各国，愈见东洋无理取闹，届时或耸劝各

---

① 《照译前美国副领事毕德格在日本东京与外务省人员议论中东军务节略》，《李鸿章全集》第 25 册，第 199—201 页。"所杀倭人"应指战争初期清政府在上海、镇海、普陀捕获并处决的日本间谍，参见戚其章：《甲午日谍秘史》，天津：天津古籍出版社，2004 年，第 216—234 页。节略译送的时间，见《寄锡蜡胡同户部左堂张》（光绪二十年十月十九日巳刻发），《李鸿章全集》第 25 册，第 161 页。

② 《寄大高殿督办军务处》（光绪二十年十月十九日巳刻发），《李鸿章全集》第 25 册，第 160—161 页。

国出而弹压调处。如果伊藤肯与商量，不受其属下自由党人挟制，或先停战，或徐议和，即不烦各国调停矣。①

十月十九日，张荫桓、景星回京，其中前者被召见。次日，有廷寄致恭、庆两王与李鸿章，"准德璀林〔琳〕赴日本，通伊藤（未明言）"。②李鸿章翌日收到廷寄后，一面召德璀琳来署面商，并应其要求，权宜允诺授给头品顶戴；一面拟出致伊藤博文照会、私函各一件，准备交由德璀琳转达。③照会请求"贵总理大臣与德璀琳筹商，言归于好"；而私函则首称光绪十一年伊藤来津签订《天津会议专条》时的旧谊，力图以私人情感打动对方。④

　　这真是一厢情愿。陆奥对此评论道："其无法诉之于理，是以特诉之于情。不过，德璀琳其人究竟是否具有交战国使者资格，此事颇有疑问，况且李鸿章从其职守而言原本并不具有代表清国政府之权限。此外，伊藤总理虽居我内阁首班之位，但其并不具有直接

---

① 《致恭庆亲王密函》（光绪二十年十月二十四日西刻发），《李鸿章全集》第 25 册，第 183 页。

② 《翁同龢日记》第 6 卷，第 2796 页；同书第 8 卷，第 3774 页。该廷寄暂未从档案中检出，但在李鸿章致伊藤博文照会中有所引用："德璀琳在中国当差有年，忠实可靠，著李鸿章将应行筹办事宜，详晰告知德璀琳，令其迅速前往东洋妥办，并随时将现议情形，由李鸿章密速电闻。"见《照会日本国总理大臣伯爵伊藤公文》（光绪二十年十月二十一日），《李鸿章全集》第 25 册，第 169 页。

③ 《致恭庆亲王密函》（光绪二十年十月二十四日西刻发），《李鸿章全集》第 25 册，第 182—183 页。

④ 《致日本内阁总理大臣伊藤函》（光绪二十年十月二十一日）、《照会日本国总理大臣伯爵伊藤公文》（光绪二十年十月二十一日），《李鸿章全集》第 25 册，第 169—170 页。日方抄件见檜山幸夫編集・解題，伊藤博文文書研究会監修：《伊藤博文文書》第 17 卷，東京：ゆまに書房，2008 年，第 209—213 页。

折冲外交之任务。李鸿章致伊藤总理之信函，不论其文体如何，就其实质不过乃一封私信而已。"①伊藤的心腹、内阁书记官长伊东巳代治对此函的评论更为刻薄："死儿算龄"。②这句日本成语的意思是说，追悔往事犹如计算死去孩子的年龄，是无济于事的。

十月二十五日，德璀琳携数名随员③从天津乘船出发，二十九日抵达神户，拜访了兵库县知事周布公平。陆奥接到消息后，立即接连致电身在广岛大本营的伊藤，强烈反对接见德璀琳或接收信函，并派部下加藤高明（原为外务省政务局长，刚刚被任命为驻英公使）乘火车前往广岛面陈意见。陆奥认为，如果德璀琳"带着任何受我方鼓励之迹象回到中国"，就会导致德氏本人或赫德被任命为谈判的全权代表，而任命外国人为全权代表是日方不能接受的。至于伊藤，其态度一开始并不明朗，颇有同意接见之意。④陆奥则

①　陆奥宗光：《蹇蹇录》，第 108 页。本段引文在撰写阶段有所修改，见同书第 219 页。

②　《德璀琳应对颠末》，宪政史编纂会收集文书，外交问题主要事件资料，551-（1）-21，日本国立国会图书馆宪政资料室藏。

③　随员之中，外国人为英国人宓吉（Alexander Michie）和邓罗（Charles Henry Brewitt-Taylor），前者是《泰晤士报》驻华通讯员、天津《时报》编辑，后者是中国海关职员、宓吉的女婿，时为德璀琳的秘书；中国人为杨子安、王巨川、文寿峰、于心源，见《兵库县知事周布公平ノ报告、内阁书记官长伊东巳代治宛》，宪政史编纂会收集文书，外交问题主要事件资料，551-（1）-14，日本国立国会图书馆宪政资料室藏；《兵库县知事周布致陆奥外务大臣电》（1894 年 11 月 27 日），《中日战争》续编第 9 册，第 471 页；中国社会科学院近代史所翻译室编：《近代来华外国人名辞典》，北京：中国社会科学出版社，1981 年，第 57、328—329 页。

④　十一月初一日（11 月 27 日），外务省书记官锅岛桂次郎致电陆奥，表示倾向于接见德璀琳，并提出就此问题与陆奥面谈。锅岛和伊藤同在广岛，陆奥与伊藤通信均通过此人，这可以认为是伊藤的意见。见《锅岛外务书记官致陆奥外务大臣电》（1894 年 11 月 27 日午后 9 时 21 分发，9 时 50 分到），《中日战争》续编第 9 册，第 471—472 页。

以德国公使打电话建议接见德璀琳为由，指出接见可能引起外国干涉，重申了反对意见。①另外，伊东巳代治也认为只能接见具有正式资格的使节。②于是，德璀琳被勒令滞留在神户。

德璀琳到神户的第二天，嗅觉灵敏的日本记者便找上了他。一位名叫片山猪三次的《大阪朝日新闻》记者登上轮船，做了一番采访：

> 社员问：阁下为何目的前来日本？
>
> 答：为希望东洋和平，作为清国使节前来日本。
>
> 问：依北京政府之训令乎，依李鸿章之命乎？
>
> 答曰依北京政府之训令，旋即又曰依李鸿章与北京政府之协议。
>
> 问：今两国战斗将阑之际，阁下忽然赍此使命前来，而清国之战斗准备尚依然否？
>
> 答：清国不欲与日本干戈相交，唯望东洋和平。
>
> 问：阁下由此地向何处去？
>
> 答：昨日上陆面会兵库县知事，询问大本营之情况，俟其回答，乘船去宇品。
>
> 问：阁下持有证明使节之文件否？

---

① 日方商议情况见陆奥与锅岛桂次郎、周布公平来往诸电，《中日战争》续编第9册，第468—474页。

② 《伊东巳代治手记》《使節ノ派遣手続及其ノ資格ニ関スル件》，宪政史编纂会收集文书，外交问题主要事件资料，551-（1）-16、17，日本国立国会图书馆宪政资料室藏。

　　答：持有书信。

　　问：乃盖有皇帝陛下印玺之敕书乎，政府之文书乎？

　　答：无可奉告。

　　问：无论如何，其大意如何？

　　答：无可奉告。如欲知之，请问日本政府。①

应该说，德璀琳在应对日本记者上表现得不错，句句外交辞令，很有些职业外交官的风范。但由于日方坚持"正式资格"，他只能困在神户港的船上等消息。而且，阻挠他的还不只是日本人。

　　在德璀琳出发两天后，赫德评论道："德璀琳已去日访晤伊藤，希望取得和平，而日本已经说过可以通过美国驻东京或北京的公使同日方接触。这两个办法是互不相容呢，还是相辅相成，尚待分晓。"②

　　事实证明是前者。总署委托田贝调停之后，担心派遣德璀琳会引起美国的不快，因此试图中止。十月二十五日，总署致电李鸿章："去人且缓行。如已行，即希电知在沪候信。"李鸿章次日回电，表示德璀琳已出发，而且不经上海，无从通知。③二十八日，田贝亦向总署表示："闻中国派德某及两商人前去，实非所宜，应勿令前往。如已到彼，急电令不可开谈，否则于事大有关碍，渠即

---

① 《秘密草报》，黑田清隆関係文书，日清関係书類（II），日本鹿儿岛县历史资料中心黎明馆藏（我使用的是日本国立国会图书馆藏缩微胶片，下同）。

② 《1894 年 11 月 25 日北京去函 Z 字第六四一号》，《中国海关与中日战争》，第76 页。

③ 《译署来电》（光绪二十年十月二十五日亥刻到）、《复译署》（光绪二十年十月二十六日辰刻发），《李鸿章全集》第 25 册，第 186、188 页。

不能为力矣。"①据说，他当时的态度"极端粗暴"。②于是，恭、庆
两王又致电李鸿章："田使既出头，闻德璀琳赴东，恐办理两歧。
望径电德，到东勿开议，先回沪候信。德仍从优酬劳。"孙毓汶、
徐用仪也向李鸿章致函详细说明此事。③李鸿章翌日收电后，即令
汉纳根（德璀琳之婿）发电追回德璀琳。④但是，这份由德国驻天
津领事馆发给驻神户领事馆的电文到达德璀琳手上，已是十一月初
二日（11 月 28 日）。据德璀琳说，这份电报耗时较长是因为密码
电报皆须经过德国驻日公使过目。⑤这一天，他一连三次致函伊藤
请求联络，并随信附上照会与信函。直到最后，尽管他已决定按照
电报的要求明日从神户开拔，仍向伊藤表示了最后一线沟通的希
望，为此两次报上了座船的航线以便联络。⑥

　　然而，这些努力丝毫没有起到作用。次日凌晨，伊东已代治奉

---

① 《译署来函》（光绪二十年十一月初二日到），《李鸿章全集》第 25 册，第 205 页。
② （苏）福森科著，杨诗浩译：《瓜分中国的斗争和美国的门户开放政策 1895—
　　1900》，北京：生活·读书·新知三联书店，1958 年，第 21 页。
③ 《庆恭邸来电》（光绪二十年十月二十八日申刻发）、《译署来函》（光绪二十年十
　　一月初二日到），《李鸿章全集》第 25 册，第 195、204—205 页。
④ 《寄大高殿督办军务处》（光绪二十年十月二十九日午刻发），《李鸿章全集》第
　　25 册，第 197—198 页。
⑤ 《知事周布公平ノ政府回答伝達及之ニ対スル「デットリング」ノ答》，宪政史
　　編纂会收集文书，外交问题主要事件资料，551-（1）-19，日本国立国会图书
　　馆宪政资料室藏。
⑥ JACAR Ref. B06150069800（第 15—20 画面），日清講和条約締結一件/張邵来
　　朝及談判拒絶（2.2.1.1-1），日本外务省外交史料馆藏；《十一月二十八日「デ
　　ットリング」ヨリ伊藤内閣総理大臣宛》《十一月二十八日「デットリング」ヨ
　　リ陸奥［伊藤］外務大臣宛》，《日本外交文書》明治期第 27 卷第 2 册，第
　　531—534 页（又见《中日战争》续编第 9 册，第 472—474 页，有删节）；中田
　　敬義：《日清戦争ノ前後》，《近代外交回顧録》第 1 卷，第 78—82 页。

伊藤之命来到神户，授意周布正式拒绝德璀琳的会见请求。一面是追回，一面是拒绝，于是，德璀琳当天上午乘船返航。①这次非正式的出使，没有起到任何作用。

还应提到，一个多月前亦出现过一段与之相似的小插曲，且尚未受到学者注意。据神奈川县知事中野健明给陆奥宗光的报告，当年9月初，一位名叫斯滕伯格（H. H. Sutzberger）的瑞士人致函神奈川县厅意大利籍雇员拿波里·贡萨加（Napoli Gonzaga②），向日本政府表示希望出面调停中日战争，又称可以请瑞士总统出面。此人据称曾在中国驻日使馆任职，是李鸿章（一说其子李经方）的顾问（一说秘书），九月十六日（10月14日）乘船自天津抵达横滨，要求与"当路之贵显"会面，十九日（10月17日）乘火车前往东京。陆奥对此颇为紧张，一一致电在东京的各阁员，表示"无论如何请谢绝与之会面"。他认为，这是李鸿章或李经方刺探日方企图的举动。③

---

① 《知事周布公平ノ政府回答伝達及之ニ对スル「デットリング」ノ答》，宪政史編纂会收集文书，外交問題主要事件资料，551-（1）-19，日本国立国会图书馆宪政资料室藏；《在神户加藤公使致陆奥外务大臣电》（1894年11月29日午前3时15分发、4时20分到）、《原山口县知事致内务省小野田警保局长函》（1894年11月30日），《中日战争》续编第9册，第474—475页。

② 此据日文假名回译，原文为"ネンブリー・ゴンザガ"。

③ 《李鸿章ノ秘書官瑞西人エイチ・エイチ・スッペルゲル来朝ノ件》，JACAR Ref. B08090001700，日清韓交渉事件関係雑件 第一巻（5.2.18.2_001），日本外务省外交史料館藏；陆奥宗光致伊藤博文函，1894年10月15日，《伊藤博文関係文書》第7卷，第302—303页；陆奥宗光致黑田清隆电，黑田清隆関係文書，日清関係書類（II），日本鹿儿岛县历史资料中心黎明馆藏（该电末注明"向在京各大臣皆以与本文相同之内容通知"）。此人姓名，陆奥函中拼作"H. H. Sutyberger"，误。

关于此事，我没有见到下文。关于其人，我也没有查到其他任何记载。从中野几份报告的字里行间看，我倾向于认为此人属于空来空往的政治投机者，并不像德璀琳一般负有清政府所赋予的外交使命。不过，将此事与德璀琳出使（包括未能成行的罗丰禄出使）联系起来，更可以看出陆奥对议和的态度是始终如一且坚定不移的：没有正式资格的使节想来谈判，门都没有！

二、张荫桓、邵友濂出使

使节的派遣

十一月初二日，田贝造访总署，带来了调停失败的消息。[①] 初四日（11 月 30 日），他致电谭恩，表示"日本政府并未言明以何等条件视为媾和之充分基础，故清国无法推知日本政府意见之所在"。两天后，日方以口头照会形式作答："日本国如前所申述，限于具有适当资格之两国高官中，所任命之全权委员相会之后，日本国方得宣布媾和之意旨，不得不于此重申。"[②] 也就是说，清政府不派遣正式的议和使节，日方是不会开出议和条件的。

十一月初七日（12 月 3 日），田贝通知总署，"仍须派员同议，再议停战，再议所欲言"。于是，恭亲王次日求见慈禧，并与孙毓汶、徐用仪、张荫桓一同见起。随后，慈禧又召见了军机大臣。据翁同龢记载："圣意遣员可允，惟不能在京，亦不能在彼国都，天

---

① 《张荫桓日记》下册，第 547 页。
② 《亲交美国公使》（1894 年 12 月 2 日），《中日战争》续编第 9 册，第 475 页。

津、烟台、上海皆可。又停战不可，恐以和款误我也。"①所谓"以和款误我"，乃是当时有一种普遍的看法，认为日军畏寒，因此将冬季看作是清军反攻的良机。②光绪、翁同龢与许景澄皆持这种观点。②连葛礼山都私下向杨儒建议："现届冬令，转瞬冰雪载途，倭性不耐寒冻，中国须打一大胜仗后，方可言和。"③但从实际情况看，日军在冬季依然取得了不小的战果，清军的反攻（如四次海城反攻战）则无甚成效。④

而在前一天，张荫桓被慈禧召见，"太后谕再往天津一行，谨奉旨并将往津应商之语奏陈一遍，太后以为然，并谕以曾商诸皇上，可无须请训，但当轻骑减从速行"。当天，张荫桓动身出京，十一月初十（12月6日）抵津与李鸿章商议。⑤

李鸿章赞同派员议和，但反对赴日。当天，张荫桓将这一意见电奏并致电总署。⑥十一月十二日（12月8日），德璀琳回津，与李、张二人会晤。李鸿章当即手书致恭亲王函，交由张荫桓次日携带回京。⑦在函中，李鸿章主张在上海、烟台两处择一地议和，并请求进京觐见。⑧

---

① 《翁同龢日记》第6卷，第2801页；同书第8卷，第3779页。
② 《翁同龢日记》第6卷，第2797、2803页；同书第8卷，第3791页。
③ 《收出使美国大臣杨儒函》（光绪二十年十一月十五日），《中日战争》续编第5册，第213页。
④ 戚其章：《甲午战争史》，第249—261页。
⑤ 《张荫桓日记》下册，第549—551页。
⑥ 《户部侍郎张荫桓奏李鸿章以派员为是赴日则非电》（光绪二十年十一月初十日），《中日战争》续编第1册，第668页；《寄总理衙门》（光绪二十年十一月初十日申刻发），《李鸿章全集》第25册，第227页。
⑦ 《张荫桓日记》下册，第552页。
⑧ 《致总署 报德璀琳回津》（光绪二十年十一月十二日），《李鸿章全集》第36册，第57页。

张荫桓于十一月十五日（12 月 11 日）下午抵京，将信函交给恭亲王并面谈。次日，光绪、慈禧分别召见张荫桓，同意派员在上海会谈。①当天，田贝应总署之请转电日本，传达了这一意见。②

自然，在军事态势上明显居于上风的日本是难以同意在中国领土上进行议和的。无论何种谈判，任何国家都会希望进行主场作战。"谈判地点之所以重要，是因为一个国家假如能够劝说它的对手派代表团到其国家，这对它是具有巨大好处的。出于这一原因，它也强烈暗示它是更强大的一方。"③十一月二十二日（12 月 18 日），外务省通知谭恩："如果中国政府委任其全权代表前来议和，日本政府也准备委任她们的全权代表。在日本政府任命全权代表以前，中国政府必须先将其全权代表之姓名和官阶通知日本政府，全权代表的会议地点必须在日本。"④当天，田贝接到了谭恩的转电。⑤

十一月二十四日（12 月 20 日）有上谕："著派尚书衔总理各

---

① 《张荫桓日记》下册，第 553 页。张荫桓本人对议和的前景并不看好。十一月十五日晚，他致函孙毓汶，认为"北洋之论及德璀珍［琳］所述均难合尖"，见《近代史所藏清代名人稿本抄本》第一辑第 40 册，第 58 页。

② 《美国驻中国公使致美国驻日公使电》（1894 年 12 月 12 日午后 9 时 2 分北京发，12 月 13 日午前 11 时 15 分田贝［谭恩］收），《中日战争》续编第 9 册，第 476 页；《美署中日议和往来转达节略》，同书第 6 册，第 607 页。

③ （美）贝里奇著，庞中英译：《外交理论与实践》，北京：北京大学出版社，2005 年，第 40 页。

④ 《致美国公使口头照会》，《中日战争》续编第 9 册，第 477 页。原文日期作 12 月 28 日（阴历十二月初二日），查《日本外交文书》原书，应为 12 月 18 日（阴历十一月二十二日）。

⑤ 《美署中日议和往来转电节略》，《中日战争》续编第 6 册，第 607 页。

国事务大臣户部左侍郎张荫桓、头品顶戴署湖南巡抚邵友濂为全权大臣，与日本派出全权大臣会商事件。"①同日，田贝向日本转告了这一任命，希望日本立即任命委员，决定会议日期，并表示清政府为交通便利起见，希望在长崎会谈。②

对于这一决定，张荫桓感到很突然。他在当天的日记中写道："午后赴署蒙恩赏加尚书衔，奉派赴倭议款，署湘抚邵小村同役，当嘱顾康民（引者按：总署章京顾肇新）代拟谢摺。旋访莱山（引者按：即孙毓汶），谓出特简非枢中所拟云。颇讶昨日署中会商时绝不询及，遽奉使命，诚非所堪。"③

张荫桓，字皓峦，号樵野，广东南海人。他由捐班起家，得到名臣阎敬铭、丁宝桢的赏识，由此发迹。在总署与六部堂官中，他是罕有的"杂途"出身，但才气纵横，不但处理文牍称得上老吏刀笔，诗文绘画也有相当造诣。他尤其以通晓洋务著称：此前曾两入总署，参与签署了中英《烟台条约》，并在担任驻美国、西班牙、秘鲁三国公使期间办理了有关美国排华问题的交涉，谈判经验较为丰富。④由于出使经历，他还粗通英文，在同僚中实属凤毛麟角。⑤

---

① 《中日战争》续编第 5 册，第 232 页。
② 《美国驻中国公使致美国驻日本公使电》（1894 年 12 月 20 日午后 8 时 33 分发），《中日战争》续编第 9 册，第 477 页。
③ 《张荫桓日记》下册，第 555 页。
④ 关于张荫桓的整体性论述，参见何炳棣：《张荫桓事迹》，《清华学报》第 13 卷第 1 期，1941 年；李吉奎：《晚清名臣张荫桓》，广州：广东人民出版社，2005 年；茅海建：《论张荫桓——以光绪二十三年（1897）出席英国女王庆典为中心（上下）》，《中国文化》第 55、56 期，2022 年，该文收入氏著：《戊戌变法史事考三集》，北京：生活・读书・新知三联书店，2024 年。
⑤ 林董：《後は昔の記 他 林董回顧錄》，第 269 页。

鉴于清政府当时不愿派重臣出使①，地位稍低而能力出众的张荫桓无疑是一个很合适的人选。②

另一位使节邵友濂也有不少外交经验：同治十三年（1874）任总署章京，光绪四年（1878）随崇厚出使俄国，参加伊犁交涉，中法战争中协助曾国荃与法国谈判，之后又曾赴香港商办鸦片税厘。③据一名自称与他相识十余年的日本人评论，其人"谨重细心，为清国官吏中优等者"，但缺乏果断。④此前，他担任台湾巡抚，因为与布政使唐景崧互相攻讦，刚被调署湖南巡抚，尚未到任。

派邵友濂与张荫桓一同出使，似乎别有深意。伊犁交涉中，邵友濂的上司崇厚因擅自与俄方签署出让大量利权的《里瓦基亚条约》被革职拿问，定为斩监候。交涉过程中，邵友濂对崇厚的颟顸误国很不满，落下了"小村（引者按：邵友濂字）太认真"的评语。⑤派他出使，隐隐有监视张荫桓之意，暗示张氏不要轻许日方要求，重蹈崇厚的覆辙。但他的声望能力较张荫桓远为逊色，在此后的出使过程中，几乎看不到他有什么作为，其角色只是伴食而已。

---

① 前引李鸿章十月十六日致恭亲王等人函中曾提到，"若遽由我特派大员往商，转虑为彼轻视"，见《致总署 拟令洋员赴东探议》（光绪二十年十月十六日），《李鸿章全集》第 36 册，第 55 页。

② 需要说明的是，尽管张荫桓已经称得上是清政府当时最了解外部世界的高级官员，但在今天看来，他的外交认识和外交水平仍然是相当有限的。茅海建先生对此有深入论述，见氏著：《戊戌变法史事考三集》，第 148—150、191、209 页。

③ 《清史列传》第 16 册，第 4977—4978 页；《清代七百名人传》，第 662—663 页。

④ 《日清の交渉講和始末（2）》，JACAR Ref. C08040460900（第 12 画面），明治 27・8 年 戦史編纂準備書類 1，日本防卫省防卫研究所藏。

⑤ 镇江市博物馆：《邵友濂使俄文稿和家书中的沙俄侵华史料》，《文物》1976 年第 10 期，第 24 页。

除了派遣两位使节之外，清政府还准备借筹于外洋。三天后的清晨，在太平洋彼岸，一位名叫科士达（John Watson Foster）的美国人被一封电报叫醒。这封电报来自总署，请求他前往日本协助议和。对这一邀请，他"感到很大的光荣"，立即决定接受。①

科士达，毕业于印第安纳大学和哈佛法学院，做过律师、编辑和军人，历任美国驻墨西哥、俄国、西班牙公使，1892—1893年间任国务卿，此时已经卸任在野。②他出使俄国时，正值伊犁交涉，曾应驻俄公使曾纪泽之请进行斡旋。③此外，他多年担任中国驻美使馆法律顾问，并曾于1893年来华游历，拜访过李鸿章和张荫桓。④邀请他的，正是在担任驻美公使时便与他有过来往的张氏。⑤然而，科士达与日本亦有因缘：陆奥在担任驻美公使时与他私交甚笃，他也曾应陆奥的要求，以"友谊的及私人的性质"促成日本对美修约的成功。于是，他因为担心日本政府的态度，主动向驻美公使栗野慎一郎告知了此事。⑥这种做法，犹如当时美国东亚政策的

---

① 《科士达外交回忆录》，《中日战争》第7册，第463页。
② Michael J. Devine：*John W. Foster：Politics and Diplomacy in the Imperial Era*，*1873—1917*，Ohio：Ohio University Press，1981，p.4.
③ （美）徐中约著，林勇军译：《中俄伊犁条约谈判》，《国外中国近代史研究》第10辑，1988年，第195—196页。
④ John Watson Foster：*Diplomatic Memoirs*，vol.2，Boston and New York：Houghton Mifflin Company，1909，pp.90—94.
⑤ 《钦差大臣张荫桓为具奏酌带随员约筹经费及延聘美律师科士达等折片录旨知照事咨》（光绪二十年十二月十一日）附件四，《中日战争》续编第5册，第297页。
⑥ 《科士达外交回忆录》，《中日战争》第7册，第464—465页。科士达同样告知了葛礼山，葛氏也指示谭恩通知日方，见 Dun to Gresham, 1/17/1895, *American Diplomatic and Public Papers：The United States and China：Series III，The Sino-Japanese War to the Russo-Japanese War，1894—1905*，vol.3，p.71.

缩影：在中国与日本之间保持同等距离，两面讨好。科士达后来撰有《美国在东方的外交》一书，在甲午战争一节中，他不无得意地写道："美国在战争期间同时友善地为日本和中国效劳，以便终结冲突。除此之外，中国皇帝还邀请了一位美国公民在和谈中协助他的使团，而日本使团同样在他们的重要工作中得益于一位美国顾问。"①后者是指外务省顾问端迪臣，而前者则是他自己。

　　作为一名外交家，科士达在此前的职业生涯中没有什么浓墨重彩的表现，肯定比不上女婿蓝辛（Robert Lansing）和外孙杜勒斯（John Foster Dulles）这两位日后的国务卿。他的传记作者调侃地写道，他个人最重要的外交活动，却发生在这个赋闲的时候。②值得注意的是，他当时已卷入了一个惊人的计划：推翻清朝统治，把李鸿章扶上皇位！③

　　这个计划的始作俑者是曾经在前文中出场的李鸿章幕僚毕德格。早在战争之初，他就认定中国不会是日本的对手，而要收拾残局，最好让自己的雇主成为中国的统治者。1894 年 9 月，他写信

<hr />

① John Watson Foster：*American Diplomacy in the Orient*，Boston and New York：Houghton Mifflin Company，1926，p.341. 有意思的是，在后来的第二次海牙保和会上，科士达、端迪臣又分别作为中日两国的代表出席，见林学忠：《从万国公法到公法外交：晚清国际法的传入、诠释与应用》，上海：上海古籍出版社，2009 年，第 329 页。

② Michael J. Devine：*John W. Foster：Politics and Diplomacy in the Imperial Era*，*1873—1917*，p.74.

③ 关于"倒清拥李"的计划，参见 Marilyn Blatt Young：*The Rhetoric of Empire：American China Policy 1895—1901*，Cambridge：Harvard University Press，1968，pp.27—30，Michael J. Devine：*John W. Foster：Politics and Diplomacy in the Imperial Era*，*1873—1917*，pp.75—79，夏良才：《关于中日甲午战争中一起"倒清拥李"的密谋事件》，《近代史研究》1984 年第 6 期。下文不再注出。

把这个计划透露给自己的朋友魏礼森（James Harrison Wilson），二人一拍即合。魏礼森毕业于西点军校，曾参加南北战争，官至陆军少将。退役后，他成为一名铁路实业家，梦想在广阔的中国大地上修筑铁路。[1]1885 年他为此事来华游历，到过华北、上海和台湾，还几次拜访了李鸿章。回国后，他出版了旅行记《中国：在"中央王国"的旅行与考察》。和当时许多来华外国人一样，他花了许多笔墨描述李鸿章这位大清头号重臣。譬如书中写道：

> 在最近的垂帘时期，尤其是在太平天国叛乱结束之后，将几乎一切外国人或其在华存在引起的新的、难的或者令人困窘的问题交给李鸿章，已经成了惯例。[2]

据张荫桓说，这本书卖得不错。[3]1894 年 8 月，他趁着甲午战争爆发的时机又推出了此书第二版。在新版序言中，他预言这场战争可能会带来东亚的大变局。[4]

---

[1]　关于魏礼森在华筑路的计划，参见 Marilyn Blatt Young：*The Rhetoric of Empire*：*American China Policy 1895—1901*，pp.57—62，David M. Pletcher：*The Diplomacy of Involvement*：*American Economic Expansion Across the Pacific*，*1784—1900*，Columbia, MO：University of Missouri Press，2001，pp.141，217—219。中方相关记载见《拟复奏底》（光绪十二年十月十六日），《李鸿章全集》第 34 册，第 109 页。

[2]　James Harrison Wilson：*China*：*Travels and Investigations in the "Middle Kingdom"*，New York：D. Appleton & Co.，1887，p197.

[3]　张荫桓在光绪十五年八月二十四日（1889 年 9 月 18 日）的日记中写道："提督魏礼森，津门旧识，近著一书，述中国掌故，西人多购之。中西文理断难吻合，拟购一本，交译官暇时译看。"见《张荫桓日记》下册，第 466 页。

[4]　James Harrison Wilson：*China*：*Travels and Investigations in the "Middle Kingdom"*，New York：D. Appleton & Co.，1894，pviii. 魏礼森后来返回陆军，参（转下页）

魏礼森是科士达的老友。在他的怂恿下，当时正在美国的毕德格拜访了科士达，将"倒清拥李"的计划和盘托出。9月28日，毕德格写信告诉魏礼森，科士达赞成这个计划。他们还打算把希望扩大美国在华利益的田贝也拉进这个计划。同一天，魏礼森致函田贝，踌躇满志地鼓动他在时机到来时充当沃里克伯爵（Earl of Warwick）的角色。此人是15世纪英国玫瑰战争中的要角，曾拥立爱德华四世和亨利六世，权倾一时，绰号"拥王者"。

对这个计划，毕德格等人对华盛顿的中国公使馆严格保密，却透露给了日本公使馆，这是因为他们的密谋需要借用日本的力量。9月23日，魏礼森致函日本公使馆美籍顾问须知分（Durham White Stevens)①，警告对方，满洲贵族集团已经失去了统治中国的能力，如果日本不先下手为强，中国将被英俄两国瓜分。他声称，一旦清朝覆亡，应该把李鸿章或他的儿子扶上皇位。而操控大局的日本，将成为中国的救世主。然后中日两国应当结盟，共同主导东亚的未来。一周后须知分回信，告知已将来信出示给日本驻美公使栗野慎一郎，还准备送副本给伊藤与陆奥二人。

毕德格、魏礼森等人的谋划，令人不禁想起欧·亨利笔下那些

（接上页）加了美西战争，并在八国联军侵华之役中以准将军衔担任北京美国驻军司令官。1901年，他出版了此书的第三版。

① 须知分（1851—1908），曾任美国驻日使馆秘书，1883年起长期担任日本驻美使馆顾问。1894年9月曾在《北美评论》上发表文章，指责清政府阻碍了朝鲜的改革，为日本在朝势力的扩展叫好。甲午战争结束后，获得日本政府颁发的二等瑞宝章。1904年在日本政府推荐下担任朝鲜政府外交顾问，实际控制朝鲜外交。1908年3月23日在旧金山被朝鲜志士张仁焕、田明云枪击，两天后死去。

成天梦想在拉丁美洲搞军事政变的美国冒险家。拉美某个小国的政权，或者可以凭一个失意政客、几个冒险家和几百支温彻斯特连发枪夺取。但从中国的实际情势出发，这样的计划只能说是荒唐无稽的。昔年扑灭太平天国之际，湘军领袖曾国藩节制四省军务，声望势力达到顶峰。他在家乡盖房，工匠念诵的"上梁文"居然是"两江总督太细哩，要到南京做皇帝"。①当时，亦有部下向他劝进。以湘军集团的力量，曾国藩不是没有可能当皇帝，但不敢当。而此时的李鸿章不仅不敢当，更是绝对当不了。远比美国人更了解中国的日本人，很可能只把这个计划当笑话听，我在日方档案中没有发现栗野等人对此有何反应。

美国人后来也意识到了"倒清拥李"并不可行。1895 年 1 月 7 日，毕德格写信给魏礼森，又提出两步方案：第一，尽快结束这场战争；第二，将中国划成南北两大势力范围，分别置于英美两国的影响之下，并由这两国帮助中国建立一支优于日本的海军。他已经不再幻想让李鸿章来统治中国。

不过，这个计划的可行性也并不比"拥清倒李"强多少，最终也同样无疾而终。至于提出这两个计划的毕德格，此后也不复有这样野心勃勃的企图，而是对中国的前途彻底死了心。甲午战后，作为强学会的会员，他在该会被查封后向日本人表示："已经不会有再兴的机会了。清国特别不欲改良，还应说是清国不能改良也。"②而在同年德国强迫清政府租借军港时，他甚至告诉德国公使海靖

① 曾宝荪、曾纪芬：《曾宝荪回忆录 附崇德老人自订年谱》，长沙：岳麓书社，1986 年，第 12 页。
② 茅海建：《戊戌变法史事考》，第 473—474 页。

（Edmund von Heyking）的夫人，他认识中国人的时间越久，也就越讨厌中国人；他根本无法想象"中国的觉醒"，因为世界上没有哪一个民族像中国人这么固执和自负，他们"只能接受被不同的强国瓜分的命运"。①

把话说得这样死心塌地，有多少是因为自己异想天开的计划没能实现呢？

十二月初一日（12月27日），田贝接到谭恩转来的日方答复，随即告知总署，日方选定广岛作为会谈地，并称会谈将于中方使节到达广岛后四十八小时之内举行。②但对于中方要求得知日方全权委员职名一事，日方则予以拒绝。③

十二月初十日（1895年1月5日），张荫桓分别觐见两宫请训。对于此行，慈禧显示出了相当程度的警惕态度，传下懿旨警告张、邵，措辞甚峻："所有应议各节，凡日本所请著随时电奏候旨遵行，其与国体有碍及中国力所未逮之事，该大臣不得擅行允诺。凛之！慎之！"慈禧又当面指示张荫桓不得先许停战，"一则疑于求和，一则塞前敌诸将之心也"，并让他不要径直赴日，在上海停留候信。此外，慈禧还饬令缮写"密旨"交与张荫桓，"以备彼族要求持以相示"。④

---

① （德）海靖夫人著，秦俊峰译：《德国公使夫人日记》，福州：福建教育出版社，2012年，第34页。
② 《林外务次官致美国公使口头书信》，《中日战争》续编第9册，第479页；《张荫桓日记》下册，第556页。
③ 《美国驻清国公使致美国驻日本公使电》（北京美国公使馆1894年12月29日午后5时发，东京美国公使馆12月30日午前10时收）、《致美国公使口头书信》（1894年12月31日交美国公使），《中日战争》续编第9册，第481、484页。
④ 《张荫桓日记》下册，第557页；《翁同龢日记》第8卷，第3788—3789页；《上谕》（光绪二十年十二月初十日），《清光绪朝中日交涉史料》卷27，第28页。

十二月十二日（1月7日），张荫桓出京，准备从大沽口乘船南下，与邵友濂在上海会合。①工部主事孙宝瑄当天在日记中记载："闻张樵野侍郎今日启行，由山海关登轮诣倭议和。此数日内，都中颇平静，士大夫酌酒相庆矣。"②不过，中枢却无法如此轻松。同一天，翁同龢致函孙毓汶，其中写道："牛庄失而营口亦空，东师不可问。博望之槎，借材异国，不审因此邅迴否？"③博望之槎，即借用博望侯张骞"乘槎访星"之典，指代张荫桓出使。借材异国，即聘请科士达。邅迴，即困顿难行之貌。翁同龢鉴于辽东战局不容乐观，担心出使也不会顺利。④

其实，战局很快就不只限于辽东了。在清政府筹备遣使的同时，日本人也在策划下一步的作战计划。根据伊藤、陆奥以及第二军司令官大山岩、联合舰队司令长官伊东祐亨等人的意见，大本营决定暂缓原定的直隶作战，将下一个战场定为山东，重点是夺取北洋海军仅存的基地威海卫。⑤十二月十六日（1月11日），张荫桓南

---

① 《张荫桓日记》下册，第558页。

② 孙宝瑄：《忘山庐日记》上册，《中华文史论丛》增刊，上海：上海古籍出版社，1983年，第62页。

③ 《近代史所藏清代名人稿本抄本》第一辑第40册，第14—15页。该函仅书"十二日"，赵平先生笺释此函时，正确地诠释了致函时间与"博望之槎"，可惜误将"借材异国"释作"清廷借美驻华大使田贝议和"，见赵平笺释：《翁同龢书信笺释》，上海：中西书局，2014年，第551页。

④ 需要指出的是，"牛庄失"属于误报。十一月二十六日（12月22日），翁同龢记载"电报牛庄失守"，见《翁同龢日记》第6卷，第2806页。这一消息来自袁世凯，由李鸿章转达总署，见《寄译署》（光绪二十年十一月二十五日申刻），《李鸿章全集》第25册，第267页。事实上，日军直至次年三月初才向牛庄发动进攻并占领之，见戚其章：《甲午战争史》，第271—277页。

⑤ 斋藤聖二：《日清戦争の軍事戦略》，第166—170页。

下的同一天，李鸿章电告总署，据德璀琳报告，"东洋第三军已于华十二月十四日在广岛开行，大约赴威海卫上岸"。这是一个大体准确的情报。①同日，李鸿章幕僚罗丰禄在家信中写道，对于张、邵赴日议和，"中堂以为难成"。②

与此同时，使团的行程却一拖再拖。十二月十八日（1月13日），张荫桓抵达上海。③第二天，军机大臣按光绪的旨意，预备电令张荫桓、邵友濂即赴广岛，不用等候谕旨。但慈禧表示反对，又称光绪未曾向她汇报，于是将这道电旨撤下不发。翁同龢表示"臣于和议向不敢阿附，惟兹事亦不可中止，使臣已遣而逗遛，恐彼得藉口，且我之议和，正欲得其贪吻之所出先作准备耳，幸少留意"，一再劝谏，仍然未能挽回。直到二十一日（1月16日），慈禧才下令"明日张荫桓如无电，即发电往询，后日可催令起程赴广岛"。④二十三日（1月18日）张荫桓接到电旨之后，订定乘法国轮船正月初三日（1月28日）启程，后因船期更改，另订英国"王后"号船，定初一日启程。⑤

不仅是中枢对出使显得优柔寡断，张荫桓本人亦颇有踟蹰不前之意。在取道津沽铁路前往塘沽途中，他与湖南巡抚吴大澂同车而

---

① 《寄译署》（光绪二十年十二月十六日戌刻），《李鸿章全集》第 25 册，第 315 页。这个情报也不完全准确，进行山东作战的应为重新编组的第二军，其所属部队自十二月十五日（1月10日）起，分别由广岛、门司、旅顺口等地出发，向大连湾集中，预备进攻威海卫，见斋藤圣二：《日清战争の军事战略》，第 170 页。

② 《内字第五号》（光绪二十年十二月十六日），《罗丰禄信稿》，所藏档，甲 628。

③ 《张荫桓日记》下册，第 559 页。

④ 《翁同龢日记》第 6 卷，第 2813 页；同书第 8 卷，第 3792 页。

⑤ 《张荫桓日记》下册，第 560—561 页。

行。对方"谋战甚勇"，劝他二月再出发，等待前线的捷报。①吴大澂是著名的金石学者和收藏家，素不知兵，却豪气万丈，开战后主动请缨率湘军北上，还想帮办海军。他可谓纸上谈兵的典型，与日军接仗后一败涂地，名誉尽失。但在当日，他的意见对张荫桓多少有些影响。十二月二十四日（1月19日），张荫桓与邵友濂联名电奏，声称："臣荫桓前在津沽晤吴大澂，嘱俟二月东渡以候捷音，现闻边军次第出关，恐因臣等之行意存观望，实非战事之益。应否定于正月初三日启程，伏候圣裁训示。"②同日，张荫桓还致电督办军务处翼长裕庚，托对方向恭亲王询问能否缓行。③

这样做，除了台面上的理由之外，或许也有其他方面的考虑。张荫桓到沪以后，招来不少攻击，"匿名揭帖，遍布通衢，肆口诋琪，互相传播"④，广东会馆甚至拒绝他这个同乡入内。⑤上海的

---

① 《张荫桓日记》下册，第559页。

② 《张荫桓邵友濂来电》（光绪二十年十二月二十五日到），《清光绪朝中日交涉史料》卷29，第17页。另参见《户部左侍郎张荫桓等奏请饬下关内外统兵大员实力防剿勿以议和意存观望折》（光绪二十年十二月二十九日发，光绪二十一年正月二十四日到），《清光绪朝中日交涉史料》卷33，第21—22页。

③ 张荫桓日记当日载："余别致朗西电，托询恭邸。"十二月二十六日（1月21日）又记："是日并得朗西电，述恭邸意似此行不能缓矣。"见《张荫桓日记》下册，第561页。可知其意欲缓行。朗西，裕庚字。

④ 《户部左侍郎张荫桓等奏请饬下关内外统兵大员实力防剿勿以议和意存观望折》（光绪二十年十二月二十九日发，光绪二十一年正月二十四日到），《清光绪朝中日交涉史料》卷33，第22页。张荫桓在致李鸿章电中也抱怨："函丈畏言寇苛求，桓又何如。此间匿名揭帖纷至，到处皆安某。"见《张使复电》（光绪二十年十二月二十五日戌刻到），《李鸿章全集》第25册，第331页。函丈，指李鸿章。安某，指御史安维峻，此前一再上疏弹劾李氏父子，十二月初二日更奏请诛李。

⑤ 《1895年2月3日北京去函Z字第六五一号》，《中国海关与中日战争》，第82页。

《新闻报》当时还登出一首《咏张松诗》，指桑骂槐地把他比作《三国演义》中出卖西川的张松："形容古怪气昂藏，不信斯人总姓张。挈得西川图一幅，插标东去卖刘璋。"①他未必不想保全自己的羽毛。邵友濂更是畏途不前。据一名在沪日本人的观察，他相当畏惧赴日之行，"在恐怖战栗之中度日"。②但是，十二月二十六日的电旨明令二人按既定日程启行勿迟。③这一决定下得委实太晚。从任命使节起，清政府已经足足磨蹭了一个多月。就在前一天，日军第二军先头部队已在荣成湾登陆，兵锋直指威海卫！

"全权证书"与"国书"

正月初五日（1 月 30 日）凌晨两点，张、邵一行 49 人在神户上岸，并与先期到达的科士达会合，下午换船前往广岛，次日上午十点到达。④

---

① 吴趼人著，卢叔度辑注：《俏皮话 附录新笑林广记、新笑史》，广州：广东人民出版社，1981 年，第 22 页。

② 《日清の交涉讲和始末（2）》，JACAR Ref. C08040460900（第 12 画面），明治 27·8 年 戦史编纂准備書類 1，日本防卫省防卫研究所藏。

③ 《电谕出使大臣张荫桓等著于正月初三日启行》（光绪二十年十二月二十六日），《中日战争》续编第 2 册，第 207 页。

④ 《科士达日记》，《中日战争》续编第 6 册，第 614 页。使团成员自张、邵以下有：头等参赞：候选道伍廷芳；二等参赞：刑部郎中顾肇新、内阁侍读瑞良；三等参赞：候选道梁诚、候选道黄承乙；翻译官：分省补用知府沈铎、补用直隶州知州罗庚龄、分省补用知县卢永铭；随员：兵部郎中钱绍桢、湖北候补同知张桐华、江西候补知县张佐兴、前山东知县招汝济、山东候补盐大使赵世廉、候选训导沈功彰；供事：候选布理问徐超、分省补用县丞徐保铭；学生：张作藩、易廷祺、汪豫源；差弁：拔补外委李玉德、五品顶戴施鸿声、五品顶戴施祥芝、六品顶戴刘志麟；以及跟役二十四名。见《伊藤博文文书》第 18 卷，第 269—272 页。

而在此时，伊藤与陆奥已有意借故拒绝谈判。据陆奥记载，在张、邵抵达广岛之前数日，伊藤曾与他密谈，认为"媾和时机并未成熟"，担心"稍不注意，恐未及达成媾和目的，我国对清国之要求条件便先行流传至世间，徒增内外之物议"。两人商议后，决定"首先应仔细审视彼等所携带的全权委任状之形式，若果真有不符国际公法惯例之处，则于正式进入媾和谈判之前，即刻拒绝与彼等继续谈判，使本次会商失败。如此一来，在开示我之媾和要求之前谈判即已破裂，他日清国真心悔悟，再派具有名爵、资望的全权大臣前来之时，再与其进行会商亦不为迟。"①为此，陆奥正月初五日致电日本驻法、德、俄、意、英公使，声称："日本政府已通过美国驻东京和北京的公使再三要求中国政府，为了成功地完成其大臣们的使命，全权大臣必须具有缔结和约之特殊之全权。然而，我们害怕中国全权代表的权力之不完善和不够。如果那样的话，我们有责任拒绝谈判。"他要求各公使秘密通知驻在国政府，以便事先张本，避免列强干涉。同时亦致电外务次官林董，要求他探听俄、英公使及其他国家外交官的意见。②

陆奥所说的全权委任状，即今日国际法术语中的"全权证书"（full powers）。为缔结条约或公约而奉命进行谈判的外交代表，通常都需要本国元首或本国政府颁发的这一证书。证书的基本内容，是证明代表的身份，以及代表拥有谈判与缔约的权力。在谈判之

---

① 陆奥宗光：《蹇蹇录》，第 127 页。
② 《陆奥外务大臣致驻法德俄意英公使电》（1895 年 1 月 30 日发）、《陆奥外务大臣致林外务次官电》（1895 年 1 月 30 日上午 11 时 45 分发，11 时 50 分到），《中日战争》续编第 10 册，第 270—271 页。

前，双方代表需要互相校阅全权证书。直至今日，这一公文种类仍未失去作用。①为此，张荫桓请田贝"代为按洋式拟一国书底稿"。②但当田贝于十二月初六日（1月1日）送来草稿之时，总署声称已经于两天前自行拟定并请钤御宝，因此并未采用。③其实，真正的原因在于总署对田贝所拟草稿并不满意。据欧格讷致金伯利的报告，在光绪二十一年正月十二日（2月6日）的会谈中，总署王、大臣向他表示了对田贝国书稿的不满："会谈过程中，他们拿出田贝上校给他们的证书格式让我看，并对某些地方提出了强烈反对，例如，把使臣的签名置于和皇帝同样的位置，没给皇帝日后批约留下签名的地方。"④

在此，总署与田贝对于所需的公文形式均理解为"国书"（credentials）。这一公文种类，用于国家元首平时向国外派驻大使或公使，用于此处并不合适。⑤根据田贝的回忆录，采用"国书"是他建议的，而格式是由法国公使施阿兰提供的："我曾对总署建议，

---

① 可参阅权威外交指导手册《萨道义外交实践指南》的第一版与第五版（最新版）：Ernest Mason Satow: *A Guide to Diplomatic Practice*, vol.1, London: Longmans Publication, 1917, pp.105—106,（英）布思主编，杨立义译：《萨道义外交实践指南》，上海：上海译文出版社，1984年，第87—89页。关于甲午战争期间的全权证书问题，参见拙作：《甲午中日议和中的全权证书问题——国际法视角下的考察》，《史林》2015年第1期。

② 《美使田贝为代拟张大臣等赴日议和洋式国书底稿事函》（光绪二十年十二月初六日），《中日战争》续编第5册，第242页。

③ 《为函谢代拟洋式国书底稿等事致美使田贝函》（光绪二十年十二月初七日），《中日战争》续编第5册，第242页。

④ 《欧格讷致金伯利函（第49号）》（1895年2月7日发，4月5日到），《中日战争》续编第11册，第739页。

⑤ （德）奥本海原著，（英）劳特派特修订，王铁崖、陈体强译：《奥本海国际法》上卷第2分册，北京：商务印书馆，1989年，第238页。

我可以预备合适的国书，他们同意我这样做。于是我送给他们一份
中文草稿，该稿是根据所能获得的此类档案中最好的范例起草的。
所用的格式，是我的法国同僚提供给我的。"①尽管田贝在回忆录中
极力为自己辩白，但他在这一问题上并不是没有责任的。

　　不过，田贝所拟国书的内容却符合了全权证书的要求，即说明
了使节的身份，有签约画押之权。与西方通行的全权证书相比，并
无多少不妥之处（惟一不符的一点或许是抬头的措辞）。②可以说，
这是一份被标为国书的全权证书。相比之下，总署的版本则只说明
张、邵二人是"全权大臣"，没有具体说明其职权。③这是一个更加

---

① Charles Denby：*China and Her People*，vol.2，Boston：L. C. Page & Company，
　　1906，p.134. 中译者在翻译这段文字时，将"credentials"翻译成"委任状"，不
　　确，见《田贝论中日战争》，《中日战争》第 7 册，第 490 页。

② 该国书的抬头是"大清国大皇帝问大日本国大皇帝好"，而全权证书的抬头格式
　　一般为"某元首向接受本文件的人致意"，参见 Ernest Mason Satow：*A Guide to
　　Diplomatic Practice*，vol.1，pp.107—117，《萨道义外交实践指南》，第 89—95 页。

③ 田贝所拟草稿为："大清国大皇帝问大日本国大皇帝好。自我两国失和以来，朕
　　心深愿两国复归于好，切欲和议速成，是以特简朴诚干练大臣二员，前往贵国
　　商定复修前好。兹派尚书衔总理各国事务大臣户部左侍郎张荫桓、头品顶戴兵
　　部侍郎衔署湖南巡抚邵友濂，授为头等全权大臣，与贵国所派头等全权大臣商
　　定和议。该大臣等悉能仰体朕之心怀，朕亦素知其有才能，实为可靠。所有该
　　全权大臣等与贵国所派全权人臣议定永和之约，所画之押，即如朕笔亲书。其
　　与贵国全权大臣所定之款，亦如朕与贵国亲定之款无异。至所定画押之约，仍
　　应俟有与贵国互换之凭单。其所订互换之期，中国自必如期送往贵国互换也。
　　大清国大皇帝于宫内钤用国宝。此书特交该全权大臣等呈进大日本国大皇帝陛
　　下。"见《中日战争》续编第 5 册，第 242 页。

　　　　而总署的版本为："大清国大皇帝问大日本国大皇帝好。我两国谊属同洲，
　　素无嫌怨。近以朝鲜一事，彼此用兵，劳民伤财，诚非得已。现经美国居间调
　　处，中国派全权大臣，贵国派全权大臣，会商妥结。兹特派尚书衔总理各国事
　　务大臣户部左侍郎张荫桓，头品顶戴署湖南巡抚邵友濂为全权大臣，前往贵国
　　商办。惟愿大皇帝接待，俾该使臣可以尽职。是所望也。"见《中日战争》续编
　　第 10 册，第 275—276 页。

严重的失误。

张、邵持有的另一份证书，是十二月初十日（1月5日）下达的敕谕，即前文提及的"密旨"。"密旨"一式两份，分别下达给张、邵二人，其内容为：

> 皇帝敕谕：尚书衔总理各国事务大臣户部左侍郎张荫桓（头品顶戴署湖南巡抚邵友濂），著派为全权大臣，与日本派出全权大臣会商事件。尔仍一面电达总理衙门请旨遵行，随行官员听尔节制。尔其殚竭精诚，敬谨将事，无负委任，尔其慎之。特谕。①

这两道"密旨"来得很是古怪。如前所述，十一月二十四日已有上谕派两人为全权大臣，按理说，不必再以谕旨重申这一任命。前文已述，根据张荫桓的记载，"密旨"的作用是"以备彼族要求持以相示"，颇值得玩味。也就是说，"密旨"是写给日本人看的。当时清政府似乎已经认识到，需要一种证书来表明使节的身份，于是特意准备了两道"密旨"。但无论形式与内容，它们都不符合全权证书的要求。

清政府没有为使节准备合乎规范的全权证书，除了不熟悉国际法之外，更深层次的原因在于不愿放权。自从伊犁交涉中全权大臣

---

① 《一月五日清国皇帝对张荫桓之全权委任状》，《中日战争》续编第 10 册，第276 页。

崇厚擅自与俄国签约之后，清政府对"全权"名目变得高度敏感。①这种态度可谓因噎废食。问题的关键，在于使节不应该轻易签署损害国家利益的条约。退一万步讲，只要国家保留条约批准权，即使这样的条约签署了，也可以名正言顺地拒绝批准。这正是条约批准制度的意义之一：给国家一个机会，重新检查条约对其利益的全盘影响。②在世界外交史上，国家元首或议会拒绝批准条约的案例比比皆是。

中方使节当时也并非没有发现全权证书存在问题。到达神户之后，张荫桓曾向科士达宣读了国书。科氏当即指出其形式与内容的缺陷："这不是国际间常用的格式，假若日本吹毛求疵，它是可以否认他们谈判的全权的"，"信内没有说明他们有签订条约之权，这是不足之处，日本的全权大臣可能提出反对"。而张荫桓也承认，"田贝曾指出他们的权限不足"。但是，他也没有试图补救。科士达写道："看来没有一个人敢于承认这些文件不完善，应当重写新的。"③

而日方已经事先了解了这一情形。十二月二十三日，陆奥致电林董，令其向谭恩通知，据可靠消息，中国全权大臣并未授予全权，并透露消息来源是英国驻日公使。④谭恩据此转电北京询问，

① 拙作：《甲午中日议和中的全权证书问题——国际法视角下的考察》，第106—107页。
② 奥本海原著，劳特派特修订：《奥本海国际法》上卷第2分册，第328—330页。
③ 《科士达外交回忆录》，《中日战争》第7册，第470页；《科士达日记》，《中日战争》续编第6册，第615页。
④ 《陆奥外务大臣致林外务次官电》（广岛1895年1月18日晚9时5分发，10时20分收），《中日战争》续编第10册，第265页。英国驻日公使，即楚恩迟。这一消息很可能是英国驻华公使欧格讷打探并转告给楚氏的。

而总署通过田贝回复："中国国书底稿，查系实有全权。"①但是，伊藤、陆奥对此持怀疑态度，因此仍准备在全权问题上做文章。

广岛拒使

中国使团抵达广岛当天，伊藤、陆奥被明治天皇任命为全权办理大臣，并与张荫桓、邵友濂约定次日会谈。②第二天上午十一点，会谈在广岛县署接待室举行。双方人员就座后，伊藤便要求互换全权证书。检查了中方递交的国书之后，他指出了国书与全权证书的区别，要求出示全权证书。于是，张荫桓派随行的参赞梁诚回住处取来那两道"密旨"，并与日方全权证书互换。随后，张荫桓指出日方禁止使节用密码向国内发报，要求解除这一禁令，遭到拒绝。至此，会谈结束。③

在会谈当时，伊藤与陆奥已经认定张、邵的全权证书在形式与内容上均不完备，但没有立即发难。陆奥认为，"吾等要在此拒绝他们，不若先让其自证其全权不够完备之事实，而要做到这一步，就须使其明确表示自己所携全权委任状之权限明显不如日本全权大臣之权限"。④为此，陆奥将事先准备的备忘录交与中方使节，要求答复。备忘录的内容，是询问"果真由大清国皇帝陛下授与该钦差

---

① 《美署中日议和往来转电节略》，《中日战争》续编第 6 册，第 608 页。
② 《一月三十一日日本全权姓名通知书》《一月三十一日通知日本全权与清国使节会晤之日期》《一月三十一日清国使节应允与日本全权会晤之通知书》，《中日战争》续编第 10 册，第 273—275 页。
③ 《中国媾和使节会谈记要》，《中日战争》第 7 册，第 75—84 页；《二月三日上奏案》，《中日战争》续编第 10 册，第 281—285 页。
④ 陆奥宗光：《蹇蹇录》，第 128 页。

全权大臣关于讲和结约事件之一切权限否？"①对此，科士达建议应当慎重准备，并修改了复文的草稿。

次日上午九点，复文送出。②其中声称："本大臣系蒙本国大皇帝畀以讲和缔结会商条款、署名画押之全权。至所议各条款，以期迅速办理，自应电奏本国请旨，订期画押。再将所议约本赍回中国，恭候大皇帝亲加披阅，果为妥善，批准施行。"③声明有权缔约签押一项，可以看出是科士达的手笔。而表示需向本国请旨，则是被警告"随时电奏候旨遵行""不得擅行允诺"的张、邵不得不说的。正是这一点，再度给日方提供了把柄。陆奥写道："至此，正如我等所料，他们已亲口证实自己并无全权大臣所应有的独断专对之权。"④

同日下午五点，第二次会谈开始。伊藤直截了当地表示，中方的全权证书不合要求，接着用英文发表了演说，首先指责中国与各国全然隔离，在外交上"缺乏善邻之道所必需之公正与真诚"，曾经对条约表示同意后拒绝签署或废止已签条约；接着表示中方使节不具全权，因此拒绝谈判；最后声称："如清国切实真诚求和，委其使臣以充分之全权，并能选择足以保证履行其所缔结之条约之有名望官爵者，使之担当此任，我帝国将不再拒绝接受谈判。"⑤参赞

---

① 《二月一日对清国皇帝所发委任状怀有疑义之照会》，《中日战争》续编第10册，第277页。

② 《科士达日记》，《中日战争》续编第6册，第615—616页。

③ 《二月一日有关阐明具有清国全权资格之照会》，《中日战争》续编第10册，第277—278页。

④ 陆奥宗光：《蹇蹇录》，第129页。

⑤ 《明治二十八年二月二日有关全权资格伊藤全权大臣对张荫桓邵友濂之讲演》，《中日战争》续编第10册，第278—280页。英文稿见JACAR Ref. B06150069600（第7—9画面），日清讲和条约缔结一件/张邵来朝及谈判拒绝（2.2.1.1-1），日本外务省外交史料馆藏。

伍廷芳将这篇演说口译给了张、邵二人。随后，陆奥提交了相关的
备忘录，亦由伍廷芳译出。①

　　针对"有名望官爵者"一语，张荫桓提出质问，是否对中方使
节的身份有所不满？伊藤予以否认。接着，陆奥以大本营设在广岛
为由，要求使节离开，从长崎乘船回国。张荫桓作出了挽回的努
力，建议电告北京，要求增补全权证书。而伊藤以全权证书须皇帝
亲署为由，予以拒绝。张氏又取出总署与田贝往来照会的抄件，指
出田贝曾表示将全权包含在国书之中即可，也未起到作用。他最有
力的反击，是指出日方全权证书亦说明条约须经天皇审阅批准，实
际上与中方全权证书一样。②而伊藤答道，批准虽为君主大权，但
无明白理由也不可随便拒绝批准，又称日方全权大臣无须向天皇呈
送谈判的每个细节。这样的答复，不能不说是牵强的。

　　但是，毕竟身为求和的一方，张荫桓也不得不低头求告："我
国对于这样的事情，因很少向外派遣使臣，所以对国际法上的惯例
很迂阔，致有此错误，可请阁下稍加谅恕。"伍廷芳也加入求告，
称中方使节远道而来便表明了议和的诚意。这样的恳求，自然也没
有产生作用。张荫桓还请求得知日方议和条件的大概，亦被拒绝。
于是，使团成员黯然离开会议厅。③

　　历史有着惊人的相似。明治四年（1871），日本政府派遣岩仓

①　《二月二日关于通知清国使节无充当全权大臣资格一事之节略》，《中日战争》续
　　编第 10 册，第 280—281 页。
②　日方全权证书见《中日战争》续编第 10 册，第 275 页。其中写明："其所议定
　　之各条款，朕亲自加以审阅，认为妥善后批准之。"
③　《中国媾和使节会谈记要》，《中日战争》第 7 册，第 84—90 页；《二月三日上奏
　　案》，《中日战争》续编第 10 册，第 285—293 页。

使团出使欧美，希望进行修约谈判。与张邵使团一样，这支使团也只带了国书而没有准备全权证书。而在大洋彼岸的第一站美国，使团便因此吃了闭门羹。不得已，使团成员伊藤博文、大久保利通只得再次渡过太平洋，回国办理证书。①

过了十几年，已经轮到伊藤就全权问题来教训（从某种程度上说，也是教导）清政府了。光绪十年朝鲜甲申事变发生后，伊藤以全权大使身份前来天津与李鸿章谈判。谈判一开始，伊藤便要求互换全权证书。面对李鸿章出示的一道简简单单的敕谕②，他指摘其中只规定了"商议事务"，而没有说明签约画押之权。这些情形，一如十年后广岛的那一幕。所不同的是，当时日本并未挟有战胜国的威势，而且伊藤是客非主。因此，当李鸿章保证自己确有全权之后，伊藤同意继续谈判，证书一节便被轻轻揭过了。③

天津谈判，犹如广岛谈判的预演。清政府不愿授予臣下全权的心态前后如一，"全权证书"与国际法的抵牾亦如是。而在国力一消一长之后，清政府最终还是为此付出了代价。

而在使节离开之际，伊藤留下伍廷芳，私下进行了一番谈话。

① 《二月三日 米国国務省ニ於テ岩倉大使等ト米国国務卿等トノ対話書》《二月五日 米国国務省ニ於テ岩倉大使等ト米国国務卿等トノ対話書》，外務省編：《日本外交文書》明治期第5卷，東京：日本国際協会，1939年，第139—142、147页；石井孝：《明治初期の国際関係》，東京：吉川弘文館，1977年，第40—41页。有意思的是，《陆奥宗光关系文书》的中日议和部分中还收录了一份岩仓使团国书抄件，见《岩倉大使一行ニ対スル宣示詔勅》，陆奥宗光関系文书，書類の部，80-12，日本国立国会图书馆宪政资料室藏。

② 其内容为："光绪十一年正月二十五日奉上谕：大学士、直隶总督李鸿章著作为全权大臣，与日本使臣商议事务。"

③ 拙作：《甲午中日议和中的全权证书问题——国际法视角下的考察》，第107页。

伊藤首先请对方向李鸿章转达问候，而后强调"如果中国真诚地想要建立和平，要任命有适当资格的、具有适当全权证书的全权代表"。而伍氏再次提及张荫桓提出的疑问，即日方是否认为张、邵二人地位不够。伊藤也再度予以否认，但表示："任命级别越高的人对谈判越有好处。此外，假如你们政府指定一些有名的人物，如指定恭亲王或李总督来，如果他们会感到到日本来的一道很不方便，我甚至愿意亲自到中国去。"①由此，伊藤事实上承认了张、邵官爵偏低也是拒使的原因之一。②

次日，张、邵致函伊藤、陆奥（由科士达起草），重申了关于全权问题的意见，作出最后的努力。此函由伍廷芳前往伊藤寓所递交，但被拒收。关于议和，二人又有一番谈话。伊藤再次建议清政府派恭亲王或李鸿章出使，并称日军正在攻打威海卫，大约指日可

---

① 《二月三日上奏案》，《中日战争》续编第 10 册，第 292—293 页；《伊藤博文与伍廷芳问答节略》，《盛档·甲午中日战争》下册，第 391—392 页。
② 此外，科士达和田贝都认为，邵友濂在台湾巡抚任上曾悬赏收买日本兵的首级，不利于出使，见《科士达外交回忆录》，《中日战争》第 7 册，第 470 页；田保桥洁：《日清戦役外交史の研究》，第 428 页；黄嘉谟：《美国与台湾》，台北："中央研究院"近代史研究所，1979 年，第 413 页。罗丰禄也在家书中写道："邵在台抚任内有出示悬赏购倭首级之事，恐倭不愿其往使，难保其不无变局。"见《内字第一号》（光绪二十年十一月二十九日），《罗丰禄信稿》，中国社会科学院近代史研究所藏档案，甲 628。日方确实注意到了悬赏一事。《陆奥宗光关系文书》中藏有一份光绪二十年七月十四日（8 月 14 日）《申报》剪报，内容为邵友濂出具的悬赏告示，见《上海申报切拔 撃敵懸賞》，陆奥宗光關係文書，書類の部，78-8，日本国立国会图书馆宪政资料室藏。邵友濂开出的赏格是：击沉大轮船一艘，赏银六千两；击沉小轮船一艘，赏银二千两；击沉舢板一艘，赏银四百或八百两；将官首级一颗，赏银二百两（著名将官另加重犒）；兵丁首级一颗，赏银一百两。日本报纸对此也有报道，如《媾和使》，《東京朝日新聞》1895 年 1 月 10 日。但我尚未发现有日方史料证实此事对议和的实质性影响。

下，"军情万变，时刻不同，早和为宜"，言下大有恐吓之意。①另外，当日端迪臣约见科士达，声称要"更详尽地解释日本拒绝与中国使臣们开会的行为"。端氏一方面又一次表示"假若中国派遣恭亲王或李鸿章带着适当的委任状，他们是可以受到接待的"，另一方面替伊藤作出了更露骨的威胁："说明伊藤及陆奥颇受在皇帝方面占有势力的主战派所拘束，主战派主张要到夺取北京才媾和。"此外，他抛出一点小诱饵，表示如派出指定的使臣则可允许用密电与北京联系，还可以在旅顺口谈判。②

同日，外务大臣秘书官中田敬义奉伊藤、陆奥之命致函伍廷芳，表示因谈判终止，以后拒绝与中方使节往来，又一次表示了斩钉截铁的拒绝态度。③

正月初十日（2月4日），使团离开广岛，同日由谭恩转电北京，报告议和被拒。次日，总署由田贝转电张、邵，令其在长崎暂住候信，又致电日方，表示拟"更换国书，声叙明晰"，但被日方断然拒绝。④对此，慈禧最初大为恼怒，决计撤回使团。十二日，她在召见枢译诸臣时表示"战事屡挫，今使臣被逐，势难迁就，竟撤使归国，免得挫辱"，乃至"词色俱厉"。而恭亲王、孙毓汶、徐

① 《科士达日记》，《中日战争》续编第6册，第616页；《二月一日清国使节对有关全权资格问题进行解释之函件》，同书第10册，第294—295页；《伊藤博文与伍廷芳问答节略》，《盛档·甲午中日战争》下册，第391—393页。
② 《科士达外交回忆录》，《中日战争》第7册，第472页。
③ 中田敬義：《日清戦争ノ前後》，《近代外交回顧録》第1卷，第77页。
④ 《美署中日议和往来转电节略》，《中日战争》续编第6册，第609页；《美国驻中国公使致美国驻日本公使电》（1895年2月7日上午11时发，晚11时收）、《美国驻日本公使致美国驻中国公使电》（1895年2月9日发，同日到），同书第10册，第304—305页。

用仪"嗫嚅委婉，谓宜留此线路，不可决绝"，仍希望通过修改全权证书作出补救。翁同龢从中折衷，提出保留批准条约之权，慈禧方才同意。而由于赫德、欧格讷、施阿兰等人的意见，恭亲王与孙、徐二人次日又说服慈禧在全权证书内去掉"批准"二字，即放弃批准权。①

然而，日方在会谈时既然如此决绝，清政府的委曲求全也全然无用。正月十五、十六、十七（2月9、10、11日）三日，田贝接连转来三封电报，第一电是张、邵请求"总须回沪，在崎未便报明"，第二电是日方表示"总须中国派从前能办大事有名之员，给予十足全权责任，方可再行开办"，第三电则是日方催促张、邵迅速离日。②于是，清政府于十七日指示张、邵即日先回上海。第二天，使团登轮离开日本。③同一天，刘公岛守军向日军递交降书，威海卫完全落入敌手。

对日遣使议和的初次尝试，就这样流产了。清政府由于缺乏对国际法的了解，致使全权证书出现破绽，是必须承认的事实。而日方此时也并没有议和的诚意，因此抓住这个把柄不放，故意使谈判破裂。

三、李鸿章奉使

光绪二十一年的大年初一，肯定是李鸿章过得最糟的一个年。

---

① 《翁同龢日记》第6卷，第2821页；同书第8卷，第3803—3804页。
② 《美署中日议和往来转电节略》，《中日战争》续编第6册，第609页。
③ 《电谕出使日本大臣张荫桓等著即日先回上海》（光绪二十一年正月十七日），《中日战争》续编第2册，第376页；《科士达日记》，同书第6册，第618页。

　　回顾去年今日，他得膺三眼花翎的不次之赏，真是荣宠备极，风光无限。孰料转眼中日开战，淮系军队屡战屡败。八月十八日，上谕斥责他"未能迅赴戎机，以致日久无功，殊负责任"，拔去了这根戴了半年多的三眼花翎，连带褫夺了三十多年前他率部攻克苏州时赏穿的黄马褂。①春节这天，他的老部下罗丰禄在家信中感慨地写道："朝廷以倭氛不靖，所有新春筵宴，均废而不举。傅相亦不受贺，不宴客。有上年之盛，即有今年之衰，殆事势之必然欤？"罗氏大年初二去直隶总督衙门拜年，归来后又写道："傅相色甚窘遽，为余数十年所未见。"②

　　对李鸿章来说，更让他"窘遽"的事情还在后面。

　　中日议和拉开帷幕之后，列强开始担心日本的野心会损害到本国在东亚的利益，因此纷纷有所动作。正月初六、初七（1月31日、2月1日）两日，英、俄、法三国驻日公使分别向日本政府提交照会，表示希望日方向张、邵言明议和条件。③尽管三人刻意错开了时间，但仍然掩盖不了三国事先协调的痕迹。④十一日（2月5

---

① 《德宗实录》卷347，光绪二十年八月壬戌条，《清实录》第56册，第447页。

② 《内字第十一号》（光绪二十一年正月初一日）、《内字第十二号》（光绪二十一年正月初二日），《罗丰禄信稿》，所藏档，甲628。

③ 《林外务次官致锅岛外务书记官电》（1895年1月31日下午0时25分发）、《林外务次官致锅岛外务书记官电》（1895年1月31日下午5时15分发）、《林外务次官致锅岛外务书记官电》（1895年2月1日上午11时40分发），《中日战争》续编第10册，第47—49页。

④ 《金伯利致楚恩迟电（第3号）》（1895年1月25日）、《楚恩迟致金伯利函（第37号，绝密）》（1895年1月31日发，3月4日到），《中日战争》续编第11册，第528、605页。但是，三国进行劝告的出发点各自不同，英国希望尽早结束战争，俄国希望打探日方条件，而法国被看作只是为了表现与英俄两国拥有同等地位，参见古結諒子：《日清戦争における日本外交—東アジアをめぐる国際関係の変容—》，第59—60页。

日)，英国女王在议会发表讲话，表示希望各国促成中日议和。十
三日（2月7日），《泰晤士报》更发表了重量级的通讯员报道，声
称俄国已训令其驻外使节联系英、法等国进行干涉。①

　　《泰晤士报》的这篇报道并非空穴来风。正月初七日，俄国政
府召开特别会议，讨论中日局势发展对俄国利益的影响。会议得出
结论：应增强俄国太平洋舰队的实力，使其超过日本海军；与英国
以及其他欧洲列强（主要是盟友法国）达成协议，如果日本的议和
要求侵犯俄国重要利益，则共同对日施加压力；俄国的主要目的是
维护朝鲜独立。②在此之前，俄国已经开始游说英国与之共同
行动。③

　　于是，日方此时感到"欧洲的形势逐渐显露出了不安定的迹
象"。陆奥认为："不如采取各种手段对清国政府加以诱导，使其尽
早再派媾和使臣，尽速停战，恢复和平，以便使欧洲列国耳目一
新。但要这样做，就不能像此前那样拒绝对清国政府透露任何媾和
条件。在清国再次派出使臣之前，至少需要将最重要条件先行知照

---

① 《驻英国加藤公使致陆奥外务大臣电》（彼得堡 1895 年 2 月 6 日下午 1 时发，2
　月 7 日上午 11 时 10 分收）、《驻英国加藤公使致陆奥外务大臣电》（彼得堡 1895
　年 2 月 8 日下午 2 时发，2 月 9 日晚 8 时 20 分收），《中日战争》续编第 10 册，
　第 50—51 页。

② 《一八九五年一月二十日（二月一日）特别会议记录》，《红档杂志有关中国交涉
　史料选译》，第 142—149 页。

③ 托马斯·奥特：《中国问题：1894—1905 年的大国角逐与英国的孤立政策》，第
　44—47 页。需要指出的是，该书提及前述俄国政府特别会议时，误以俄历将时
　间标作 1 月 20 日（俄历 1 月 20 日即公历 2 月 1 日），见同书第 47 页。由于驻日
　公使楚恩迟报告日本态度强硬，并建议不加入调停，英国决定不接受俄国的邀
　请，参见君塚直隆：《イギリス政府と日清战争—ローズベリ内阁の内外政策决
　定过程—》，第 42 页。

清国，使他们能够预先下定决心。"①

正月二十二日（2月16日），日方向谭恩传达口头照会，表示清政府应以赔偿军费、朝鲜独立、割让土地与签订新约为前提派遣使节，第一次正式透露了议和的大致条件。②次日，谭恩据此电告北京。③而在接到此电之前，清政府已托田贝转电，通知李鸿章被授予全权，准备与日方议和。④

李鸿章受命出使，是日方潜心谋划的结果。尽管伊藤、陆奥一再声称广岛拒使是由于全权证书问题而非使节的名望不足，但日方并非没有这种考量。当时日本多有人认为，派地位偏低的张、邵出使是清政府缺乏诚意的表现。如海军提交的一份意见书声称："正使不过为礼部侍郎（引者按：应为户部侍郎），副使不过为台湾巡部［抚］……浮沉兴亡之事，以一次官一知事而决，我无法与之商议大事。"⑤陆奥自己也认为："以张、邵二使之地位、资望来看，可以想见他们并无在外交方面进行周旋并迅速达成协议的胆识与权力。以此言之，清国将媾和大事托付于张、邵之辈之举，令人不得

---

① 陆奥宗光：《蹇蹇录》，第136页。
② 《二月十六日 米国公使ヘ口上書》，《日本外交文書》明治期第28卷第2册，第269页。按，《中日战争》续编第10册未收此件。
③ Denby to Gresham, 2/18/1895, *American Diplomatic and Public Papers：The United States and China：Series III，The Sino-Japanese War to the Russo-Japanese War，1894—1905*，vol.3, pp.146—147.
④ 《美国公使致陆奥外务大臣函》（1895年2月19日），《中日战争》续编第10册，第309页。
⑤ 《日清平和条約ニ就テ》，陆奥宗光関係文書，書類の部，80-26，日本国立国会图书馆宪政资料室藏。

不怀疑彼等尚未认清其战败国之地位，且缺乏息止战争之诚意。"①
但是，按照国际惯例，"邦国应差遣何人，断无听他国指择之
理"。②因此，日方一面公开表示希望清政府派遣位高权重者，一面
私下提出恭亲王或李鸿章③为人选，一出双簧演得很是工于心计。
而由于中国当时尚无亲王出使的先例，且恭亲王健康状况不佳，唯
一可能的人选显而易见。正月十八日（2月12日），慈禧即指名由
李鸿章出使："论军事，即及田贝信所指自是李某，即著伊去，一
切开复，即令来京请训。"光绪之前也已定下此议，只是不准备召
李来京，但慈禧对此置之不理。翁同龢在日记中写道："恭邸以上
意不令来京，如此恐与早间所奉谕旨不符。谕云我自面商，既请
旨，我可作一半主张也。"④

　　第二天，一份军机大臣密寄以六百里加急的速度传向天津：

---

① 　陆奥宗光：《蹇蹇录》，第 126—127 页。本段引文在撰写阶段有所修改，陆奥在
　　初稿中还写道，他怀疑张、邵的真实使命"仅限于依违两可之间先行将我国所
　　要求之媾和条件探知清楚并通报本国"，见同书第 221 页。
② 　傅德元点校：《星轺指掌》，北京：中国政法大学出版社，2006 年，第 17 页。
③ 　日方有人认为，任命恭亲王为全权大臣，较任命李鸿章对日本更为有利，原因
　　在于亲王贵胄不易受到弹劾，而战争爆发后李鸿章声望大跌，并举出第二次鸦
　　片战争时恭亲王主持议和的事例："在彼（引者按：指清政府）亦应以对中外有
　　重望且与皇室相亲近如恭亲王其人者（对英法同盟军缔结条约之时以恭亲王为
　　全权，故无向例之翰林学士辈之弹劾等，批准得以平滑了结，有此等实例）为
　　全权委员。如若不然，假令委任李鸿章等，今日之李氏，又非昔日之李氏，内
　　外之信用大薄，成清国民之怨府，清廷内难免无容喙之事。故必令选如恭亲王
　　之有重望之人，于缔结完成之日，克日神速了结批准，以结其局，方能制止外
　　间之容喙（方普法战争之时，普帝常在军中，是以条约之批准了结最速，且常
　　出以势制外之策，丝毫不与外国容喙之余地）。"见本书附录二。
④ 　《翁同龢日记》第 6 卷，第 2823 页。

> 李鸿章勋绩久著，熟习中外交涉，为外洋各国所共倾服。今日本来文，隐有所指。朝廷深维至计。此时全权之任亦更无出该大臣之右者。李鸿章著赏还翎顶，开复革留处分，并赏还黄马褂，作为头等全权大臣，与日本商定和约。直隶总督、北洋大臣著王文韶署理。李鸿章著星速来京请训，切毋刻迟，一切筹办事宜均于召对时详细面陈。①

对开战后迭遭严谴的李鸿章来说，这道谕旨的温言褒奖是相当难得的。开复处分，赏还三眼花翎、头品顶戴与黄马褂，多少让他拾回了一点面子。②但是，赋予他的任务又极为棘手。对此，他用一句俚语形容："米汤甚浓，但吃不起。"③接到谕旨后，他致电已归国的张荫桓征询意见："此行甚不如意，乞示其详。各使怂恿兄去，致被新命，茫无所措，拟进京商办，望密授机宜。"次日又发电向在沪部下沈能虎（招商局会办）了解议和情形。④正月二十二日，李鸿章在接到张、沈二人的回复之后，致电总署，表示准备二十五日（2月19日）交卸，二十七日（2月21日）起程。而在总署发

① 《军机大臣密寄》（光绪二十一年正月二十日到），《李鸿章全集》第 26 册，第 52—53 页。
② 如前所述，李鸿章八月十八日已受到拔去三眼花翎、褫黄马褂的处分。十月二十七日（11月24日），又因旅顺口失守被革职留任，摘去顶戴，见《电谕北洋大臣李鸿章旅顺失守调度乖方著革职留任摘去顶戴》（光绪二十年十月二十七日），《中日战争》续编第 1 册，第 603 页。
③ 《复张使》（光绪二十一年正月二十二日巳刻），《李鸿章全集》第 26 册，第 57 页。
④ 《寄上海张使》（光绪二十一年正月二十日戌刻）、《沪局沈道来电》（光绪二十一年正月二十二日丑刻到），《李鸿章全集》第 26 册，第 54、56 页。

电催促之后，又改定二十五日起程。①

清政府已经等不起了。正如科士达所言："中国人每失去一天，就是失去不少于百万美元的金钱和失去更多的领土，因为战争拖得愈久，日本的要求将愈大。"②

谈判的地点此时已经决定。前文已述，伊藤在拒绝谈判时曾私下向伍廷芳表示，如派恭亲王或李鸿章出使，自己甚至愿意来华谈判。而在伍廷芳询问具体地点时，伊藤却显得犹豫不决，只暧昧地表示"也许是旅顺口"。次日，端迪臣又向科士达许诺，如派出指定的使臣则可在旅顺口谈判。但同日伊藤与伍廷芳谈话时口气又有转变："至会议之所，或在旅顺，或在别处，届时可托美使代商。"③正月二十九日（2月23日），总署托田贝转电，通报李鸿章受任并询问谈判地点。二月初三日（2月27日），陆奥致电伊藤，主张以马关为谈判地点，次日伊藤复电同意。初六日（3月2日），清政府接到了这一通知。④在谈判地点的选择上，伊藤开出的口头支票没有兑现。

---

① 《寄译署》（光绪二十一年正月二十二日辰刻）、《译署来电》（光绪二十一年正月二十二日亥刻到）、《复译署》（光绪二十一年正月二十三日），《李鸿章全集》第26册，第56—59页。
② 《科士达日记》，《中日战争》续编第6册，第631页。
③ 《二月三日上奏案》，《中日战争》续编第10册，第293页；《伊藤博文与伍廷芳问答节略》，《盛档·甲午中日战争》下册，第393页；《科士达外交回忆录》，《中日战争》第7册，第472页。
④ 《美署中日议和往来转电节略》，《中日战争》续编第6册，第610页；《美国公使致陆奥外务大臣函》（1895年2月19日）、《陆奥外务大臣致锅岛外务书记官电》（1895年2月27日下午5时30分发）、《伊藤内阁总理大臣致陆奥外务大臣电》（1895年2月28日上午11时35分发，下午1时35分收），同书第10册，第309、312—313页。

正月二十五日，李鸿章如期起程，二十八日（2月22日）进京，当日觐见光绪。①此时，清政府已经知道了日方索价的基本内容："中国另派大臣，除允偿兵费，朝鲜自主外，若无商议地土及与日本日后定立办理交涉能以画押之全权，即无庸派其前来。"总署于二十四日（2月18日）接到田贝转来的这份电报后，先压了两天，而二十六日（2月20日）又接到一份转电，重申前意。于是，该电于二十七日呈递。②

日方的几项条件之中，最让清政府难以接受的是割地一项。翁同龢记载正月二十八日中枢争论情形云：

> 见起时合肥碰头讫，上温谕询途间安稳，遂及议约事。恭邸传旨，亦未尝及前事，惟责成妥办而已。合肥奏言：割地之说不敢担承，假如占地索银，亦殊难措，户部恐无此款。余奏言：但得办到不割地，则多偿当努力。孙、徐则但言不膺割地便不能开办。问海防，合肥对以实无把握，不敢粉饰。……李相、庆邸及枢臣集传心殿议事，李欲要余同往议和。予曰："若余曾办过洋务，此行必不辞，今以生手办重事，胡可哉?"合肥云："割地不可行，议不成则归耳。"语甚坚决，而孙、徐怵以危语，意在撮合，群公默默。余独主前议，谓偿胜于割。合肥欲使英、俄出力，孙、徐以为办不到，余又力赞之，遂罢去。③

---

① 《翁同龢日记》第6卷，第2825页。
② 《美署中日议和往来转电节略》，《中日战争》续编第6册，第609—610页；《翁同龢日记》第8卷，第3812—3814页。
③ 《翁同龢日记》第6卷，第2826页。

诸臣之中，孙毓汶、徐用仪同意割地。李鸿章、翁同龢表示反对，而他们所指望的后盾是列强干预。正月二十八、二十九两日，李鸿章接连拜访英、法、俄、德、美诸国公使，寻求列强对割地要求的抵制。他尤其期待的，是英国能够出面相助，为此拿出了一份被欧格讷称作《英中秘密同盟条约》的文件。其创议者，是在华多年的英国传教士李提摩太（Timothy Richard）。①正月上中旬，此人接连致电张之洞，声称有"妙法"可以"救近救远"，"法成赏一百万两，不用分文不费"，并前往南京拜会了张之洞。②李鸿章于正月十五日电奏此事后，得旨"不妨姑试"。③这一"妙法"的主要内容为中英订立联盟，英国保证中国领土完整，中国应在内政改革方面与英国协商，给予英国筑路、开矿、开办企业等权益，并同意考虑新

---

① 《翁同龢日记》第 6 卷，第 2826 页；《随手记》，《翁同龢集（增订本）》第 4 册，第 1798—1799 页；《欧格讷致金伯利电（第 10 号）》（1895 年 2 月 23 日发，2 月 24 日到）、《欧格讷致金伯利函（第 66 号，机密）》（1895 年 2 月 24 日发，4 月 29 日到），《中日战争》续编第 11 册，第 597、797—799 页。

② 《上海来电》（光绪二十一年正月初七日申刻发，酉刻到）、《上海李提摩太来电》（光绪二十一年正月十三日酉刻发，戌刻到）、《李提摩太来电》（光绪二十一年正月十四日申刻发，戌刻到）、《上海李提摩太来电》（光绪二十一年正月十五日戌刻发，亥刻到）、《李中堂来电》（光绪二十一年正月十八日巳刻发，申刻到），《张之洞存各处来电》第 16 函第 5 册、第 17 函第 1 册，所藏档，甲 182-128、129；（英）李提摩太著，李宪堂、侯林莉译：《亲历晚清四十五年——李提摩太回忆录》，天津：天津人民出版社，2005 年，第 212—221 页。另可参见茅海建：《"张之洞档案"阅读笔记之六：戊戌前后诸政事（上）》，《中华文史论丛》2011 年第 4 期，第 324—332 页，该文收入氏著：《戊戌变法的另面："张之洞档案"阅读笔记》。李提摩太在回忆录中称自己为张之洞所邀，为其自我美化之辞。

③ 《北洋大臣李鸿章奏英教士李提摩太称有妙法救中国电》（光绪二十一年正月十五日）、《电谕北洋大臣李鸿章李提摩太所云妙法不妨姑试》（光绪二十一年正月十六日），《中日战争》续编第 2 册，第 359、366 页。

开口岸等"有利于对外贸易"的建议。①

显而易见，一向奉行"光荣孤立"政策的英国决不会接受这样的提案，欧格讷对此反应冷淡。更何况，罗兹伯里内阁由于内部矛盾尖锐，此时已呈现出崩溃的前兆，别说中英结盟，即使想采取稍微积极的外交政策也是相当困难的。在正月二十五日的临时内阁会议上，罗兹伯里首相表示如果今后无法得到阁员的全面支持则将辞职。②正如茅海建先生所说，李提摩太是一个思维想象力超过政治判断力的人。③

与此同时，龚照瑗、许景澄与刚刚抵俄的唁贺专使（唁亚历山大三世驾崩，贺尼古拉二世即位）湖北布政使王之春亦奉命策动所在国政府出面干涉，均未得到有效的保证。即使是对中日局势最为关注的俄国，也没有允诺立即干涉。许景澄正月二十六日电称："基斯敬（引者按：当时以俄国外交副大臣代理大臣）述俄主面告'威协〔胁〕停战，致各国嫌衅，碍难办。然中俄交谊笃，东海局面，俄、英、法皆关注，俄可力助，必肯为。惟请中国速与商讲，如倭要索太过，必立即出约英、法，劝其退让'等语，译基语气，有禁倭占地之意。"④也就是说，在日本开出"要索太过"的条件之

---

① 具体内容见《沪局沈道来电》（光绪二十一年正月二十八日夜到），《李鸿章全集》第26册，第64—65页；《李提摩太建议》，《中日战争》续编第11册，第813页。

② 君塚直隆：《イギリス政府と日清戦争—ローズベリ内閣の内外政策決定過程—》，第42页。罗兹伯里于同年闰五月初三日（6月25日）辞职，索尔兹伯里侯爵（Robert Arthur Talbot Gascoyne-Cecil, Marquess of Salisbury）内阁上台。

③ 茅海建：《戊戌变法的另面："张之洞档案"阅读笔记》，第465页。

④ 《出使大臣许景澄奏俄主似有禁倭占地之意电》（光绪二十一年正月二十六日），《中日战争》续编第2册，第431页。

前，俄国是不会出面的。事实上，俄国也在玩弄两面手法。当时在
圣彼得堡和东京，基斯敬与日本驻俄公使西德二郎、陆奥宗光与俄
国驻日公使希特罗渥（Михаи́л Алекса́ндрович Хитрово́）正在分别
就中日议和问题进行会谈。三十日（2月24日），希特罗渥通知陆
奥，如果日本承认朝鲜独立，俄国可劝告清政府将日本所要求的全
权授予其使节。①

正月二十九日，李鸿章见起时"仍持不敢许地之说"。光绪则
向他面谕，割地不可，而赔款尚无不可，并说这是慈禧的意思。②
然而，让地可与不可，终究还要看列强的态度。李鸿章当日与欧格
讷、德国驻华公使绅珂（Schenck zu Schweinsberg）二人会谈后致
函孙毓汶："顷晤欧、绅二使久谈，欧虽允电本国，语颇游移。绅
词甚切直，事关大局，不厌详慎，敢请转商恭、庆邸及枢廷，请公
于明早约定时刻，仍集传心殿会议妥协，再请旨定夺，抑或另择静
僻处所集议，并惟示遵。"③

次日，李鸿章、庆亲王及七名军机大臣在传心殿集议。翁同龢
记载了会议讨论的内容："李相赴各国馆，意在联结，而未得要领，
计无所出。孙公必以割地为了局，余持不可。德使申珂告李相，若

① 《陆奥外务大臣致驻俄西公使电》（1895年2月17日发）、《驻俄国西公使致陆
奥外务大臣电》（1895年2月21日发，2月22日接）、《陆奥外务大臣致锅岛外
务书记官电》（1895年2月22日下午3时46分发）、《俄国公使致陆奥外务大臣
（口头传达）、《中日战争》续编第10册，第59—62页；陆奥宗光：《蹇蹇录》，
第182—184页；菲利浦·约瑟夫：《列强对华外交（1894—1900）——对华政
治经济关系的研究》，第65—66页。
② 《随手记》，《翁同龢集（增订本）》第4册，第1798页。
③ 《近代史所藏清代名人稿本抄本》第一辑第40册，第60页。本件承同门陈益萍
提示。

不迁都，势必割地，至言哉。""李连日晤英、德、法、美、俄使，皆无实在相助意。英推诿，德语切直，谓不割地则迁都，无中立之法。俄允电本国而已。"由于李鸿章寻求不到列强的支持，中枢被迫再度直面割地问题。孙毓汶仍主割地，而翁同龢依然反对。情形一如正月二十八日的会议，没有产生结果。因此，割地问题必须提交给最高统治者裁决。大约是在这一两天，李鸿章撰写了一份"节略"，二月初三日进呈。①

这份节略的内容是简述拜访各国公使的结果，随后加上李鸿章的按语：

> 俄喀希尼：俟所索何地说出再议。法施阿兰：略同前。德绅珂：倭意全在割地则和议成，不割则都城危，今宜释者割地、迁都而已。英欧格讷：兵败议和，必不可行。即如割地一节，亦有险要、膏腴与散荒之判。如金州、大连湾、旅顺、威海皆险要，应指驳，而以散荒地抵换，若耻不肯为，欲求庚申城中之盟，岂可复得？海军既无，陆军器不精。
>
> 谨按：各国使臣以上之语，俄、法帮助之说浮而不实，英、德药石之言，苦而近真。倭人需索多端，所最可注意者无过割地。中国寸土尺壤，无论肥瘠荒要，岂可轻以予人？而细察德国公使绅珂、英国公使欧格讷两人议论非尽无因。近日倭人倾心媚德，德既与倭亲密，自能审其命意之所在。英国在华

---

① 《翁同龢日记》第 6 卷，第 2826—2827 页；《随手记》，《翁同龢集（增订本）》第 4 册，第 1799—1801 页。

商务最盛，甚愿中国永能持盈保泰，亦未必故为轻藐之词，所陈或割地或迁都之说，二者关系皆极重大，臣与王大臣再四会议，不敢遽决，语云两害相形，则取其轻，伏惟圣明裁择，密授方略，俾有遵循，天下幸甚，微臣幸甚。臣李鸿章谨呈。①

李鸿章在此将问题归结为迁都、割地二者择一，请求"圣明裁择"。鉴于问题的高度敏感，他没有上奏，而是采取了在客观陈述事实的"节略"之后加按语的特殊形式，可谓小心翼翼。

二月初一日（2月25日），李鸿章单独见起，时间长达四刻（一小时）。据翁同龢记载，其内容是"略陈洋人所言割地事"，大约与节略所言相近。之后军机大臣见起时，恭亲王也提到了割地，而翁同龢则依然表示反对。而在这几日间，手握最高权力的慈禧却一直不出面。正月二十八日，她宣称患肝疾及风湿，取消了原定的见起，此后几日皆未召见诸臣。②她担心由自己作出割地的决定，因而在史书上留下恶名。此前召见刘坤一时，她曾道出心中的担忧："言官说我主和，抑制皇上不敢主战，史臣书之，何以对天下后世？"③割地的罪名，自然比主和还要大得多。而由于中枢无法作出决策，光绪仍打算请示慈禧。当天李鸿章致电张荫桓："连日为土地事与各使商论，皆谓非此不能结局，与枢译商不敢担。上意俟

---

① 《随手记》，《翁同龢集（增订本）》第 4 册，第 1823—1824 页。着重号系原文所有。

② 《翁同龢日记》第 6 卷，第 2826—2827 页；《随手记》，《翁同龢集（增订本）》第 4 册，第 1800 页。

③ 《慈谕恭记》，欧阳辅之编：《刘忠诚公补过斋文集》卷 1，宣统元年刻本，第8 页。

长春（引者按：指慈禧）大安禀商酌定。借助仍难著实，不肯用重力，恐无济。"①

然而，慈禧摆出了撒手不管的态度，又将这个皮球踢回光绪脚下。二月初二日（2月26日）翁同龢在书房面见光绪，"知昨李鸿章所奏，恭邸所陈，大拂慈圣之意，曰：'任汝为之，毋以启予也'"。②

次日，翁同龢记载："见起三刻，书房一刻。仍于军机未见时先入数语也。"③但他未说明见起的内容。不过，外国记者的报道透露了一点蛛丝马迹。据英国中央新闻社驻北京记者称，当天"在清国军机大臣会议结束后，我们趁机采访了恭亲王。恭亲王称他的同僚们，即清国其他军机大臣最终不得不勉强同意了他的意见"。④这个"军机大臣会议"，不知是指军机见起，抑或是在军机处另有会议（翁同龢日记未见）。如果报道属实，当日枢臣仍有意见分歧，但在恭亲王的劝说下勉强达成一致。参照二月初一日见起的情况，这一意见很可能就是同意割地。

同日，李鸿章所递节略被进呈，其作用相当于催促光绪与慈禧表态。次日，光绪表示"汝等宜奏东朝（引者按：指慈禧），定使臣之权，并命李相速来听起"。于是，军机大臣与李鸿章向慈禧请求见起。而慈禧再度借病推搪过去："奏事太监传，慈体昨日肝气

---

① 《复张侍郎》（光绪二十一年二月初一日午刻），《李鸿章全集》第26册，第70页。
② 《翁同龢日记》第6卷，第2827页。
③ 《翁同龢日记》第6卷，第2827页。
④ 郑曦原编：《帝国的回忆：〈纽约时报〉晚清观察记》，北京：生活·读书·新知三联书店，2001年，第250页。原文作"伦敦，2月27日讯"，"《中央新闻》驻北京消息"，其实"中央新闻"指伦敦的中央新闻社（Central News），并非报纸名称。

发，臀疼腹泄，不能见，一切遵上旨可也。"①

万般无奈之下，光绪二月初五日（3月1日）通过恭亲王等人向李鸿章传达面谕，授予他"商让土地之权"。②初七日，恭亲王、庆亲王、礼亲王、翁同龢、李鸿藻、孙毓汶、徐用仪、刚毅联衔上奏慈禧："皇上深维至计，洞烛时宜，令臣等谕知李鸿章，予以商让土地之权，令其斟酌重轻，与倭磋磨定议。昨据田贝送到日本复电，定于长门会议。李鸿章自应迅速启程，免致另生枝节。"③尽管有这样"伏乞慈鉴"的一道程序，但在形式上，允许割地的决定是由光绪作出的。慈禧的意图达到了。

二月初六日，李鸿章上奏"伏乞皇上圣鉴训示"，核心仍围绕割地问题。翌日军机处密寄李鸿章：

> 据称倭人注意尤在让地一层，事机紧迫，非此不能开议，拟就形势方域斟酌轻重，力与辩争；此外所求非止一端，并当相机迎拒等语。此次特派李鸿章与日本议约，原系万不得已之举，关系之大，转圜之难，朝廷亦所洞鉴。该大臣膺兹巨任，惟当权衡于利害之轻重，情势之缓急，通筹全局，即与议定条

---

① 《翁同龢日记》第6卷，第2827页；《随手记》，《翁同龢集（增订本）》第4册，第1136页。

② 《预筹赴东议约情形折》（光绪二十一年二月初六日），《李鸿章全集》第16册，第30—31页。

③ 《恭亲王等奏为传谕李鸿章予以让地之权令其与日定议折》（光绪二十一年二月初七日），《中日战争》续编第2册，第464页。长门，山口县西部的古称，此处指马关。关于此几日间中枢决策的评析，参见石泉：《甲午战争前后之晚清政局》，第118—123页；高阳：《翁同龢传》，第208—212页。

约，以纾宵旰之忧，而慰中外之望，实有厚期焉。将此密谕
知之。①

这样的"训示"，等于什么都没有说。光绪尽管推搪不过慈禧，授
予了李鸿章割地之权，却也不想再作出进一步的指示，以致承担更
多的责任。

责任都落在了李鸿章一人身上。

李鸿章二月初八日（3月4日）向光绪请训后，次日出京，十
一日（3月7日）到达天津。②在此前后，使团的人选逐步确定下
来。李鸿章原本一再请张荫桓做自己的副手，对方固辞不允，但推
荐了若干人员。③最终，李鸿章嗣子、前驻日公使李经方以"参议"
头衔充任副使。④次一级的参赞，由李鸿章重要幕僚罗丰禄、马建
忠、伍廷芳担任，而翰林院编修张孝谦、兵部候补主事于式枚、二
品顶戴江苏候补道徐寿朋三名参赞未到职。使团中有四名洋员，即
以"律例参谋"（法律顾问）名目被延聘的科士达、科氏的秘书亨

---

① 《预筹赴东议约情形折》（光绪二十一年二月初六日），《李鸿章全集》第16册，
第30页。
② 《复盛道黄道》（光绪二十一年二月初七日辰刻），《李鸿章全集》第26册，第
74页。
③ 正月下旬李鸿章与张荫桓往来诸电，《李鸿章全集》第26册，第57、60—62、
65—66页。
④ 张荫桓曾两次推荐李经方随李鸿章出使，理由为陆奥在会谈时对其"垂问甚
殷"，且通晓英日文，见《张侍郎来电》（光绪二十一年正月二十五日寅刻到）、
《张侍郎来电》（光绪二十一年正月二十六日寅刻到），《李鸿章全集》第26册，
第60—61页。

德生（Hendenson）、毕德格以及法国医生德博施（Depasse）①。此外，还有翻译、随员、医官、武弁、供事、学生、跟丁多人。包括李氏父子在内，共计 127 人。②

二月十七日（3 月 13 日），使团登上轮船招商局的"公义""礼裕"两艘商船，次日出航。③两船名义上出售给德国公司，故悬挂德国旗，但另外悬挂了一面特别制作的"全权大使旗"。该旗为长方形黄旗，中央为团龙图案，四周有"大清一统"四字。④李鸿

① 此人是法国驻华使馆医生，并在李鸿章创办的北洋西医学堂任教，为施阿兰应李鸿章的要求而推荐，庚子事变之后曾任天津"都统衙门"卫生局长，见施阿兰：《使华记》，第 46 页；任云兰：《20 世纪初都统衙门对天津的城市管理探析》，《城市史研究》第 27 辑，2011 年，第 18 页。

② 使团名单见 JACAR Ref. B06150070300（第 150—151 画面），日清講和条約締結一件／李鴻章来朝及遭難、李経方ノ全権委員二就任（2.2.1.1-2），日本外务省外交史料馆藏；《赴日随带各员衔名清单》（光绪二十一年二月初八日），《李鸿章全集》第 16 册，第 32 页；《中日战争》续编第 5 册，第 305—307 页。参议、参赞、洋员以外的名单为：随员张柳、廖炳枢，头等医官林联辉，东文翻译官陶大均、卢永铭、罗庚龄，学生柏斌、黄才俊、王崇厚、吕梦龄、高庄凯、史悠禄、洪冀昌，供事黄正、马祝平、沈云台、马家祯，武弁杨福同、阎钦、田尚霖、柴振邦、吴忠元、倪顺、邹肇元、邱荣、杨玉和、吴锡宝、田锡珍及跟丁九十人。

③ 《科士达日记》，《中日战争》续编第 6 册，第 619—620 页。战争爆发后，为避免日舰袭击，招商局商船名义上出售给外国公司。其中"海晏"卖给德商信义洋行，改名"公义"；"新裕"卖给德商礼和洋行，改名"礼裕"，见陈旭麓等主编：《盛宣怀档案资料选辑之八·轮船招商局》，上海：上海人民出版社，2002 年，第 572—573、583 页；《宝士德致欧格讷函》（1894 年 11 月 7 日），《中日战争》续编第 11 册，第 462—463 页。日方也掌握了这一情报，见《清国の商船及び運送船（1）》（第 3、5 画面），JACAR Ref. C08040491800，明治 27·8 年 戦史編纂準備書類 16，日本防卫省防卫研究所藏。

④ JACAR Ref. B06150070300（第 83—84 画面），日清講和条約締結一件／李鴻章来朝及遭難、李経方ノ全権委員二就任（2.2.1.1-2），日本外务省外交史料馆藏。据该件，此旗的形制如下："oblong yellow flag with roundel over（转下页）

章原本预备十九日（3月15日）登船，以便"到日不先不后乃得体"，但总署电称"行期十七最吉，十八次之，十九破日不宜"。[1]按照黄历的说法，"破日"属大凶之日。在军事、外交方面均无法提供有力支持的情况下，清政府惟一能为使团做的也就是选个黄道吉日了。

科士达对此也有一段很有意思的记载："我们的出航日期从15日改到了13日，因为占星家告诉总督，13日是个更吉利的日子。于是决定装作13日启程来哄哄老天爷，尽管我们可能直到15、16日才穿过沙洲（引者按：应指白河口外的拦江沙）。"[2]在后人看来，这种做法无疑显得可笑，但时人对此是很认真的。

在预备派遣李鸿章出使的同时，清政府也没有放弃列强干涉这根救命稻草。二月初六日，总署致电龚照瑗、许景澄，令二人向英、俄、法、德四国元首转达"国电"（初九日又追加了意大利[3]）。"国电"的抬头为"大清国大皇帝问大〇大国〇〇好"，内容为"朕现定派大学士李鸿章赴日本，与商停战、定约，以全民命，息争端。素

（接上页）centre enclosing dragon rampant gardant surrounded by the four Chinese Characters 'Ita Chang yi fung'（引者按：此处有栏外加注：'大清一统'）meaning 'the Chinese empire'"，即"长方形黄旗，中央有一圆形，内包一正面之龙，四周绕以'大清一统'四个汉字，意为'中华帝国'"。

① 《寄译署》（光绪二十一年二月十二日辰刻）、《复译署》（光绪二十一年二月十二日酉刻）、《译署来电》（光绪二十一年二月十二日酉刻），《李鸿章全集》第26册，第77—78页。点校者原本断为"行期十七，最吉十八，次之十九，破日不宜"，误。

② John Watson Foster：*Diplomatic Memoirs*，vol.2, p.127. 两船于3月15日穿过拦江沙，见《科士达日记》，《中日战争》续编第6册，第620页。

③ 《德宗实录》卷361，光绪二十一年二月辛亥条，《清实录》第56册，第709页。

图 1：停泊于马关的李鸿章座船"公义"，由日本著名摄影师龟井兹明摄于 1895 年 4 月 15 日。采自《日清戦争従军写真帖：伯爵龟井兹明の日記》，第 271 页（柏書房 1992 年版）。

谂○○以保平安为心，希设法力劝，总以公道议和为望"。总署指示两名公使：这份电报应该亲自递交，以表慎重；如与英、俄商定亲递，随后应前往法、德亲递。①

何谓"国电"？翁同龢在日记中解释道，"国电欲如国书，致其国君者也"。如本章第二节所述，外交公文中的"国书"，是国家为证明新任命的驻外使节身份而签发的文书。国书历来由使节携带，呈送给驻在国元首（代办的国书递交给外交部），但从来没有用电报代替纸质文书的。而且，国书的功用仅限于任命或召回使节，并

① 《龚照瑗往来官电（选录）》，《中日战争》续编第 6 册，第 592 页；《随手记》，《翁同龢集（增订本）》第 4 册，第 1802—1803 页；杨儒辑：《俄事纪闻》，《近代史资料》第 46 号，第 27—28 页。

不包括请托。发送这样的"国电"，是前所未有的创举。其原因显而易见：清政府希望给驻外公使颁发国书，以便持以觐见元首（清政府显然对诸国公使持国书要求觐见的往事印象深刻，但并不十分清楚国书的用途），增强求情的分量。但寄送纸质国书耗时太久，因此以"国电"权宜代之。这样别出心裁而又章法错乱的举措，体现了清政府此时焦急万分的心态。①

二月十一日，龚照瑗请求觐见英国女王，以便呈递"国电"。翌日，外交大臣金伯利致函婉拒："君王为接受政治性函电而亲自接见外国使节或公使的做法既不符合一般的外交惯例，也不合英国宫廷的习惯。"并表示可以代为接受电文，转呈给女王。而俄国外交部也同样表示："俄例，各驻使应递国家文件，概由本部接递。"②显然，英国人和俄国人并没有把清政府郑重其事的"国电"看得多重要。于是，龚、许二人分别于十二、十四日（3月8、10日）向英、俄外交部递交"国电"。此外，致德法两国电由驻德使馆参赞廏音泰与龚照瑗分别于十三、十五两日（3月9、11日）递交给该国外交部。惟有致意大利电，是由龚照瑗二十日（3月16日）亲递给国王的。③

———————

① 关于清政府对"国电"的理解，参见拙作：《"自出机杼"的创举：论清末民初外交中的"国电"》，《政大史粹》第 29 期，2016 年，第 48—49 页。
② 《金伯利致龚照瑗函》（1895 年 3 月 8 日），《中日战争》续编第 11 册，第 618 页；《龚照瑗往来官电（选录）》，同书第 6 册，第 593—594 页。
③ 《收出使许大臣电》（二月十二日）、《收大臣电》（二月十三日）、《收出使大臣龚照瑗电》（二月十六日）《收出使大臣龚电》（二月二十二日），《清代军机处电报档汇编》第 13 册，第 482、494、526、591 页；《驻意大利高平公使致陆奥外务大臣函》（1894 年 5 月 16 日收），《中日战争》续编第 10 册，第 89—90 页。

接受"国电"之后，各国对清政府的请求陆续作出了回应。俄国二月十四日声称"俄国必极力劝成两国和议"。德国十六日表态"德国愿中日二国议和所索不宜太过"。英国十七日许诺"令驻中日之英国使臣相机劝助"。法国则于二十四日（3 月 20 日）表示："总统接奉大皇帝国电后，与各部议院公议，同声愿助成和议。"①然而，这些表面上热切的回复只不过是外交辞令而已，列强都在打着自己的小算盘。

更有国家打算趁火打劫。德国首相何伦洛熙亲王（Chlodwig Carl Viktor，Fürst zu Hohenlohe-Schillingsfürst）在向德皇呈报"国电"一事时，表达了自己的意见：德国不应过早采取行动，以致为英俄两国火中取栗；但根据局势的变化，也应当为本国利益适时参与干涉。他指出，参与干涉将使德国有机会在中国取得谋求已久的军港作为报偿，但"作为一个直接关系比较少的国家，出头提出这个象是瓜分中国第一个信号的要求，不可能是德国之事"。②讽刺的是，早在上年十月，德国还考虑过以德国拒绝调停为由要求日本支持它在中国取得军港。这两种思维，可谓殊途同归。③

---

① 《收出使许大臣电》（二月十五日）、《收出使大臣许景澄电》（二月十八日）、《收出使龚大臣电》（二月二十日），《清代军机处电报档汇编》第 13 册，第 524、544、562 页；《金伯利致欧格讷电（第 17 号）》（1895 年 3 月 10 日），《中日战争》续编第 11 册，第 618—619 页；《龚照瑗往来官电（选录）》，同书第 6 册，第 595 页。

② 《帝国首相何伦洛熙公爵奏皇帝威廉三世》（1895 年 3 月 19 日），《德国外交文件有关中国交涉史料选译》第 1 卷，第 13—17 页。

③ Rolf-Harald Wippich：*Japan und die deutsche Fernostpilitik 1894—1898；vom Ausbruch des Chinesisch-Japanischen Krieges bis zur Besetzung der Kiautschou-Bucht；ein Beitrag zur wilhelminischen Weltpolitik*，p.85.

至于在东亚利益关系甚少的意大利，我尚未查明是如何对"国电"表态的。可以知道的是，日本驻意公使高平小五郎得知龚照瑗前来罗马之后，竭力阻挠其外交努力。在他的工作下，意大利外交大臣表示将为日本打探列强动向；倘若日方允诺在割自中国的土地上为意大利工商业提供"特殊保护"，还可劝说意政府采取措施防止列强干涉。①

在局势成熟前，列强不会采取任何积极行动。和清政府一样，他们也在等待日本人在马关向李鸿章摊牌。翻开的底牌，将决定他们的动向。

小　结

本章叙述了"和战并进之期"的后半期。这一时期，清政府尽管没有完全放弃列强调停，但终于开始派遣议和使节。然而，这一努力也是屡遭挫折。德璀琳不得其门而入，张荫桓与邵友濂中途被逐，直到李鸿章出马才真正叩开了谈判的大门。

三次出使标志着清政府议和行动的不断升级。德璀琳出使（还可算上未成的罗丰禄出使）可谓延续了此前清政府议和的特殊做法，即派遣地位较低的非正式使者先行投石问路，与对方接头之后，再行派遣大员进行正式谈判。鸦片战争期间，这一手法被广为运用。王尔敏先生指出："这时期的外交，有一项显著的共通之点，

① 《驻意大利高平公使致陆奥外务大臣电》（1895年3月18日发，3月19日接）、《驻意大利高平公使致陆奥外务大臣函》（1895年5月16日收），《中日战争》续编第10册，第68、89—93页。

就是一般大员常把交涉事务借重微员，如琦善之用白含章、鲍鹏，伊里布之用张喜、陈志刚，牛鉴之用张攀龙、陈柏龄，耆英之用塔芬布等人，使之出面，作外交的试探。"最典型的，是张喜以一介家仆的身份，居然促成了浙江停战的达成与《南京条约》的签订。①中法战争时期亦然，中国海关英籍税务司金登干赴法签订了停战条约。金登干的地位虽不能与张喜之流同日而语，但他身为洋员客卿，在清政府中依然处于边缘地位。另一位洋员德璀琳则促成了《中法简明条约》的签订。②然而，对英国人、法国人行得通的办法，对无意早日谈判的日本人却行不通。

张荫桓、邵友濂则是晚清首次前往敌国进行议和谈判的正式使节。两次鸦片战争中，英国人和法国人并不介意就近在华谈判。中法战争中，前往巴黎的金登干不算正式使节，而法国人最终还是到了天津和李鸿章进行最后的谈判。伊犁交涉中，身赴圣彼得堡的崇厚与曾纪泽虽然走出了国门，但这两场谈判火药味虽浓，毕竟不是一言不合刀兵相见的议和谈判。从这个意义上讲，张、邵担负的是一桩前所未有的任务。这样的紧张感，加上对日本的高度提防以及国际法知识的欠缺，令清政府没有授予他们全权，以致给了日本人绝佳的借口拒绝谈判。

广岛谈判流产之后，清政府已经别无选择，惟有授予李鸿章全

---

① 王尔敏：《弱国的外交：面对列强环伺的晚清世局》，桂林：广西师范大学出版社，2008 年，第 42—54 页；茅海建：《天朝的崩溃：鸦片战争再研究》，北京：生活·读书·新知三联书店，2005 年，第 195—202、454—462 页。

② 邵循正：《中法越南关系始末》，北京：商务印书馆，2024 年，第 143—145、232—238、241—254 页。

权。然而，从派遣德璀琳到李鸿章出发，中间经过了差不多四个月。在这段时间里，日军将战场从辽东扩展到山东，攻占大片土地，彻底摧毁北洋海军，手中的筹码越打越多。留给李鸿章的使命，也就越来越艰巨。

.

第四章　狮子口是怎样张开的 *

日本对华开战以来，关于这场战争的意义所在，朝野流行的论调是所谓的义战论：日本谋求开化，劝导朝鲜改革；中国冥顽不化，妨害东亚和平，云云。

这样的高调固然动听，对谋求现实利益的人们来说却显得华而不实。《东京经济杂志》1894 年 9 月 22 日发表文章，宣扬了一个截然不同的开战目的：

> 此次开战的原因虽在于朝鲜改革事件，但是，既然已经同清国开战，就不仅要排除清国的兵力对朝鲜改革的妨碍，而且不可不进入清国，大战清兵，充分取得战争的利益。何谓战争利益？固然不一而足，日清战争的主要目的在于阻碍清国的贸易和航海，为将其市场之繁荣移于我国，夺其航海权，并使之属于我国，建立基础。我国的陆军部队和海军舰队不仅要在朝鲜内地和近海同清兵作战，而且要进一步封锁上海、天津及其

---

* 本章因以日本方面为视角，行文中使用西历。

他开放港口，严格搜查战时违禁品，使清国的贸易和航海发生很大的困难。有人恐因妨碍东洋贸易而引起各国异议，而踌躇不前。同这样的人，可谓不足以共谈日清战争。

同年 11 月 17 日，《东京经济杂志》干脆指名道姓地批评义战论：

> 义战这个词虽在东洋流行，但不过虚饰而已。日本为朝鲜独立而战，自夸为义战。但是，日本的政治家如果为朝鲜独立而拿出一亿五千万日元军费，抛弃许多人的生命，我国人民是决不会答应的。日本的国民还不是愚蠢到这种地步的国民。可以说此次战争的部分目的是使朝鲜独立。但是，这也是因为日本国率先将朝鲜国的独立介绍于世界，而中国反对之，攻击之，日本为维护自己的荣誉而进行了日清战争。如果要明确地表达其事实，日清战争就是日本的利益与清国的利益在朝鲜的冲突。日本的确在朝鲜受到中国不礼貌的对待。我们为了维护这种利益和荣誉，而不得不作战，岂是为了义而做出浪费生命财产的愚蠢行为。世上的论者不可套用中国人的套语，口口声声称义战，招来欧洲人的耻笑。欧洲列强唯利是图，毫无友爱之情，固然丑陋，但为义而浪费国家财产和生命，以之为是，宣扬于世，亦不可不谓愚蠢。[1]

真不愧是效法《经济学人》杂志的日本头号经济刊物。这些论调，

---

[1] 信夫清三郎：《甲午日本外交内幕》，第 362—363 页。

套用《共产党宣言》里的一句话，可谓是把"文明""和平""正义"这些情感的神圣激发，淹没在利己主义的冰水之中。在战争之初义战论甚嚣尘上的环境中，这真是"非常革命的"。

当然，日本人也不会真的同意"为义而浪费国家财产和生命"。随着战火的延烧，即使是曾经高唱义战论的人们也变了调门。譬如，义战论的重镇《时事新报》1895年3月12日刊文声称：

> 我们日本人现在处于文明竞争的世界之中，在辛苦经营之后，即使邻国感恩戴德，并因此使日本在世界上博得淡泊无欲侠义之国的名声，也不能算得到了充分的报酬。日本人民的目标是获取实际的有形之利，而非无形的报酬所能满足。①

这"有形之利"是什么呢？日本人为此想了很多，说了很多，参考了很多。

一、日本各界的议和意见

伴随日军进军的脚步，朝野人士纷纷盘算如何摘取胜利果实，提出了各自的议和意见。这些意见，对日本政府的条约草案产生了或多或少的影响。陆奥宗光在回忆录中对此有详尽的记载，诸家论著往往直接征引。在此以陆奥的记载为纲，并尽量补充其他史料以求窥见全豹。

---

① 信夫清三郎：《甲午日本外交内幕》，第363—364页。

诸多意见之中，最重要的自然是军政高层的意见。陆奥在《蹇蹇录》中写道：

> 我国主战气氛仍旧未有丝毫衰退，不过此时（引者按：指张、邵出使之时）在社会的某些地方也渐渐有人开始提倡媾和，其主张宽严精粗不一，彼此意见出入之处颇多。对于其中只于社会上滔滔不绝徒有大言壮语、只图一时之快者姑且不论，政府当局各部负责人为忠于自身职守，亦往往难免视自身所期望之条件为主，而将其他条件视为次要之事。例如，就当初海军部的期望而言，相比辽东半岛，他们认为割取台湾全岛更为必要。而且即便是同属于这一派，稍以辽东半岛为重者，则主张若辽东半岛无法全然由我占领，可使清国将该半岛先行让与朝鲜政府，我国则自朝鲜政府租借，而台湾全岛则必须归入我版图。与此相对，陆军部方面则主张辽东半岛乃我军流血牺牲夺取而来，与我军至今仍未踏足的台湾不可相提并论，且该半岛抚朝鲜之后背而扼北京之咽喉，为国家将来长久之计，绝不可不归我领有。而管理财政的部门，对割地问题不甚热心，但却切望获得巨额赔款（后来松方伯爵再次出任大藏大臣，主张十亿两赔款之说法，其基础当是出自于此。此外，即便是奉职于海外、处于可直接目睹欧美列强形势之位的我外交官当中，也有各种主张。十一月二十六日，青木公使在其就媾和条件问题向政府进行建议的电报中主张：一、割占盛京省、不与俄罗斯接壤的吉林省之大部以及直隶省之一部，于清、朝两国间设立约五千平方日里的中间地带，以做将来我国独擅亚

洲霸权的军事根据地；二、赔款应为一亿英镑，其中一半为金币，一半为银币，分十年付清；三、付清赔款之前应由日军占领东经一百二十度以东的山东一部、威海卫及其炮台、武器，驻军费应由清国支付。并附言称，只要不对欧洲的利益或清国之存亡造成影响，对任何条件欧洲舆论均当不存异议。此外，驻俄罗斯西公使当初即对俄罗斯国有关日清战争的形势一事观察得极为周到细致，他预见到俄罗斯必不会对割占辽东半岛，尤其是与朝鲜国境接近的部分一事保持沉默，是以建议政府不如开初即向清国要求巨额赔款，若约定将辽东半岛作为抵押加以占领，俄罗斯对此亦不便进行干预）。①

陆奥在此介绍了海军大臣西乡从道（因陆军大臣大山岩出任第二军司令官，1894 年 10 月 9 日至次年 3 月 7 日兼任陆军大臣）、海军军令部长桦山资纪、陆军大臣山县有朋（原任第一军司令官，1894 年 12 月被调回大本营任监军，1895 年 3 月 7 日任陆军大臣）、前首相松方正义（1895 年 3 月 17 日入阁，任大藏大臣）、驻德公使青木周藏、驻俄公使西德二郎对议和条件的意见。应该指出，这段记载有简单化的倾向。譬如，桦山对割地的胃口不仅是台湾而已。现存桦山文件中有一份《关于领有敌地的意见》，开列了以下领土要求：

---

① 陆奥宗光：《蹇蹇录》，第 119—120 页。本段引文在撰写阶段有所修改，"割取台湾全岛更为必要"之后原有夹注"西乡海军大臣当初之说即如是"，"台湾全岛则必须归入我版图"之后原有夹注"曾闻桦山海军中将持此意见"，"辽东半岛……绝不可不归我领有"之后原有夹注"山县陆军大臣当初即如此说"，见同书第 220—221 页。

金州半岛、山东半岛、澎湖、台湾以及舟山群岛一部，并要求"永远使用"朝鲜的釜山、绝影岛、巨济岛、木浦和渔隐洞。①在1895年1月27日的御前会议上，他和参谋次长川上操六还一致要求割让山东半岛（参见本章第三节）。而山县的眼睛也不光盯着辽东半岛。据其同僚陆军中将高岛鞆之助说，他对台湾也"极为热心"。②至于松方，固然主张取得巨额赔款，但绝非"对割地问题不甚热心"。他本着"北守南进"的战略，主张占领台湾，作为向南洋发展的根据地。③内阁书记官长伊东巳代治也主张割让台湾、赔款十亿，恰与松方相同。④

有些官员通过私人渠道游说伊藤博文，提出自己的见解。如在1894年11月25日，枢密顾问官海江田信义致函伊藤，主张"朝鲜独立自不必说，亦需取得相当的军费，尚应将我军占领的九连、安东、凤凰、大连、金州、旅顺等地的土地与人民划归我有"。⑤翌年

---

① 《敵地領有ニ関スル意見》，樺山資紀関係文書（第二次受入分），383，日本国立国会图书馆宪政资料室藏。这份材料标明写作时间为1894年11月27日，但最后关于渔隐洞的部分笔迹不同，且只有标题而无内容，可见是一草稿。藤村道生先生说这一意见书是樺山于1895年1月提出的，惟未注明出处，我不知道藤村先生看到的是否即是樺山文书中的这一材料，抑或另有所本，见（日）藤村道生著，米庆余译：《日清战争》，上海：上海译文出版社，1981年，第134页。

② 枝元长辰致大隈重信函，1895年2月14日，早稻田大学大学史资料センター编：《大隈重信関係文書》第2卷，東京：みすず書房，2005年，第195页。

③ 德富猪一郎：《公爵松方正義伝》坤卷，東京：明治文献，1976年，第545—552页。另可参见（日）信夫清三郎著，吕万和等译：《日本政治史》第3卷，上海：上海译文出版社，1988年，第294页。

④ 《日清戦役ノ起原及媾和談判始末（佐藤顕理述）》，宪政史编纂会收集文书，外交问题主要事件资料，552，日本国立国会图书馆宪政资料室藏。

⑤ 海江田信义致伊藤博文函，1894年11月25日，《伊藤博文関係文書》第3卷，第348页。

3月13日，前农商务大臣后藤象二郎向伊藤提交关于议和问题的意见书，内容包括：一、"占领满洲三省"；二、"占有朝鲜政权"；三、"使朝鲜到满洲的铁路贯通"；四、"在北京结成城下之盟"；五、"结连法俄以阻遏英国"。①

至于执掌外务省的陆奥本人及其下属，对此自然也没有默不作声。1894年10月8日，陆奥致函伊藤，提出三个议和基本方案，其中甲、乙两案的内容为朝鲜独立，割让旅顺口、大连湾、台湾，赔偿军费与签订中日新约（详见本章第三节）。旅顺口陷落几天后的11月26日，他又向伊藤建议以保护朝鲜独立为由占领"金州半岛"，并进一步提出了占领区的边界："从鸭绿江左岸安东县附近划一斜线至渤海湾，割取其间的沿海地区与群岛。"②值得注意的是，陆奥表述的割地范围已经大大超过了今天所说的"金州半岛"。这样的理解，日后可能导致了日方对三国干涉的误判（参见第五章第三节）。

陆奥的老部下、外务省通商局长原敬从本行出发，就通商要求提出了两件意见书。其要求包括在议和之后签订新的通商条约，使日本取得最惠国待遇，日本人在中国享有治外法权与种种赋税优惠，可在通商口岸从事工商业，允许以日币支付中国关税，开辟租界，疏浚吴淞江等等。③

---

① 后藤象二郎致伊藤博文函，1895年3月13日，《伊藤博文関係文書》第4卷，第447—451页。

② 陆奥宗光致伊藤博文函，1894年11月26日，《伊藤博文関係文書》第7卷，第311—312页。另可参见中塚明：《还历史的本来面目——日清战争是怎样发生的》，第253—254页。

③ 堀口修：《下関講和談判における日本の通商要求について—特に原敬通商局長の意見書を中心として—》，《中央史学》第2号，1979年，第30—34页。意见书提出日期不明。

前代理驻华公使小村寿太郎从辽东占领地民政厅长官转任外务省政务局长后，也于1895年3月提出意见书，除主张最惠国待遇外，还试图通过三项要求在中国内地扩展日本通商特权：一、开放北京、沙市、湘潭、叙州、梧州为通商口岸；二、在京津之间，山海关、牛庄之间铺设铁路；三、在长江宜昌—重庆—叙州段、湘江洞庭湖—湘潭段、西江广州—梧州段开辟汽船航线。[①]

这些要求，在日后制订的条约草案中大都露出了面目。

除了政府方面，在野各政党也汲汲于提出自己的要求。陆奥接着写道：

> 国民之间有着各自不同的希望就更不必说了，不过大抵都希望能自清国割取更多，更加扬我帝国光辉。……此处略记当时民间各政党通过报纸及其他方式所发表的各自意见。被称为对外强硬派的一派主张："在清国前来乞和之前，不可停止海陆进攻。作为永久抑制清国反抗及维持东亚和平之保证，至少应割占清国东北部——盛京省与台湾——之枢要疆土。军费赔款至少需要三亿日元以上。"同属于该派的改进党与革新党的重要人物则主张："若战后清国无力保有其社稷，而致自暴自弃，放弃其主权，我国不可不持有分割四百余州之思想准备。

[①] 《明治廿七［八］年三月小村政务局长意见书》，《日本外交文书》明治期第28卷第1册，第193—196页。原件标为1894年3月，但根据小村担任外务省政务局长的时间（1894年12月至1895年10月），应为1895年3月之误，见堀口修：《日清讲和条约案の起草过程について（I）》，《政治经济史学》第230号，1984年，第50页。

至彼时，我当领有山东、江苏、福建、广东四省。"自由党则表示："应割占吉林、盛京、黑龙江三省及台湾。日清两国的通商条约应签订凌驾于欧洲各国条约之上的条件。"①

由此可见，当时政党中的两大派势力自由党与对外强硬派②均主张提出割地赔款的要求，其胃口比起政府官员有过之而无不及。前外务大臣、立宪改进党大老大隈重信主张占领盛京、直隶、山东、江苏、台湾等地，并在北京缔结城下之盟。③自由党总理板垣退助也曾致函伊藤，主张割取盛京、吉林，以便切断中国与朝鲜的联系，但以担心列强干涉为由，反对染指台湾。④在李鸿章来日前夕，立宪改进党、国民协会、立宪革新党、大手俱乐部等对外强硬派政党还"日夜集会"，策划派代表前往广岛，向伊藤面陈关于议和的意见。⑤此外，他们在报刊上发表了大量关于议和的言论。⑥

更有甚者，对外强硬派还意欲直接干涉议和，或至少监督议和。据福冈县知事岩崎小二郎 1895 年 1 月 18 日致内务大臣野村靖的报告，在得知张、邵使团即将来日之后，国民协会、立宪革新党

---

① 陆奥宗光：《蹇蹇录》，第 120—121 页。
② 当时所谓的对外强硬派通常包括立宪改进党、国民协会、立宪革新党、中国进步党、帝国财政革新会、大手俱乐部六个党派，又称"硬六派"。
③ 藤村道生：《日清战争》，第 133—134 页。
④ （日）安冈昭男著，胡连成译：《明治前期日中关系史研究》，福州：福建人民出版社，2007 年，第 88—89 页。
⑤ 金子坚太郎致伊藤博文函，1895 年 3 月 14 日，《伊藤博文関係文書》第 4 卷，第 59 页。
⑥ 相关情况可参见王美平：《甲午战争前后日本对华观的变迁——以报刊舆论为中心》，《历史研究》2012 年第 1 期，第 159—160 页。

等党派"殊为热心高唱异议"，声称"媾和为国家之重大事件"，政府不应将其作为秘密，限制相关的报道与演说。立宪改进党虽承认媾和属于政府的权限，但也对政府的保密不满。这是因为，它们担心议和无法达到它们的要求。以下言论，鲜明体现了它们的心态："彼（引者按：指清政府）之真意为媾和耶？请和耶？请和即为降服，姑且不论；媾和即为对等的和解，据其条件，貔貅十万之战血遂亦难保不归于水泡，吾辈公众之代议士无论如何不能以局外视之。"[①]讽刺的是，这种公众要求监督议和的意见，在形式上与第一次世界大战后国际社会对"公开外交"（Open Diplomacy）的提倡颇为类似，只不过初衷根本是南辕北辙。

民间人士制订的议和条件，较为系统的可以举出几种。1894年8月15日，政论家竹越与三郎出版《支那论》一书。[②]该书首先称颂日本的伟大，然后花费大量笔墨指斥中国人口庞大，繁衍迅速，将成为日本的大患，尤其是第四章《清国人种的侵略运动的大势》[③]，不啻是一篇日本版的"黄祸论"。而在第八章《战后的要偿》中，竹越提出三个议和条件：第一，赔款五亿美元，令日本得以实行金本位；第二，改订条约，新约应与列强和清政府缔结的条约同等，并包括新开港口、废除厘金等内容；第三，割让台湾，

---

① 岩崎小二郎致野村靖报告书，1895 年 1 月 18 日，《伊藤博文関係文書》第 6 卷，第 362 页。

② 该书部分内容是此前发表在《国民之友》《国民新闻》上的社论，见（日）内藤湖南研究会编著，马彪等译：《内藤湖南的世界》，西安：三秦出版社，2005年，第 80—81 页。

③ 本章后来出现了中译本，题为《中国人种侵略世界（篇）》，先后刊登在《清议报》第 40 册（1900 年 3 月 1 日）、《知新报》第 117 册（1900 年 4 月 29 日）上。

"以作他日之战时我兵之屯所"。①

张之洞的幕僚许同莘对此有段很辛辣的评论："中日议和时有日人竹越者著《中国人种侵略世界篇》，大指谓中人生殖最繁，心计最工，人最勤俭，将来必横行地球。今失此机会而与议和，将来必受其患云云。其谋虑可谓深远，惜妒嫉太深，有如妾不能生育而妒其妻之子孙振振，亦无谓矣。"②蔡元培的评论如出一辙："全书皆写其妒意"。③

进修太郎所著《日清战争与经济社会》一书（1894 年 11 月出版）提出了一套相似而更繁琐的议和条件：一、"永久严正承认朝鲜之独立"；二、"修交并改正通商条约"；三、"战争实费之赔款要求"、四、"惩罚的赔款要求"；五、"割让台湾"；六、"为实行以上要求，或可于年限中占领渤海湾口一部"。④本书脱稿于 9 月中旬，其时开战未久，日军虽于 9 月 15 日攻陷平壤，17 日取得黄海海战的胜利，但战火远没有波及中国本土。尽管如此，这一方案在总体框架上已经和后来日方制订的条约草案基本重合。

自由党党员森本骏则于 1894 年 10 月 22 日与 11 月 28 日撰写了《北京城下盟私议》和《战后的日清通商条约》两个议和方案。前者包括五条："第一条，割让盛京省及台湾，将主权让与日本；

---

① 竹越與三郎：《支那論》，東京：民友社，1894 年，第 98—106 页。
② 《许同莘札记（庚辛随笔）》，《许同莘札记》第 7 册，所藏档，甲 622-8。
③ 中国蔡元培研究会编：《蔡元培全集》第 18 卷，杭州：浙江教育出版社，1998年，第 166 页。
④ 進修太郎：《日清戰争卜経済社会》，東京：富山房，1894 年，第 176—206 页。进修太郎，生卒年不详，1891 年毕业于东京商业学校附属主计学校，1892—1893 间任海军水路部计算课书记，但撰写本书时似不在政府部门工作。

第二条，作为直接与间接的赔偿，交付日本五亿日元；第三条，在赔偿金支付完毕以前，我军驻扎在清国各要地，由清国负担费用；第四条，我国人在清国全国享有治外法权，清国人在我国受居住限制，且须服从我国法律；第五条，制订对于我国最为便利的通商条约，条件凌驾欧美各国条约之上。"后者亦包括五条："第一条，清国允许（日本人）在内地居住并享受治外法权；第二条，清国增加开放港口；第三条，清国废止厘金；第四条，清国废止重要商品出口税，降低重要商品进口税；第五条，清国解禁食盐进口。"①这两个方案亦与条约草案相当接近。

自由党巨头河野广中（日后曾任众议院议长、农商务大臣）所藏文件中收有一份《谈判要件》，其中开列了四项基本议和条件：一、"为确保朝鲜独立不受清国干涉，割让满洲之地"；二、"作为军费赔偿之一部，割让台湾"；三、"赔款之中除国家之损害与军费之外，应赔偿商人等个人损害"；四、"预先约定缔结通商条约"。其第四项又包括六条：一、"禁止清国人在我国内地杂居"；二、"废止厘金"；三、"废止我国向清国输入物品（水产类）之输入税"；四、"废止清国向我国输入物品（棉花、豆类等）之输入税"；五、"在扬子江沿岸增设开港场"；六、"疏通扬子江与其他江河"。②这一方案与前述森本两案大体吻合。

立宪改进党干将、政论家尾崎行雄（日后曾任文部大臣、司法

① 岩壁義光：《自由党の日清講和条約構想—森本駿の講和構想を中心として—(II)》，《政治経済史学》第 204 号，1983 年，第 29—30、37 页。
② 《日清戦争及戦後ニツイテノ意見》，河野広中関係文書，書類の部，504，日本国立国会图书馆宪政资料室藏。

大臣）撰写的《支那处分案》于 1895 年 1 月出版，是一套完整的对华外交纲领。其中第四章"帝国对清政略"是其核心部分，列举了"日支同盟""共同扶翼""独力扶翼""共同分割""独力并领""卖恩待毙"六种策略，并认为日本只能采用第五种，即独吞中国。其后章节皆围绕这一策略展开。

在接下来的第五章"北京城下的盟约"中，尾崎极力主张议和只能在占领北京以后进行，而且必须迫使清政府"降服"而非仅仅是"媾和"。他开列的议和条件基于两大主旨，即防止"两大乱源"，其一是"支那之再起复仇"，其二是"欧洲列国之东侵"。其具体内容是：一、割地，首先须割让盛京、台湾，并应割让山东或江苏；二、由日本掌握中国的军事、外交、财政权。然后，文章却又话锋一转："然而令清廷签订足以杜绝如右二种乱源之盟约太过困难，况且此外尚必要求军费赔偿，此余所以宁可主张并领说也。"①说到底，他还是希望日本吞并中国而非议和。这可说是诸多主张中最为狂妄离谱的一种。

相反，有的意见反对灭亡中国，但在要价上也不客气。伊藤博文所藏文件中收有一份无署名日期的《关于日清事件始末之意见》，标为"极秘"。其前言指出欧美列强"未遑并吞东洋，独占巨利，垄断商权，盖因有日本与清国之故"，因此主张避免中国灭亡。而它开列的议和条件是：

一、赔款三亿五千万日元，其中一亿五千万元为军费，一亿元为军备扩张费，一亿元以备将来与他国开战。

① 尾崎行雄：《支那处分案》，東京：博文館，1895 年。

二、在赔款支付完毕之前以关税与国内税作为抵押。

三、割让台湾、海洋岛、金州半岛。

四、将战利品送还中国。

五、优待并送还清军俘虏。

六、缔结新通商条约。

七、为日本制定特别关税率，并废除厘金。

八、令清政府制造与日币相同的银币并使之流通全国。

九、令日本掌握中国的沿海航行权。

十、增加通商口岸数量。

此外，作者认为朝鲜独立"属于既定当然之事，决不足以为讲和条件"。①

其中的四、五两条刻意怀柔，但并无多少实际价值。其余条件，与其他议和意见总体上并无二致。第八条直以附属国视中国，更是发旁人所未发。

由著名间谍宗方小太郎等大陆浪人创办的"乙未会"②则在李鸿章来日前夕的1895年3月18日出版了一本题为《关于新缔日清条约之管见一斑》的小册子，分送政府高官。其中意见可归纳

---

① 《日清事件に関する意见》，《伊藤博文文书》第17卷，第325—340页。

② 乙未会于1895年1月27日成立，发起人为宗方小太郎、绪方二三、中野熊五郎、三泽信一、白岩龙平、前田彪、野中林吉，见大里浩秋：《宗方小太郎日记 明治30～31年》，《神奈川大学人文学研究所报》第44号，2010年，第20—21页。另外，宗方小太郎在1月23日还写成一篇题为《对华迩言》的议和意见书并向海军省提交，主要内容包括朝鲜独立，割让盛京、山东、江苏之一部与台湾全岛，赔款若干亿元，按最惠国待遇修订通商条约，新开商埠与租界，承认内地传教等，见《中日战争》续编第6册，第137、139—143页。

如下：

一、改缔修交条约应注意之条件。

（一）不许中国人在日本内地居留，而在日中国人应接受日本法权。

（二）在华日本人享受治外法权。

（三）中国内地开放给外国人居住之日，日本人亦有同样权利。

（四）日本有权在中国内地传教。

（五）在华日本人有言论出版自由，并有权在中国内地发售颁布。

（六）日本的游历者、传道者、通商视察者等为避免中国民众伤害，有权结辫、穿用中国服装，在中国内地活动。

二、关于新通商条约之要点。

（一）要求最惠国待遇。

（二）提出新要求。

1. 新开通商港口：长沙、南京、安庆。

2. 开辟租界：长沙、南京、安庆、上海、汉口、天津、广州、重庆。

3. 开通内河小蒸汽船航线。

4. 自由改造土货，但纺织、织布两业除外。

5. 自由进口各种机械，但纺织、织布机械除外。

（三）中国应解禁若干进出口商品。

1. 进口品：食盐、硫磺。

2. 出口品：米。

三、媾和谈判尤其应注意之条件。

中国内地的铁道与矿山事业。

令清政府请求日本改良邮政电信及银币铸造制度。

四、属于善后之条件中应注意之处。

（一）条约批准之后，清政府应以上谕向督抚公布，再由督抚向人民公布，但文案应经过日本政府审阅。

（二）罢免悬赏日本人首级的地方长官（上海道刘麒麟［祥］、台湾巡抚邵友濂），并向日本政府谢罪。

（三）罢免处死"无辜之日本人"①的地方长官（两江总督刘坤一、浙江巡抚廖寿丰），并向日本政府谢罪，支付赔偿金，交出死者遗骸。

（四）为日本人在天津、牛庄、芜湖、宁波等地受到的"强夺""侮辱""损害"处罚责任人并作出赔偿。②

这份意见书鉴于"土地之割让与赔款之支付，世论粗定，当局亦有成见"，未提这两项内容，而将重心放在了修改《日清修好条规》与缔结新通商条约上。从允许日本人传教、化装以及清算日本间谍被处决问题等内容上，可以明显看出大陆浪人的本色。

此外，有极少数人士主张议和条件不应太过苛刻。陆奥写道：

> 在如此众论嚣嚣之中，倒也有二三有识之士表示，媾和条件过于严苛并非得策。例如谷子爵当时曾有一书信寄与伊藤总理，缕缕数千言记述其意，其中特意引用一八六六年普奥战争

---

① 即此前被清政府处决的日本间谍。
② 《新締日清条約に関する管見一斑》，樺山資紀関係文書（第二次受入分），388，日本国立国会图书馆宪政资料室藏。

历史，表示割地之要求将来或将阻碍日清两国关系。该种观点当否姑且不论，作为能于当时提出其独到见解者，不可不谓万绿丛中一点红。况且即便是谷子爵，也从未有勇气顶住社会之逆潮而公然发表其主张，而只能在私信中加以表述。谷子爵尚且如此，更何况其他碌碌之辈乎。即便三三两两聚在一起低声谈论，又何曾有挽回社会狂澜之效力？当然，即便谷子爵的主张有其可取之处，在当时大势之下也难有所为。①

陆奥所说的谷子爵指谷干城。此人出身土佐藩，曾任熊本镇台司令长官、陆军士官学校校长，参加过戊辰战争、侵台之役与西南战争，官至陆军中将，是桦山资纪和川上操六的老上司。在陆军当中，他属于非主流的"四将军派"，时常与萨长藩阀拮抗，并且热衷于过问政治。他后来转入政界，曾任第一次伊藤内阁的农商务大臣，时为贵族院议员。在对外政策上，他素来鼓吹国权，主张强硬外交，接近对外强硬派的阵营，但在对甲午战争的态度上与众不同。②

在张、邵出使失败不久后的1895年2月21日，谷干城给伊藤博文写了一封信。这封信并没有如陆奥所说"断言要求割地将会影响中日两国将来的邦交"，但确实暗示不要苛索太多。在信中，谷干城首称"乘胜提出过重的难题，并非义战之本意"，然后从外交权限立论，声称根据宪法，外交方针"惟我皇上英断之外无他，而

① 陆奥宗光：《蹇蹇录》，第121页。
② 小林和幸：《谷干城の議会開設後における対外観・外交論》，《駒沢史学》第57号，2001年，第2—8页。

辅佐皇上英断者惟阁下一人而已"，劝伊藤不要听从其他方面的议和条件。[①]他引述普奥战争与意奥战争[②]的历史，指出普鲁士抉择大局的只有国王与首相俾斯麦，王储与总参谋长毛奇将军都未参与；而意大利与奥地利议和，也只是由意大利首相加富尔与奥地利皇帝二人办理。接下来，他声称听说中国使节到来时，伊藤与军人以及"局外之大员"进行商议，认为这是"阁下轻视自己之责任"，主张日方议和全权大臣应由伊藤一人出任。最后，他认为："得陇望蜀乃人之常情，若一再迁就，一面会招致列强嫉妒，一面则会促使清国下定穷鼠之决心，恐会令得来不易之胜利减色。"言下之意，希望伊藤不要为各方面提出的苛刻条件所动，进行稳健的外交。[③]此外，他在议会中也发表过这种言论。[④]甲午战后，他更曾批评割

① 谷干城的理论依据应当是明治宪法第十三条："天皇宣战、媾和并缔结诸条约。"
② 1866年，普鲁士、奥地利两国因争夺德意志领导权爆发战争，而意大利为了从奥地利统治下取得独立，亦参加对奥战争。战争以奥地利败北而告终，但首相俾斯麦极力说服国王与将领，没有过分削弱奥地利，从而避免了法国的干涉，并使奥地利在日后的普法战争中保持中立，被认为是很有远见的外交策略。有意思的是，著名的社会主义者兼国家主义者北一辉后来也援引普奥战争的史事批评甲午战争中的日本外交："日清战争乃日本以天佑免于列强分割，并争夺黄人诸国盟主地位之普奥战争。至于日俄战争，则是东洋的普鲁士为保护亚细亚的奥地利而对俄国侵略之回击。倘若普奥战争时沉醉于战胜之短视者流不主张割让土地，以一俾斯麦之力，必可乘此之机筑成两国同盟之根基。当时日本之伊藤公爵、陆奥伯爵等人倘有俾斯麦之达识与决死之胆勇，得以制御舆论，当不致招如三国干涉还辽之大失态。"见《支那革命外史》，《北一辉著作集》第2卷，東京：みすず書房，1967年，第101页。
③ 谷干城致伊藤博文函，1895年2月21日，《伊藤博文関係文書》第6卷，第168页。伊藤于2月23日复信，没有作出正面答复，见島内登志衞编：《谷干城遺稿》下卷，東京：靖献社，1912年，第598页。
④ 金子坚太郎致伊藤博文函，1895年3月14日，《伊藤博文関係文書》第4卷，第59页。

让辽东是日本外交的失策:"廿七八年之役割取辽东半岛,一方面令支那之弱小在全世界面前暴露,一方面将日本之野心显示给支那以及俄、德、法,而使支那政府恐惧日本的侵略,更甚于恐惧俄国,为俄国的甜言蜜语所诱而依赖俄国,以保全自国,实乃日本之大失策。"①

但是,同时应该看到,谷干城只是反对割取较易招致列强干预的辽东,并不反对割取台湾。三国干涉还辽发生之后,他曾致函伊藤,主张放弃辽东,同时表示台湾土地肥沃,割台对于经济大有好处,而且有助于日后钳制英国。②由此可见,他倾向于松方正义所主张的北守南进论。他的政治同志,著名政论家陆羯南正是鼓吹北守南进论,力主割台的一位民间旗手,并曾多次向他建议割台。③在这一问题上,他很可能是受到了陆的影响。有的论者根据陆奥的记载简单地认为谷干城反对割地,是不正确的。

第三师团长桂太郎也反对漫天要价。他在自传中写道:"关于媾和谈判书,余以为,作为日本之条件要求割让盛京省与山东省之一部以及台湾,观察之下乃需要熟虑者。"④在他看来,日方的要求应与国力相称。"我虽占领盛京省最为枢要之地,但盛京全省所收

---

① 小林和幸:《谷干城の議会開設後における対外観・外交論》,第8页。

② 谷干城致伊藤博文函,《伊藤博文関係文書》第6卷,第171页。原函无日期,根据内容应写于三国干涉还辽之时。

③ 朴羊信:《陸羯南の政治認識と対外論(2)》,《北大法学論集》第49号,1998年,第310—313页。

④ 该书校注者在此处注明,日本的议和条件中没有要求割让山东省,桂太郎的回忆有误。但我认为,此处所指可能是舆论要求的媾和条件,而正式的媾和条件直到条约公布,前线将领未必知道。

税金，终究不过二百五十万两而已。倘若割此地为我国之版图，则须众多之设备，随之则有莫大费用。此事是否为国力所许为一问题，其费是否可堪承受，未可知也。"另一方面，他又认为："反之，要求割让台湾则为必要。果真使台湾归为我有，则于南方需要大量之设备，而于北方亦需设备，究竟非国力之所许。"①

桂太郎所说的"设备"，所指应是占领所需的驻军、官吏、警察以及各种建筑之属。作为辽东战场的前线指挥官，他对此等开支的需费浩繁自有深刻了解。权衡了盛京（奉天）的税收与占领的开支之后，他认为得不偿失。据此推断，他之所以主张割台，除战略价值之外很可能还因为台湾出产丰厚。在普遍坚持"流血得来的土地不可放弃"因而力主割辽的陆军将领中，这样的观点可谓特立独行。②不过，他当时也没有公开发表这一见解。③

此外，反对过于苛索的还有著名教育家、宫中顾问官西村茂树。对于日本发动这场战争，他本来就颇有保留，认为"轻易与西邻大国开启战端"是因为伊藤内阁连遭议会反对，企图以战争转移政治危机，言下不无谴责之意。④而在广岛谈判失败之后，他致函

① 桂太郎著，宇野俊一校注：《桂太郎自传》，東京：平凡社，1993 年，第 133—134 页。
② 据说，在马关议和即将开始时，某军官向陆奥宗光表示"溅有我国同胞鲜血的土地，即使是国贼，也不敢放弃"，见中塚明：《还历史的本来面目——日清战争是怎样发生的》，第 252 页。
③ 桂太郎在自传中写道："当初余就疑问所在，有以改换要求为得策之考案，既而考案已属画饼，兹无载之必要。"见桂太郎：《桂太郎自传》，第 134 页。这似乎是说他对议和方案有一全面规划，但我遍查日本国立国会图书馆宪政资料室所藏《桂太郎关系文书》未能觅得。
④ 日本弘道会编：《西村茂樹全集》第 4 卷，東京：日本弘道会，2006 年，第 499—500、504 页。

伊藤，对议和条件发表了意见。其意见主要针对当时要求签订城下之盟的舆论，尤其严厉抨击了某议员"不惜消耗亿万军费也要攻下北京"的言论。他建议，"近日如再有媾和使来，以不损我国威为限，务请容彼之请求，以结此大战之局"。在信末，他甚至不太客气地写道："阁下若与世之论者相同，断言北京未陷和议不结，茂树亦无何可言，然茂树相信阁下不会发如此浅虑之言。"

西村在函中列出的理由有四点。其一，日本对华开战"在于助朝鲜之弱小，决非侵夺支那之土地"，"此次本邦之战以义动之，亦当以义戢之"。其二，一旦攻陷北京，颠覆宗社，容易招致报复。其三，倘若得到过多的赔款与土地，"国民生骄慢之心，或流于奢侈，或轻蔑他国，他日之祸有甚可畏者"。其四，列强嫉妒日本战胜，难免有意外之变。①

从第一、第三两点看，西村反对苛刻条件的理由与谷、桂两名军人颇有不同。他是一位糅合了儒家、佛教、基督教诸家学说的思想家，这封信函的意见折射出他的若干思想面向。前一点体现了他的和平主义思想。如果说，到了议和阶段还有日本人相信开战时鼓吹的义战论，他便是万中无一的个例。后一点则反映出他对国民道德的关心。②而在奉行现实主义的政治家面前，这些意见自然显得迂腐可笑。伊藤对这封信函置之不理。

---

① 《西村茂樹全集》第 4 卷，第 355—357 页。该函标明 1895 年 3 月，其时李鸿章已受任全权大臣，但从文中看，西村还不知道这一情况。

② 关于西村的思想渊源，参见北田耕也：《西村茂樹の国民形成論—『德学講義』を中心に—》，《明治大学社会教育主事課程年報》第 2 号，1993 年，第 13—17 页。

不过，西村在函中主张"赔款之多少、割地之大小有世界之惯例，少取之则可，多取之不可"，可见实际上并不反对有限度的割地与赔款。①

真正反对一切割地条件的，是第一章曾经提到的胜海舟，时任枢密院顾问官。在此时的日本，他称得上军政界首屈一指的元老：早在幕末便曾出任军舰奉行、陆军总裁等职，戊辰战争中与新政府一方的西乡隆盛谈判，促成了江户的"无血开城"。幕府倒台后，他在明治政府中历任外务大丞、兵部大丞、海军大辅、海军卿等要职，但旋任旋辞，此后长期挂着元老院、枢密院的闲职。他时常讥评朝政，臧否人物，尤其对明治政府的政策与官吏多有讽刺，颇有些遗老的味道。另一方面，他与历届中国驻日公使何如璋、黎庶昌、李经方颇有交游，更引北洋海军提督丁汝昌为知交。②他与同岁的李鸿章平生未尝谋面，但对其评价甚高。③

甲午战争爆发后，胜海舟明确表示反对开战。他曾不顾天皇宣战诏书的堂皇之语，赋诗讥刺日本师出无名："邻国交兵日，其军更无名。可怜鸡林肉，割以与鲁英。"④山县有朋就任第一军司令官

① 《西村茂樹全集》第4卷，第356页。
② 关于胜海舟与清朝官员的交谊，参见拙作：《略论胜海舟与晚清中国人的交往》，《大连近代史研究》第9卷，2012年。
③ 勝海舟：《氷川清話》，第274—280页。
④ 松浦玲：《明治の海舟とアジア》，東京：岩波書店，1987年，第154—164页；松浦玲：《勝海舟》，東京：筑摩書房，2010年，第683—691页。鸡林，朝鲜古称。鲁英，即俄国（"鲁西亚"）与英国。

　　本书初稿完成之后，我拜读了刘岳兵先生的《胜海舟的中国认识——兼与松浦玲先生商榷》（《南开学报》2012年第1期）一文。该文认为，胜海舟并非自始至终反对甲午战争。刘先生旨在与胜海舟研究专家松浦玲先生商榷，本不该由我从中置喙。但既然与此处的观点有关，假如视若无睹未免有失（转下页）

时，他劝对方适可而止，不要长期作战。①广岛谈判前他曾提出，没有必要坐待清政府议和使节前来，日本使节直赴天津有何不可？②而在议和开始之后，他通过当年的学生陆奥，向当局呈递了一份意见书。他认为："日本是为保护朝鲜独立而战，因此不能夺取一尺一寸的土地。而作为替代，有必要取得大量赔款，但赔款的用途应当仅限于在支那铺设铁路。"③当然，这份意见书和西村的信函一样，归于石沉大海。

综上所述，日本朝野各界提出的议和条件集中于几点：割占土地（辽东半岛与台湾最受垂涎④）、索取军费（大多要求数亿日元）以及获得通商特权。此外，主张在北京签订城下之盟的意见亦复不少。至于作为日本开战借口的朝鲜宗主权问题，反倒没有多少人提及。原因很简单：此时的朝鲜已经宣告脱离清朝藩属，而且完全在

（接上页）礼貌。我以为，以刘先生所举的胜海舟给山县的赠别诗、给陆奥的挽诗与给伊藤的信函等论据，似不易推翻胜海舟反对甲午战争的传统观点，因此在这里仍采旧说。还请刘先生原谅我的唐突。

① 巌本善治编，胜部真长校注：《海舟座談》，東京：岩波书店，1994年，第206页。
② 胜海舟：《氷川清話》，第273页。
③ 胜海舟：《氷川清話》，第282页。这份意见书，我在《陆奥宗光关系文书》中未能找到。胜海舟似乎对在中国东北铺设铁路颇感兴趣。在1898年4月10日发表的一篇谈话中，他主张与俄国商议，将西伯利亚铁路延伸至大连湾，而由中国修筑。假如缺乏资金，则由日本从《马关条约》赔款中拨出借款，而人力可使用朝鲜人，见巌本善治编：《海舟座談》，第341页。
④ 1894年底出版的《东京经济杂志》曾刊出一篇匿名文章，声称"余辈此际所最恐者，乃盛京台湾二省分割论在世间形成势力"。作者的理由是，盛京（奉天）与台湾都是"边陬贫弱之地"，不足以作为战胜的报酬。这从反面表明，割占辽东半岛与台湾，在很大程度上已是当时日本舆论的共识。至于作者的割地要求，是"盛京、吉林、直隶三省"。见《仲裁談》，《東京经济雑誌》第754号，1894年12月1日，第804页。

日本掌控之中。虽然也有若干反对议和条件过于苛刻的意见，但声音极其微弱。普法战争之时，李卜克内西（Wilhelm Liebknecht）、倍倍尔（August Bebel）等德国社会民主党议员曾在国会大声疾呼，反对要求法国割地，这样的情形在此时的日本不存在，也不可能存在。

最后还有一个问题应当探讨：身为日本最高统治者的明治天皇对议和条件持何种意见？关于这一问题，可资利用的史料极少。天皇的重要侧近、枢密顾问官佐佐木高行的日记提供了宝贵的信息。战争结束几天后的 1895 年 5 月 12 日，佐佐木谒见了天皇。其日记有如下记载：

> 陛下谈及，当初考虑将盛京省半岛划归我有如何。听取当地情况之后言道，假如划归，无论如何至少在行政和防卫上有不足之处。倘若不从本国补贴，何事似皆无法办成。或云，台湾颇有利益，可以其利益补充半岛的费用。但列举其利益，又觉并无把握。即使有利益，台湾所需经费亦将很多。
>
> 高行谨言：敬闻圣意。半岛数十年后尚未可知，然无论如何，眼下有干扰者。台湾亦如圣言，于国防、行政上种种改良等事，其费用似为不易。尤其随着半岛归还，台湾自此不可不充分着手，当局者宜专心注意。
>
> 如右所述之外，陛下亦谈及诸事，或有误听之处，亦有难以听懂之处，然不便询问，亦不便详细记录，只记其大致而已。
>
> 因云：陆奥宗光曾私下言道，割让盛京省半岛，无论陛下

当初如何考虑，以其时之势，不得不进行必须割地之谈判云云。爰以陛下当初之议论与今日之圣言，不胜钦佩拜服之至。惶恐谨言。

即将退出之际，陛下又云，前日曾对伊藤半开玩笑地言道，取半〔岛〕事不必太急，此次战争已了解其地理人情，不久于朝鲜抑或他处，再战之日将会到来，其时再取亦可。陛下大笑。①

中塚明先生抓住最后一句话，认为"天皇的这句话，清楚地表明了他对于割取辽东半岛的非同寻常的执着和期待新战争的心情"。②不过，这毕竟是"半开玩笑"的话，而且显然带有因三国干涉而为伊藤博文开脱的用意，用作论据略嫌单薄。与此相对，堀口修先生认为明治天皇反对割辽，走得未免也远了些。③除这段文字外，堀口先生还引用了佐佐木1895年7月29日的日记：

割让辽东半岛一事，陛下当初似不以为然。而一度割让，又因三国之干涉归还，果然如陛下所料。④

---

① 安在邦夫、望月雅士编：《早稻田大学图书馆所藏佐佐木高行日记—かざしの桜—》，东京：北泉社，2003年，第20—21页。部分译文参照了中塚明：《还历史的本来面目——日清战争是怎样发生的》，第242页。

② 中塚明：《还历史的本来面目——日清战争是怎样发生的》，第243页。

③ 堀口修：《『明治天皇纪』の叙述をめぐる问题について—日清戦争开戦时の宣戦奉告问题を事例として—》，《明治圣德记念学会纪要》第47号，2010年，第279—280页。

④ 《早稻田大学图书馆所藏佐佐木高行日记—かざしの桜—》，第36页。

佐佐木在此明言天皇反对割辽。不过，在当时日本举国上下因三国干涉而群情激愤，进而攻击政府外交失策的背景下，令人不得不怀疑作为宫中重臣的佐佐木是否是在为尊者讳。

1895 年 9 月 3 日的佐佐木日记亦有重要记载，堀口先生未加引用：

> 陛下言道：台湾意外棘手，但渐有胜利之佳况。据说该地人民顽强，向来统治相当艰难，若善加驾驭则有希望，若驾驭不得当则有后患。尤其是与辽东半岛不同，物产相当丰富，据云樟脑为世界第一等。去年以来由于缺少极上等之樟脑，用于书籍等者为下品，如今虽宣传九州等地所产者，然极上等者皆出自台湾，因战争之故输入断绝。我国所产者无论如何不及该岛。楠木则有大片森林，茶叶亦以该岛所产叶片为大，所制红茶有独特之香味，各国皆饮之。砂糖自不必言，出产甚多。因该岛之物产极有利益，支那政府之岁入亦多，往后该政府之岁入将受影响，因此该政府不得不于某处寻求替代该岛之财源。又，该岛之风景据云亦佳□□□（引者按：原文缺字），如西京（引者按：即京都）之四方环山，乃甚有情趣之所，不知如何。生番等之情形不甚清楚，大约相当麻烦。尤其是内地之情况，支那政府尚未充分探索，土地之善恶亦不清楚。然无论如何，若平定该岛善施行政，他年颇有希望。据说此与辽东半岛不同云云。①

---

① 《早稻田大学图書館所蔵佐佐木高行日記—かざしの桜—》，第39页。

明治天皇在此大谈台湾的樟脑、楠木、茶叶、砂糖等物产，甚至饶有兴趣地提到了台湾的秀丽风光，垂涎之状跃然纸上。这些情况，恐怕不是他此时才了解的。由此推测，他对割台的条件应该相当赞成。①相对而言，他对辽东显得不感兴趣，但这未必不是三国干涉导致的酸葡萄心理。

遗憾的是，甲午战争前后的佐佐木高行日记，目前仅存 1895年 5 月以后的部分。依据这部分日记来探讨三国干涉之前明治天皇对议和的意见，多少可能有所偏差。倘若能够发现此前的日记，对这一问题的研究当有大的突破。

二、媾和条约先例的影响

对当时的日本政府来说，缔结一个旨在结束战争的媾和条约（Treaty of Peace），还是从未有过的事情。明治时代以来，日本虽然曾经出兵侵略朝鲜、台湾，但没有正式宣战，也就没有缔结过真正的媾和条约。那么，在制定条约草案的时候，日方是否会参照历史上的媾和条约？对于这个问题，以往的研究极少提及，我见到的仅有桧山幸夫先生的一句简短论述："陆奥在起草讲和条约之际，研究了 1859 年法国、撒丁王国与奥地利之间的战争，1866 年的普

---

① 在 1895—1902 年间的佐佐木高行日记（即《かざしの桜》）整理出版之前，洞富雄先生已根据这一史料指出明治天皇反对割辽，但对占领台湾相当热心，见氏著：《明治天皇と「親政」》，大久保利谦：《大久保利谦歴史著作集》第 8 卷付録，東京：吉川弘文館，1989 年，第 1—2 页。我查阅本文，缘于中塚明先生著作中的提示（《还历史的本来面目》，第 221—222 页）。不过，中塚先生严厉批判了洞先生的论点。

奥战争、1870 年的普法战争，1877 年的俄土战争等先例。"[1]

桧山先生所标引注，是日本国立国会图书馆宪政资料室所藏《陆奥宗光关系文书》，但未做具体说明。我查阅这一资料之后，发现确如所论，陆奥在制订条约草案时参考了以上四场战争及其和约，尤其注重普法战争与《法兰克福和约》。甚至有记载称，日本在开战前已经模仿普法战争的先例制订过议和条约方案。据总理衙门章京杨宜治的日记，战争之初有"英国文士"向他透露："明治嗣位以来……山川险堑、进退机宜及止战条约，半皆预定，藏于内府，西士已有得窥其条款者，大概以普法战局为张本，其蓄谋殆不自今日始矣。"[2]不过，我没有在日本档案中找到证据。

在日方所参考的和约中，有两类内容最受重视。其一是割地。陆奥文书中收录的《欧洲结束战争后割让土地之例》一文罗列了以上四次战争带来的领土变化。其情况大致如下：

法国、撒丁对奥地利战争（第二次意大利独立战争）后，根据 1859 年 7 月 11 日签订的《维拉法朗卡预备和约》和 11 月 10 日签订的《苏黎世条约》（包括奥法和约、法撒和约和奥法撒三方和约），奥地利将伦巴第地区割让给法国，并由法国转让给撒丁王国。

普奥战争后，根据 1866 年 7 月 26 日签订的《尼科尔斯堡预备和约》和 8 月 23 日签订的《布拉格和约》，奥地利将荷尔施泰因、石勒苏益格两公国的一切权利转交给普鲁士，并承认普鲁士对德意志领土作出的若干安排。基于这一条约，普鲁士吞并了汉诺威、黑

森、拿骚三个邦国和法兰克福自由市。此外，奥地利还根据同年签订的《维也纳和约》将威尼斯割让给法国，并由后者转让给意大利。

普法战争后，根据 1871 年 2 月 26 日签订的《凡尔赛预备和约》和 10 月 10 日签订的《法兰克福和约》，法国将阿尔萨斯与洛林一部割让给德国。

俄土战争①后，根据 1878 年 1 月 31 日签订的《阿德里安堡停战条约》和 3 月 3 日签订的《圣·斯特凡诺和约》，土耳其应承认门的内哥罗、塞尔维亚、罗马尼亚独立，保加利亚自治，并将吐尔察州、阿尔达汉、卡尔斯、巴统、巴亚济特等地割让给俄国以抵偿赔款的大部分。但由于英奥两国的干涉，7 月 13 日俄、德、奥、法、英、意、土七国订立《柏林条约》，修改了《圣·斯特凡诺和约》的内容，俄国放弃部分战果。②

其二是赔款。以上所述四场战争所签署的和约中，《苏黎世和约》没有勒令战败国奥地利交付赔款，而是让战争的受益者撒丁王国向盟友法国交付 6000 万法郎作为军费。《布拉格和约》规定奥地利向普鲁士交付 4000 万普鲁士银元作为军费，但扣除此前《维也纳条约》规定石勒苏益格、荷尔施泰因应向奥地利交付的 1500 万银元和普鲁士占领军费用 500 万银元，只须交付 2000 万银元。《法

———————————

① 本书提到的俄土战争均指 1877—1878 年间的第十次俄土战争。

② 《ヨーロッパニ於ケル戦争結末ノ土地讓与例》，陸奥宗光関係文書，書類の部，80-3，日本国立国会图书馆宪政资料室藏。相关情况参见王绳祖等主编：《国际关系史资料选编（17 世纪中叶—1945）》，北京：法律出版社，1988 年，第111—112 页；《国际条约集（1648—1871）》，第 448、459—460、465 页；《国际条约集（1872—1918）》，北京：世界知识出版社，1986 年，第 19—53 页。

兰克福和约》规定法国向普鲁士交付 50 亿法郎。《圣·斯特凡诺和约》规定土耳其向俄国赔偿 14.1 亿卢布作为军费和损害赔偿，但以割让领土代替其中的 11 亿卢布，实付 3.1 亿卢布。[①]

在这几个条约之中，《法兰克福和约》所规定的赔款数额最为庞大。事实上，这一条约打破了此前的惯例，即战争赔款只需偿付战胜国的战争成本。因此，当时《经济学人》杂志讯评道："不过是一场胜利，却索要此等巨额赔款，那么很可能会有人起而效仿，将赔款本身视为战争之目的以及胜利之成果。如此一来，国际关系岂不是要沦为菜市场上摊主和顾客之间的讨价还价嘛。"[②]

这一预言果然应验，日后确实出现了效仿者。日方在制订条约草案之时，明显将《法兰克福和约》作为样板加以参考。目前可知的此类资料数量颇丰。在陆奥文书的"日清讲和"部分中，收有《50 亿法郎赔款论》[③]（巴姆伯格[④]著，美浓部俊吉译）、《法国赔款论》[⑤]（阿道夫·泽特贝尔[⑥]著，矶部正春译）两部论述普法战争后法国

[①] 《国际关系史资料选编（17 世纪中叶—1945）》，第 112 页；《国际条约集（1648—1871）》，第 449、467 页；《国际条约集（1872—1918）》，第 28—29 页。

[②] （美）杰弗里·瓦夫罗著，林国荣译：《普法战争：1870—1871 年德国对法国的征服》，北京：社会科学文献出版社，2020 年，第 448—449 页。

[③] 《五〇億法償金論》，陸奥宗光関係文書，書類の部，80-4，日本国立国会图书馆宪政资料室藏。

[④] 原文为"バンベルゲル"，即 Ludwig Bamberger（1823—1899），德国经济学家、政论家，曾参与创立德意志银行，金本位的倡议者。本资料应为其著作《五十亿》（*Die fünf Milliarden*），1873 年出版。

[⑤] 《仏国償金論》，陸奥宗光関係文書，書類の部，80-5，日本国立国会图书馆宪政资料室藏。

[⑥] 原文为"アドルフ・ショートベール"，即 Adolf Soetbeer（1814—1892），德国经济学家、统计学家，金本位的倡议者。本资料应为其文章《五十亿：关于战争赔款对法国与德国经济形势的影响的思考》（*Die fünf Milliarden*：（转下页）

赔款的著作。议和结束不久，两书皆公开出版。①除此之外，议和前后日本出版的相关书籍还有《普法战争财政论》②与《普法战争军费始末》③。这些书籍均由农商务省或大藏省出版，表明了它们的官方色彩。

　　陆奥文书中的《关于日清和平条约》一文更是频频征引《法兰克福和约》，并以此为模板勾画了一份条约草案。这篇文章大致写于张、邵来日前夕，洋洋数十页，从理论和内容上对条约草案作出了全面规划。④

　　该文第一章"绪论"的第一节便是"论德法条约"。作者首先征引普法战争的旧事，提及普军兵临巴黎，迫成苛刻的城下之盟，当时法国谈判代表梯也尔（Marie Joseph Louis Adolphe Thiers）在

<hr/>

（接上页）*Betrachtungen über die Folgen der grossen Kriegsentschädigung für die Wirthschaftsverhältnisse Frankreichs und Deutschlands*），刊登于《德意志时代与争鸣》（Deutsche Zeit und Streit-Fragen）杂志第 3 卷第 33 期（1874 年）。

① 就我所见，至少包括以下几个版本：《50 亿法郎赔款论》单行本，农商务省 1895 年 5 月版；《法国赔款论》单行本，农商务省 1895 年 5 月版；以上两书与《普法战争财政论》的合印本，由农商务省于 1895 年 6 月出版，当月又有两个翻印本。

② 《千八百七十年乃至七十一年独仏戦争ニ関スル財政論》，单行本于 1895 年 5 月由农商务省出版。著者题名"アドルフ・ワグネル"，即阿道夫・瓦格纳（Adolph Wagner, 1835—1917），德国经济学家，柏林大学教授。该书为摘译，仅有第三章，我尚未查明出自哪本著作。

③ 《独仏戦争軍費始末書》，单行本于 1894 年 11 月由大藏省出版。著者题名"ゲヲルグ・ヒルト"，即乔格・赫茨（Georg Hirth, 1841—1916），德国记者、作家。该书是赫茨编纂的德国立法行政年鉴的摘译。

④ 《日清平和条約ニ就テ》，陆奥宗光関係文书，書類の部，80-26，日本国立国会图书馆宪政资料室藏，又可见《伊藤博文文书》第 24 卷，第 71—117 页。该文作者与日期不详，据用笺可知是海军中人，很可能与该文另附的《关于将占领地变为属领地的手段》出自同一作者（见下文）。

国民议会上宣读预备和约，读到关于割地的第一款时便痛哭失声，不得已由别人代读；随后话锋一转，引用 18 世纪瑞士法学家法泰尔（Emerich de Vattel）的著作，主张受到威胁并不能作为不遵守和平条约的理由。①其后又引述道，法国代表认为五十亿法郎的赔款太过苛刻，而俾斯麦答曰："然则再战。"作者由此总结道："我岂可置可及之战胜者权利而不用？"接下来以自问自答的形式，批驳了各种反对意见。作者认为，巨额赔款将大大推动日本经济与军事的发展。对于中国将产生复仇心的担忧，认为赔款无论多少都会招致复仇心，如此还不如多索赔款。②对于招致外国干涉的可能性，则自信满满地认为"余不信日本将如比利时，如荷兰，如保加利亚，抑或如东鲁美尼亚，如希腊一般"。③最后，作者以《法兰克福和约》的割地赔款条款为模范，主张赔款不应局限于赔偿，还应以发展日本海陆军、铁路、电信、道路、教育等事业为目的，并认为割地应足以令中国无力复仇。

第二章"我日清和平条约所应采取之主义"中，作者首先列举了缔结和约的两种原则，一是"战争前状况主义"（status quo ante

---

① 该文征引的是法泰尔名著《国际法》第四篇第 37 节，原文见 Emerich de Vattel: *The Law of Nations*, London: G. G. and J. Robinson, 1797, pp.444—445.

② 这一观点与俾斯麦在普法战争中的考量颇为相似。俾斯麦在 1870 年 8 月 21 日致普鲁士驻英大使函中写道："即使他们结束战争并不割地，法国人的怨恨将同样程度地存在。"见（英）泰勒著，沈苏儒译：《争夺欧洲霸权的斗争 1848—1918 年》，北京：商务印书馆，1987 年，第 252 页。

③ 这里所指，分别应当是 1830 年比利时从荷兰独立，爆发战争，英、法、俄、普、奥五国迫使荷兰承认比利时独立；1885 年东鲁美尼亚并入保加利亚，导致塞尔维亚对保宣战，塞军败北之后，俄、奥发动干涉，迫令保方恢复战前状态；1886 年希腊企图向保加利亚开战，因英国的干涉而罢手。

bellum，今译战前状态），一是"现状况主义"（uti possidetis，今译占领地保有原则）。根据前者，应将占领的土地与其上的建筑、人民归还本国；根据后者，则不予归还。作者认为，前者表示"交战国胜败相半，终至讲和"，后者"乃交战国之一方制服另一方之一证"，由此写道："我日清和平条约应采战争前状况主义抑采现状况主义，其利其害不待智者而后知。"随后，又指出割取未占土地较割取已占土地为难，因此主张在攻下威海卫后，派一支军队占领台湾，并应将"占领地"变为"属领地"。作者解释道，将"占领地"变为"属领地"，也就是"制服"（conquest，今译征服）。①这意味着将国家主权扩大到占领的领土上，并负担相应的义务。②其目的是即使和约内容不涉及这些领土，也可以援引"现状况主义"将其兼并。

　　此外，该文还主张加入免除双方人员法律责任的"相互赦罪条

---

①　参见该文另附的《关于将占领地变为属领地的手段》一文。《占領地ヲ変シテ属領地ト為スタメニ取ルヘキ手段ニ就テ》，陸奥宗光関係文書，書類の部，80-2，日本国立国会図书馆宪政资料室藏。又可见《伊藤博文文書》第24卷，第119—142页；JACAR Ref. C08040503000，明治27・8年 戦史編纂準備書類全 雑事，日本防卫省防卫研究所藏。这三份材料都没有署名，而桦山资纪所藏文件中有一件该文的第一部分，署名"清水市太郎谨稿"，见《占領地ヲ変シテ属領地ト為スタメニ取ルヘキ手段ニ就テ（其一）》，樺山資紀関係文書（第二次受入分），399，日本国立国会図书馆宪政资料室藏。清水市太郎（1865—1934），日本法学者，时任海军教授。

②　（德）德国马克斯・普朗克比较公法及国际法研究所主编，中山大学法学研究所国际法研究室译：《国际公法百科全书》第三专辑《使用武力、战争、中立、和约》，广州：中山大学出版社，1992年，第499—502页。传统国际法承认征服是取得领土的一种方式，但在一战之后得到了改变（如1919年的《国际联盟盟约》和1928年的《巴黎公约》），《联合国宪章》第2条第4款也重申否定征服权。

项"（amnesty clause）。这是当时和约中常有的条款，但并非必备。①作者专门提出，"应依此条项免除我兵在旅顺口之过失等"，可知其用意所在：旅顺大屠杀毕竟让日本人心虚。②

第三章"和平条约的效果"中，作者首先指责清政府任命地位偏低的张、邵是没有诚意的表现，又声称使节在日军大举进攻威海卫的当口前来是缓兵之计，重点描绘了和约应达到的"战争前""战争中""战争后"三种效果，并探讨了旧有条约的存废和条约破裂的可能性。

第四章"条约的项目"中，作者列出了七项内容：一、割让金州半岛及台湾。二、索取赔款。作者主张"虽不敢效颦德国对法国之举，索取五十亿法郎（合二十亿六千万日元），亦应索取十亿日元"，并建议如清政府无力支付，则将广东、福建两省海关税作为抵押，并割让盛京抵偿部分赔款。③三、承认朝鲜独立，并由日本对其内政加以"辅助诱导"。四、双方引渡战俘。五、改定对日关税，废除厘金，降低海产品、纺织品等商品的税率。六、增开口岸。七、签订通商条约。在下文中可以看到，日方条约草案完全在此框架之内，只是没有采用如此离谱的赔款数额。

---

① 《国际公法百科全书》第三专辑《使用武力、战争、中立、和约》，第 433—440 页。

② 日军占领旅顺口后对中国军民进行了大屠杀，被西方媒体曝光后引起国际社会的强烈反响，参见（日）井上晴树著，朴龙根译：《旅顺大屠杀》，大连：大连出版社，2001 年；郭铁桩等主编：《旅顺大屠杀研究》，北京：社会科学文献出版社，2004 年。

③ 赔款的具体分配是：一亿五千万元用于偿还公债，五千万元用于抚恤军人遗族和残废者，两亿元用于与他国开战的费用，两亿元用于海军扩张，一亿元用于陆军扩张，一亿元用于海岸防御，两亿元用于公益事业。

《伊藤博文文书》中收有一篇题为《思而言录》的文章，也频频借鉴普法战争和《法兰克福和约》的先例，着重阐述了对割地的意见。该文指出，自普法战争以来，令敌国割让大片领土已成为议和的必要条件，"自战败国取得土地，于战胜国乃是权利及义务"。而且"支那版图之大，人口之多，非我帝国之比，而其富源亦与其版图人口相应"，"准备第二次战争之国力，彼终非我所能企及"，因此必须有"他日支那第二次向我宣战，即是我神圣帝国灭亡之秋"的危机意识。该文于是主张，应割让大运河以东、白河以南、长江以北的土地，如此就能掌控中国的命脉，防止中国的复仇战争。该文还强调，少割地不如多割地，其根据是俾斯麦在普法战争中的"失策"：虽然割让了阿尔萨斯和洛林，但法国仍不失为一强国，如今的国力与军力仍不在当年之下，是德国的大患。①

此外，我还在《伊藤博文文书》《桦山资纪关系文书》《斋藤实关系文书》（斋藤时任侍从武官）的甲午战争部分中发现了数件关于俄土战争、普法战争议和条件的材料。②

本节的写作本来到此为止。不过，我在日本福岛县立图书馆查阅该馆佐藤文库所藏甲午战争史料时，无意中发现了一份尚未被学界利用的未刊资料：《日清媾和条约案并其理由》。③其写作日期不

---

① 《思而言録》，《伊藤博文文書》第 24 卷，第 169—198 页。
② 《千八百七十年独佛戦争休戦規約 豫定和約》，《伊藤博文文書》第 20 卷，第 287—313 页；《露土両国休戦ノ談判及条約》，樺山資紀関係文書（その3），22；《独仏戦争の媾和条件》，樺山資紀関係文書（第二次受入分），512，又可见斎藤実関係文書，書類の部 1，17-10，日本国立国会图书馆宪政资料室藏。
③ 《日清媾和条约案并其理由》，S221.2-N，日本福岛县立图书馆佐藤文库藏。该资料为手抄清绘本，扉页钤有"中山氏藏书之记"印，即日本东洋史学者中山久四郎（1874—1961）旧藏。

详，据内容可以知道是在张、邵出使与威海卫陷落之间。作者亦不详，但根据文中体现出的对国际条约和外交史的精通，极有可能是外务省中人。这是一份很有价值的文件，共开列十二项条款，内容与《马关条约》草案大体相仿，并附有详细的"理由"，此外更规划了中日媾和之后日本国策的走向。有兴趣的读者可参阅本书附录二。

作者在文首写明："条约书中之文字虽片言只语，颇要慎重，谨为选择。故此案文中文字必有出处，然不一一详记，仅就其中之重点于字旁朱批，于字下插注其出处。"这是这份草案最引人注意之处。正文中，共注明 52 处引文，征引二十余条以往条约、国际宣言、意见书或国际法著作中的用语。其中，与中国有关的有中英《南京条约》（1842）、《天津条约》（1858）、《北京条约》（1860）、《烟台条约》（1876），中法《天津条约》（1858）、《北京条约》（1860）、《天津条约》（1885），《中德通商条约》（1861）以及《中日修好条规》（1873）。我在阅读之时，似乎能够切身感到作者一面翻检档案，一面字斟句酌的写作情景。

花费如此工夫，自然不会是为了自娱。这份草案，很可能曾送到陆奥的案头。

三、条约草案的演化过程

在开战后的头两个多月里，日本政府与军方全力筹划作战，尚未考虑如何通过议和收获战争成果。英国的调停，令日本开始思考这一问题。如第二章第二节所述，英国于 1894 年 10 月 8 日向日本提出，以清政府承认朝鲜独立并向日本赔偿军费为条件调停。陆奥对此认为："如今我国正处连战连捷之际，英国提议的条件万无答应之理。不过，余身负回复英国政府之职责，且余亦认为借此机会为他日我国庙议定下大概框架殊为紧要，因此草拟了三个回复英国提案的方案，与在广岛的伊藤总理进行了协商。"①当天，他写了一封长信给在广岛的伊藤，讨论此事。

在信中，陆奥列出了甲、乙、丙三个方案，提供给伊藤参考。其中甲案为：一、清政府承认朝鲜独立，且不干涉朝鲜内政，并将旅顺口及大连湾割让给日本作为永久担保；二、清政府向日本偿还军费；三、清政府以与欧洲各国订立的现行条约为基础，与日本订结新约；以上条件实行之前，清政府应给予日本充分担保。

乙案为：一、列强担保朝鲜独立；二、中国将台湾全岛割让给日本。

丙案为：在日本提出停战条件之前，先询问清政府的意向如何。

陆奥在信中这样评论三个方案："所谓甲案乃完全明言日本政府所望之极限，预先将我之意向告知列强，并断然避免此时以欧洲各国担保朝鲜独立之方案。乙案令列强从中多少有所攫取，或为解决如今会商之一条捷径，且对他日永续东洋和平亦属有益。但列强担保朝鲜独立一事既经许可，便是他日支那永不干涉朝鲜内政之担保，因此割占旅顺口及其附近土地一事稍显无理，故将甲案之割让旅顺口代以割让台湾，予以缩小。此乃对甲案之修正。丙案则为暂

① 陆奥宗光：《蹇蹇录》，第110页。

时搁置如今之议论，以待他日良机到来之拖延方案。"①

伊藤复信同意甲案，但基于对列强态度的担忧，有两处保留：对第一项，主张留待日军取得进一步进展时再行公布；对第三项，主张取消关于新约的内容。此外，伊藤还主张，"时机到来之前，拖延回复为好"。②

但是，英国公使楚恩迟的催促和诸国公使的询问使陆奥感到无法拖延下去。于是，与伊藤商议之后，陆奥于 10 月 23 日向楚恩迟递交照会，表示日本政府对于议和条件"保留自己观点"。③正如陆奥所说，这一答复其实是在丙案基础上修正而形成的。④于是，日方暂时隐藏了自己的企图，相反通过英国调停看清了中方当时的出价。

日方虽然没有因调停公布议和条件，但由此开始拟定条约草案。本章第一节已述，《蹇蹇录》中记载了各方的议和意见。紧接着，陆奥如此写道："在此之前，余对上述各种意见不予理会，在十月八日英国提出调停之后即暗中与伊藤总理仔细探讨筹划，起草了一个媾和条约草案（媾和条约随着战局进展，其宽严之度每每相异，是以后来对该草案曾时时加以斟酌修正）。"⑤确实如他所说，

---

① 陆奥宗光致伊藤博文函，1894 年 10 月 8 日，《伊藤博文関係文書》第 7 卷，第301—302 頁；春畝公追頌会编：《伊藤博文伝》下卷，東京：春畝公追頌会，1940 年，第 140—141 頁。

② 陆奥宗光致伊藤博文函，1894 年 10 月 11 日、1894 年 10 月 19 日，《伊藤博文関係文書》第 7 卷，第 303 頁；同书第 9 卷，第 160 頁。另可参见堀口修：《日清講和条約案の起草過程について（I）》，第 36—37 頁。

③ 堀口修：《日清講和条約案の起草過程について（I）》，第 37—38 頁。

④ 陆奥宗光：《蹇蹇录》，第 111 頁。

⑤ 陆奥宗光：《蹇蹇录》，第 121 頁。

条约草案几经变动，产生了多个文本。对于这些文本之间的关系，日本学者山边健太郎、中塚明、堀口修已经做了很多考证工作，尤其以堀口先生的贡献最大。①而在国内，目前仅有崔丕先生在这一方面进行了研究。②在诸位先进的研究基础上，下文将做进一步的探讨。

目前所知的条约草案，有以下几个版本：

一、日本宫内厅书陵部分类整理的伊藤博文文件《秘书类纂·日清事件》中，在《马关条约原案草稿》标题下收录有三份同名的《媾和条约》与一份《讲和条约草案》。③山边健太郎先生在为这一部分资料写作《资料解说与增补》时，将它们按原始顺序分别标为（一）、（二）、（三）、（四），多为后来论者所沿用。④

二、伊藤博文文件《秘书类纂·杂纂》中收录有一份《媾和条约》⑤、两份分别标记为（甲）、（乙）的《媾和条约案》⑥。其中

① 山辺健太郎：《资料解説と増補》，《機密日清戦争》，第 11 页；中塚明：《日清戦争の研究》，東京：青木書店，1968 年，第 258—270 页；堀口修：《日清講和条約案の起草過程について》《下関講和談判における日本の通商要求について—特に原敬通商局長の意見書を中心として—》。

② 崔丕：《中日〈马关条约〉形成问题研究》，《近代史研究》1987 年第 4 期。

③ 《伊藤博文文書》第 20 卷，第 9—147 页，又可见《機密日清戦争》，第 201—246 页。在排印出版的后者中，"媾和"一律写作"讲和"（日文"媾"与"讲"同音，在"媾和"一词上可通用）。

④ 山辺健太郎：《资料解説と増補》，《機密日清戦争》，第 11 页。

⑤ 伊藤博文編，金子堅太郎等校訂：《秘書類纂·雜纂其貳》，東京：秘書類纂刊行会，1935 年，第 560—571 页。

⑥ 伊藤博文編，金子堅太郎等校訂：《秘書類纂·雜纂其四》，東京：秘書類纂刊行会，1936 年，第 597—612 页。该书还收有一份标为《媾和条约案》（丙）的文件，但内容为谈判时李鸿章针对日方条约草案提出的修正案，参见第五章第四节。

《媾和条约》与《媾和条约》（一）内容相同，《媾和条约案》（甲）与《媾和条约》（三）内容相同，（乙）与《媾和条约》（二）内容相同。

三、日本国立国会图书馆宪政资料室所藏《陆奥宗光关系文书》中，收录有一份《豫定条约》。该件经过涂抹修订，又形成了一份《媾和豫定条约》。①

四、日本外务省外交史料馆所藏《日清讲和条约缔结一件》第三、四卷中，收录有一份《媾和豫定条约》和一份《媾和条约》。②其中《媾和豫定条约》与《陆奥宗光关系文书》所收《媾和豫定条约》内容相同，但系清缮本，且有伊藤博文、陆奥宗光、海军大臣兼陆军大臣西乡从道、大藏大臣渡边国武、农商务大臣榎本武扬、文部大臣西园寺公望、司法大臣芳川显正诸阁员的花押；《媾和条约》与《媾和条约》（三）、《媾和条约案》（甲）内容相同。

如堀口先生的整理，以上十一个版本可归纳为六种草案，演变过程如图 2 所示。

所有版本之中，内容最简单，形式最粗疏的乃是《讲和条约草案》，因此被论者一致认定为最原始的草案。③该草案共十条，全文

---

① 《媾和豫定条约》，陆奥宗光関係文书，書類の部，80-39，日本国立国会图书馆宪政资料室藏。按，宪政资料室的档案目录将其标为"講和予定条约"，但原文实系"媾和豫定条约"。如此改动，盖因"媾""豫"不是日本"当用汉字表"内的常用汉字。该件内容又可见中塚明：《日清戦争の研究》，第 260—267 页。

② JACAR Ref. B06150071000（第 55—69 画面），日清讲和条约缔结一件/休战定约（2.2.1.1-3）；JACAR Ref. B06150071500（第 4—13 画面），日清講和条约缔結一件/講和条约ノ一（2.2.1.1-4_001），日本外务省外交史料馆藏。

③ 中塚明：《日清戦争の研究》，第 259 页；堀口修：《日清講和条约案の起草過程について（Ⅰ）》，第 43 页；崔丕：《中日〈马关条约〉形成问题研究》，第 89—90 页。

《讲和条约草案》（《秘书类纂·日清事件》）

⇩

《豫定条约》（《陆奥文书》）

⇩

《媾和豫定条约》（《陆奥文书》）=《媾和豫定条约》（《日清讲和条约缔结一件》）

⇩

《媾和条约》（二）（《秘书类纂·日清事件》）=《媾和条约案》（乙）（《秘书类纂·杂纂》）

⇩

《媾和条约》（一）（《秘书类纂·日清事件》）=《媾和条约》（《秘书类纂·杂纂》）

⇩

《媾和条约》（三）（《秘书类纂·日清事件》）=《媾和条约案》（甲）（《秘书类纂·杂纂》）=《媾和条约》（《日清讲和条约缔结一件》）

图 2：条约草案演化示意图，参照堀口修《下関講和談判における日本の通商要求について—特に原敬通商局長の意見書を中心として—》（《中央史学》第 2 号，1979 年）第 36 页附图作成。

如下：

日本皇帝陛下及支那皇帝陛下为恢复两帝国及其臣民之和平福祉，排除将来纷争之原因，日本皇帝陛下任命……为全权委员，支那皇帝陛下任命……为全权委员，双方互相开示委任状，彼此确认正当合式，兹协定如左：

第一条，支那承认朝鲜完全独立自主，今后概不干涉该王国之内政外交。有损朝鲜独立自主之朝鲜对支那所修贡献及其他典礼仪式，将来完全废止。

第二条，作为支那永不干涉朝鲜内政外交之担保，将……半岛至北纬某度之地及其范围内一切堡垒及公有财产与沿海之……诸岛永久让与日本，其主权完全归于日本。

第三条，支那将金币……圆或同一价格之金块交与日本，作为军事赔款。此项金额分五年交付，第一年于某年某月某日交付，其余四年于尔后每年同月同日或提前交付。第一年交款后之余款，按每年百分之几之利率抽息。

作为此外赔款之替代，支那将台湾诸岛并……岛以及该诸岛之一切堡垒与公有财产永久让与日本，其主权完全归于日本。驻在此等诸岛之支那军队，于本条约批准交换之期立即撤退，日本得立即占领该地。

第四条，日本准许让与地住民之希望移居他地者，有变卖其不动产退出之自由。为此目的，规定自本条约批准交换之日起延长某年时间，该期限后仍在此地居住者，日本可任便将其视为日本臣民。

第五条，日支两国间之一切条约，因战争之故全行废止。清国自本条约批准交换之后，立即任命全权委员于某地与日本全权委员会合，缔结通商航海条约。日支两国间新订条约，应以支那与欧洲各国间现存条约为基础。本条约批准交换之日起至新条约实施之间，支那对日本之政府、官员、通商、工业、船舶及臣民，以最惠国待遇对待。

清国并约定于本条约批准交换之日起，令以下条款发生效力：

一、日本臣民进口或出口清国之货物，随进口者或所有者之意愿，于进口之时或之后按原价交纳值百抽某之税。任何名目种类之地方税，一律免除交纳。但有关鸦片进口课税之现行规章，与本条款并不关联。

二、日本臣民得在清国从事各种制造业，并得将任何机器输入清国，只交规定之进口税。

三、支那立即按专家之意见疏浚吴淞口之沙滩，令航路在落潮之时至少深足某英尺。

第七条，作为诚实执行本条约之担保，支那准日本军队暂时占领以下城市：

......

......

以上所载之城市，于本条约赔款交纳之时依次撤军，每交清一年赔款撤出一城，但在通商航海条约批准交换之前，决不撤出任何城市。

第八条，日本准于本条约批准交换之后停止攻取支那之军事行动。

第九条，本条约批准交换之后，立即遣返俘虏，支那约定不将日本所遣返之俘虏加以虐待。

第十条，本条约经日本皇帝陛下及支那皇帝陛下之批准后，从速于某地交换批准书，交换期为本日起某日以内。

以上为证云云。

年号月日地名。①

----

① 《伊藤博文文书》第20卷，第139—147页。

这个条约草案，一开始就包括了前文所述朝野各界最盼望的几点要求。其中的关键词多有空缺，体现了草案的粗糙。不过，割让台湾一项已经出现在了条文中，而"……半岛"不问便知是辽东半岛。参照陆奥10月8日提出的三个方案可以发现，草案基本是结合甲案（朝鲜独立、割让旅顺口与大连湾、赔偿军费、签订新约）与乙案第二项（割让台湾）组成的。乙案原本没有说明割让台湾的"理由"，而草案声明这是作为军费之外的赔款的替代。这种形式，可能是受到了《圣·斯特凡诺和约》的影响（参见本章第二节）。

这一草案并无写明起草时间，以往论者也没有进行过考证。在陆奥致伊藤的一份信函中，我发现了一丝线索。11月17日，陆奥致函伊藤："另册呈上命端迪臣起草之和平条约草稿，其余文件大约明日可告完成。此草稿中之条件，望于阁下出发之前商谈决定。鄙见以为，条约之样式可用。请务必过目一遍为幸。"[1]这里提到的和平条约草稿，所指应当就是《讲和条约草案》。如此，其起草时间应在11月17日之前。据陆奥所说，其起草者为第三章曾提到的美国人端迪臣。此人曾任美国驻横滨副领事，自1880年起担任外务省法律顾问直至1914年去世，很受日本政府倚重。在此前的条约改正交涉中，他曾多次起草条约草案。这样的工作，对他来说原是老本行。另外，据11月21日陆奥致伊藤函，他还起草了停战条约草案。[2]从以往的起草情况看，他起草的应当是英文稿，《讲和条

---

① 陆奥宗光致伊藤博文函，1894年11月17日，《伊藤博文関係文書》第7卷，第311页。
② 陆奥宗光致伊藤博文函，1894年11月21日，《伊藤博文関係文書》第7卷，第311页。此稿英文原稿未见，日文本应即《伊藤博文文书》所收《休（转下页）

约草案》应为其日译本。

《讲和条约草案》演化出的下一个版本是《豫定条约》。正如中塚明先生所指出的，二者内容大同小异（第八、九条顺序互换），但《豫定条约》在形式上较为整齐。[1]在用语上，《豫定条约》也更加郑重，如将"支那"一律改为正式称谓"清国"。

《豫定条约》原件为墨笔楷书，上面有朱笔修正、添加、涂抹的痕迹，又曾被墨笔以略微潦草的字体加以补正。[2]如此修改之后的版本，就是《媾和豫定条约》。比较起来，后者的改动主要有以下几条：

第二条中，规定了割地的大致范围：

> 作为永不干涉朝鲜国之内政外交，且保证东亚将来和平之永久担保，清国将盛京省半岛北部如下界线内之主权永远割让与日本国：
>
> 以鸭绿江岸……为起点，至西北方辽河口。
>
> 以上割让地沿岸任何一点起直径日本里数……里以内诸岛屿及上述盛京省半岛以东北纬……度至……度之清所属岛屿皆在内。
>
> 另，该割让地内所有堡垒、兵器制造所及官有物亦包含

（接上页）战条约草案》，见《伊藤博文文书》第 20 卷，第 209—217 页。应该指出的是，《伊藤博文文书》中的《休战条约草案》与《讲和条约草案》笔迹相同。可以想象，端迪臣用英文起草两份条约草案之后，由同一名译员将其译成日文。

[1]　中塚明：《日清戦争の研究》，第 263 页。
[2]　中塚明：《日清戦争の研究》，第 260 页。

在内。

本章第一节曾经提到，陆奥 11 月 26 日向伊藤提出了辽东割地的范围："从鸭绿江左岸安东县附近划一斜线至渤海湾，割取其间的沿海地区与群岛。"《媾和豫定条约》在割地东部边界上不如这一方案清楚，却指明了该案未划定的西部边界。虽然两种方案都不确定，不过可以看出，《媾和豫定条约》的割地范围大于 11 月 26 日方案。这是因为，安东县位于鸭绿江的入海口，《媾和豫定条约》无论将东部起点定在鸭绿江的哪一点上，割地范围都不会比从安东出发更小。而如果从安东划一斜线到渤海湾，圈地范围最大的划法就是划到辽河口。由此似乎可以证明，《媾和豫定条约》修订于 11 月 26 日之后，陆奥根据军事进展扩大了割地范围。

此外，《媾和豫定条约》第二条也提出了勘界事宜："本约批准交换之后，日清两国立即任命官员各二名，为疆界划定委员。经两国政府批准，该委员得参酌地形并维持施政等秩序。该委员应从速从事其任务，限于任命之后……内了结。其间，应以上述起点至终点之直线为界线。若于上述期限内依自然地势调整边界，在两国政府批准之前，仍以上述暂定界线为准。"

第五条中，首先新增了订立陆路通商贸易条约的规定。其第一项内容有所细化与扩充，确定进口税为百分之二，并增加两项内容："日本国臣民于清国购买清国货品及生产物，一经言明为出口目的，除毋庸缴纳抵代税外，与上述情况同样免于缴纳一切税金。日本国船舶于清国开放港间运送供清国内地消费用之清国货品及生产物，除缴纳沿海贸易税之外，与上述情况同样免于缴纳进出口税及其他一切税金。"另外，原第二、三两项依次改为第四、五项。新的第二项内容为："日本国臣民于清国内地购买货品及生产物，或将进口商品运入清国内地时，以上购买品与运送品入库，概不缴纳任何税金，不受清国官吏干涉，且有权暂时借用仓库。"第三项内容为："日本国臣民在清国缴纳诸税及手续费，除使用库平银外，以上诸税及手续费亦可用日本国本位银币按公定价格支付。"

第七条中，增加一项内容："暂时占领之费用由清国支付。"

第八条中，增加两项内容："清国立即释放犯有军事间谍罪名及涉嫌之日本国臣民。清国并约定对于交战中与日本军队有各种关系之清国臣民不加任何处刑。"

该案是向内阁公布的第一个草案。据陆奥记载，他以往草拟的媾和条约方案一直深藏未露，决不轻易示人，直至张、邵来日之前。"临近清国媾和使节来日之时，余在将该条约草案带往广岛之前，特意前往内阁总理大臣官邸将其出示给在东京的内阁阁僚以征询意见（当时伊藤总理也在东京）。阁僚未提出任何异议，于是余于今年一月十一日与伊藤总理一道离开东京，前往广岛。"①这里提到的阁员一致同意的草案，就是外交史料馆藏《日清讲和条约缔结一件》中有阁员花押的《媾和豫定条约》，即《陆奥宗光关系文书》所收《媾和豫定条约》的清缮本。

1895 年 1 月 27 日，广岛大本营举行御前会议，专门讨论条约草案。出席者有明治天皇、参谋总长小松宫彰仁亲王、伊藤博

---

① 陆奥宗光：《蹇蹇录》，第 122—123 页。

文、陆奥宗光、监军山县有朋、海军大臣兼陆军大臣西乡从道、军令部长桦山资纪、参谋次长川上操六。①陆奥在会上说明了草案要点：

> 本条约草案大体分为三段。第一段规定，清国承认导致本次战争的朝鲜国之独立；第二段规定，作为我国战胜的结果应由清国割地并赔款；第三段规定，为确保日清两国交流中我国之利益及特权，将来我国与清国之关系应和欧美各国与清国之关系相一致，并进一步规定新设置数处开埠口岸、扩大江河通航权，以永久保证我国在清国的通商、航海的各种权利。除此三大重点之外，还规定了日清两军交换俘虏之事，规定清国不得对曾向我国投降的将士、人民施以严苛的处置，同时规定对于日清战争中清国领土内的人民不管因何事与我军保有某种关系者，清国政府不得于日后进行任何责罚。这是基于消除将来日清两国人民之间的仇恨、将我国一视同仁之主义广泛发扬于世界这一目的而加以规定的。②

对这个草案，天皇与列席的文武官员一致通过，只有桦山和川上表示，除辽东、台湾之外还希望割取山东省大部。③

这里出现了一个问题：陆奥提到的条约内容中，包括新开口

---

① 《伊藤内阁总理大臣于大本营召开御前会议上所提关于缔结和约之奏文》，《中日战争》续编第 10 册，第 267 页。
② 陆奥宗光：《蹇蹇录》，第 123 页。
③ 中塚明：《还历史的本来面目——日清战争是怎样发生的》，第 188、198 页。

岸与扩大内河航行权，但这两点在《媾和豫定条约》中并无体现。对此，中塚明先生持存疑态度。①崔丕先生认为，1 月 11 日到 1 月 27 日之间，陆奥在《媾和豫定条约》中加入了这两点内容。②堀口修先生则提出三方面的证据，认为在御前会议上提交的确实是《媾和豫定条约》。我赞同堀口先生的观点，怀疑陆奥的记载有误。③

《媾和豫定条约》在御前会议上通过之后，又经历了三次演变，形成了三种版本的《媾和条约》。关于三者的顺序，山边先生最初定为（一）、（二）、（三），中塚先生、堀口先生和崔先生已分别指出，应为（二）、（一）、（三）。④我对此是赞同的。

《媾和条约》（二）对《媾和豫定条约》的改动，主要有以下几条：

第二条中，同时安排了三种方案（在页眉上分别标为第一、二、三案）。第一案规定的割地范围是：

---

① 中塚明：《日清戦争の研究》，第 268 页。

② 崔丕：《中日〈马关条约〉形成问题研究》，第 88—89 页。

③ 堀口修：《日清講和条約案の起草過程について（I）》，第 46—47 页。堀口先生的三个论据是：第一，伊藤在御前会议上的演说，向张、邵发表的演说与提交的照会中都称条约草案为"媾（讲）和预（豫）定条约"；第二，在御前会议上提交的条约草案应为 10 条，而包括新开港口与扩大内河航行权的版本则有 11 条（伊藤在御前会议上曾提到草案有 10 条）；第三，新开港口与扩大内河航行权的要求见于外务省政务局长小村寿太郎提交的意见书，但小村提交意见书的时间晚于御前会议。此外，我认为，将阁员已经画押的草案加以更改，在御前会议上提交，也是不合情理的。

④ 中塚明：《日清戦争の研究》，第 259 页；堀口修：《下関講和談判における日本の通商要求について——特に原敬通商局長の意見書を中心として》，第 36 页；堀口修：《日清講和条約案の起草過程について（I）》，第 43 页；崔丕：《中日〈马关条约〉形成问题研究》，第 92—93 页。

一、从鸭绿江口溯该江而上，至扬子沟口，向北划一直线
至通化县。从通化县向正西划一直线，至辽河。从该直线与辽
河之交会点沿该河顺流而下，至北纬四十一度线。从辽河上北
纬四十一度之点起，沿同纬度向东至东经一百二十二度。从北
纬四十一度、东经一百二十二度交会点沿同经度，至辽东湾
北岸。

辽东湾东岸及黄海北岸属于盛京省诸岛屿。

二、台湾全岛及其附属诸岛屿。

三、澎湖列岛。即东经一百十九度乃至一百二十度，及北
纬二十三度乃至二十四度之间诸岛屿。

第二、三案的二、三两项与第一案相同，所不同的是第一项中辽东
割地的范围。第二案规定：

从鸭绿江口溯该江而上，至三叉子。从三叉子向北划一直
线，至榆树底下。从榆树底下向正西划一直线，至辽河……
（以下与第一案相同）。

第三案规定：

从鸭绿江口溯该江而上，至安平河口。从该河口至凤凰
城、海城及营口划一折线，自此以南之地。

从割地范围看，第一、二、三案的要求是依次缩减的（参见图3）。

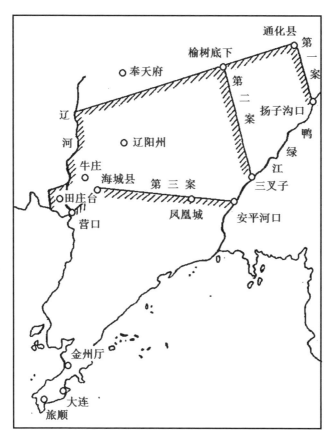

图3：辽东割地三案示意图，根据堀口修《日清講和条約案の起草過程について
（I）》（《政治経済史学》第 230 号，1984 年）第 43 页附图改绘。

其中，范围最小的第三案基本相当于日军从 1895 年 3 月初到战争
结束期间在辽东的占领区域（参见图 4）。[1]由此可以推测，这样的

---

① 《明治二十七八年戦役統計附図》甲号第十、十一、十二图及丙号第八、九、十
图，刊本，出版项不详，日本福岛县立图书馆佐藤文库藏。

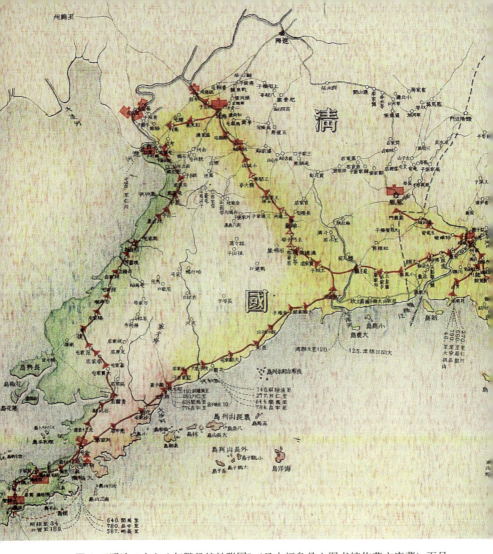

图4：《明治二十七八年戦役統計附図》（日本福岛县立图书馆佐藤文库藏）丙号第八图（局部），该图反映了1895年3月9日田庄台之战时的日军兵站情况。图中红线为日军兵站线，黄色部分为日军第一军兵站监部辖区，绿色部分为日军第二军兵站监部辖区，淡红色部分为日军金州半岛兵站监部辖区。从图中可以看出日军占领区的范围。此后直到战争结束，日军占领区没有大的变化。

割地方案可能是秉承本章第二节提到的"占领地保有原则"，在3月初之后确定的。而第一、二案的范围远超其上，包括了大片日军始终未曾涉足的土地，毋宁说是为了讨价还价而制订的。

还有一点值得注意，《媾和豫定条约》与《豫定条约》都将台湾的割让写在关于赔款的第三条中，声明作为赔款的替代。而此案则将其移入第二条，没有言明割让的性质。

第二条中关于勘界的内容，单独列为第三条，以下各条序号顺延。另外，规定勘界期限为一年。

第三条（现为第四条）中，规定赔款为三亿两，第一年交付一亿两，接下来四年各交付五千万两。

此前的草案皆未写明赔款金额。关于这一点，陆奥 3 月 11 日曾致电林董，称此前在广岛曾指示端迪臣计算赔款金额，要他迅速汇报计算结果。显然，这是因为李鸿章即将来日谈判。次日林董回电，传达了端迪臣制订的赔款细目（如下表所示），但端迪臣反对将此细目公开。[1]其实，在给端迪臣下达指示时，陆奥已给出了两个方案的总额，要求赔款金额应在此基础上制定。可见，端氏的"计算"绝非基于实际情况的工作，只不过是在给陆奥的要价做背书而已。

《媾和条约》（二）规定的赔款金额介于两案之间，更接近乙案。由此似可推断，这一草案修改于 3 月 12 日之后。这也与前文基于割地范围的推测吻合。

值得注意的是，此前的条约草案中，对赔款的说明全部是"军费"。而这样的细目除军费外，还添加了商业损失、人命赔偿两部

---

[1] JACAR Ref. B06150070300（第 105、116 画面），日清講和条約締結一件/李鴻章来朝及遭難、李経方ノ全権委員二就任（2.2.1.1-2），日本外务省外交史料馆藏。另可参见中塚明：《日清戦争の研究》，第 274—275 页。

项　目		甲　案	乙　案
军费	陆海军动员费、远征费、复员费	2.2 亿日元	3.45 亿日元
	军用品修理费、战时契约的履行、战时年金与奖金的支付	6000 万日元	1.2 亿日元
对日本商人、企业在中国、朝鲜及其他地区遭受的损害以及日本国内产业、邮船、航海业遭受的损害的赔偿		1500 万日元	3000 万日元
对在作战以外被杀的日本人的赔偿		500 万日元	500 万日元
合　计		3 亿日元（约合 2 亿两）	5 亿日元（约合 3.33 亿两）

分。其中，后者针对清政府对日本间谍的处刑，而前者似乎是在模仿《圣·斯特凡诺和约》的做法。本章第二节提到的《日清媾和条约案并其理由》，在赔款部分的"理由"中，援引该条约的先例，主张加入对"因和平破坏而令我国民蒙受之诸般损害"的赔款。①不过，此后的条约草案直至最终签署的《马关条约》，依然用"军费"涵盖一切赔款。看来，陆奥终究还是觉得对赔款的说明宜粗不宜细。

另外应该指出，日军的实际军费支出大大低于陆奥的要价。截至 1896 年 3 月，日方的军费开支（包括战后镇压台湾抗日运动）仅为 2.00476 亿日元。蒋立文先生认为，从开战到马关议和，日方军费开支不会超过 1.25 亿日元。②

① 见本书附录二。《圣·斯特凡诺和约》规定土耳其应赔偿四亿卢布以补偿俄国商业的损失，见《国际条约集（1872—1918）》，第 27 页。
② 蒋立文：《甲午战争赔款数额问题再探讨》，《历史研究》2010 年第 3 期，第 158—159 页。

不妨和鸦片战争做个比较。根据战后英国政府向下议院提交的账单，英国在鸦片战争中支出的军费（包括战后的若干费用）为421万余镑（约合1263万两）。在议和中，英方最初索价3000万银元（约合2130万两），但未知其具体分配如何。经过中方的驳辩，《南京条约》最终规定的赔款为2100万银元（约合1491万两），其中军费赔款1200万银元（约合852万两），另有鸦片赔款600万元、行商欠款300万元。[①]英国人大概不至于做赔本买卖，这笔账还有细算的必要。不过看起来似乎可以肯定，他们没有在军费赔款上开花账讹诈清政府。两相比照，更凸显出日本条约草案的掠夺性。

第四条（现为第五条）中，规定迁出割让地的年限为一年。

第五条（现为第六条）第五项中，规定吴淞口水道疏浚后的深度至少为二十英尺。

第六条（现为第七条）中，规定日军在条约批准交换后六个月内撤军。

第十条（现为第十一条）中，规定换约期限为签约后十五日内。

另外还有一点不太起眼的地方：第一条中的"概不干涉该王国之内政外交"一句被加上了着重号。[②]

---

① 茅海建：《天朝的崩溃：鸦片战争再研究》，第468—469页；同氏著：《近代的尺度：两次鸦片战争军事与外交（增订本）》，北京：生活·读书·新知三联书店，2011年，第30—31页；王尔敏：《弱国的外交：面对列强环伺的晚清世局》，第48页。

② 《伊藤博文文书》第20卷，第83—111页。

　　显而易见，这一草案比起以前版本显得成熟很多，大多数省略之处（如割地范围、赔款数额）都明确了下来。对于它的性质，崔丕先生鉴于其内容中并无新开口岸与扩大内河航行权，又相信陆奥的记载，认定御前会议上提交的条约草案含有这两项，于是认为它形成于陆奥向阁员提交《媾和豫定条约》与御前会议召开之间，进而推测它"很可能是伊藤博文为参加广岛御前会议而准备的文件"。①但是，如前所述，陆奥的记载很可能有误，故这一推测的基础未必成立。根据前文对其修改时间的推测，应该认为该案是为李鸿章出使准备的。

　　《媾和条约》（一）对（二）又有不少改动。其一，其条目不标序号，但总数仍为十一条。其二，用语更加郑重，在前言部分均使用"大日本国""大清国"字样。其三，第一条中的"概不干涉该王国之内政外交"一句，即在（二）中加上着重号的一句被删去。其四，第四条中写明赔款以库平银计算。②其五，第十条设置了甲乙两案，甲案具体说明了如何停战，而乙案只是一笔带过，与（二）相同。其六，第十一条亦设置了甲乙两案，甲案与（二）相同，乙案没有使用"十五天内换约"的措词，而是直接写出换约日期（具体月日空缺）；另外，甲乙两案末尾都写明"明治二十八年　月　日即光绪　年　月　日在下关，共计二份"。

－－－－－－－－－－

① 崔丕：《中日〈马关条约〉形成问题研究》，第91页。
② 据林董回忆，端迪臣当时以海关两是中国唯一标准的货币单位为由，主张以此计算赔款。但因为库平两为官方所通用，最后仍然采取了这一单位。日后林董出任驻华公使，与中方谈判赔款银两与英镑的换算时，因库平两的砝码重量差别甚大而大费周折。最后的解决办法是忽略重量差异最大的砝码，将余者取平均值，用同文馆做化学实验用的天平称出，换算成英镑。见林董：《後は昔の記 他 林董回顧錄》，第267—268页。

最重要的改动在第六条。该条新增了两项条目（原有各项序号顺延），第一项为：

> 清国于现在向诸国开放之各港外，为日本国臣民从事商业、居住、工业及制造业之便，开放口岸如下。所开口岸照清国现开市场、港口同一条件办理，亦享有同一优惠及便利：
>
> 一、北京。
>
> 二、湖北省沙市。
>
> 三、湖南省湘潭县。
>
> 四、四川省重庆府。
>
> 五、广西省梧州府。
>
> 六、江苏省苏州府。
>
> 七、浙江省杭州府。
>
> 日本国政府有权在以上口岸中任何一处设立领事。

第二项为：

> 为运送旅客及货物之便，在下列地区开辟日本国汽船之航路：
>
> 一、扬子江上游，湖北省宜昌至四川省重庆。
>
> 二、自扬子江入洞庭湖，沿湘江上溯至湘潭。
>
> 三、西江下游，自广东至梧州。
>
> 四、自上海入吴淞江以及运河，至苏州、杭州。
>
> 日清两国妥定新章程之前，关于上述航路，适用外国船舶

在清国内地水路航行之现行章程。①

可见，在开放口岸、开辟航路两方面，《媾和条约》（一）明显受到了前文提到的小村寿太郎意见书（1895 年 3 月）的影响。②而此案除了未采用铺设铁路一条外，在口岸与航路的数量上又超过了小村方案。

比起《媾和条约》（一），（三）则更趋于定型。其改动有以下几处：其一，第二条没有同时罗列三种割地方案，而是采取了第二案。其二，第六条第一项中的口岸名称写得更加具体，"湖北省沙市"改称"湖北省荆州府沙市"，"湖南省湘潭县"改称"湖南省长沙府湘潭县"。其三，第八条写明日军暂时占领的城市为奉天府与威海卫，并规定日军在第一、二次赔款交清后撤出奉天府，在通商航海条约批准交换之后撤出威海卫。其四，第十条采取乙案。其五，第十一条采取乙案。③

正如以往论者指出的，《媾和条约》（三）是日方正式提交的条约草案（亦题名《媾和条约》）的底本，二者内容完全相同。④在 1895 年初春的马关，这一系列纷繁而沉重的要求正等待着李鸿章。

---

① 《伊藤博文文書》第 20 卷，第 9—51 页。
② 陆奥亦称这两点是"对小村之意见稍加修改"的，见《陆奥外务大臣致林外务次官电》（1895 年 4 月 4 日下午 6 时 57 分发，8 时 20 分到），《中日战争》续编第 10 册，第 82 页。
③ 《伊藤博文文書》第 20 卷，第 113—136 页。
④ 中塚明：《日清戦争の研究》，第 259 页；崔丕：《中日〈马关条约〉形成问题研究》，第 92 页。

小　结

开战以后，日本在海陆战场上一直打得顺风顺水。这大大激发了朝野上下的贪欲，各种议和意见层出不穷。陆奥宗光声称："若要拿出一个能将这些悉数加以调和并使各方均能满足的方案，必无法对孰轻孰重、孰主孰从加以斟酌协调，徒将各自认为重要或主要之处加以凑合，最终只能出现一个条件严苛的方案。"①

的确，政府在制定条约草案时必须考虑国内各界的反响，尤其是鉴于以往修改不平等条约时引起的政潮，更是不可不慎。然而，身为外务省的首脑，草案的主要制定者，陆奥的这种说法无疑将自己置身事外，给人的印象是似乎他只是被动地接受各方面的议和意见，如同俾斯麦在普法战争后歪曲事实，声称割让阿尔萨斯、洛林的要求是将军们强加给他的一样。②这种做法不难理解。三国干涉导致日本举国抨击"外交失败"，陆奥撰写《蹇蹇录》本有为自己洗刷的用意。他企图表白，不是他没有考虑到苛索过多会招致干涉，而是各界的意见让他不得不如此。

事实上，陆奥当时对条约草案早已胸有成竹。他在 10 月 8 日提出的甲乙两案结合起来，就是日后条约草案的基本框架：朝鲜独立、割地（辽东与台湾）、赔款以及签订新约。此时，大多数朝野人士还没有开始考虑议和条件。以后草案的不断修订，可以说只是

---

① 陆奥宗光：《蹇蹇录》，第 120—121 页。
② 泰勒：《争夺欧洲霸权的斗争 1848—1918 年》，第 244—245 页。

将这些内容加以扩大与细化而已。

这样的条件，正如陆奥自己所说，是"严苛"的。这正符合他"剃刀大臣"的作风。另外，这也是因为陆奥在以往媾和条约中选取的参考模板，主要是同样以严苛著称的《法兰克福和约》。

第五章　波谲云诡春帆楼

马关的春帆楼，是一座依山面海的日式旅馆。其名为伊藤博文所题，取意春日海上之帆——在此可以望见关门海峡上的点点帆影。明治二十一年（1888）日本政府解除两百多年前丰臣秀吉颁布的河豚食用禁令之后，这里成了日本第一家获得官方认可的河豚料理店。除了鱼脍的细腻美味，历史的波谲云诡更令它扬名：被指定为中日议和谈判会场的，正是这处所在。

比起对待张、邵使团的冷淡简慢，日方此次在接待规格上颇花了些工夫。李鸿章来日一周前，市长以下官吏便开始督率工人装修春帆楼，玄关到二楼被铺上地毯，加装扶手，屋内也添置了许多陈设。不少贵重物件是从宫内省调拨的，如会见室内的十几把镶金座椅。李鸿章原本打算"到彼即驻船上"①，而日方安排他和亲随人员下榻引接寺。这座净土宗寺院始建于永禄三年（1560），是马关首屈一指的古刹，距春帆楼只有一箭之遥。这里也经过了一番精心修缮。考虑到中国人的生活习惯，李鸿章的居室并非日式布置，而

① 《寄译署》（光绪二十一年二月十二日辰刻），《李鸿章全集》第 26 册，第 77 页。

是华洋结合，铺着地毯，安置了桌椅、沙发和一张大床。日本人甚至还备下了精于烹调的厨师。①

这既是对李鸿章这位大清重臣的尊重，也不啻是一种胜利者的炫耀。

图5：春帆楼正门。采自《日清媾和記念写真》，第 2 页（下之関媾和談判場保存会 1895 年版）。

---

① 关于日方的接待准备工作，参见石田文四郎编：《新聞記録集成明治・大正・昭和大事件史》第 1 卷，東京：日本図書センター，2010 年，第 252—253 页；中山泰昌编著，中山八郎監修：《新聞集成明治編年史》第 9 卷，東京：本邦書籍，1982 年，第 223 页；《李鴻章の来朝》，《日清戦争実記》第 23 编，第 38—40 页；《会見要録 第二回》，《日本外交文書》明治期第 28 卷第 2 册，第 386 页；下之関媾和談判場保存会编：《日清媾和記念写真》，下関：下之関媾和談判場保存会，1895 年；拙作：《影像中的马关议和》，《老照片》第 85 辑，2012 年。

图6：引接寺正门。采自《日清媾和記念写真》，第10页。

今人即使有意访古，也很难体会当年的环境了。春帆楼在1945年的盟军空袭中被烧成一片白地，战后重新开业，旧址上如今矗立着一栋钢筋水泥四层楼房。引接寺同样经受了燃烧弹的洗礼，原有建筑只有一道山门幸存下来。惟有春帆楼旁的"日清媾和谈判纪念馆"内，还保存着当时谈判会场的陈设。

日本人此时不会料想到这些，就像李鸿章当初不会料想到，自己会在这个异邦小城展开有生以来最艰苦的一场谈判。

图7：日本明信片中的春帆楼（照片上彩）。作者收藏。

图8：日本明信片中的引接寺（照片上彩）。作者收藏。

图9：日本明信片中的日清媾和谈判纪念馆。该馆于 1937 年设立。作者收藏。

一、初期谈判

光绪二十年二月二十三日上午八点，李鸿章一行抵达马关，下午接到照会：日方仍以伊藤、陆奥为全权大臣，定于次日下午进行会谈。①同一天，伊藤、陆奥收到了枢密院议长黑田清隆的一通来函。函中附有明治七年（1874）日本政府参议大久保利通为"牡丹社事件"赴华谈判时致黑田信函的影印件，其中详述了谈判经过及大久保的意见。黑田希望这些对当下的谈判可资参考。②

时隔二十年，中日谈判的情势已大为不同。

① 《科士达日记》，《中日战争》续编第 6 册，第 620 页。
② 朝日新闻社编：《図録日本外交大観》，東京：朝日新聞社，1936 年，第 60—61、132 页。

　　二月二十四日下午三点零五分，第一次会谈在春帆楼二楼举行。中方人员自李鸿章以下，有李经方、马建忠、罗丰禄、伍廷芳以及东文翻译官卢永铭、罗庚龄。日方出席者则为伊藤、陆奥、内阁书记官长伊东巳代治、外务书记官井上胜之助、外务大臣秘书官中田敬义、外务省翻译官陆奥广吉（陆奥宗光之子）与楢原陈政。①尽管中方准备了东文（日文）翻译官，而日方的中田自少年时代学习汉语②，楢原更是大儒俞樾门徒③，但根据中田的回忆，双方会谈纯用英语进行，由井上与罗丰禄两人翻译。④

图 10：谈判会场的布置，桌子右端两张有实心靠背的椅子是伊藤博文和李鸿章的座位。采自《日清媾和記念写真》，第 4—5 页。

---

① 本次会谈的双方记录，见《会見要録 第一回》，《日本外交文书》明治期第 28 卷第 2 册，第 380—386 页；《第一次问答节略》，《李鸿章全集》第 16 册，第 33—35 页。另可参见孙克复：《甲午中日战争外交史》，沈阳：辽宁大学出版社，1989 年，第 162—169 页。以下不再注出。其后会议记录亦同。
② 東亜同文会编：《続对支回顧録》下卷，東京：原書房，1973 年，第 137 页。
③ 对支功劳者伝記編纂会编：《对支回顧録》下卷，東京：原書房，1968 年，第 245 页。
④ 《侯爵井上勝之助君略伝》，井上馨侯伝記編纂会编：《世外井上公伝》第 5 卷，東京：原書房，1968 年，第 50 页。

图 11：日清媾和谈判纪念馆内布置的谈判场景，椅子及桌上文具等物
皆为当时物件。采自"明治神宫崇敬会"网站，http://sukeikai.
meijijingu.or.jp/meijitenno/2997.html。

图 12：圣德记念绘画馆壁画《下关讲和谈判》，永地秀太绘。
与照片对照，可以看出画得相当写实。出处同上。

　　这是光绪十年签署《天津会议专条》之后，李鸿章与伊藤博文的第二度会面。双方寒暄后，首先互相校验全权证书。由于张、邵被拒的前车之鉴，清政府对颁给李鸿章的全权证书极为注意。证书由孙毓汶起草，听取了田贝的意见，而且在日方的要求下，事先将草稿电达东京并加以修改，最终日方表示满意。因此，这一环节没有出现问题。伊藤曾指摘中方全权证书只有玺印，而没有光绪的亲笔署名（日方证书有明治天皇的亲署），但也没有借此为难。①

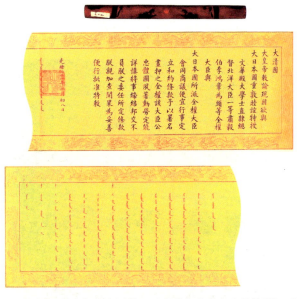

图 13：李鸿章所持全权证书原件（日本外务省外交史料馆藏）。采自《外交史料館報》第 8 号（1995 年）扉页。

---

①　拙作：《甲午中日议和中的全权证书问题——国际法视角下的考察》，第 105—106 页。

完成这一环节之后，李鸿章提出了两项最关心的要求。一是停战。鉴于冬季并未阻止日军进兵的脚步，况且已经开春，清政府自然而然地抛弃了反对停战的观点，转而寻求停战。①为此，李鸿章拿出了一份汉英文本兼具的备忘录，"拟请两国水陆各军即行一律停战，以为彼此议商和约条款地步"，并令罗丰禄用英文诵读。对此，伊藤答以将于明日回复。

二是争取发送密电之权。张荫桓、邵友濂曾提出这一要求，但被拒绝。正如科士达所指出的，日方如此做违背了外交惯例。②第三章第二节曾提到，端迪臣此前替日方开过口头支票：如恭亲王或李鸿章出使可以发送密电。正月二十九日，总署托田贝转电日本指出，按照公法，全权大臣有权与本国互通密电。而日方回电称，如果全权证书妥善，可以允许。③此时伊藤则以示惠的口气表示："因系阁下之要求，可特别允许。"

其实，是否同意使团发送密电，对日方来说并不重要。在战争前夕，外务省已经破译了清政府所使用的密码。④光绪二十年五月十九日（6月22日），陆奥向驻日公使汪凤藻递交了一份汉文照会

---

①　翁同龢日记正月二十一日（2月15日）载："是日，孙、徐访田贝，令其电日本停战，强之始发。"见《翁同龢日记》第8卷，第3810页。事实上，孙、徐是请田贝电请总统出面劝日本停战，见 Denby to Gresham, 2/17/1895, *American Diplomatic and Public Papers*：*The United States and China*；*Series III*, *The Sino-Japanese War to the Russo-Japanese War*，1894—1905，vol.3, p.145.

②　《科士达外交回忆录》，《中日战争》第7册，第471页；《科士达日记》，《中日战争》续编第6册，第615页。

③　《美署中日议和往来转电节略》，《中日战争》续编第6册，第610页。

④　关于这一问题，参见拙作：《马关议和清政府密电问题考证补》，《山东社会科学》2014年第6期。

（即所谓"第一次绝交书"）。次日，汪氏即向总署发电汇报。两相对照之后，外务省电信课长佐藤爱麿成功破译了这份密电。其后直到宣战前，日方至少破译总署与驻日公使馆之间的密电五十八通。[1]

在这里有必要说说清政府当时的密码制度。中国引进电报技术之后，广泛使用的电码是同治十年（1871）总署翻译官张德彝编订的《电信新法》。这一电码各处皆有，谈不上密码。光绪十四年、十六年，总署两次将《新法》加以改订（即所谓《新新法》），并禁止流传民间，打算作为官方专用的密码。而在光绪二十年，总署又一次修订《新法》，仅限驻外公使与国内联络时使用。这种新密码在电文起首冠以"密红"二字，故称《密红电本》。[2]汪凤藻当时使用并被破译的，就是这种密码。

李鸿章出使时同样选择了《密红电本》。[3]他大概认为，这是当时中国最新最机密的密码，出不了问题。结果，日方对李鸿章与总署间的"密电"完全是洞若观火。其实，即使不彻底更换密码，只

---

① 中田敬義：《日清戦争ノ前後》，《近代外交回顧録》第 1 卷，第 67—69 页；山辺健太郎：《資料解説と増補》，《機密日清戦争》，第 15—17 页；吕万和：《甲午战争中清政府的密电码是怎样被破译的》，《历史教学》1979 年第 6 期，第 68 页。日方破译的各通密电，见《機密日清戦争》，第 266—295 页；山辺健太郎：《資料解説と増補》，《機密日清戦争》，第 16—29 页。

② 夏维奇：《晚清电报保密制度初探》，《社会科学辑刊》2009 年第 4 期，第 115—116 页；拙作：《马关议和清政府密电问题考证补》，第 116—117 页；张文洋：《晚清电报的语法：汉字电码本的设计与应用》，《近代史研究》2018 年第 4 期，第 89—90、94—97 页。

③ 《李鸿章全集》所收相关电报删去了"密红"二字，但根据《甲午战事电报录》所收电报，可知所用密码确实是《密红电本》，见中国历史研究社编：《东行三录》，上海：上海书店出版社，1982 年。

要稍微动点手脚，日本人破译起来也不会这么轻松。例如，当时清朝官民用电报传达机密内容时，发电人和收电人常常约定将电码统一加减若干数字后译出。这虽然属于比较幼稚的加密方法，总比规规矩矩地按照原始电码拍发强得多。①

形成对照的是，次年李鸿章出使欧美时，他和总署已经意识到了密码不够机密。出洋之前，他认为"现行密码电本，恐日久未免泄漏"，于是另编一本密码，用于往来密电。②而在他与俄方谈判《中俄密约》时，总署又来电表示："来电涉俄密约事均由堂译，电码宜分别。密红非宜，恐传播。"③李鸿藻之孙李宗侗记载："这些电报皆用一种特殊的密码，而由军机大臣亲自翻译，不像普通电报，皆由军机章京所翻译者，更足见交涉时的秘密。"④

只可惜，这样的做法没有早些施行。

会谈中，除了商议公务之外，李鸿章与伊藤之间多有闲谈，气氛较广岛谈判时轻松得多。于是李鸿章借机论说中日同文同种，应当携手对抗列强，隐隐劝告日方不要提出过分要求：

贵我两国乃东洋之两大国，人种文物相同，利害关系尤

---

① 光绪八年朝鲜壬午兵变后的中日交涉中，中方的外交密电便采取了这种手法，但因为所依据的电码本《电报新编》是中国电报局公开发售的明码，因而亦被日方破译，参见薛轶群：《日本破译清政府外交密电考——以"壬午兵变"为例》，《军事历史》2020年第5期，第108—111页。
② 《致总署》（光绪二十二年二月十一日），《李鸿章全集》第36册，第106页。
③ 《译署来电》（光绪二十二年六月十四日亥刻到），《李鸿章全集》第26册，第265页。堂译，即由总署堂官亲自译出。
④ 李宗侗：《光绪中俄密约之交涉与签订（一）》，《传记文学》第36卷第4期，1980年，第27页。《翁同龢日记》当时常有翁氏亲自译抄密电的记载。

切。而贵国近年有长足进步，如今已步入泰西各国之列，令人钦羡不已。而我国如阁下所熟知，其需要改善之处甚多，但不如意之事十居八九。我国与贵国提携，共谋进步，以抗衡泰西日新月异之文化，并防遏白色人种之东侵，乃两国之愿望所在。孰料一朝失和，以致两国交兵。倘若幸而回复和平，两国交谊或可较此前愈发辑睦。敝人身为黄色人种，切望贵国两国作为东洋两大强国，能永远与欧美对峙。换言之，余欲一转今日之不幸，不独回复两国之和平，更令其成为两国深交之基础。

……

窃以为，此次交战反能收到两大好处，请就此言之。一则证实欧洲之海陆军战术，非为白人所独专，黄人亦能应用，已收之实效便为确证。二则日本之长足进步，足以促使我国警醒。我之长夜酣梦，已因贵国之打击而破灭，从此可以步入大觉醒之阶段。余应时见机，上奏进谏，然不能收到如贵国之效果，殊觉遗憾。余之襟怀实为如此，对贵国不仅毫无怨嗟之念，反拟向贵国致谢。我国之人多数对贵国深怀怨望，亦属事实。然我政界具有慧眼之士，鉴今日之大败，将来必有所觉醒，此亦余之管见所及。若两国能回复和平，以辅车唇齿之关系，以促进国家进步，永保东洋和平，庶几足可成两国之志。而贵我两国之外，东洋尚有何国？我国虽老朽，倘能如贵国完善海陆军，开发我之无尽宝藏，与贵国之文化相提携，足以抑制白人之欲望。

这段说辞，对伊藤和陆奥这等现实主义者自然不会产生作用，不过也称得上是冠冕堂皇的外交演说。陆奥对此评论道："其所论皆为今日东方经世家所论，属家常便饭之谈，不过其纵横谈论之努力引起我之同情；他有时又以嬉笑怒骂掩盖其战败者之屈辱地位，这种老奸巨猾反而很可爱，不愧为清国当世之一大人物。"①

下午四点十五分，会谈结束。由于日方尚未开出停战与议和的条件，会场上还没有显出剑拔弩张的气息。据日本记者报道，李鸿章步出会场之时面带笑容，显得意态闲适。②但是，他很快就要笑不出来了。

二月二十五日（3 月 21 日）下午两点半，第二次会谈开始。③首先，李鸿章对日方款待之厚表示感谢。然而，随之而来的是狮子大开口般的要价。对于昨日李鸿章提出的停战要求，伊藤提出了一份备忘录作为答复，将汉文本交给李鸿章阅看，自己诵读英文本。其中开出的停战条件是：

> 日本国军队应占守大沽、天津、山海关并所有城池堡垒。
>
> 清国军队之驻上开各处者，应将一切军器、军需交与日本国军队暂管。
>
> 天津、山海关间铁路，当由日本国军务官管理。

① 陆奥宗光：《蹇蹇录》，第 139 页。
② 《新聞集成明治編年史》第 9 卷，第 224 页。
③ 双方记录见《会見要錄 第二回》，《日本外交文書》明治期第 28 卷第 2 册，第 386—394 页；《第二次问答节略》，《李鸿章全集》第 16 册，第 35—37 页。另可参见孙克复：《甲午中日战争外交史》，第 169—180 页。

> 停战期限之内军事需费，应由清国支补。
>
> 如允上开各条款，则停战日期、停战限期，以及日清两国军兵驻守划界，并其余细目，应即行提商。①

这样的条件基本脱胎于端迪臣草拟的《休战条约草案》（参见第四章第三节）。《休战条约草案》共十二条，最重要的几点有：清政府将威海卫港口、炮台与北洋海军主力军舰及附属武器弹药交给日军；允许日军以一个师团在山海关登陆并驻扎，清军退出山海关，交出堡垒与兵器弹药；清军不得在威海卫与山海关方圆十英里内驻扎；停战期间清政府向中国境内的日军供给粮食。②

伊藤提出的停战条件，其严苛程度又超乎其上。这样的条件几乎要把京畿的周边防卫剥得一干二净：北京将同时失去东路门户与北路屏障，驻防津沽与山海关的数万清军将变得手无寸铁，连结关内外的交通动脉津榆铁路也将被掐断。而控扼京畿要害的日军，将成为伊藤和陆奥在谈判桌上漫天要价的最好筹码。不消说，清政府决不会接受如此严苛的条件，而日方也并没有这个指望，只是打算借此挡回停战的要求而已。陆奥自承："在当时战况之下我本无休战之必要，吾等原本希望即刻开始媾和谈判。然而却不得不应对对方提出的休战要求，如若对此轻易表示拒绝又恐有违背列国一般惯

---

① 《日本讲和全权大臣致清国讲和全权大臣之答复》，《中日战争》续编第 10 册，第 317—318 页。

② 《休戦条約草案》，《伊藤博文文書》第 20 卷，第 209—217 页。制定停战条约的参考资料，见《千八百七十年独佛战争休战规约》《休战规约ニ就テ》，同书第 289—303、315—332 页。后者又可见陆奥宗光関係文书，書類の部，80-6，日本国立国会图书馆宪政资料室藏。

例之嫌。因此考虑，将条件设置得很严苛以使其无法同意而自行撤回休战提议，此事也就自然解决。"①

　　不出日方的意料，李鸿章默读备忘录之后，大惊失色，连呼过苛。②他从公私两面反复陈说，请求将条件放宽，而伊藤的态度极为坚决，声称"除此之外，我方无其他可以代替之要求"。李鸿章试图以局部停战作为替代，也被拒绝。

　　无奈之下，李鸿章暂时将停战问题搁在一旁，转而要求宣布议和条件，而伊藤则针锋相对，要求先对停战条件作出回复："如不能听从我方之提议，或迅速撤回备忘录，或断然拒绝我方之提议，或者允诺我方之提议。三者可任选其一。"

　　对此，李鸿章表示无法立即决定，希望缓期以便考虑。讨价还价之后，期限定为三天，会谈就此结束。正如陆奥所言，"当日的谈判，就是对方一味要求我方再行考虑，而我方则反复对此加以拒绝，双方就同一事务采用不同语言不断重复，此亦外交谈判上往往难以避免之情况。"③同时，伊藤也不顾与李鸿章相识十年的情面，许多言辞已经很不客气。彬彬有礼的应酬过后，他露出了一副无血无泪的铁面孔。

　　外交本是如此，私谊在谈判桌上没有任何价值，也不应有任何价值。

　　当天，李鸿章致电总署，通报了停战条件，并表态"要挟过甚，碍难允行"。前一天，他曾电告总署："探知前六七日，有运兵

① 陆奥宗光：《蹇蹇录》，第139页。
② 陆奥宗光：《蹇蹇录》，第139页。
③ 陆奥宗光：《蹇蹇录》，第140页。

船多只出马关，约五千人，云往澎湖、台湾，确否。"①此时，他根据停战条件修正了自己的情报，认为日军新调之兵将会北攻山海关、津沽，建议密令各军严密防备。②不过，这一判断是错误的。二月初十日（3 月 6 日），日军新编成的混成支队在宇品港登船南下，准备进攻澎湖。就在李鸿章通报停战条件的这一天，联合舰队司令长官伊东祐亨下达了攻击令，后因事故与天气推迟两天进攻。③

总署第二天接到了这份电报，当即进呈。光绪读过之后为之动容，准备面见慈禧，未果："欲请宁寿宫起，而慈躬未平，逡巡而退。"于是，军机大臣与庆亲王联名递交一份奏片，连同电报一起进呈给慈禧，"略言日本要挟太甚，断难允行。惟臣等再四熟商，若概予驳斥，势必立至罢议，拟与各国公使商酌，将停兵期内赔偿军费一条允准，明日请旨电知李鸿章云云"。而慈禧依然回避表态，这份奏片"须臾发下，无说"。④

当天，庆亲王与四名总署大臣拜访各国使馆，传达了李鸿章的来电，并询问公使的意见。结果几乎是一边倒的：欧格讷以个人身份表示，在接受停战条件之前有理由要求日方说明议和条件，喀希尼、施阿兰也持相同意见，绅珂"显然比其同行更强烈地持有这种看法"，只有田贝"似乎已敦促中国政府不用等日方说明其和平条

---

① 《收大学士李鸿章电》（二月二十五日），《清代军机处电报档汇编》第 13 册，第 623—624 页。
② 《寄译署》（光绪二十一年二月二十五日酉刻），《李鸿章全集》第 26 册，第 81 页。
③ 《明治二十七八年日清战史》第 6 卷，第 247—250 页。
④ 《翁同龢日记》第 6 卷，第 2832 页；《随手记》，《翁同龢集（增订本）》第 4 册，第 1814 页。

件，而是先无条件地接受停战条件再说"。①

翌日，总署致电李鸿章，对停战条件只同意供给军费一条，而着重要求李鸿章探明议和条件：

> 阅所开停战各款，要挟过甚，前三条万难允许。必不得已，或姑允停战期内认给军费，但恐只此一事，仍难就范。昨令奕劻等与各公使面商，均以先索和议条款为要。可告以中朝既允议和，无不推诚相与，可允必允，无须质当。其停战期间认给军费一节，可以允许，若彼仍执前说，则以难允各条暂置勿论。而向索和议中之条款，务将朝廷诚信议和之意切实讲论，婉与磋磨，总以先得议款为要。与有辩论，续电撮要以闻。各国公使中，俄、德、英三处均已致电本国矣。再，此时和款尚未交到，李经方熟悉彼中情形，谅能得其底蕴，宜如何密筹釜底抽薪办法，使和议不至中梗，应饬该员尽力为之。②

李鸿章于二月二十八日（3月24日）午刻（中午11—1时）收到此电。此前，他与科士达商议之后，已决定拒绝停战条件，并让科氏准备复文。③此电传达的意旨，与他的决定是相合的。当日下午三

---

① 《欧格讷致金伯利函（第 96 号）》（1895 年 3 月 23 日发，5 月 13 日到）、《欧格讷致金伯利函（第 98 号）》（1895 年 3 月 24 日发，5 月 13 日到），《中日战争》续编第 11 册，第 870—872 页。
② 《译署来电》（光绪二十一年二月二十八日午刻到），《李鸿章全集》第 26 册，第 82 页。此电用孙毓汶稿，未用翁同龢稿，见《翁同龢日记》第 6 卷，第 2833 页。
③ 《科士达日记》，《中日战争》续编第 6 册，第 620 页。

点，他第三次走进春帆楼的会场。①

李鸿章首先令罗丰禄用英文宣读了复文，正式拒绝停战条件，并递交汉、英文本。②随后，他表示："停战之请求虽经放弃，然议和之意仍极恳切，连日来曾屡屡缕述，此意始终不渝，希望尽早提出条件。"

按照之前的协议，既然李鸿章对停战条件正式表态，日方便应宣布议和条件。但是，一旦条件宣布，可能会给列强创造干涉的机会，这是日方一直深为忌惮的。因此，伊藤显得颇为踌躇，"复取烟卷延时细想"之后，先诘问李鸿章是否诚心议和，并指责清政府曾有签约后拒绝履行的先例，要求"已经商议决定之事项，必须具有实效，以奉答君主之信任"。在得到李鸿章肯定的答复之后，才表示将在次日进入议和谈判。

此次会谈的气氛较前次又见缓和，李鸿章与伊藤时作漫谈，多有笑语。但在谈及各地民风之时，伊藤突如其来的一句话让李鸿章脸色一变："我国之兵现往攻台湾，不知台湾之民如何。"他敏感地意识到，日方的议和条件很可能包括割让台湾一项，立即发问，双方有一番争辩。

---

① 双方记录见《会见要录 第三回》，《日本外交文书》明治期第 28 卷第 2 册，第 394—400 页；《第三次问答节略》，《李鸿章全集》第 16 册，第 37—38 页。另可参见孙克复：《甲午中日战争外交史》，第 181—189 页。

② 《清国讲和全权大臣致日本讲和全权大臣函》，《中日战争》续编第 10 册，第 334 页。原件见 JACAR Ref. B06150071100（第 4—6 画面），日清講和条約締結一件/李鸿章来朝及遭難、李経方ノ全権委員二就任（2.2.1.1-3），日本外务省外交史料馆藏。

李鸿章：前几日恳请停战，阁下不肯轻许，莫非因向台湾进兵之故否？

伊藤（微笑）：绝非如此。

李鸿章：贵国倘若占领台湾，英国不会默许，如之奈何？

伊藤：英国本系局外中立，断无置喙之余地。

李鸿章：英国虽系局外中立，然此事与其自身利害相关。

伊藤（带笑）：有利害关系者非为英国，乃是贵国。

李鸿章：不然。台湾与香港临近。

伊藤：无论如何临近，我只攻击敌国。

李鸿章：英国之意，除为我国所领有之外，不愿此外任何国家占领台湾。

伊藤（微笑）：非独台湾，贵国版图之任何部分，倘若割让，任何一国皆无权拒绝。①

李鸿章（带笑）：任何部分皆无自愿割让之理，实出于不得已……昔年为台湾事件之故，大久保办理大臣前来北京，其时曾言道：日清两国乃东洋两大强国，其关系不啻为辅车相依，实是确论。当时自是台湾人残害贵国人不错，然以两国之间言之，毕竟如同儿童吵闹，双方父母出面化解而已。两国锋镝未曾相交，已收了局。贵国最终收兵，台湾亦幸而无事……

---

① 此句中文记录作"贵国如将台湾送与别国，别国必将笑纳也"，语意突兀，当系翻译之误。

伊藤默认，日本有占领台湾的企图，而李鸿章则力图以英国压服日本。这番短暂的争辩，正如不久后割台谈判的一出预演。由于本国实力无可倚仗，李鸿章只能拿虚虚实实的列强干涉威慑对方。会谈中，他还郑重其事地"忠告"伊藤："如所示和款或有牵涉他国权利者，必多未便。我两国相交有素，故预为提及。"这是正话反说，含蓄地警告日方，倘若议和要求过于苛刻，列强会出面干涉。而伊藤也顺势答道："今日之事，止于日清两国之间，与他国毫无关系。"

这次会谈，本来是停战谈判与议和谈判之间的过渡。如按预定日程，李鸿章将在第二天上午直面日方的议和条件。但是，稍后的一声枪响打乱了这一安排。

二、李鸿章遇刺与中日停战

李鸿章遇刺

从中国历史的经验出发，出使敌国向来是一桩极有风险的差使，西汉苏武、北宋李若水、南宋洪皓、南明左懋第都是读书人耳熟能详的例子。不过，李鸿章似乎没有顾虑自己是否会有危险。接到奉派出使的密谕当天，他的女婿张佩纶在日记中写道："雪中内人（引者按：李鸿章之女李经璹）归省，合肥殊坦然，不以为危。"[1]不过，他在谈判国家大事的同时，也将家人的安危挂在心上。二月二十五日，他从马关向天津发出了一份简短的电报："不

---

[1] 《涧于日记（选录）》，《中日战争》续编第6册，第492页。

允停战，家眷速行。"①他的心态，与那些送家眷回老家的京官也没有什么不同。然而，日军并未威胁到他在直隶总督衙门里的一家老小，遭难的却是他本人。

二月二十八日是个春光和煦的好日子，枝头的樱花将开未开。下午四点四十分左右，李鸿章照旧乘轿从春帆楼返回寓所。尽管这已是第三次会谈，窄窄的路上还是观者如堵。经过一家杂货店门口时，道路右侧忽然有一名衣衫褴褛的年轻人越众而出，拦住去路，左手按住轿杆，右手从怀中掏出手枪，抬手向轿中扣动了扳机。当时李鸿章眼镜戴得稍低，子弹打碎左边镜片，击中左眼下方。顿时，血如泉涌，溅满他的头品官服。这身血衣后来被他携带回国，在他逝世后被保存在墓地的享堂里。其中的黄马褂，在 1928 年的战乱中不翼而飞。十年后，另一件长袍也在日军攻占合肥时遗失。②

轿外自是乱成一团。轿夫吓得不敢前行，负责护卫的日本警察促其前行，并拔刀驱散行人，将轿子拥入引接寺。在这生死一线之际，李鸿章却是不失大臣气度。有目击者回忆，他被刺后"立即以右手的长袖掩住伤口，并无震惊的神色，态度泰然自若"。科士达也记载："总督没有被枪击吓住，而是端坐不动，冷静地要一个轿

① 《津门奉使纪闻》，《中日战争》第 1 册，第 159 页。这一记载，来自河南巡抚刘树堂派在天津的坐探委员曹和济。《李鸿章全集》中并未收录这一电报，但从其后李鸿章致次子李经述电中可以得到证实："前议停战不成，电令津眷亦遵陆回扬。"见《寄北京贤良寺李仲彭》（光绪二十一年二月二十九日酉刻），《李鸿章全集》第 26 册，第 83 页。

② 《马关条约之血衣》，《大公报》1935 年 3 月 30 日；费泽甫：《李鸿章轶事》，《合肥文史资料》第 1 辑，1984 年，第 141 页。

夫给他手帕来止血。"①

　　刺客开枪之后企图逃走，但被宪兵与警察当场擒获。他的凶器是一柄五连发左轮手枪，弹膛里尚有四发子弹。②讽刺的是，行刺地点正在日方为保护李鸿章安全而设立的宪兵分队驻地门前，近旁还有一处派出所（参见图14）。③

　　清政府全权大臣被刺，不啻是马关的一场地震。事发后不久，"日官来问伤状者络绎不绝，寝室前后甬道游廊皆满"。陆奥当时正与李经方一同商议明日的谈判事宜，闻讯立即让对方回去照顾父

---

① 李鸿章遇刺的情况，参见小山六之助：《舊夢譚—馬関狙撃事件の思ひ出—（下）》，《日本及日本人》1938 年第 7 号，第 116 页；《司法资料》第 232 号，明治二十八年三月二十四日清国李钦差頭等全権大臣鴻章ヲ狙撃シタル小山豊太郎ニ対スル謀殺未遂被告事件ノ公訴記録，東京：司法省調査部，1937 年，第 9、51—55、61—62、78、107—109 页；《使相遇刺纪实》，《中日战争》第 5 册，第 380—385 页；《新聞集成明治編年史》第 9 卷，第 225—226 页；《新聞記録集成明治・大正・昭和大事件史》第 1 卷，第 255—257 页；《李鴻章の遭難》，《日清戦争実記》第 23 編，第 42—44 页；明治史蹟研究会編：《下関春帆楼に於ける両雄の会見》，福岡：明治史蹟研究会，1925 年，第 75—76 页；永岡栄吉：《緑と黄の対角線—下関講和会議始末—》，下関郷土会編：《郷土》第 11 集，1965 年，第 89—90 页；江村房次郎：《目撃者が語る小山事件》，下関郷土会編：《郷土》第 13 集，1967 年，第 49—51 页；高橋雄豺：《明治警察史研究》第 3 卷，東京：令文社，1963 年，第 360—364、421—423 页；JACAR Ref. B06150070400（第 113—114 画面），日清講和条約締結一件/李鴻章来朝及遭難、李経方ノ全権委員二就任（2.2.1.1-2），日本外務省外交史料館藏；John Watson Foster：*Diplomatic Memoirs*，vol.2，pp.131—132.

② 后来，这四颗子弹中的三颗应李鸿章的要求被送交给他。据李经方说，李鸿章要把这几颗子弹"永远传之子孙，以贻祖先冒险为国效命、力尽绵薄之训诲"。见《会见要錄 第四回》，《日本外交文書》明治期第 28 卷第 2 册，第 405 页。

③ 另可参见《司法资料》第 232 号，第 11—12、80 页；《新聞記録集成明治・大正・昭和大事件史》第 1 卷，第 256 页；《李鴻章の遭難》，《日清戦争実記》第 23 編，第 43 页。

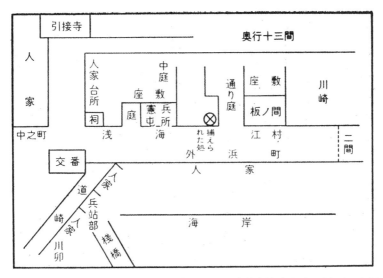

图 14：一名目击者绘制的行刺地点示意图，圆圈为刺客被捕之处，"交番"即派
　　　出所。采自江村房次郎《目撃者が語る小山事件》，第 50 页（下関郷土会
　　　编：《郷土》第 13 集，1967 年）。

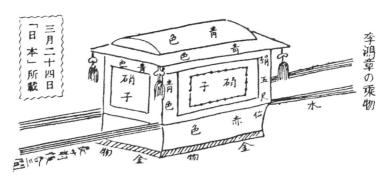

图 15：李鸿章遇刺时乘坐的轿子，日文"硝子"即玻璃。采自《新聞集成明治編
　　　年史》第 9 卷，第 225 页（本邦書籍 1982 年版）。

亲，自己先给伊藤报讯，随后一同前去慰问李鸿章。①

关于李鸿章的伤势，马关的军医当时开具了一份诊断书，翻译于下：

诊断证书

清国

钦差头等全权大使　李

年龄七十三岁

检查创伤部位，距左下眼窝缘中央下方一厘米处有口径约八毫米之射入口，口缘皮肤稍稍烧焦变褐，呈锯齿状。左眼睑浮肿，呈紫红色，眼裂为之变狭，眼球无异常。左鼻腔及上唇有少量凝血附着。以探针插入，上颚骨有口径约一厘米之创口，深约四厘米。稍向内下方，又以奈拉顿氏探针探测创底，不能触知弹丸。体温三十七度三分，脉搏七十八，无脑症状。

明治二十八年三月廿四日

下之关要塞病院长陆军二等军医正 古宇田信近（印）②

根据国际法，使节的人身安全应受到所在国的保护。李鸿章身受的一枪，无疑会令日本在外交上陷入极大的被动。伊藤与陆奥当时沮丧地表示："此次事件，比起一两个师团被打败更让人难堪。倘若兵败，还能够转败为胜；而此次事件实在棘手，令人忧虑不已。"③

---

① 陆奥宗光：《蹇蹇录》，第143页。
② 《司法资料》第232号，第68页。
③ 坪谷水哉编：《医学博士佐藤进先生自伝》，東京：今野周作，1899年，第60页。

在后来将停战问题提交阁议的公文中，伊藤把行刺事件的意义说得
更加明白：

> 由于有此次不测之凶变，使清国在乞求干涉上得到最大口
> 实。对此，彼方将必然要说：我方为了殷切请和，虽两次简派
> 使臣，然日本托词于国际惯例，予以排斥，及至第三次遵循日
> 本之所谓国际惯例，使臣虽亦选派隆位而负众望之人前往，但
> 会见仅及三次，忽遭凶徒加害。日本虽口称文明，但毕竟不是
> 直接谈判之对手。事已至此，各国已得到进行联合干涉之口
> 实，形势为之一变，致使帝国不得不立于最软弱之地位。①

由此可见，伊藤与陆奥最担心的还是列强借题发挥，干预谈判。当
天晚上，陆奥致电林董与驻外公使，让他们向各国通报情况，并探
听政府意向与公众舆论。结果，英、美、德国公使均表示，刺杀事
件激起了欧美的恶感，驻德公使青木周藏也声称："如果杀害李鸿
章未遂之报告是属实的，整个欧洲则对这一野蛮暴行感到愤慨，并
以蔑视的眼光看待我们表面的文明"，并建议"立即对此给以满意
之表示"。俄国公使希特罗渥更是直接挑明了事件对议和的影响：
"迄现在为止，中国虽向各国政府恳求予以调停，但以无可听从之
理由，故各国政府只作相应酬了事。但以此次事件，中国得到充
分之恳求理由。"②

---

① 《机密日清战争（摘译）》，《中日战争》续编第 7 册，第 141 页。
② 相关电报见《中日战争》续编第 10 册，第 319—324 页。

陆奥由此认为："余以内外人心趋向观之，此时若不实施确实的善后之策，恐有不测之危害发生。内外形势已到了不再允许交战无限期继续下去的临界点。若李鸿章以其伤势为托词，半途归国，对日本国民的行为加以强烈谴责，并巧妙诱导，要求欧美各国再度居中周旋，将至少不难获得欧洲二三列强之同情。而此时一旦招致欧洲列强的干涉，我对清国之要求就可能会不得不做出大幅让步。"①伊藤也认为："至今为止欧美社会赞赏（日本）之声一变为怜恤支那之声，反之诽谤我之国风，不堪痛叹之至"，"此际除非常之英断之外别无良策"。②

列强确实普遍因此谴责日本。除前述诸公使的表态之外，各国报纸也显示了这一倾向，如有美国报纸声称，李鸿章遇刺一事在华盛顿的外交界引发轰动，舆论普遍认为结果将有利于中国。③而俄国驻日公使馆武官沃加克（Константин Ипполитович Вогак）上校在致总参谋部的报告中声称，李鸿章遇刺事件与旅顺大屠杀是日本在甲午战争中的两大失败，原因在于败坏了"文明"的形象。④不过，列强的反应也不完全一致。意大利外交大臣向日本驻意公使高

① 陆奥宗光：《蹇蹇录》，第 144 页。本段引文在撰写阶段有所修改，见同书第222 页。在初稿中，陆奥的措辞是，一旦李鸿章借机向列强求助，"毋庸置疑，欧洲二三强国必将干预"，语气更加强烈。

② 伊藤博文致山县有朋函，1895 年 3 月 26 日，尚友俱楽部山県有朋関係文書纂委員会编：《山県有朋関係文書》第 1 卷，東京：山川出版社，2005 年，第121 页。

③ 姚瀚霖、杨杰译：《海外报纸对李鸿章在日遇刺的报道》，《太平天国及晚清社会研究》2021 年第 1 辑，第 217、219 页。

④ 《俄国人关于［甲午］中日战争的报告》，王家胜等总主编：《甲午、甲辰战争史料选编》上卷，沈阳：辽宁民族出版社，2012 年，第 143 页。

平小五郎秘密表示，事件不应影响议和谈判，并提出意大利可出面阻挠列强的干涉，条件是在中日和约中分一杯羹。①然而，意大利一国毕竟势单力薄，这种借机卖好的做法并没有影响日方的决策。

为了谋求补救，日方首先在治疗方面下足了工夫。李鸿章使团原本有两名医官，即法国医生德博施与北洋西医学堂总办林联辉。为了争取主动，日方决计挤开两人，把治疗工作抓在自己手里。当天，伊藤致电参谋次长川上操六："李鸿章遭狙击，未知伤之深浅，速派石黑、佐藤来。"②

石黑、佐藤即陆军的两名军医总监，野战卫生长官石黑忠悳与广岛陆军预备病院院长佐藤进。他们都是日本医学界的翘楚，前者对于医治枪伤经验丰富，后者更号称外科手术无人能出其右。两人深知自己所负责任之重，连夜从宇品港乘船出发，途中一面咒骂凶手横生事端，一面担忧李鸿章伤情如何，一夜未能成眠。次日上午，两人抵达马关，与伊藤、陆奥会面之后立即赶往引接寺，竭力标榜为李鸿章治伤的诚意，甚至谦恭地声称："定将如同我等父亲身受枪伤一般认真对待。"一番劝说之下，李鸿章握住石黑的手，说道："我的治疗就托付给阁下了。"至此，日方总算松了一口气。石黑多年后回忆这段往事，还真切记得那一刻如释重负的感受："之所以专程赶来，就是为了这一瞬间。"两天后，石黑返回广岛大本营，将治伤工作交给佐藤，临行前叮嘱对方，不要让德博施和林

---

①　《驻意大利高平公使致陆奥外务大臣电》（1895 年 3 月 27 日发，3 月 28 日接），《中日战争》续编第 10 册，第 325 页。

②　《营务日誌 第五 自明治二十八年二月十六日至四月十二日》，石黑忠悳関係文書，1851，日本国立国会图书馆宪政资料室藏。

联辉有露脸的机会。正常的医疗活动中，原本不会有如此的勾心斗角，但正如石黑所说："我的使命一半事关外交，一半属于治疗。"①稍后，日方又派来了东京帝国大学教授、德国外科医生斯库里巴（Julius Karl Scriba）。

日本皇室从来没有这么关心过一位大清臣民的安危。三月初二日（3 月 27 日），石黑电告佐藤，天皇、皇后要求详细报告李鸿章的病况以便安心，让他每天向大本营发电汇报。②从大本营野战卫生长官部所编《明治二十七八年役阵中日志》收录的一封封电报中，可以看到李鸿章逐渐康复的过程：

> 三月初三日（3 月 28 日）：方才诊察完毕，传两陛下之言于李中堂，彼甚喜。分泌物殆无，体温三十七，脉六十六。看护妇仅于更换绷带时协助。
>
> 适才诊察李氏，情况益发好转，体温三十七。
>
> 初四日（3 月 29 日）：今早七时更换李氏之绷带，创口之状逐渐好转。体温三十七，情绪甚爽快。斯库里巴氏于更换绷带后立即面会，相约午后四时一同诊察。
>
> 五时同斯库里巴氏一同诊察李氏，创口之状逐渐好转。体温三十七，脉七十，情绪亦好。昨日起以牛乳三合（引者按：

---

① 关于石黑、佐藤为李鸿章治伤的情况，见《医学博士佐藤進先生自伝》，第 58—67 页；石黑忠悳：《懷旧九十年》，東京：岩波書店，1983 年，第 309—324 页；平塚篤编，伊藤博邦監修：《伊藤博文秘録》，東京：春秋社，1929 年，第 221—226 页。

② 大本営野戦衛生長官部：《明治二十七八年役阵中日誌》下册，刊本，出版项不详，第 1224 页，日本福岛县立图书馆佐藤文库藏。

一合约合 180 毫升）与鸡二只制汤饮用。可在室内慢慢运动，李氏之喜可知。请安心。

初五日（3 月 30 日）：今早九时同斯库里巴氏诊察李氏，创口渐小，分泌物殆无。棉纱附于创面难离。体温三十七，脉七十二。枪弹之所在未检查，下官认为目前无此必要，斯库里巴氏亦无异议。

午后五时诊察李氏，体温三十七，其他无变化。于叠廊之下四间（引者按：一间约合 1.8 米）许之处运动十回许。诊察后与下官谈话凡二十分，情绪颇爽快。

初六日（3 月 31 日）：李氏之诊察方才结束，比昨日更好。创面之分泌物全无。体温三十七，其他异状无。看护妇明日归。

初七日（4 月 1 日）：今早九时诊察，创口变狭，体温三十七，比昨日更好。

初八日（4 月 2 日）：李氏情况渐好，创口变小，约一周内可愈合。体温三十七，饮食如常，请安心。斯库里巴氏二三日内当归，无在此之必要。

初十日（4 月 4 日）：创口渐好，不久将愈。体温、脉搏无变化。

十一日（4 月 5 日）：李氏之情况渐好（大意）。①

十二日（4 月 6 日）：李氏之创口殆已愈合，今早去绷带，以浸硼酸之古鲁胃谟（引者按：即火棉胶）包扎。李氏甚喜。

① 本电未录原文，仅有大意。

十三日（4月7日）：李氏之创口愈合。下官不日归广（引者按：即广岛），详情应由川上中将报告。①

但是，鉴于李鸿章年高体衰，不宜开刀，子弹始终没有取出。这一年11月8日，德国物理学家伦琴（Wilhelm Conrad Röntgen）发现X射线。次年李鸿章出使欧美诸国时，慕名在柏林拍摄了一张X光片，嵌在颧骨中的子弹清晰可见。他本想动手术，但因医生没有把握而作罢。②这颗子弹就此一直留在他的血肉中，直到盖棺。

另外，邵友濂当时还曾推荐一名参将以中医的"祝由术"为李治伤，据称可以"不割不痛"。这件事后来没有了下文。③

而在善后宣传上，日方也不遗余力地作出了种种姿态。科士达感叹道，没有任何政府或者个人能像日本人这样高明地处理这件棘手之事。④天皇和皇后首先作出了榜样。天皇派侍从武官中村觉大

---

① 大本营野戦衛生長官部：《明治二十七八年役陣中日誌》下册，第1226、1228、1230、1238、1243、1248、1268、1273、1291页。

② 蔡尔康、林乐知编译：《李鸿章历聘欧美记》，长沙：湖南人民出版社，1982年，第72页；《伊藤博文秘錄》，第226页。

③ 《复邵中丞》（光绪二十一年三月十一日午刻自马关发）、《邵中丞上海来电》（光绪二十一年三月十一日午刻到），《李鸿章全集》第26册，第94页。从马关归国后，李鸿章曾在电奏中提到"有华医奇术来献，拟带至津试办"，应指此人，见《寄译署》（光绪二十一年三月二十三日午刻），同书第110页。据科士达记载，李鸿章要求此人搭第一班船前来，但到达时伤势已愈，而且使团医官与受西方教育的幕僚们对"巫术"不以为然，因此没有施治，见 John Watson Foster：*Diplomatic Memoirs*，vol.2, p.135.但是，从电报往来中丝毫看不出此人来日的记载。另外，日本人也从破译的电文中得悉此事，林董将利用心理作用的祝由术误解为用膏药拔除子弹，见林董：《後は昔の記 他 林董回顧錄》，第270—271页。

④ John Watson Foster：*Diplomatic Memoirs*，vol.2, p.133.

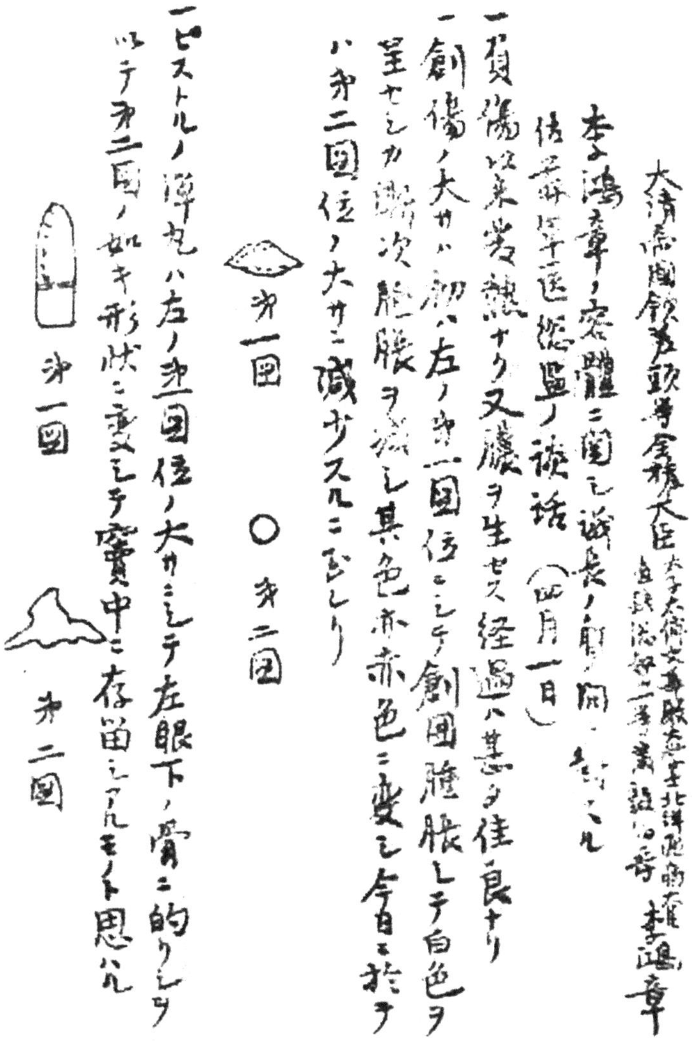

大清帝国欽差頭等全権大臣 太子太傅文華殿大学士北洋通商大臣直隷総督一等粛毅伯爵 李鴻章

李鴻章ノ容體ニ関シ議長ノ問ニ答フル

佐藤軍医総監ノ談話（四月一日）

一負傷以来発熱ナク又膿ヲ生セス経過ハ甚タ佳良ナリ

一創傷ノ大サハ初ハ左ノ第一図ノ如クニシテ創囲腫脹シテ白色ヲ呈セシカ漸次腫脹ヲ減シ其色赤赤色ニ変シ今日ニ於テハ第二図位ノ大サニ減少スルニ至レリ

第一図

第二図

一ピストルノ弾丸ハ左ノ第一図位ノ大サニシテ左眼下ノ骨ニ的リシテ以テ第二図ノ如キ形状ニ変シテ竇中ニ存留シテアルモノト思ハル

第一図

第二図

图 16：日本贵族院议长蜂须贺茂韶等议员探望李鸿章时与佐藤进的谈话记录。其中右侧两图表示枪伤渐已愈合，左侧两图表示子弹射入面颊后变形。采自《李鴻章遭難慰問》，西岡家資料，3—2，日本鹿岛市民图书馆藏。

佐为特使，前来马关慰问。皇后也手制绷带，并遣来两名护士。天皇还于三月二十五日下诏称："不幸出现加害于使臣之凶徒，朕深以为憾。如此犯人当由有司官员，依法惩处不贷。尔百僚臣庶等亦应善体朕意，严戒不逞，努力勿损国之荣誉。"①

天皇既已如此表态，朝野上下无不曲意奉承。各界人士纷纷赶来慰问，幽静的引接寺一时变得车水马龙。慰问函电也纷至沓来，致意者有东京的朝野名流，亦有北海道的普通村民。②

致函慰问，总得用汉文才够礼貌。《大阪朝日新闻》的名记者、驻马关特派员西村天囚的汉文素养甚好，于是接连被人请去起草慰问函，捉刀代笔十几次之多。他自己也代表三十家日本报纸写了一封：

> 谨白清国头等钦差全权大臣李君阁下：
>
> 　　阁下衔诏泛槎，临境议和，其忠诚恻怛，思君国之深，中外夙所叹赏不置。奚图昨有狂童敢加害大宾，事发意外，谁不惊愕，悲盈国内，伤痛不已。彼狂童实是病疯丧心之人，神气

① 《伊藤［东］已代治致陆奥外务大臣函》，《中日战争》续编第 10 册，第 324 页。
② 各种慰问函电，见 JACAR Ref. B06150070400（第 6、25—26、30、37、41、45、49、56、61—62、65—66、73、75—76、78、86—87、105、107—108 画面），日清講和条約締結一件/李鴻章来朝及遭難、李経方ノ全権委員二就任（2.2.1.1-2），日本外务省外交史料馆藏；《李鸿章遭難慰問》，西岡家资料，3-2，日本鹿岛市民图书馆藏；《李鴻章宛 自由党衆議院議員見舞状》，河野広中関係文书，書類の部，505，日本国立国会图书馆宪政资料室藏；山口県史編纂委员会编：《山口県史・史料編・近代 2》，山口：山口県史編纂委员会，2010年，第 224—225 页。

错乱以致匪行，上下共恶，神人皆怒，唯请阁下垂察。今两国交战，和约未成，于义则国与国相敌，而于情则人与人何怨。是以我国处干戈之中，护贵国之商贾，养贵国之捕虏，治贵国之疮痍，是去爱憎辨公私，返天道之正，人情之本。况阁下在异域罹奇祸，举国惊痛，固不足怪。我辈司笔政持世道者虽在草莽，闻此变眠食不安，乃谨代举国士民添裁一书，以微物恭呈执事，以布诚候安。伏乞阁下赐收为幸，为两国加餐，不堪恳恼之至。

明治二十八年三月二十五日

信中所谓的"微物"，是四大笼六十只鸡。李鸿章的随员收下了信函，不过客客气气地退回了这份慰问品。①

日本各家报纸也纷纷发表评论，痛斥凶手是"狂汉""国贼"。譬如，著名政论家福泽谕吉在他主持的《时事新报》上大骂凶手"非独一凶汉而已，乃我等日本国民不共戴天之国贼，虽百千年亦不能忘也"。②当然，热情支持战争，捐款一万日元之巨的福泽真正关心的，是刺杀事件会不会让日本的战争果实减色。两天后，他又在《时事新报》上发表社论，提醒日本人不要因为"小义侠"而忘记"大义侠"。他声称，政府如果因此在谈判中手下留情，那就

---

① 朝日新聞百年史編修委員会編：《朝日新聞社史》第 1 卷，東京：朝日新聞社，1990 年，第 317—318 頁。原文为日译文，在此参酌《东京朝日新闻》1895 年 3 月 26 日所载（二者文字小有出入）回译。

② 《兇漢小山六之助》，時事新報社編：《福沢全集》第 8 卷，東京：国民図書株式会社，1926 年，第 676 頁。该文原载《时事新报》1895 年 3 月 26 日。

"无异宋襄之仁"，应当"强硬一贯，以全终局"。①

对日本社会的这些反应，陆奥有一段极为辛辣的评论：

> 该事件传遍全国，世人痛惜之情有余，也颇显狼狈之色。无论是我国各种公私团体的代表还是个人，均前来下关清国使臣下榻之旅馆拜访表示慰问，居于远隔之地者则以电信或信件表达其意，或以各种物品馈赠，日夜不绝。清国使臣旅居之处的门前竟有成为群众市场之感。这是为了向内外表明一介暴徒之所为并不代表全体国民。然而，这些人之意图固然不可谓不美好，但又往往急于粉饰外表，言行或涉虚伪，也不免有失中庸。日清开战以后，无论我国各大报纸还是聚集参加公会私会之人，往往过于夸大清国官民的缺点，咒骂诽谤，甚至对李鸿章也加以令人难以卒闻之污言秽语。这些人今日突然对李鸿章遇刺表示痛惜，还不时说出类似于阿谀奉承的溢美之词，更有甚者还列举李鸿章既往功业，说得仿佛东方未来之安危均系于李鸿章之生死。与其说全国上下对李鸿章遇刺表示痛惜，倒不如说是畏惧由此而产生的外来之非难。到昨日为止还沉浸于战胜狂喜之中的社会，仿佛一夜之间就陷入了居丧的悲境之中。虽说人情之反复犹如波澜一般，无关是非，但余仍不禁惊异

---

① 《私の小義侠に酔ふて公の大事を誤る勿れ》，《福沢全集》第 8 卷，第 683—684 页。该文原载《时事新报》1895 年 3 月 28 日。关于福泽在甲午战争中的言论举动，参见（日）安川寿之辅著，刘曙野译：《福泽谕吉的战争论与天皇论》，北京：中国大百科全书出版社，2013 年，第 154—236 页。

于此。①

为了讨好李鸿章，日本各界确实挖空了心思，花样百出。例如，马关市西部渔业组合送来了一只巨大的水族箱，内有七十余种海洋生物，据说李鸿章对这个新鲜玩意颇感兴趣，养伤期间时常逗弄海参、章鱼为戏。②不过，他绝非天真得认识不到，这些只是表面文章。在给国内的电报中，他冷冷地评论道："该国上下礼谊周至，不过敷衍外面。"③

尽快惩处凶手，自然也是应有之义。此人名叫小山丰太郎，后改名六之助，时年二十七岁，为群马县平民，其父曾任县议会议员等职。小山是家中长子，但因"为人放荡无赖"，被其父废除嫡子身份。他小学毕业后只念了几个月中学便即退学，后进入庆应义塾就读，亦中途退学。之后一直没有固定工作，曾为自由党的选举活动卖力，两次因打人毁物入狱。④

———————

① 陆奥宗光：《蹇蹇录》，第143—144页。

② 《新闻集成明治编年史》第9卷，第234页。

③ 《复译署》（光绪二十一年三月十一日巳刻自马关发），《李鸿章全集》第26册，第93页。

④ 《兇行者小山六之介身元取調ノ顛末》，宪政史编纂会收集文书，外交問題主要事件资料，551-（1）-45，日本国立国会图书馆宪政资料室藏；JACAR Ref. B06150070400（第31—33画面），日清講和条約締結一件/李鸿章来朝及遭難、李経方ノ全権委員二就任（2.2.1.1-2），日本外务省外交史料馆藏；《司法资料》第232号，第17—24、28—31页；高橋雄豺：《明治警察史研究》第3卷，第364—367页；《新聞記録集成明治·大正·昭和大事件史》第1卷，第258—261页；《新聞集成明治編年史》第9卷，第225—226页。国内有很多著作说小山是"右翼团体'神刀馆'"的成员，不确。首先，"神刀馆"是剑道家日比野正吉（1864—1926）创办的武馆，该馆虽然也涉及政治活动，但称（转下页）

图17：二十五岁时的小山。采自小山六之助《舊夢譚—馬関狙
　　擊事件の思ひ出—（下）》，《日本及日本人》1938年第
　　7号，第112页。

　　当日，小山随身携带了一份"毙奸趣意书"，其中陈述了行刺
的原因。小山将发生战争的罪责归咎于清政府，进而集中到李鸿章

　　（接上页）之为"右翼团体"是不甚恰当的。而且，据日方的调查，小山虽然与
日比野以及若干馆员有过来往（见鹤冈静夫：《知られざる裁判干涉：李鸿章狙
擊事件裁判》，東京：雄山閣，1974年，第116页），但没有证据表明他是该馆
成员。据审讯记录，小山曾经加入东京的一个小政治团体"大日本正义会"，该
会的宗旨是"平常从事殖民活动，若国家有事则从事其问题"。不过，小山当时
已与该会脱离关系。见《司法资料》第232号，第22页。

一人身上。在他看来，李鸿章前来议和只是为了恢复在朝中的地位，"作为乞降使来朝，谈判之结果与图谋可想而知"，因此认为"不应容许彼人踏上神圣之日本内地，展开谈判"。他还历数了清政府求和的经历，"此前有德国浮浪人德璀琳者在神户登陆，忽而返回，犹如儿戏；后有下等官吏张邵等人，其资格不足之马脚被看破，又悄然归国"，将李鸿章视为继德璀琳、张荫桓、邵友濂之后的又一名"媾和间谍"，认为"是可忍，孰不可忍"。①

在法庭上，小山做了长篇陈词，举出了五点行刺的理由：一、因李鸿章之故，令天皇忧心操劳；二、李鸿章是破坏东洋和平的元凶；三、李鸿章要为一系列事件中丧命的日本人负责②；四、此次议和谈判对日本无益有害，应当中止；五、李鸿章来日是为了阻止日军进攻，"窃闻学者有云，两国干戈相交，战胜国未见敌国首都便即收兵乃不名誉之事"。③

小山的第五点理由，最能体现当时弥漫日本社会的战争狂热。然而，这样赤裸裸的陈词对日方的宣传极为不利。因此，公开的判决书将行刺动机做了掐头去尾、避重就轻的处理，只称小山认为中日失和系李鸿章所为，"非去此人则不能保持东亚之永久和平"。④

---

① 《司法资料》第 232 号，第 151—155 页。当时日本的政治谋杀中，刺客往往携带这种"趣意书"以宣传自己的主张，参见鹤冈静夫：《知られざる裁判干涉：李鸿章狙击事件裁判》，第 25—27 页。

② 小山列举的事件有 1874 年江藤新平叛乱、1877 年西南战争、1884 年甲申事变以及甲午战争。其中，江藤叛乱与西南战争都是日本内乱，实在不知小山何以将它们与李鸿章挂上了钩。

③ 《司法资料》第 232 号，第 111—114 页。

④ 《司法资料》第 232 号，第 147 页。

不过，当时已有国外报纸怀疑，小山的真实动机是妨碍议和。①

为了尽快平息舆论，对小山的审判相当快捷。二月二十九日（3月25日）即进行了预审，认定案件适用日本刑法第292、112及113条，即故意杀人未遂。小山没有提出上诉。三月初五日，案件移交山口地方裁判所审判。在审判的最后，担任被告辩护人的山口地方裁判所所属律师小河源一做了长篇辩护，强调小山的目的是"忠君爱国"，连自己阅读诉讼材料时都为之泪下，还援引了"樱田门外之变"与罗马人刺杀波塞那②的故事。他请求根据未遂情节罪减二等，再酌情罪减二等，判处轻惩役六年。他的煽情演说没有起到效果，小山最终被判处无期徒刑。③

当天晚上，外务省将这一结果函告李鸿章，并声称"与前刺俄太子之罪相同"。④四年前，访日的俄国皇太子尼古拉（即如今的沙皇尼古拉二世）在大津被一名民族情绪过剩的日本警察用佩刀砍伤

---

① 《驻俄国西公使致陆奥外务大臣电》（1895年4月1日），《中日战争》续编第10册，第328页。

② 1860年3月24日，十几名主张攘夷的浪士在江户城樱田门外刺杀主张开国的幕府大老井伊直弼，史称"樱田门外之变"。此举被后人看作浪漫化的壮举。据李维《罗马史》记载，公元前508年克卢西乌姆国王波塞那领兵围困罗马，罗马人穆齐斯行刺波塞那未果被俘，为表明决心将右手伸入火中灼烧。波塞那折服于他的勇气，与罗马议和。

③ 高桥雄豺：《明治警察史研究》第3卷，第376—382页；鹤冈静夫：《知られざる裁判干涉：李鸿章狙击事件裁判》，第36—49页；《司法资料》第232号，第115—123页。

④ 《复译署》（光绪二十一年三月初六日巳刻），《李鸿章全集》第26册，第88页。该函原稿见JACAR Ref. B06150070400（第97画面），日清讲和条约缔结一件/李鸿章来朝及遭难、李经方ノ全権委员二就任（2.2.1.1-2），日本外务省外交史料馆藏。

头部，即所谓"大津事件"。该案凶手津田三藏亦被判处无期徒刑。不过，俄国皇太子的脑袋究竟比大清总督的要尊贵些：大津事件发生后，外务大臣青木周藏、内务大臣西乡从道联袂引咎辞职，而这次只有山口县知事原保太郎、山口县警部长后藤松吉郎被免职。①

据山口地方裁判所裁判长鹤冈琢郎的曾孙记载，当时伊藤博文曾两次派人向鹤冈施加压力，要求判处小山死刑，甚至许诺在他退休后提供宫内省的美差。但鹤冈以司法权独立为由，断然拒绝。这一点，也与大津事件的审判如出一辙。②

小山后来与津田一样，被押解到僻远苦寒的北海道服刑。两年后因大赦减为十五年徒刑，1907 年假释出狱。其后，他将狱中十三年的经历写成《活地狱》一书。书中没有提及行刺一事，不过序言起始是这样的句子："我之罪，乃因思国家之真心深切也。"又过了近三十年，在全面侵华战争爆发后的 1938 年，他在杂志上发表回忆录《旧梦谭》，原原本本地回顾了刺杀李鸿章的前因后果。③

李鸿章遇刺之后，立即照会伊藤、陆奥，声明因伤无法出席次日的会谈，准备让李经方代为领取议和条件。对此，日方采取了缓

---

① JACAR Ref. B06150070400（第 77 画面），日清讲和条约缔结一件/李鸿章来朝及遭难、李经方ノ全权委员二就任（2.2.1.1-2），日本外务省外交史料馆藏。两人在三个月后官复原职，见《元山口县官の懲戒特免》，《東京朝日新聞》1895年 6 月 20 日。李鸿章在日后的谈判中曾为二人说情。另外，内务大臣野村靖当时亦有引咎辞职之请，但未获许可，见野村靖致伊藤博文函，1895 年 3 月 31日，《伊藤博文関係文書》第 6 卷，第 363 页。

② 鶴岡静夫：《知られざる裁判干涉：李鸿章狙撃事件裁判》，第 52—72 页。大津事件发生后，内务大臣西乡从道、司法大臣山田显义要求大审院判处津田死刑，但大审院长儿岛惟谦予以拒绝。

③ 小山六之助：《活地獄》，東京：日高有倫堂，1909 年，第 1 页；高橋雄豺：《明治警察史研究》第 3 卷，第 404—406 页。

兵之计，复照声称"因此凶虐狂悖之事，万分忧愁，举国上下皆抱此情怀。该大臣等应先奏明日皇，难免稍有担延，俟可以知会李参议，当迅速照办"。①原本即将展露的匕首，又暂时藏了回去。

中日停战

　　治伤、慰问、惩凶等等可谓是日方成功的"危机公关"，但仅有这些表面文章当然不够。既然自知理亏，日方势必要在谈判桌上作出一定的让步。几个月前曾有过这样的先例：摩洛哥议和使节在马德里被一名退役军官拳殴，致使西班牙不得不派出谢罪使节，并放宽议和条件。②陆奥在登门慰问李鸿章时，先开出了口头支票："中堂身受重伤，幸未致命，中堂不幸，大清举国之大幸。此后和款必易商办。"临行前又称："请宽心养伤，中日战事将从此止。"③

　　伊藤也认真考虑了李鸿章遇刺将给谈判带来的变化。从伊藤家保存的一叶短简上，可以看到他当时列举的数种可能发生的情况：

---

① 《致伊藤陆奥照会》（光绪二十一年二月二十八日）、《伊藤陆奥照会复文》（光绪二十一年二月二十九日到），《李鸿章全集》第16册，第39页。日方照会原件见JACAR Ref. B06150071100（第7—9画面），日清講和条約締結一件/李鸿章来朝及遭難、李経方ノ全権委員二就任（2.2.1.1-2），日本外务省外交史料馆藏。

② 《林外务次官致佐藤外务书记官电》（1895年3月25日下午0时20分发）、《林外务次官致佐藤外务书记官电》（1895年3月25日下午4时25分发），《中日战争》续编第10册，第320—322页；JACAR Ref. B06150070400（第34画面），日清講和条約締結一件/李鸿章来朝及遭難、李経方ノ全権委員二就任（2.2.1.1-2），日本外务省外交史料馆藏。德国公使于事发次日拜访外务省时，提到了这一案例。林董查阅相关新闻报道后，向陆奥详细电告，陆奥又转告了伊藤。

③ 《寄译署》（光绪二十一年二月二十九日酉刻），《李鸿章全集》第26册，第83页。陆奥两语见于上海图书馆藏李鸿章文稿，而不见于中国第一历史档案馆所藏档案，可知发电时删去。

李于死生未判之际请求继续谈判。

李突然要求回国时。

于病床之上，请求听取我要求条件时。

各外国联合劝告休战之情况。

凶事之报道刊登于万国之新闻上之情况。

支那政府召回李之情况。

确定休战之时间。

派出总督之迟速。①

在这些情况当中，伊藤和陆奥最担心的大概是李鸿章要求回国或被召还。石黑忠悳对此有一段生动的回忆：

外相言道："实在是麻烦。首先，无论如何，现在李鸿章要是回国就很难办了。您看那个。"说着指向窗外，只见送李前来、正在碇泊的汽船已吐出了黑烟，仿佛现在就要出港。

……

于是我问道："不让李鸿章回国吗？"陆奥言道："这样就够了，接下来我们会好好办的。无论如何，要是回去的话就很难办了。"言下似乎很头痛的样子。②

为了避免李鸿章归国或其他后果，伊藤与陆奥决定作出让步。事发

①《伊藤博文秘録》，第 221 页。所谓"总督"指"征清大总督"小松宫彰仁亲王，见下文。

②《伊藤博文秘録》，第 222 页。

当晚，陆奥拜访伊藤，提议停战："目前为止仅为礼仪性的待遇或社交性的情谊，除此之外并未有一事具有现实意义，无法令其衷心感到满足。故此，我方无条件同意对方曾反复要求的休战提议方为上策。"晓得其中利害的伊藤表示同意，但广岛的一群文武重臣却不欲停住正在吞噬大片土地的巨口。松方正义、西乡从道、榎本武扬、桦山资纪、川上操六联名回电，声称目前停战对日本不利，只有山县有朋回电表示了赞同意见。[①]

为说服群臣，伊藤于二月二十九日晚赶赴广岛，次日早晨抵达，与西乡、松方、榎本一一晤谈，并致函山县，希望他出席当天举行的御前会议，助自己一臂之力。山县复函表示因身体原因不能出席，将让自己的副手陆军次官儿玉源太郎代为陈述意见。他尽管赞同停战，但在函中强调停战不宜过长，最好是一周或十天，且主张局部停战。同时，他致函西乡，表达了相似意见。[②]

下午两点半，御前会议召开，伊藤在会上陈述了不得不停战的理由。根据当日他打给陆奥的电报，可知会议结果：虽未达成决议，但群臣已"充分了解"了伊藤的说明，同意以三周为期停战[③]，但不能延长，且将台湾排除在外。同时，他还要陆奥探询：

---

① 陆奥宗光：《蹇蹇录》，第144—145页。在原稿中，陆奥还写道："当下在坚决实行休战的同时，打消其（引者按：即李鸿章）归国之念头［若有的话］并尽快继续媾和条约之谈判方为上策。"见同书第222页。

② 德富猪一郎：《公爵山県有朋伝》下卷，東京：山県有朋公記念事業会，1933年，第211—214页。伊藤致山县函又可见《山県有朋関係文書》第1卷，第121页。

③ 日方决定停战以三周为期很可能是参考了普法战争的先例（停战期限亦为三周），参见巽来治郎：《日清戦役外交史》，東京：東京專門學校出版部，1902年，第10页；普鲁西参謀本部戦史課編，日本参謀本部第四部訳：（转下页）

李鸿章是否还能谈判？是否必能留在日本谈判？并建议如果李鸿章不能谈判，则应从速在停战期间另派他人，或以李经方为全权大臣（见下文）。另外，他还征询陆奥的意见，倘若李鸿章要求无期限停战或延长停战期限，又或要求停战范围包括台湾，是否答允？①这些问题，透露出伊藤此时实在是心里没底，究竟让步让到多少才够。

翌日，御前会议又开，决定了五点停战方案：

一、日本政府除远征台湾外，许诺停战。

一、休战以三月二十七日至四月十六日为期。

一、订约之后，日清两国政府即应以敏捷之方法，向屯驻清国北部之两国军队下达休战命令。

一、屯驻盛京省之日本军，自接到休战军令之日起休战，且不得进入连结田庄台、鞍山站、连山关、赛马集、宽甸县一线以外之地。

一、屯驻盛京省之清国军队，不得越过距日本军日本里十里（清国里八十里）处接近日本军。

根据以上要点，需要在两国全权大臣之间庄严签订条约。

（接上页）《千八百七十年千八百七十一年独仏戦史》第9卷，東京：東京偕行社，1910年，第163页。

① 该电报草稿（日文）释文见《伊藤博文秘録》，第382—384页，原件见《〔日清戦争休戦条約締結ニ関スル意見書草案〕》，伊藤博文関係文書（その1），書類の部，68，日本国立国会图书馆宪政资料室藏。正式电文（英文）见 JACAR Ref. B06150071100（第21—22画面），日清講和条約締結一件/休戦定約（2.2.1.1-3），日本外务省外交史料馆藏。

同日夜间，关于停战的上奏案得到了明治天皇的批准。于是，伊藤次日离开广岛，第二天返回马关。①

三月初二日，陆奥出于安抚舆论的需要，致电伊藤，要求将应允停战一事通告使团与列强。他同时建议，新近任命的"征清大总督"小松宫彰仁亲王应尽快出发，赶在停战之前抵达中国。②同日伊藤回电，将拟定的停战方案电告陆奥，指示他"于此范围内，斟酌情况照会清国使节"。③

接到此电之后，陆奥回电表示了两点补充意见：一是停战期间

---

① 《伊藤博文传》下卷，第 169—170 页；《机密日清战争（摘译）》，《中日战争》续编第 7 册，第 140—142 页。

② 彰仁于二月二十一日（3 月 17 日）受任，预备率大本营部分幕僚进驻前线，指挥下一步作战计划中的直隶平原作战，见宫内厅：《明治天皇纪》第 8 卷，東京：吉川弘文館，1973 年，第 717—718 页；斋藤聖二：《日清戦争の军事戦略》，第 194—195 页。停战协定签署后，伊藤还写过一份关于"征清大总督"出发的备忘录："近日征清大总督将以大帅进战地，事关全局，危机一发之间，内外响应。为不误其处置，兹书此机密重要之件，以临时唤起帷幄参谋之注意。第一，如经过第一期作战，将临第二期作战之开始。敌国已然求和，其使臣前来开谈数次，未了其局。然休战之期，限以二十日。媾和之成否，将在此期之内决出。若夫于休战之中缔结和约，纵令经过休战之定期，在敌国当政者批准期限之内，不明言拒绝之前试图进击，为事所不许，不得不负破坏将成之和平之责。第二，中立各国对我要求敌国之条件，虽未发一语，然各自之意向于冥冥之中自显其锋芒，岂待公布而后知之耶！其余已以口头尽言，望深鉴默识。第三，大举出征，不能有尽撤防御之感。虽无敌国来袭之虞，然局外耽耽虎视，视机乘隙，难保不企图干涉。为应事之缓急，不可不有足以示以不可犯之威之准备。第四，南征之海军已占领澎湖岛。如今恶疫流行极为猖獗，非用力于征服台湾本岛之时。须于澎湖岛仅存留防备，将有力之海军速调回本邦，以应缓急。第五，大本营及大总督府之间应脉络贯通。电线时或不通，则有贻误军机之虞。为防万一，不可不备船舶定期或临时传递通信。"见《伊藤博文秘錄》，第 244 页。

③ 《伊藤总理大臣致陆奥外务大臣》（1895 年 3 月 27 日下午 6 时 19 分发），《中日战争》续编第 10 册，第 335—336 页。

若谈判破裂，停战应告废止；二是停战期间两国的海上运输仍应服从敌国的查捕，两国不得增援战线上的军队。对于军事态势上占优（尤其是握有制海权）的日方来说，这两项内容显然十分有利。伊藤同意了这一增补。①

停战方案中最重要的一点，是将台湾排除在停战范围之外。如此，日军在停战期间仍可继续刚刚展开的南下作战。日方给停战方案打了这样大的折扣，一个重要原因在于看到了李鸿章的底牌。三月初二日上午陆奥回复了伊藤前日来电，声称根据与李经方的谈话以及破译的密电，可以看出李鸿章不仅没有归国之意，而且似乎已下定决心，必须在缔约之后归国。因此，停战方案即使将台湾排除在外，应该也没有问题。②

李鸿章及其部属此时的心境又是如何？科士达对此有不少记载。据其回忆录，李鸿章对遇刺的反应是惭怒交集。当晚，他向科士达抱怨道，田贝、施阿兰与其他很多人曾向他保证此行不会有危险，"现在你看怎么样了？"第二天，二人又有一次长谈，李鸿章连连哀叹自己名声扫地。科士达认为："他既不担心性命，也不忧虑伤情，挂在他心头的是：他，世界最伟大的帝国的最伟大的人物，在光天化日之下被一介宵小之徒，一个普普通通的刺客，一个毫无地位与名望的人在一个异国城市的街头开枪打伤。"③李鸿章不念生

---

① 《陆奥外务大臣致伊藤总理大臣电》（1895 年 3 月 28 日上午 10 时 10 分发），《中日战争》续编第 10 册，第 336 页；JACAR Ref. B06150071100（第 55 画面），日清讲和条约缔结一件/休战定约（2.2.1.1-3），日本外务省外交史料馆藏。

② 《陆奥外务大臣致陆奥翻译官电》（1895 年 3 月 27 日上午 9 时 10 分发），《中日战争》续编第 10 册，第 324 页。

③ John Watson Foster：*Diplomatic Memoirs*，vol.2，pp.133—134.

死，只重令誉，确是气度不凡。然而他更应该想到的是，他的遇刺不啻是从天而降的谈判筹码。

科士达对此难辞其咎。他在回忆录中写道："中国的幕僚与随员们异常激动与恐慌，认为日本政府应当对这一凶行负责，至少是疏于防范。我尽力抚慰他们，劝告他们不要提出对日本政府的指控，因为它像任何一个中国人一样反对与谴责这一行径。"①作为一名曾经担任公使与国务卿的职业外交官，他本该充分意识到行刺事件的外交意义，建议利用它向日本政府施加压力。尽管他也认为事件对中国有利，但其态度仅是坐待日本人主动作出让步。接受过西方教育的使团幕僚罗丰禄、马建忠、伍廷芳的表现也令人失望，使团没有提出任何抗议。②在北京，对此事的反应也只是情绪上的，光绪"为之不怡良久"，翁同龢与恭亲王"相对愁绝"，仅此而已。③清政府没有对此作出任何指示。④

① John Watson Foster：*Diplomatic Memoirs*，vol.2，p.132.

② 马关议和后不到一年，李鸿章奉旨出使俄国。行前，其子李经述致函李鸿藻，表示了对马关议和时李鸿章随员能力的不满："经述私论，大抵通西学者皆所长在语言文字，而所短在忠义胆识。前赴马关盛选参佐，临事亦相率波靡。今则半系仍旧，半属滥竽，实为可虑。若止于聘问各邦，应对周旋，尚为末节。惟中朝自重邦交，彼族实求利益，即以俄论，帕米尔界事悬宕未结，万一加冕礼成之后该国请即派家严全权了此界务，译署亦此能曲从其请。家严衰年心思，深恐未能详细，随员又圆顿怯懦，无能作笔舌争者，大惧又蹈马关前辙。"见李经述致李鸿藻函，光绪二十二年正月十六日，《李鸿藻存札》第3函第2册，所藏档，甲70-2。就对李鸿章被刺事件的反应而言，李经述的讥评不无道理。

③ 《翁同龢日记》第6卷，第2833—2834页。

④ 《马关条约》签订后，李鸿藻的表弟姚学源致函李鸿藻，内称："合肥此去本即无可如何，忽有刺客施放洋枪一节，是最好一大转机。返躬自问，位极人臣矣，年届耄耋矣，功名富贵，无以复加矣。趁此翻腔，死生置之度外，即被彼族击死，重于泰山，名垂千古矣。不辱一身，即不辱君命。倘有不测，以（转下页）

这是中方在谈判中犯下的最大错误。

而李鸿章甚至因遇刺背负了更多的骂名。不久之后即有传言："闻其在倭为人狙击，亦串谋为之，伤亦捏饰，盖以欺朝廷而掩其通倭迹耳。"①

三月初三日上午，陆奥在李鸿章病榻前与之会晤，传达了天皇"可定立期限于某区域内应允"停战的旨意，并声称无论何时皆可开始谈判。②陆奥日后如此描述自己当时的心理活动与李鸿章的反应：

> 此时余对李鸿章如何回答颇为注意。若他心中正有如我等推测那般中止出使先行归国、更企外国强援之意，又或者如今不再将缔结休战条约视为最紧急要务，则其答辞中自会显出相关语气。他负伤未愈，脸部一半缠着绷带，绷带外仅露出的那只眼显露出非常欢喜之意，对我天皇仁慈圣旨表示感谢，并对余表示，虽说负伤未愈，不能赴会谈地点进行商议，但并不妨碍随时到他病床前进行谈判。③

（接上页）万国公法衡之，各国当同申义愤，必不容倭人如此无理。况真能如此倔强，彼亦必就权办理。计不出此，而竟委曲求全了事，殆亦有天意存焉。"见姚学源致李鸿藻函，光绪二十一年四月十三日，《李鸿藻存稿（外官禀）》第1函第2册，所藏档，甲70—10。该函仅署"十三日"，日期为我推定。姚学源以一介商人能够意识到刺杀事件是谈判的一大转机，可谓难得。这是我见到的惟一一条时人此类意见。

① 《李超琼日记（元和—阳湖—元和）》，第244页。
② 《陆奥外务大臣致李鸿章函》，《中日战争》续编第10册，第337页。
③ 陆奥宗光：《蹇蹇录》，第223页。这段文字系原稿表述，后被删改，见同书第146页。

日方同意停战，显然给了李鸿章一颗定心丸。当天，他向天津打了一个电报：如果家眷还没有出发，可以不用走了。[①]而他没有想到的是，他同意这个提案，更是让伊藤和陆奥心头的一块大石落了地。

图 18：井上胜之助在家信中随手勾绘的李鸿章像，可见其半边
面孔裹着绷带。采自《世外井上公伝》第 5 卷，第 54
页（原書房 1968 年版）。

---

① 《津门奉使纪闻》，《中日战争》第 1 册，第 159 页。张佩纶日记光绪二十一年三
月初四条亦有记载："仲彭（引者按：李鸿章之子李经述）电，廿八日倭阴遣刺
客以枪伤仪叟左颊，几蹈来歙、费祎之辙，阅之愤恨。顾仪叟续电云，虽伤不
碍，仍议停战，津眷如未行可缓云云。何其暇豫如此！"见张佩纶：《涧于日记》
第 4 册，台北：学生书局影印本，1966 年，第 2469 页。来歙，汉光武帝时名
将，征陇右时被公孙述政权派遣的刺客所杀。费祎，蜀汉名臣，被曹魏降将郭
循在宴会上刺杀。

　　当天下午四点半，陆奥将停战协定草案交与李经方。晚上八点，李鸿章向前来拜访的井上胜之助传达了若干修改意见，并于次日上午十点四十五分提交修正案。①

　　李鸿章希望修正的内容，最主要的一点是将台湾也包括在停战范围内，即实行全面停战。其余几点，则是停战线的划定、停战协定的传达、行文的措辞等次要问题。陆奥的策略是避重就轻，除了拒绝第一点外，其余修改一概接受。这一意见得到了伊藤的认可。②

　　三月初四日下午三点，陆奥携修改后的停战协定与李鸿章会谈。李鸿章仍欲争取全面停战，未能成功："顷陆奥所拟停战草约首款言明，除业经派往台湾、澎湖两处攻战外，其余均行停战。鸿力争一律停战，彼执不可，谓船与兵已早往，电报不通，势难禁止。因令改为奉天、直隶、山东地方停战，暂为保护京师、沈阳之计。"③"奉天、直隶、山东地方停战"的措辞，较"除台湾、澎湖外均行停战"于清政府的面子上要好看些。但这样一来，日本在理论上可以出兵攻击奉、直、鲁以外的省份，尽管日后并没有利用这个漏洞。

　　最终签署的停战协定内容如下：

① 《科士达日记》，《中日战争》续编第 6 册，第 622 页；《陆奥外务大臣亲手交给李鸿章》《清国讲和全权大臣致日本讲和全权大臣》，同书第 10 册，第 337—340 页。
② 《陆奥外务大臣致伊藤总理大臣电》（1895 年 3 月 28 日下午 11 时 50 分发）、《伊藤总理大臣致陆奥外务大臣电》（1895 年 3 月 29 日上午 2 时 30 分发）、《陆奥外务大臣手交李鸿章》，《中日战争》续编第 10 册，第 341—343 页。
③ 《寄译署》（光绪二十一年三月初四日亥刻），《李鸿章全集》第 26 册，第 87 页。

第一款　大日本帝国、大清帝国政府现允日中两国所有在奉天、直隶、山东地方水陆各军，均确照以下所定停战条款一律办理。

第二款　两国军队应遵该约暂行停战者，各自须驻守现在屯扎地方，但停战期内不得互为前进。

第三款　日中两国现约在停战期内，所有两国前敌兵队，无论或攻或守，各不加增前进，并不添派援兵及加一切战斗之力，惟两国如有分派布置新兵非遣往前敌助战者，不在此款之内。

第四款　海上转运兵勇军需，所有战时禁物仍按战时公例，随时由敌船查捕。

第五款　两国政府于此约签定之后，限二十一日期内确照此项停战条约办理，惟两国军队驻扎处所有电线不通之处，各自设法从速知照两国前敌各将领，于得信后亦可彼此互相知照立即停战。

第六款　此项停战条款约明于明治二十八年四月二十日即光绪二十一年三月二十六日中午十二点钟届满，彼此无须知会。如期内和议决裂，此项停战之约亦即中止。①

由于约定次日签字，李鸿章已来不及发电请旨，他在当日致总署电文中的态度不是请示，而是报告。至于台澎不在停战范围内一事，

---

① JACAR Ref. B06150071100（第74—79画面），日清講和条約締結一件/休戦定約（2.2.1.1-3），日本外务省外交史料馆藏。

他建议清政府考虑之前将台湾抵押给英国商人的建议（下章第三节将详述）。①三月初五日中午十二点半，陆奥拜访李鸿章，共同签订停战协定。②

台湾不停战，对中方的军事与外交极为不利，论者常以此指责李鸿章。然而应当看到，局部停战也是议和谈判中的常见现象。以普法战争为例，1871 年 1 月 31 日双方停战，但法国东部的科多尔（Côte-d'Or）、杜（Doubs）、汝拉（Jura）三省以及普军重围中的贝尔福要塞除外。结果，在这三省的法军或退入中立地域，或被解除武装，已顽强抵抗数月的贝尔福亦落入普军手中。③

清政府次日上午得到了签约的消息，并回电表示承认，同时嘱咐"惟议和条款到时，李鸿章务当详审斟酌，设法尽力磋磨，总期必成而后已，不可畏难避谤，于半途致误大局"。至于抵押台湾一事，则表示已作罢论。④翁同龢得知台湾不停战，极为愤懑。他在军机处见到致李鸿章电旨草稿，认为"语多未惬"，与李鸿藻一起力争，删去数语，然而终究还是不满意。他激愤地写道："秉笔者直欲以海疆拱手让人耳，可恨可恨。"⑤如果由翁同龢作主，他显然倾向于不批准这一协定。

另一方面，在某些日本人眼中，这样的协定却是太客气了。协

①　《寄译署》（光绪二十一年三月初四日亥刻），《李鸿章全集》第 26 册，第 87 页。
②　《科士达日记》，《中日战争》续编第 6 册，第 622 页。
③　《千八百七十年千八百七十一年独仏戦史》第 9 卷，第 163 页；第 9 卷附录，第 182—183 页；第 10 卷，第 68—69 页。
④　《译署来电》（光绪二十一年三月初七日巳刻到），《李鸿章全集》第 26 册，第 89 页。
⑤　《翁同龢日记》第 6 卷，第 2835 页。

定签字的第二天，几名在马关的政客联名致函伊藤、陆奥，抱怨停战三周"实为过当之恩惠"。函中写道，停战姑且不论，"对清之政策，舆论已有定论，庙议亦必有定论。此一定之政策，决不可为细故而有所改动"。①他们担心，由于李鸿章被刺，伊藤和陆奥会在谈判桌上作出进一步的让步。

事实证明，他们过虑了。

三、议和条件的公布

日方的索价

停战协定签字一个多小时后，李鸿章致函伊藤、陆奥，要求获知议和条件，并于本日或次日继续会谈。②

翌日下午两点半，伊藤偕海军大臣西乡从道拜访李鸿章。③不过，西乡在会谈中几乎未曾开口。他来访的目的应该只是礼节性的，因为此前中日《天津条约》谈判时他与李鸿章在天津有过会

① 《伊藤博文関係文書》第 9 卷，第 110—111 页。又可见《伊藤博文文書》第 19 卷，第 301—303 页，该件旁注"在马关递出后即被退回"。亦可见河野广中関係文書，書類の部，505，日本国立国会图书馆宪政资料室藏。致函者为堀越宽介、柏田盛文、藤田达芳、肥塚龙、小松三省、河野广中。此六人皆为众议员，其中柏田和河野隶属国民协会，肥塚隶属立宪改进党，小松隶属立宪自由党，堀越与藤田无所属。三月初八日，堀越、藤田两人又致函伊藤，对前函被拒一事表示不满，并再劝伊藤接受己方意见，见《伊藤博文文書》第 19 卷，第 306—308 页。

② 《科士达日记》，《中日战争》续编第 6 册，第 623 页；《李鸿章致日本讲和全权大臣函》（1895 年 3 月 30 日接到），同书第 10 册，第 345 页。

③ 本次会谈未见中方记录，日方记录见《訪問記話》，《伊藤博文文書》第 19 卷，第 271—290 页。

面，其同僚榎本武扬（曾任驻华公使）也托他代为慰问。

双方在病榻前谈话约一小时，这是李鸿章被刺之后与伊藤的首度会面。客套过后，李鸿章再次重申"望阁下早一日宣示平和条件是幸"。而伊藤先以李鸿章需要静养为由推托，然后又转换话题，提出一个建议：奏请将李经方升格为全权大臣，负责谈判细节，重大问题则仍与李鸿章谈判，以便从速了结。为此，伊藤还示惠地表示李经方的全权证书可破例由电报传达。①

对这个建议，李鸿章虽然含糊其辞，但显然并不反对："阁下之恩谕，不胜感谢之至。然如阁下所知，经芳〔方〕为余子，若奏请代余为全权大臣，殚于我国之感情……阁下如斯之关照，如由阁下经由驻北京美国公使田贝氏经总理衙门上达，我皇帝必听纳也。"

李经方，字伯行，号端甫，李鸿章四弟李昭庆之子，被李鸿章过继为嗣长子。甲午战争爆发后，他所受言路攻击之多，可以排在淮系集团人物的前几位。在言官们列出的诸多罪状中，最吸引眼球的一条是说他与日本人有姻娅之亲。有人说，他当了日本人的赘婿。有人说，他认天皇之女为义女，又欲聘作儿媳。还有人说，他娶了天皇的外甥女。②众口相传，这顶"东洋驸马"的帽子是摘不掉了。

---

① 伊藤曾亲笔写下一张便条（日期不详），表示希望清政府授予李经方与李鸿章相同的全权，可由美国公使以电报通知，见《〔李经芳全権問題〕》，伊藤博文関係文書（その1），書類の部，132，日本国立国会图书馆宪政资料室藏。

② 《江南道监察御史张仲炘奏陈北洋情事请旨密查并请特派大臣督办天津团练折》（光绪二十年八月初九日），《清光绪朝中日交涉史料》卷19，第25页；《洪良品奏李鸿章在日本有商号资本并与倭王情意亲密片》（光绪二十年八月二十日），同书卷20，第17页；《御史安维峻奏权臣之子李经芳擅作威福请置重典折》（光绪二十年十月二十三日），《中日战争》续编第1册，第576页；《候补道易顺鼎奏为倭不足畏权臣误国不可姑容请严办李鸿章父子折》（光绪二（转下页）

　　光绪廿年间，李鸿章侄子系东洋国的副（驸）马，叫东洋造反。东洋在高丽通商，叫高丽造反。[1]

这就是后来天津百姓对甲午战争起因的理解。掌故名家徐仁钰（一士）对此有条很有意思的评论："天朝男子，被外国招为驸马，小说戏剧中常有之，流俗所耳熟能详者，于是经方亦援例见谓日本驸马。"[2]

　　李经方走的仕途道路是时人所谓的"鬼使"，即驻外使节：光绪十二年任驻英参赞，光绪十五年回国参加会试未中，次年出任驻日公使，两年后丁忧开缺。他早年立志学习英文，起初大约惮于当时的保守风气，瞒着嗣父。而同样在学习英文的曾纪泽对这位世侄很有惺惺之感，劝李鸿章延师教授。此时，他的英语已经说得相当流利。[3]在当时的达官子弟中，这一点极为罕见。谈判过程中，李经方的英语能力与出使经验对李鸿章应当是很有用的帮助。

（接上页）十一年四月初八日），同书第 3 册，第 214 页；安维峻：《请诛李鸿章疏》（光绪二十年十二月初二日），杨效杰校点：《谏垣存稿》，兰州：甘肃人民出版社，1991 年，第 118 页。

[1]　王火选辑：《义和团文献》，中国社会科学院近代史研究所《近代史资料》编辑组编：《义和团史料》上册，北京：中国社会科学出版社，1982 年，第 4 页。

[2]　徐一士：《谈李经方》，《国闻周报》第 11 卷第 44 期，1934 年，第 2 页。

[3]　曾纪泽日记光绪四年九月十七日（1878 年 10 月 12 日）载："与李伯行一谈。伯行聪慧绝人，从朱静山及白狄克学英文英语，甫期年，已能通会，再加精进，必可涉览西书新报之属矣……伯行志意专笃，手操铅笔，口诵话规，孜孜不倦。初时甚自隐秘，惟余与吴艺甫知之，近日李相始有所闻。余劝相国因延师而教之，以成其志。"见喻岳衡点校：《曾纪泽遗集》，长沙：岳麓书社，1983 年，第 341—342 页。朱静山，名格仁，毕业于广方言馆、同文馆，时任北洋大臣公署翻译官。白狄克，即洋员毕德格。关于李经方此时的英语水平，见《科士达外交回忆录》，《中日战争》第 7 册，第 476 页。

图 19：李经方像。采自《日清戦争実記》第 27 编扉页。

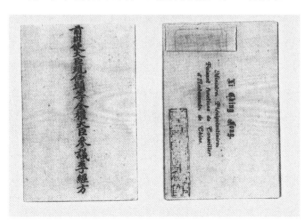

图 20：李经方当时使用的名片，正面为中文，反面为法文。采自《李鸿章宛 自由党衆議院議員見舞状》，河野広中関係文書，書類の部，505，日本国立国会图书馆宪政资料室藏。

李鸿章向伊藤要求，即使任命李经方，之前亦应宣布议和条件。对方则依然竭力推搪，表示首先应当议定谈判程序。为此，双方决定明日由李经方与陆奥谈判这一事宜，会谈到此大体结束。另外，李鸿章从伊藤口中得知澎湖已然失陷。

三月初七日上午十点，第四次会谈仍在春帆楼重开。①寒暄之后，陆奥首先对李经方透露："关于阁下自己，伊藤伯爵昨日已进行密议，阁下想已知晓。就此事已尽快经由美国公使向北京政府发出电报，今明两日之内必可接到复电。"

陆奥所指是日方建议升李经方为全权大臣一事。三月初六日晚上，陆奥致电林董，让他托谭恩向北京发电："尽管李鸿章正日渐康复，仍忍受不幸事件之伤痛，故有导致延迟谈判之可能。为便于谈判，日本政府建议，李鸿章之子李经方参议现在此，可与李鸿章一起做为全权大臣。"②

如前日所议，此次会谈的主要内容是确定谈判程序。陆奥提出，尽管议和条件的大体纲要仅有四条（即朝鲜自主、割地、赔款、商业要求），但具体条款多达十余条，因此主张逐项谈判，即"提出一条款，便先商议此条款，暂不涉及其他条款"。不消说，这种方式会让中方难以把握全局，而便于日方步步为营。李经方自然认识到了这一点，力主见到全部条件之后再开始谈判，因此与陆奥

---

① 本次会谈未见中方记录，日方记录见《会見要録 第四回》，《日本外交文书》明治期第 28 卷第 2 册，第 400—405 页。另可参见孙克复：《甲午中日战争外交史》，第 203—211 页。

② 《陆奥外务大臣致林外务次官电》（马关 1895 年 3 月 31 日晚 7 时 20 分发），《中日战争》续编第 10 册，第 327 页；《美署中日议和往来转电节略》，同书第 6 册，第 611 页。

反复争辩。他的态度非常坚决，还征引了古希腊哲学理论用作论据："欧几里得有云，大凡事物，皆由各个部分组成，故不从大体通盘考虑，无以决定各部。和平条约更是如此，各部互相牵连，若不通阅全篇，无法就一条一项表达意见。"这堪称中方在谈判中少有的精彩辩论。有论者认为，日方建议任命李经方为全权大臣，是因为他的威望不如乃父，容易下手。但事实证明，小李并不比老李好对付。最后，陆奥作出让步，同意一次开出全部条件。两人商定日方当晚提出条件，中方在三或四日内作答。

稍后，李经方持李鸿章信函再次拜访陆奥，表示乃父同意当天阅看议和条件，并于四天之内回复。于是，日方于两点二十分送来了包含日、中、英三种文本的议和条件。①

如第四章第三节所述，这一版本的议和条件与《媾和条约》（三）完全相同。其汉文本全文如下：

大日本国皇帝陛下及大清国皇帝陛下为订定和约，俾使两国及其臣民重修平和共享幸福，且杜绝将来纷纭之端，大日本国皇帝陛下特简……，大清国皇帝陛下特简……为全权大臣，彼此较阅所奉谕旨，认明均属妥善无阙，会同议定各条款，开列于左：

第一款　清国认明朝鲜国确为完全无缺之独立自主，故凡有亏损独立自主体制，即如该国向对清国所修贡献典礼等，嗣

① 《李鸿章致日本讲和全权大臣函》（二通），《中日战争》续编第 10 册，第 345—347 页。科士达则记载日方议和条件于三点二十分送来，见《科士达日记》，同书第 6 册，第 623 页。

后全行废绝。

第二款 清国将管理下开地方之权，并将该地方所有堡垒、军器、工厂及一切属公物件永远让与日本国。

第一 下开划界以内之盛京省南部地方：

从鸭绿江口起溯该江流以抵三叉子，从此向迤北画一直线抵榆树底下，从此向正西画一直线以抵辽河，从该线与辽河交会之限起顺该河流而下以抵北纬四十一度之线，再从辽河上划限起顺此纬度以抵东经一百二十二度之线，再从北纬四十一度东经一百二十二度两线交会之限顺此经度以至辽东湾北岸。

在辽东湾东岸及黄海北岸属盛京省诸岛屿。

第二 台湾全岛及所属诸岛屿。

第三 澎湖列岛即散在于东经一百一十九度起至一百二十度北纬二十三度起至二十四度之间诸岛屿。

第三款 前款所载及粘附本约之地图所划疆界，俟本约批准交换之后，两国应各选派官员二名以上为公同划定疆界委员，就地踏勘确定划界。若遇本约所订疆界于地形或治理所关有碍难不便等情，各该委员等妥为参酌更定。

各该委员等当从速办理界务，以期奉委之后限一年竣事。但遇各该委员等有所更定划界，两国政府未经认准以前，应据本约所定划界为正。

第四款 清国约将库平银三万万两交日本国作为赔偿军费。该赔款分为五次交完，第一次交一万万两，嗣后每次交五千万两。第一次应在本约批准交换后六个月之内交清，所余四次应与前次交付之期相同或于期前交付。又，第一次赔款交清后，未经交完之款应按年加每百抽五之息。

第五款　本约批准之后限二年之内，日本国准清国让与地方人民愿迁居让与地方之外者任便变卖所有田地退去界外，但限满之后尚未迁徙者，酌宜视为日本国臣民。

第六款　日清两国所有约章，因此次失和自属废绝。清国约俟本约批准交换之后，速派全权大臣与日本国所派全权大臣会同订立通商行船章程及陆路通商章程。其两国新订约章，应以清国与泰西各国现行约章为本。又，本约批准交换之日起，新订约章未经实行之前，所有日本国政府、官吏、臣民及商业、工艺、行船船只、陆路通商等，与清国最为优待之国礼遇护视一律无异。

清国约为下开让与各款，从两国全权大臣画押盖印日起六个月后方可照办。

第一　现今清国已开通商口岸之外，应准添设下开各处，立为通商口岸，以便日本国臣民往来侨寓，从事商业、工艺、制作等。所有添设口岸，均照向开通商海口或向开内地镇市章程一体办理，应得优例及利益等亦当一律享受。

一、直隶省顺天府

二、湖北省荆州府沙市

三、湖南省长沙府湘潭县

四、四川省重庆府

五、广西省梧州府

六、江苏省苏州府

七、浙江省杭州府

日本国政府得派遣领事官前开各口驻扎。

第二　日本国轮船得驶入下开各口，附搭行客，装运货物。

一、从湖北省宜昌溯长江，以至四川省重庆府。

二、从长江驶进洞庭湖溯入湘江，以至湘潭县。

三、从广东省城溯西江，以至梧州府。

四、从上海驶进吴淞江及运河，以至苏州府、杭州府。

日清两国未经商定行船章程以前，上开各口行船务依外国船只驶入清国内地水路现行章程照行。

第三　日本国臣民运进清国各口一切货物，随办理运赀之人若货主之便，于进口之时若运进之后，按照货物原价输纳每百抽二抵代税。所到地方，勿论政府官员、公举委员、私民公司及有何项设立之名目，为何项利益，有所课征抽税、钞课、杂派一切诸费，勿论其根由名目若何，均当豁除。

日本国臣民在清国所购之经工货件若自生之物，一经声明系为出口以至由口岸运出之时，除勿庸输纳抵代税外，亦照前开所有抽税、钞课、杂派一切诸费均当豁除。又，日本国船只装载清国内地所需清国经工货件若自生之物运贩清国通商口岸，一经输纳口岸通商税钞，除勿庸输纳进出口税外，亦照前开所有抽税、钞课、杂派一切诸费均当豁除。但逐时所订洋药进口章程与此款所定毫不相涉。

第四　日本国臣民在清国内地购买经工货件若自生之物，或将进口商货运往内地之时，欲暂行存栈，除无庸输纳税钞派征一切诸费外，得暂借栈房存货，清国官员勿得从中干预。

第五　日本国臣民在清国输纳税钞及规费，可用库平银核算外，亦得以日本国官铸银元照公定之价输纳。

第六　日本国臣民得在清国任便从事各项工艺制造，又得将各项机器任便装运进口，止交所订进口税。

第七　清国约博采专门熟练者之说，务速疏浚黄浦江口吴淞沙滩，虽在落潮时亦须足二十幅深，永勿任其阻塞。

若遇上开让与各节内有更须订定章程者，应于本款所定通商行船约章内备细载明。

第七款　日本国军队现驻清国境内者，应于本约批准交换之后三个月内撤回，但须照次款所定办理。

第八款　清国为保明认真实行约内所订条款，听允日本国军队暂行占守下开各处：

盛京省奉天府

山东省威海卫

日本国查收本约所定应赔军费第一第二两次之后，撤回占守奉天府军队。末次赔款交完之后，撤回占守威海卫军队。但通商行船约章未经批准交换以前，日本国仍不撤回军队。

第九款　本约批准交换之后，两国应将是时所有俘虏尽数交还。清国约将由日本国所还俘虏并不加以虐待若或置于罪戾。

清国约将认为军事间谍或被嫌逮系之日本国臣民即行释放，并约此次交仗之间所有关涉日本国军队之清国臣民概予宽贷，并饬有司不得擅为逮系。

第十款　本约批准交换日起应按兵息战。

第十一款　本约奉大日本国皇帝陛下及大清国皇帝陛下批准之后定于明治二十八年　月　日即光绪二十一年　月　日交换。

为此，两国全权大臣署名盖印，以昭信守。

明治二十八年　月　日即光绪二十一年　月　日于下关缮写二分。①

几个小时后，李鸿章两次致电总署，报告了草案内容与初步对策。第一电报告了第一、二、三、四、五、七、八、十款，包含了干系最大的几项内容。对此，科士达建议择要告知列强，意在谋求干涉：

> 科士达拟请总署密告英、俄、法三公使，现日本已将和局条款出示，其最要者：一、朝鲜自主；二、奉天南边各地、台湾澎湖各岛尽让与日本；三、赔兵费库平银三百兆两。查日本所索兵费过奢，无论中国万不能从，纵使一时勉行应允，必至公私交困，所有拟办善后事宜，势必无力筹办。且奉天为满洲腹地，中国亦万不能让。日本如不将拟索兵费大加删减，并将拟索奉天南边各地一律删去，和局必不能成，两国惟有苦战到底。以上情节，并祈详密告三国公使。至日本所拟通商新约详细节目，一时务乞勿庸告知各国，恐见其有利可沾，彼将协而谋我云云。②

---

① JACAR Ref. B06150071500（第14—28画面），日清講和条約締結一件/講和条約ノ一（2.2.1.1-4_001），日本外务省外交史料馆藏。
② 《寄译署》（光绪二十一年三月初七日酉刻），《李鸿章全集》第26册，第89—90页。

第二电报告了第六、九两款。对于第六款中的一大堆商业要求，李鸿章已在前电中评论道："鸿按第六款重订通商新约节目甚多，并添开口岸北京、沙市、湘潭、重庆、梧州、苏州、杭州七处，皆各国多年愿望不可得者。"其意显然不欲答允。不过，他似乎自认无法把握问题要害，因此在此电中请求清政府核夺："请饬总署迅速酌核应准应驳之处，或摘要密商赫德速复，但令不得告知各使。"至于无关痛痒的第九款，他认为"此条似可酌准"。①

日本的议和条件，至今已是图穷匕见。这一天，身在北京的翁同龢还没有见到这些内容，而他在日记中写下了不祥的一笔："是日，钦天监奏，初五日酉正一刻有流星大如盏，赤色，自招摇抵车府触造父，占云招摇主有兵，车府主外寇内侵，客胜于主，造父主奉御不安其职云云。"②

中方的还价

目睹如此苛刻的条件，而自己要在此基础上谈判，李鸿章的心情可想而知。科士达写道："总督因条件苛刻，甚觉委顿沮丧，似乎对于协议感到绝望。我对他坚决主张，情形决非绝望，某些要求可作合宜的答复。我又说，我相信能够强制日本人依据自己的正义感并顾忌西方各国的良好意见而作重要的修改。他似乎略受我有自信的口气所鼓舞，并指示我预备一篇回文，作为他对日方备忘录的

---

① 《寄译署》（光绪二十一年三月初七日戌刻），《李鸿章全集》第 26 册，第 91—92 页。
② 《随手记》，《翁同龢集（增订本）》第 4 册，第 1821 页。

答复。"①

三月初九日（4月3日），科士达将起草的复文交给李鸿章，对方稍微修改字句之后，便予以接受。②这篇复文将日方议和条件归为四点，逐一回应。③

第一点，"朝鲜自主"。此前清政府托列强调停之时已同意这一条件，因此复文没有驳回，只是要求日本也应该承认朝鲜自主，并相应修改条约行文。

第二点，"让地"。如前所述，这是清政府最难以接受的要求，复文在此自然要极力驳诘。首先引用日方约稿序文中的"两国订定和约，俾两国及其臣民杜绝将来纷纭之端"一句，指出割地的要求会让两国永结仇怨，进而提议："日本如果不负初心，自可与中国将此约稿第二款并以下所指各款，酌量更改，成为一永远和好，彼此援助之约，屹然为亚洲东方筑一长城，不受欧洲各国之狎侮。"

值得注意的是，复文在此特别指出奉天是清朝的发祥之地，且临近京师，因此不容割弃，对台湾则未置一词。此前，李鸿章在电奏中亦曾提到科士达主张"奉天为满洲腹地，中国亦万不能让。日本如不将拟索兵费大加删减，并将拟索奉天南边各地一律删去，和局必不能成，两国惟有苦战到底"。联系起来看，科士达没有明说的话似乎是：如果万不得已，可以允许割让台湾。科氏背后的李鸿

---

① 《科士达外交回忆录》，《中日战争》第7册，第476—477页。
② 《科士达外交回忆录》，《中日战争》第7册，第477页；《科士达日记》，《中日战争》续编第6册，第623页。
③ 《四月五日清国媾和全権ヨリ日本媾和全権宛》，《日本外交文书》明治期第28卷第2册，第335—339页；《复伊藤陆奥和约底稿说帖》（光绪二十一年三月十一日），《李鸿章全集》第36册，第66—70页。

章，对此隐然已有默许之意。毕竟，他在出使之前已经明白，日本人不割占土地是不会收手的。

第三点，"兵费"。复文首称开战罪责不在中国，论理不应赔偿军费。然而，赔款是早在调停之时清政府已经同意的条件，因此复文只在数额上讨价还价。其一，只同意支付清政府允诺朝鲜自主之前的军费："据日本声称，此次战争，日本之意在于欲令朝鲜自主。然中国于上年十月二十五日业经声明愿认朝鲜自主，是纵使勒令中国赔偿兵费，亦只应算至中国声明愿认朝鲜自主之日而止，过此不应多索。"其二，指出制定赔款数额时应该考虑中国财力能否胜任，接下来大段论述清政府财政支绌的情况，尤其是战时举借大量外债，难以偿还。其三，认为日本所索数额远超实际军费支出，估计日本迄今为止的军费不会超过一亿五千万元。其四，主张日本在战争中缴获的物资应在赔款中折价扣除。其五，反对将赔款计息。

第四点，"通商权利"。这是议和条件中最为纷繁的一项。复文首先声明，此款"情节极为繁重，非一时所能遍加考核。以下所陈各节，只照现时所见得及者而言，随后自应酌商增改"，为后续谈判预留地步，接下来对若干条款作了初步表态：

第六款中首先要求以中外现行条约为蓝本签订新约，复文对此表示同意，但要求"惟开端应将两国优待彼此相同一句叙入"，即争取对等的最惠国待遇。[①]

第六款第一项的新开口岸，第二项的内河通航，复文表示"现

_____

① 多有论著将此句与下句粘连，断作"惟开端应将两国优待彼此相同一句叙入第一条"，误。

请暂缓作复"，显然是在等待总署回电。

第三项罗列了三点要求，前两点是关于抵代税（即子口税）的，日本原本并不享受这一经济特权。①根据这两项，日商对华出口的货物享有子口税特权，税额值百抽二（较旧有税额减低了0.5%）；日商进口的华货，免缴子口税与一切税钞。复文反驳道，日本既然索取巨额赔款，那么不仅不应该壅塞中国的财源，还应该为中国代筹开源之法。与其减税，不如加税。而且，这些条款隐然暗示，由中国商人经手的日货亦可享受这些待遇。于是，复文在此花了大量笔墨加以驳斥，指出"至洋货一经进口，卖与华人之后，尚欲令其免纳一切税钞，此为各国公使久在北京历年要求而不得者，盖所请并无公道故也"，并引用英国蓝皮书的记载论证这一要求的无理，主张"只令洋货在洋商之手时，方行免厘"。此外，第三项还要求日本船只将华货运至中国通商口岸时只纳口岸税，复文对此并未表态。

第四项要求日商享有在中国内地暂借栈房存货之权。复文认为"无论是否公道，即以办事谨慎而言，亦未见其得计"，意在回绝。

第五项要求日本银元有权在华流通，复文未作表态。

第六项要求在中国从事制造业，这也是列强谋求已久而未能如愿的利益。②复文指出"中国如准洋商在华造土货，势必尽夺小民

① 翟后柱：《晚清海关子口税的起源和发展》，戴一峰主编：《中国海关与中国近代社会：陈诗启教授九秩华诞祝寿文集》，厦门：厦门大学出版社，2005年，第240页。

② 关于这一项的经济史意义，日本学者有较为集中的讨论，而少见国内学界征引，故在此作一简介。波多野善大先生认为，这一项与日本资本主义的发展并没有必然联系，日方并非希望如列强一样进行资本输出，而是因需要棉花（转下页）

生计，于华商所设制造厂所极有妨碍，国家自不能不出力保护。此事关系中国经久章程，各国共同之争，不能因一时战争遽行更改也"。该项还要求运送机器进口时只纳进口税，复文也因妨害中国制造业为由予以拒绝。

第八款（第七款亦与此相关）规定中日新约签署之前，日本不从占领地撤军。复文表示此条"既不公道，又属过虑"，认为有第六款中的"本约批准交换之日起，新订约章未经实行之前，所有日本国政府、官吏、臣民及商业、工艺、行船船只、陆路通商等，与清国最为优待之国礼遇护视一律无异"一句已可作保。

这些回应并未涵盖日方的全部要求。复文对此解释道："至关系稍轻之款，并未逐细作复者，诚以四大端彼此意见如果相同，其小节细目自可随时相商。"

复文最后恳求日方不要苛索过甚，以致伤及未来邦交：

（接上页）而希望在华设立缫丝厂，资本输出只是形式上的。该项条件在当时对日本工业的发展并无助益，反而因给列强带来同等权益而产生了阻碍。见波多野善大：《下関条約第六条第四項の成立した背景について》，《近代中国研究》第 1 号，1958 年，该文收入氏著：《中国近代工業史の研究》，京都：東洋史研究会，1962。中塚明先生对此予以反驳，认为设立缫丝厂不能说只是形式上的资本输出，更指出日方提出该项条件的主要原因是希望借此博得列强（尤其是英国）的支持。见中塚明：《下関条約論》，《奈良女子大学文学会研究年報》第 10 号，1966 年。本野英一先生则着重利用英国外交部领事报告（F.O.228）论述了英国在华企业与国内（包括印度）棉业资本的对立以及由此引起的上海领事与驻华公使的意见分歧，由此认为第六款第四项并非源于英国唆使，并指出由于厘金制度的影响，外国人利用此项内容经营工厂也并非易事。见本野英一：《下関条約第六条第二項第四問題再考—イギリス側史料を中心として—》，《中国近代史研究》第 7 号，1992 年。

　　本大臣尚有一言，效其忠告，惟贵大臣恕而听之。本大臣回溯服官中外近五十年，现在自顾晚景无多，致君泽民之事恐终于此次之和局，所以极盼约章一切妥善，毫无流弊，两国政府从此永固邦交，民生从此互相亲睦，以副本大臣无穷之愿望。今和局将次议成，两国民生、后来数世之造化命运皆在两国全权大臣掌握之中，故宜遵循天理，以近今各国大臣深谋远虑之心为师法，而保两国民人之利益福泽，方能克尽全权大臣之职分。日本现在国势已甚强盛，而人才众多，尤为方兴未艾，今日赔费数目或多或少，今日思得兵力所到之地以增幅员或广或狭，皆属无关紧要，至于中日两国官民日后或永远和好，或永远雠仇，则有关于日本之国计民生者甚大，不可不深思而熟虑之也。本大臣为中国头等全权大臣，自能代中国决计，与日本全权办理大臣订一周密完善、永远和睦之约章，俾将来嫌隙无从而生，衅端无从而起，如此和局订约者不但不遭后人之唾骂，亦且与有光荣，庶东方两大国百姓日后永远和睦，彼此相安，福泽绵长，实基于此，望贵大臣熟思而图利之。

"本大臣回溯服官中外近五十年，现在自顾晚景无多，致君泽民之事，恐终于此次之和局，所以极盼约章一切妥善，毫无流弊"这一句，我起初以为是李鸿章自己修改的手笔。读了科士达的回忆录才知道，这仍是揣摩雇主心意的科氏所作。这可以看作是李鸿章的私人请求：如果签订一份极为屈辱的条约，他的政治生命与身后名节势必难保。这一句，确实写到了李鸿章的心坎上。科士达记载，当李鸿章读到复文的结尾时，"他从长榻上起身，紧紧握住我的手，眼噙热泪，以最热诚的言辞感谢我如此细致地表达出他的真实情感"。①

对这份复文，陆奥评论道："此备忘录全文，缕缕数千言，笔意精到，仔细郑重，其所欲言者均已说透，不失为一篇好文章。但其立论往往有谬误之处，且尽力回避实际问题，一味概言东方大局之危机，论说日清两国之形势，赞扬日本国运的同时诉说清国内政之困难，犹如一边激动人心取悦于人，一边乞怜于人。从他目前所处之境地而言，却也是不得已之言辞。"②

当天，李鸿章致电总署，报告了复文大略。电文同时提到，"日外务状师德理生"（即外务省顾问端迪臣）拜访科士达，科氏嘱咐他劝伊藤、陆奥作出让步，而他密称："前伊藤见鸿伤重，驰往广岛求倭主暂行停战，而左右武员不允，伊与力争始准。至约内赔费、让地各节皆由武员力持，伊、陆不能强阻。空言开导，亦属无益。"李鸿章就此推测，"看来此事竟难结局"。③

同一天，清政府收到了李鸿章三月初七日报告日方条款的电报，并将其呈递。翁同龢得知条款之后极为愤懑。他即日片奏慈禧，"略言日本所欲太奢，索地偿款必须大加删减"。④而由于主持大局的恭亲王此时卧病，中枢这天并未对此进行商议。⑤

---

① John Watson Foster：*Diplomatic Memoirs*，vol.2，p.140，143.
② 陆奥宗光：《蹇蹇录》，第 152 页。
③ 《复译署》（光绪二十一年三月初九日未刻自马关发），《李鸿章全集》第 26 册，第 92 页。此后李鸿章对议和情况的报告以及中枢对此的决策过程，参见茅海建：《戊戌变法史事考二集》，第 31—36 页。
④ 《随手记》，《翁同龢集（增订本）》第 4 册，第 1822—1823 页；《翁同龢日记》第 6 卷，第 2836 页。
⑤ 恭亲王于三月初三日起请病假，此后一再续假，直至四月初八日方才销假，见茅海建：《戊戌变法史事考二集》，第 31 页。

另一方面，总署王、大臣当天按照科士达之前的建议拜访诸国公使，通告了主要的议和条件，表示清政府难以承受，请求列强劝说日本予以减轻。至于通商条款，只说明有此一项，而未透露具体内容。①而由于破译了中方的密电，日方亦已知道议和条件外泄。为了在列强面前保持主动，陆奥同日训令驻俄、美、英、法公使，要求他们将议和条件即朝鲜独立、割让辽东与台湾、赔款三亿两、"面向所有国家的新通商权益"（new concessions commercial in interest of all countries）通知给驻在国政府，但要装出日本只信任该国的模样（亦通知了驻朝公使井上馨，但未令其知会朝鲜政府），同时亦令林董向以上四国驻日公使通报。由于考虑到将德国除外可能使其不快，陆奥翌日又电令林董向德国驻日公使披露此事。陆奥特别要求通告清政府未曾透露的通商条款，打算用来吊列强的胃口。②

① 《欧格讷致金伯利电（第23号）》（1895年4月3日发，4月4日到）、《欧格讷致金伯利函（第118号）》（1895年4月4日发，5月31日到），《中日战争》续编第11册，第711—712、908—910页；施阿兰：《使华记》，第48—49页；《外交大臣马沙尔男爵致驻圣彼得堡代办齐尔绪基电》（1895年4月4日），《德国外交文件有关中国交涉史料选译》第1卷，第20—21页；Denby to Gresham, 4/4/1895, *American Diplomatic and Public papers*：*The United States and China*：*Series III*, *The Sino-Japanese War to the Russo-Japanese War*, *1894—1905*, vol.3, pp.260—263。

② JACAR Ref. B06150071500（第41—47画面），日清講和条約締結一件/講和条約ノ一（2.2.1.1-4_001），日本外务省外交史料馆藏；《陆奥外务大臣致驻俄西公使等电》（1895年4月3日发）、《陆奥外务大臣致林外务次官电》（1895年4月4日上午9时23分发，10时到）、《陆奥外务大臣致林外务次官电》（1895年4月4日下午6时57分发，8时20分到），《中日战争》续编第10册，第78—80、82—83页。陆奥称清政府将议和条件透露给英法俄三国，但其实还有美德两国。

列强终于看到了日本摊开的底牌。此后几日，各国外交首长与驻外使节频频晤谈，彼此试探。自战争爆发以来始终云山雾罩的议和条件一经披露，列强势必有所动作，议和也随之由双边谈判趋于复杂化。

列强的幕后运作

列强之中，德国最先开始策划共同行动。①三月初九日，德国驻英大使哈慈菲尔德（Paul Graf von Hatzfeldt-Wildenburg）拜访金伯利，表示德国非常愿意就中日会谈与英俄两国进行磋商，并希望尽可能地与有关列强一致行动。②

当时德国政府尚未正式得到议和条件的通报。但在前一天，日本驻德公使青木周藏拜访德国外交部参事米尔堡（Otto von Mühlberg），透露日本将索取辽东半岛。他同时怂恿，俄国已视东三省北部为囊中物，英国在觊觎舟山，而德国"完全有权在东南要求一省"。此前，他还对陆军大臣许伦道夫（Bronsart von Schellendorf）作出了同样的暗示。③青木的举动并没有得到外务省的授权，可谓大胆。在此时的日本驻外公使中，除了为控制朝鲜局势而屈尊出任驻朝公使的井上馨，他的资历最老，曾连任第一次山县内阁与

① 菲利浦·约瑟夫：《列强对华外交（1894—1900）——对华政治经济关系的研究》，第87—89页。
② 《金伯利致戈塞林函（第103号）》（1895年4月3日），《中日战争》续编第11册，第702页。
③ 《外部参事米尔堡的记录》（1895年4月2日），《德国外交文件有关中国交涉史料选译》第1卷，第19—20页。

第一次松方内阁的外交大臣，是陆奥的旧上司。或许是因为如此，他才敢这样自作主张。他的目的很明确：挑起德国对中国领土的贪欲，以求对割地要求的认可。①而德国人当时对这一要求表现得不动声色。青木按前述训令向德方通报议和条件之后电告陆奥："该政府未讲令人担忧的话。"②自开战以来，德国一直对干涉态度冷

① 青木之前曾于光绪二十年十月十三日（11月10日）拜访德国外交部，表示战争必须继续进行下去，并称战后日本将要求割地赔款，所割之地"可能包括岛屿"，这已经是个很露骨的暗示。他还激烈攻击英国是中国的庇护者。德国外交部副大臣罗登汉（Wolfram Freiherr von Rotenhan）感到，他想让德国做日本的庇护者，对抗支持中国的英国。但这完全是青木的个人行为。参见工藤章、田嶋信雄编：《日独関係史 一八九〇——一九四五》第1卷，第144—145页。第二天，青木致电陆奥称："要达到我等之目的，多处取决于我等在欧洲之行动，特别是在德国之行动。因此，如您已系统阐述最后之和平条件，请通知我。如此，我将向对我有利之方面行事。"见《驻德国青木公使致陆奥外务大臣电》（1894年11月11日），《中日战争》续编第9册，第449页。几天之前，青木亦曾建议陆奥将议和条件通知德国，见《驻德国青木公使致陆奥外务大臣函［电］》（1894年11月6日发，11月7日收），同书第443页。总之，青木作为一名公使，有着过强的自主性。纵观战时他给陆奥的电报，时时大谈自己的见解与策略，一副指导者的口吻。陆奥显然也感到了这一点。九月十三日，他曾发电告诫青木："关于清国事态，我相信您将不会采取任何行动或表示出任何态度，除非得到指示，以便使您自己不承担责任。"见《陆奥外务大臣致驻德国青木公使电》（1894年10月11日），同书第435页。而在三国干涉发生后，青木激烈抨击日本的外交失策，尤其摘没有按照他的意见感谢德国对日的"好意"，以致德国策动干涉，隐然将矛头指向陆奥，见青木周藏著，坂根義久校注：《青木周藏自伝》，東京：平凡社，1970年，第280—285页。在此应该指出，青木与陆奥此时的私交应该不是很好。四年前，大津事件发生后的某日，时任外务大臣的青木正要进宫为皇后祝寿，陆奥前来劝他引咎辞职。青木答以已有辞职的决心，但准备进宫拜谒最后一次。而陆奥不客气地说，既然决心辞职，就不该进宫，应从速递上辞呈。坂根义久先生指出，这是两人交恶的开始。见青木周藏：《青木周藏自伝》，第260—261、350页。

② 《驻德国青木公使致陆奥外务大臣》（1895年4月6日发，4月7日收），《中日战争》续编第10册，第87页。

淡。正因为如此，日本万万没有料到它后来会首倡干涉。①

　　如第三章第三节所述，德国对瓜分中国领土绝非毫不动心，但鉴于在东亚势力薄弱，对充当始作俑者持谨慎态度。三月初十日，外交大臣马沙尔致电本国驻英、俄、法使节，通报了议和条件，并表示割地要求"将使中国继续生存问题以及欧洲列强领土取得问题现实化"，因此有引起战争的危险。②十二日，马沙尔还致电哈慈菲尔德，指出"如果德国能办到减轻日本的条件，使该条件不能给任何欧洲国家一个为它自己夺取领土的口实，则对德国来说是一个最有利的结果"。③也就是说，德国打算进行干涉。

　　关于干涉，德国对俄国最抱期望。此前，两国已经交换了意见，达成双方在中日冲突中"利益一致"的共识。在三月初十日致驻俄代办齐尔绪基（Heinrich Leonhard von Tschirschky）的电报中，马沙尔指示他与俄国新任外交大臣罗拔诺夫（Лобáнов-Ростóвский Алексéй Борúсович）"坦白地详细讨论这问题"。④

---

① 陆奥宗光：《蹇蹇录》，第190页。关于甲午战争中德国对日态度的转变，参见工藤章、田嶋信雄编：《日独関係史　一八九〇——一九四五》第1卷，第146—157页；Rolf-Harald Wippich：*Japan und die deutsche Fernostpilitik 1894—1898：vom Ausbruch des Chinesisch-Japanischen Krieges bis zur Besetzung der Kiautschou-Bucht；ein Beitrag zur wilhelminischen Weltpolitik*，pp.95—128。

② 《外交大臣马沙尔男爵致驻圣彼得堡代办齐尔绪基电》（1895年4月4日）、《外交大臣马沙尔男爵致驻伦敦大使哈慈菲尔德伯爵电》（1895年4月4日），《德国外交文件有关中国交涉史料选译》第1卷，第20—21页；（德）福兰阁著，王光祈译：《三国干涉还辽秘闻》，上海：中华书局，1929年，第9页。

③ 《外交大臣马沙尔男爵致驻伦敦大使哈慈菲尔德电》（1895年4月6日），《德国外交文件有关中国交涉史料选译》第1卷，第22页。

④ 《外交大臣马沙尔男爵致驻圣彼得堡代办齐尔绪基电》（1895年3月23日）、《驻圣彼得堡代办齐尔绪基致外部电》（1895年3月25日）、《外交大（转下页）

在东亚利害关系更大的俄国，此时自然没有坐视。由于新沙皇尼古拉二世即位有日，罗拔诺夫也取代病故的基斯敬，于二月二十二日（3月18日）走马上任，俄国外交的领导层已经趋于稳定。三月十二日，罗拔诺夫上奏沙皇，认为日本占领辽东半岛威胁到了俄国利益。但因其他列强动向不明，他暂时只主张"非常友谊地对日本政府指出，旅顺口之占领将永远阻碍日本恢复对中国的良好关系及成为破坏东方和平的借口"。在同日的另一份上奏中，他探讨了俄国未来的外交政策，认为中国虽然是个最合适的邻居，但日本则是更适合联手对抗英国的盟友。此外，他还建议在中国北方取得一个不冻港，并兼并东北一部以便西伯利亚铁路的修筑。正如有论者指出的，他的这种主张"实质上是帝俄政府自第二次鸦片战争以来在远东外交政策领域中所实行的与列强勾结、趁火打劫侵吞中国边界领土的传统政策在新的历史条件下的表现"。①

三月十四日（4月8日），俄国向英、德、法三国建议"以友谊的方式"通知日本："日本并吞旅顺，将成为中日重建良好关系一个永久的障碍，并对东亚和平是个长远的威胁。"②这正是罗拔诺

（接上页）臣马沙尔男爵致驻圣彼得堡代办齐尔绪基电》（1895 年 3 月 27 日）、《外交大臣马沙尔男爵致驻圣彼得堡代办齐尔绪基电》（1895 年 4 月 4 日），《德国外交文件有关中国交涉史料选译》第 1 卷，第 17—21 页。

① 《外交大臣上沙皇奏》（1895 年 4 月 6 日）、《外交大臣上沙皇奏》（1895 年 4 月 6 日），《红档杂志有关中国交涉史料选译》，第 149—152 页；（苏）鲍里斯·罗曼诺夫著，陶文钊等译：《俄国在满洲》，北京：商务印书馆，1980 年，第 66—67 页；张丽：《折冲樽俎——维特远东外交政策研究》，北京：北京大学出版社，2011 年，第 51—53 页。

② 《外交大臣马沙尔男爵致驻圣彼得堡代办齐尔绪基电》（1895 年 4 月 8 日），《德国外交文件有关中国交涉史料选译》第 1 卷，第 24—25 页。

夫上奏中的主张。

　　是日，之前被清政府委以"中国驻欧洲特命全权公使"重任而未就的巴兰德就这一问题撰写了意见书，认为加入俄国提议对德国有利。在他看来，条约会让中国依赖日本，引发明显的经济变动。更重要的是，在亚洲与俄国合作将影响俄国的对德外交；而如果法国不加入干涉，俄法关系将发生动摇。鉴于 1892 年俄法结成了旨在防范德、意、奥三国的同盟，德国自然乐于见到两国关系疏离。此外，干涉令德国有可能从中国取得一个海军基地。德皇采纳了这一意见。当天，马沙尔致电齐尔绪基，表示将与俄国合作，要他通知罗拔诺夫。①

　　同日，英国内阁就此前德国的提议作出决定，拒绝参与干涉，并通告德、俄、法三国。②君塚直隆先生指出，在不久前的"格雷宣言"事件之后，以往倾向采取积极外交的罗兹伯里和金伯利已无法独自决定外交政策，而必须通过保守势力强大的内阁。在内阁会议上，不仅财政大臣哈考特等保守派仍然极力反对介入，连金伯利这次也偏向这一阵营。③这样的决定，实为势所必然。

---

①　《前驻中国公使巴兰德的节略》（1895 年 4 月 8 日）、《外交大臣马沙尔男爵致驻圣彼得堡代办齐尔绪基电》（1895 年 4 月 8 日），《德国外交文件有关中国交涉史料选译》第 1 卷，第 24—26 页。巴兰德之前已离开外交界，此时重新被聘为德国外交部顾问，见工藤章、田嶋信雄编：《日独関係史 一八九〇—一九四五》第 1 卷，第 154 页。

②　《驻伦敦大使哈慈菲尔德伯爵致外部电》（1895 年 4 月 8 日）、《驻巴黎大使默斯特伯爵致外部电》（1895 年 4 月 10 日），《德国外交文件有关中国交涉史料选译》第 1 卷，第 26—28 页；《金伯利致拉塞尔斯电（第 45 号）》（1895 年 4 月 8 日），《中日战争》续编第 11 册，第 720—721 页。

③　君塚直隆：《イギリス政府と日清戦争—ローズベリ内閣の内外政策決定過程—》，第 43—45 页。"格雷宣言"事件即英国外交副大臣格雷（Edward （转下页）

英国政府决意不参与干涉，是有其社会基础的。英国在华利益主要在东南沿海，俄国最为看重的割辽对其影响不大。政界与商界固然有人对割台较为关注，但还不足以令政府出面干涉。条约中的商业条款，则极受英国商人欢迎。此外，英国舆论从上年秋天起倾向于亲日，《泰晤士报》于三月十四日发表社论，认为日本的条件不是"独占性的"，主张实行不干涉政策。①

法国对干涉的态度又有所不同。外交部长哈诺托致电驻俄代理大使蒙得培罗（Gustave Lannes de Montebello）表示，辽东的割让与法国的利益没有直接关系，而最值得关心的是维系法俄同盟。为寻求两国协调行动，蒙得培罗提前结束休假回到圣彼得堡，与罗拔诺夫商谈此事。蒙得培罗表示，法国对日本攻占澎湖极为不满，并拟索取海南岛西北的小岛作为干涉的酬报。法国犹豫的关键在于英国拒绝加入，并担心它会站在日本一边。此外，时值割让阿尔萨斯、洛林二十五周年，法国舆论对与德国携手颇有微词，除非是列强共同参与的干涉。法国人还担心，英国保持中立将会赢得日本的市场，而法国将被疏远。为此，法国驻英大使库塞尔（Alphonse Chodron de Courcel）极力游说英国与法、俄携手。此外，法国还

（接上页）Grey）三月初三日在下议院擅自就埃及问题表态，引起财政大臣哈考特的强烈不满，与罗兹伯里、金伯利多次交涉。罗兹伯里最终保证，今后制定重要外交政策时应事先召开内阁会议。

① 菲利浦·约瑟夫：《列强对华外交（1894—1900）——对华政治经济关系的研究》，第91—92页；（英）杨国伦著，刘存宽、张俊义译：《英国对华政策（1895—1902）》，北京：中国社会科学出版社，1991年，第18—19页；（英）伯尔考维茨著，陈衍、江载华译：《中国通与英国外交部》，北京：商务印书馆，1959年，第212—216页。

打算把西班牙也拉进来，尽量扩大干涉的阵容。①

三月十八日（4 月 12 日），法国内阁决定加入干涉。②不过，哈诺托似乎仍有举棋不定之感。二十五日（4 月 19 日），他致电驻日公使哈尔曼（François-Jules Harmand），询问法国若加入干涉，日本将持何种态度。但在接到后者反对干涉的回电之前，他已经再度发电，表示法国原则上同意加入干涉。③

由此可见，法国对干涉的态度远较俄德两国游移，之所以加入，主要只是为了追随盟友俄国的脚步，这与德国的想法异曲同工。欧格讷给金伯利的报告称："法国公使，可以说所有在华法国人的态度都表明，他们在一切可能发生的突然事变中都急不可耐地与俄国保持一致，而且有理由相信这一策略得到了法国外交部的赞同。"④

德法两国对干涉的支持又反过来推了俄国一把。三月十七日（4 月 11 日），皇叔、海军元帅阿列克谢大公（Великий князь Алексей Алексáндрович）主持召开大臣会议讨论中日问题。会上罗拔诺夫首先报告，英国拒绝干涉，而德国相反，法国也表示愿与俄

① 《外交大臣上沙皇奏》（1895 年 4 月 14 日），《红档杂志有关中国交涉史料选译》，第 152—153 页；《金伯利致杜佛黎函（第 191 号）》（1895 年 4 月 13 日），《中日战争》续编第 11 册，第 734—735 页；リチャード・シムズ著，矢田部厚彦訳：《幕末・明治日仏関係史―1854〜1895 年―》，京都：ミネルヴァ書房，2010 年，第 242 页；菲利浦・约瑟夫：《列强对华外交（1894—1900）——对华政治经济关系的研究》，第 95—96 页；葛夫平：《法国与中日甲午战争》，第 190—193 页。
② 福兰阁：《三国干涉还辽秘闻》，第 25 页。
③ リチャード・シムズ：《幕末・明治日仏関係史―1854〜1895 年―》，第 242—243 页。
④ 《欧格讷致金伯利函（第 127 号，机密）》（1895 年 4 月 10 日发，5 月 31 日到），《中日战争》续编第 11 册，第 932 页。

国共同行动。阿列克谢声称"必须与日本保持良好关系"，同意罗拔诺夫先前联日制英、分割东北的主张。参谋总长奥布鲁乞夫（Николáй Николáевич Óбручев）也表示赞同。他事先还撰写了意见书，提议可以承认日本占领东北南部并将朝鲜主体作为保护国，以此换取日本承认俄国"占领包括松花江流域在内的北部满洲，和包括图们江流域及谢斯塔科夫港（新浦）在内的北部朝鲜的一部分"。然而，罗拔诺夫的态度却有改变，他认为："在任何情况下不能指望日本的友谊，它不仅对中国战争，还要对俄国战争，以后会是对全欧洲。日人在占领南满以后，决不会止于此，无疑将向北推进殖民。"陆军大臣万诺夫斯基（Пётр Семёнович Ванновский）也坚持要让日本退出朝鲜与东北，必要时可使用武力。代理海军大臣契哈乞夫（Николай Матвеевич Чихачёв）亦主张支援中国，并表示俄国太平洋舰队足以对付日本海军。财政大臣维特（Сергей Юльевич Витте）更有长篇发言。他主要着眼于自己一手策划的西伯利亚铁路工程，坚决反对日本吞并辽东，为此也主张不惜动武。会议最终达成决议，令中国北方保持战前状况，先以友谊方式劝告日本，如遭拒绝则宣布"保留行动的自由"。尼古拉二世原本不打算反对和约，他感兴趣的是取得朝鲜东南部的不冻港作为酬报。但在二十二日（4月16日）的御前会议上，维特又大展辩才，说服了他。①

---

① 《特别会议记录》（1895 年 4 月 11 日），《红档杂志有关中国交涉史料选译》，第153—159 页；（俄）维特著，张开译：《俄国末代沙皇尼古拉二世——维特伯爵的回忆》，北京：新华出版社，1983 年，第 35—36 页；鲍里斯·罗曼诺夫：《俄国在满洲》，第 67—74 页；张丽：《折冲樽俎——维特远东外交政策研究》，第 53—58 页；（日）和田春树著，易爱华、张剑译：《日俄战争：起源和开战》上卷，北京：生活·读书·新知三联书店，2018 年，第 179—183 页。

　　至此，后来所谓的俄、德、法"三国干涉"已经基本成型。但在条约签订之前，三国暂时引而不发。

　　对三国干涉的苗头，日方绝非一无所知。在议和开始后，尤其是在向列强透露议和条件后，从多种渠道传来的信息表明，俄国对割让辽东颇感不满，这正是三国干涉的主要因素。其他国家对此也有"忠告"，如葛礼山劝告日方慎重考虑割占大陆土地，避免与俄国在陆上接壤，金伯利亦隐晦地表示："满洲因与贵国隔绝甚远，一旦遭受海军强国之攻击时，岂非反而成为贵国之弱点。"①然而，驻俄公使西德二郎的分析是武力干涉不会发生，尽管须做好防御准备。这显然低估了俄国介入中日战争的决心。②

　　我认为，这一误判在一定程度上缘于西氏向俄国传达议和条件时发生的误会。在陆奥以英文电报向日本诸驻外公使传达的议和条件中，对割地条件的表达是"Formosa and Southern Peninsula of Fen-Tien（奉天）"，即"台湾与奉天南部半岛"。③所谓奉天南部半岛，陆奥的本意是指奉天南部的辽东半岛（日方当时的正式称谓是"奉天半岛"），但这个"Southern"画蛇添足，让西德二郎误解为辽东半岛南部的金州半岛。向罗拔诺夫通知议和条件时，他声称日

①　关于当时日方对列强态度的了解，见陆奥与诸驻外公使来往函电，《中日战争》续编第10册，第70、74—76、80—82、85—86、88、98页。另可参见佐々木雄一：《日本帝国の外交1894—1922：なぜ版図は拡大したのか》，東京：東京大学出版会，2017年，第39—41页。
②　《驻俄西公使致陆奥外务大臣电》（1895年4月11日发，4月12日收），《中日战争》续编第10册，第97页。
③　JACAR Ref. B06150071500（第41画面），日清講和条約締結一件/講和条約ノ一（2.2.1.1-4_001），日本外务省外交史料馆藏。

本要求割让"金州半岛"，并在地图上指出了金州厅边界以南的位置，如此割地范围则大大缩小。①

促成这一误会的，是日方当时对"奉天半岛（辽东半岛）"与"金州半岛"这两个不同地理概念的混用。陆奥同时向诸公使发出的另一份日文电报就体现了这种混用：其中声称，清政府"制造出日本国如不取消割让金州之要求，不减少赔款金额，清国除继续进行战争外，别无他法之虚假借口"。②而在陆奥向诸公使传达议和条件之前，西氏还曾报告"如我国之土地要求只限于台湾及金州半岛，确信俄国政府亦将不提出特别异议"。③割让金州半岛的条件自然出于他的猜想，而陆奥的这份电报无疑坐实了这一猜想。

可以设想，倘若西氏准确传达了日方的割地要求，俄方的反应应当会更加强烈，他由此有可能读出干涉的信号。陆奥应该承担这一误会的主要责任。不过，这只是我自己的分析，在已有记载中，看不出两人承认有此误会的迹象。

西氏关于俄国态度的意见对陆奥颇有影响。陆奥曾据此致电枢密院议长黑田清隆（二月二十一日由递信大臣改任）和侍从长德大

---

① 《驻俄国西公使致陆奥外务大臣电》（1895 年 4 月 4 日发，4 月 5 日收）、《驻俄国西公使致陆奥外务大臣函》（1895 年 6 月 19 日收），《中日战争》续编第 10 册，第 83、185 页；西德二郎与黑田清隆谈话记录（1896 年 11 月 12 日），黑田清隆関係文書，日清関係書類（II），日本鹿儿岛县历史资料中心黎明馆藏。

② 《陆奥外务大臣致驻俄西公使等电》（1895 年 4 月 3 日发），《中日战争》续编第 10 册，第 79 页。

③ 《驻俄国西公使致陆奥外务大臣电》（1895 年 3 月 20 日发，3 月 21 日接），《中日战争》续编第 10 册，第 70 页。

寺实则转述。①对日方外交而言，这实在是一着错棋。

但是，身为军方头号人物的山县有朋，此时却有了转变外交政策的打算。三月十一日，他致函陆奥，其中首称日本同意停战显示了"宏量如海之仁义任侠"，博得了列强的称赞，自己为之窃喜。然后声称议和条件传到欧洲之后，俄国"甚显不良之兆"，英国虽未表示意向，"必会多少惹起难题"，"此二大强国于此一事件合纵连横以反对我之要求，可为明瞭"。因此，他主张，"不如趁此机会，断然与俄国结合，商谈彼将来于西伯利亚地方所取之政策，熟虑其利益相关之点，与其利益交换，除此之外别无他策"，"此一大决断为吾国将来之兴废存亡所关之一大重要之事件也，目下之时机不可失"。接着，他又论证必须在英俄两国之间择一国作为同伴，而此国只能是俄国。最后，他表示："若小生所见与老兄之意图相合，请试与春亩伯（引者按：即伊藤）相谈。为邦家计，希望尽早决行之，早一日亦好。"②一言以蔽之，山县由于担心英俄两国干涉而主张对俄妥协，避免左右受敌。以后见之明观之，他对英国的担心是过虑了，但对俄国的顾虑则切中要害。③

---

① 《陆奥外务大臣致德大寺侍从长黑田枢密院议长电》（1895 年 4 月 12 日发），《中日战争》续编第 10 册，第 102 页。

② 《山県有朋書翰 陸奥宗光宛》（明治 28 年 4 月 5 日），陆奥宗光関係文書，書簡の部，41-18，日本国立国会图书馆宪政资料室藏，又可见《山県大将ノ意見書ノ写》，黑田清隆関係文書，日清関係書類（II），日本鹿儿岛县历史资料中心黎明馆藏。另可见《山県有朋関係文書》第 3 卷，第 406—408 页，本件注明为草稿，内容与前两者稍有出入。

③ 第四章提到的《思而言录》也有相似的议论。该文第六章题为《妨碍英俄之联合为吾人之最大要务》，其中主张应结交英俄两国之一以免干涉。如联俄，可承认其占领吉林、盛京；如联英，可承认其占领浙江、福建、广东。见《伊藤博文文書》第 24 卷，第 189—191 页。

　　两天后陆奥复函，虽然承认"如高论所言，今日之隐忧惟有此节"，但声称是否作出这一决策必须经过"庙议"（即内阁会议），而且"此般之大计划决不能以电信等手段委托他人，不肖不得不单刀直入亲力亲为"，而他在马关无法抽身，因此"进退两难"。①事实上，他拒绝了山县的提案。尽管山县在函中恭维他"洞观俄国之事情，且制定将来不致招致于我不利之方策，于老兄之胸中自有成竹"，但他"胸中自有成竹"的，只是敲骨吸髓地逼迫李鸿章接受尽可能多的议和条件而已。

　　这是一种很有意思的现象。一般认为，军人在对外问题上的态度要比外交官强硬。就日本而言，军部势力自"九·一八"事件以降日益跋扈，将国家推上用武力解决一切外交问题的不归路，无疑令这种印象根深蒂固，学界对此多有论述。"九·一八"事件三年后，刚从九州帝国大学毕业，后来成为著名外交史家的信夫清三郎出版了他的处女作《日清战争——政治、外交的观察》，其中一节题为《二重外交》。

　　信夫在序言中声明，"二重外交"是本书的核心论点。但是，限于当时的政治环境，他有很多话不可能说得太明白。②这一节的内容，主要是论述甲午战争前军事当局与政府的摩擦，甚至连"二重外交"一词都没有出现，让人感觉不知所云。1970年该书修订时，他在新版序言中阐明了当时的本意：

---

① 陆奥宗光致山县有朋函，1895年4月7日，《山県有朋関係文書》第3卷，第269页。
② 该书1934年出版，但发行仅一周便被勒令停止，删节修改后翌年再次出版。

　　一九三一年的春天，日子是在满洲事变前夜的紧张中度过的。通过仔细地剪报，我观察着局势的推移。我注意到，关于日本的外交政策，外务省与军部之间有着明显的对立。我感觉到，从日本外交史的方法思考可以分析这种对立。于是，我在历史中探索这种对立，为了理解这种对立的意义而有意识地寻找理论……我逐渐感到，自己掌握了以"二重政府"的"二重外交"来把握外务省与军部的对立这种方法。历史的探求，把我引到了陆奥宗光的《蹇蹇录》上。我开始想，二重外交的发端会不会是日清战争呢？①

信夫为了思考时局而研究甲午战争的外交，以国人的传统说法，可谓"经世致用"。在他看来，甲午战争时的日本外交是这样的"二重外交"：军事当局的外交比外务省的外交更加强硬。这样的观点，自然建立在对时局的思考之上，甚至令人觉得有点借古讽今的味道。②

---

① 信夫清三郎：《增補日清戦争：その政治的・外交的観察》，第 1—2 页。本书修订前的样貌，可参见其 1935 年版的中译本《甲午日本外交内幕》。
② 相映成趣的是，信夫此书问世六年后，深谷博治所著《日清战争与陆奥外交》一书出版。深谷在该书结论中指出，甲午战争中的日本外交是"文武一致外交"，即"外交与军事一元化的外交"。他认为："实际上日清战争的外交成功的主因，正是这种统一指导军事的一元的外交，如此说亦不为过。"然后，他花费了大量笔墨论述陆奥是怎样排除（来自军方的）干扰，与伊藤一道实施"一元外交"的。最后，他写道："今日国家的生命线是满洲、北支，不，还扩大到了蒙疆、中支、南支，不可与日清战争时以朝鲜乃至辽东半岛为生命线比较。因此，此次事变的处理、东亚新秩序的建设，其规模也终究不可与日清战争的处理相比吧。况且至于国际关系的复杂怪奇，也不可与往事同日而语。但是，正因为这些缘故，不可不学习当年伊藤首相、陆奥外相等人是如何处置日清战争时关乎日本生死的大事件的，这自不待言。"见深谷博治：《日清戦争と陸奥外交》，東京：日本放送出版協会，1940 年，第 230—242 页。此时的（转下页）

"二重外交"说曾在日本学界流行甚广，但后来的学者对此已有不少辩驳，在此无须赘述。而如果回过头来观察山县与陆奥的两通信函，我们却会看到另一种"二重外交"：外交官反而比军人更强硬！

在《蹇蹇录》中，陆奥不时以批评的笔调记载军人的言行，让人感到他受到了军人的胁迫。甚至有学者认为，此书的用意就是"把军部的蛮横告诉天皇，让天皇控制军部"。[1]可是，果真如此的话，陆奥为何对山县的建议置之不理？有军界首座的支持，何愁制不住贪得无厌的军人！

外交家的对外眼光反而不如军人，这是陆奥的一大失误。不过，在谈判结束之前，这一失误还不会立即暴露。

四、条约的最后谈判与签订

北京的争论与马关的折冲

三月初十日，礼亲王、庆亲王与中枢诸臣一同见起。根据翁同龢的记载，礼、庆二王似同意割台，而他自己"力陈台不可弃，与二邸语不洽"。光绪的意见则是"总在速成"，等于没有表态。[2]中枢意见的分歧，体现在当天发给李鸿章的电旨之中。该电未对李鸿章作出明确指示，只是要他尽力折冲："日本要挟过甚，索费奇重，

（接上页）日本，已经深陷侵华战争的泥潭，与英美的关系也日益恶化。深谷的这些论述，无疑也是有所寄托的。他的立意和信夫不无歧异，观点更截然不同，但在借古讽今这一点上是相通的。

① 中塚明：《还历史的本来面目》，第139、219、251—252页。

② 《翁同龢日记》第6卷，第2836页。

索地太广，万难迁就允许。此次伊藤、陆奥同任全权，待该大臣情意不薄，该大臣惟当与之尽心联络，竭力磋磨。此事谅非一二次辩论所能了。来电称，拟辩驳数千言，俟交阅后看其如何答复，再为酌核。"另外，电旨还提及日方要求添派李经方为全权大臣一事，对此不置可否，而要李鸿章表态。①

电旨拟成后，礼、庆二王以下诸臣前往恭王府，商议决策。恭亲王的意见是将问题交付廷议，但"持之不坚"。此时的廷议，参加人员一般包括大学士、六部、九卿，进而扩大到詹事、科道。比照之前群臣对和战的态度，假如扩大到这一范围内进行讨论，结果势必是一边倒的拒绝意见。孙毓汶对此力争，声称"战字不能再提"。恭亲王本在病中，在他的强势态度下也不再争，最终"唯唯，执其手曰是"，商议就此结束。②

第二天，李鸿章接到电旨，随即回电。他首先表示伊藤、陆奥已明言交情与公事无涉，电旨中所言的"情意"无可倚靠，"至议约大事，必不肯相让，虽与之尽心联络，恐无甚益"，然后指出电旨对议和条件并未明确表态："昨请示各款如何应准、应驳，尚未蒙分条明晰详示，鸿实无所适从。"他请求"将赔款、割地二端必不能允之数斟酌密示，以凭相机操纵"，并就复文中未作答复的开埠条款作出请示："其通商款内第一、第二两条添开口岸，现将说帖声明暂缓作复，彼必再四追求，可否以沙市、重庆、杭州姑允，亦乞酌示。"至于添派全权一事，他表示"于事亦未有实益，转贻

---

① 《译署来电》（光绪二十一年三月十一日辰刻到），《李鸿章全集》第 26 册，第 93 页。
② 《翁同龢日记》第 6 卷，第 2836—2837 页。

众谤，鸿故婉却之"，但话锋一转，又将问题交给了清政府："兹既由田贝转致，自应敬候圣裁。"①这一天也是答复议和条件的最后期限，包括汉英文本的复文由伍廷芳交给了日方。②

陆奥接到复文后，偕端迪臣、中田敬义、楢原陈政前往伊藤寓所商议对策。伊藤主张对复文加以反驳，陆奥则认为"若我方一旦对此空泛概论加以辩驳，则对方又生再三反驳的余地，一味反复争辩之间，我方竟会陷入'见狂人奔而不狂者亦跑'的境地"，主张暂不反驳，而逼迫中方对议和条件作出全面的答复。伊藤同意了这一意见。③

次日，日方的复文由中田敬义送交李鸿章，催促他全面表态："大日本帝国全权办理大臣就所提出之媾和条约案，再请大清帝国钦差头等全权大臣明确答复，对全部条款或每条允诺与否。若有希望酌改者，望直接以一一开列条项之形式提出。"④为此，李鸿章向

---

① 《复译署》（光绪二十一年三月十一日巳刻自马关发），《李鸿章全集》第26册，第93—94页。

② JACAR Ref. B06150071500（第68—100画面），日清讲和条约缔结一件/讲和条约ノ一（2.2.1.1-4_001），日本外务省外交史料馆藏。

③ 陆奥宗光致伊藤博文函，1895年4月5日，《伊藤博文関係文書》第7卷，第322页；陆奥宗光：《蹇蹇录》，第153页。不过，日方也准备了一些用以反驳的材料。三月十四日（4月18日），在马关的前驻华使馆书记官中岛雄撰写了一份材料，专门反驳复文中论及清政府财政状况的一节，见《伊藤博文文书》第19卷，第243—249页。关于中岛其人，参见孔祥吉、（日）村田雄二郎：《中岛雄其人与〈往复文信目录〉：日本公使馆与总理衙门通信目录1874—1899》，北京：北京图书馆出版社，2009年。

④ JACAR Ref. B06150071600（第1—4画面）日清讲和条约缔结一件/讲和条约ノ一（2.2.1.1-4_001），日本外务省外交史料馆藏。另可参见陆奥宗光：《蹇蹇录》，第146页。

日方送去口信，要求面谈，但被拒绝。①于是，他电告总署，再度请示："彼嫌未说明所欲允之意，注意仍在让地、赔款两条实在著落。若欲和议速成，赔费恐须过一万万，让地恐不止台、澎，但鸿断不敢擅允，惟求集思广益，指示遵行。停战期只剩十余日，事机紧迫，求速代奏，请旨示复为幸。"②此电中的"赔费恐须过一万万，让地恐不止台、澎"一语值得注意。茅海建先生指出，这表明李鸿章原先的谈判底线是赔款一万万，割地为台、澎。③李鸿章稍后接到总署昨日关于添派李经方的电旨，并起草了照会通知日方，次日发出。④

　　这一天，清政府接到李鸿章前日来电，朝中争论又起。翁同龢在日记中写道：

　　　　余力言台不可弃，气已激昂，适封事中亦有以此为言者，余以为是，同官不谓然也，因而大龃龉。既而力争于上前，余言恐从此失天下人心，彼则谓陪都重地，密迩京师，孰重孰轻，何待再计，盖老谋深算，蟠伏于合肥衔命之时久矣。见起三刻，书房一刻，不觉流涕。再到直房，将稿删改数十百字，然已落彀中矣。余之不敏不明，真可愧死。同诸公散直径访恭

①　《科士达日记》，《中日战争》续编第 6 册，第 624 页。
②　《寄译署》（光绪二十一年三月十二日申刻），《李鸿章全集》第 26 册，第 94 页。
③　茅海建：《戊戌变法史事考二集》，第 32 页。
④　《寄译署》（光绪二十一年三月十三日辰刻自马关发），《李鸿章全集》第 26 册，第 95 页；《李鸿章全权委员致日本讲和全权委员》，《中日战争》续编第 10 册，第 331 页。

> 王府，以稿呈阅，王亦无所可否，似已入两邸之言，嫌余讦直也。①

由此可见，当日争论的焦点在于是否同意割台，与翁同龢正面交锋者应为孙毓汶等人。不过，关于翁同龢对割辽的态度，学者们有着不同的意见。茅海建先生认为翁同龢既不同意割台也不同意割辽，而房德邻先生提出商榷，认为翁同龢是主张割辽保台的。对此，茅先生的回应文章坚持了原有意见。②

房先生的论点基于对翁同龢日记的逻辑分析，指出"如果翁既反对割台湾也反对割辽东，就不会有'孰重孰轻，何待再计'的质问了"，并认为翁同龢主张割辽保台，是因为辽东已被日军攻占，而台湾则否，割台将会大失人心。而茅先生认为："若要割一小块地，他可能会让步，而割到辽东半岛这么大，我不相信他还会同意。"或许可以说，两位先生的分歧在于，房先生根据"理"的分析提出异议，而茅先生因认为不合"情"而未能接受。

其实，在当时的中枢诸臣心中，亦有着"情"与"理"的交战。揆之以理，割地势在必行；但在饱受儒家伦理浸润的士大夫看来，这却是感情上万万不能接受的。分析时人关于和议的意见时，必须结合"情"和"理"。

---

① 《翁同龢日记》第 6 卷，第 2837 页。
② 茅海建：《"公车上书"考证补（一）》，第 36 页；房德邻：《康有为与公车上书——读〈"公车上书"考证补〉献疑（一）》，《近代史研究》2007 年第 1 期，第 118—122 页；茅海建：《史料的主观解读与史家的价值判断——复房德邻先生兼答贾小叶先生》，《近代史研究》2007 年第 5 期，第 94 页，该文修订版见氏著：《戊戌变法史事考二集》，第二章。以下引用前述论文时不再注出。

房先生的关键论据是翁同龢"以为是"的"封事"，即文廷式的《倭攻台湾请饬使臣据理争论折》。该折称：

> 夫战而失地，出于势之无可如何，百姓虽死而无所怨。若朝廷隐弃之而不言，奸臣巧割之而不恤，四方之人，谁不解体？①

房先生因而论述道："他（引者按：指文廷式）认为，辽东战败，已被日军占领，在这种情况下割让辽东，是'战而失地，出于势之无可如何，百姓虽死而无所怨'，百姓还能谅解；而如果将日本尚未占领的台湾割去，那就大失人心了，'四方之人，谁不解体'？"又因为翁同龢对文折"以为是"，房先生认为"由此可以明白翁何以主张弃辽保台"。

上述引文的后一句，自然是针对割台而言的。然而，恐怕不能由前一句的逻辑推断出文廷式赞成割辽，也就不能证明翁同龢赞成割辽。在同折之中，文氏极力抨击中日停战"停北不停南"，认为"同为皇上之人民，何爱于北而恶于南？"既然如此，如果割辽不割台，岂不是"恶于北而爱于南"？而且，他抨击如此停战是李鸿章"恐倭之有所牵制，则停海城之攻以利之"。换句话说，他认为清军对海城的反攻是能够见效的（参见第三章第二节）。既然如此，他怎么会同意割辽？由此可见，文廷式的上奏只是用来论证割台之不

① 《翰林院侍读学士文廷式奏倭攻台湾请饬使臣据理争论折》（光绪二十一年三月十二日），《清光绪朝中日交涉史料》卷37，第22页。

可（晓之以理），而不能用于论证割辽之可行（碍之于情）。当然，这不合逻辑。但上奏未必皆合逻辑。

那么房先生指出的"孰重孰轻，何待再计"一语又该如何理解？我的理解是，孙毓汶等人似认为辽东较台湾更为重要，故决定指示李鸿章不得已可以割台保辽（详见下文）。翁同龢对拿两块国土做比较的做法极为反感，极力反对割台（但不是主张割辽）。而孙毓汶等人则强调二者的"轻"与"重"，表示这是丢车保帅的无奈之举。

综上所述，我以为，要说翁同龢同意割辽，还缺乏足够的证据。

第二天发给李鸿章的两道电旨，体现了孙毓汶一派意见占据上风的态势，同时又留有翁同龢挣扎的痕迹：

> 奉旨：李鸿章十一日电奏悉。据称，现交说帖不过笼统辩论，请将赔款割地必不能允之斟酌密示等语。两端均关重要，即如割地一端，奉省乃陪都重地，密迩京师，根本所关，岂宜轻让；台湾则兵争所未及之地，人心所系，又何忍辄弃资敌。既不能概行拒绝，亦应权其利害轻重，就该大臣之意决定取舍，迅即电复。至于赔费一节，万万以外，已属拮据，彼若不肯多减，则力难措办，可将实情告之。该国既欲议和，谅不至始终胶执，惟视该大臣相机操纵何如耳。通商一条，缓商最好，已由总署密饬赫德筹酌，各国皆未告知。至口岸七处，重庆、沙市、梧州可允，京师、湘潭大有窒碍，苏、杭两处均系内河，亦多不便，驳则俱驳。税则应仍照各国通例，若有减

少，则各国均沾。进项顿亏，赔款更难措手，此层须先与申说。李鸿章日来精神眠食如何，起居渐能照常否，再电复及。钦此。

奉旨：昨据李鸿章十一日电奏，已将让地一条由该大臣决定取舍电复。赔费、通商各节应行磋磨之处，亦大概谕知。兹复据十二日申刻电奏，所交说帖但云奉天南边割地太广，而于台、澎如何置辩并未叙及。电后又称，让地恐不止台、澎，究竟说帖数千言中及面晤伊藤等时，曾否辩论及此，电语殊觉简略。总之，南北两地朝廷视为并重，非至万不得已，极尽驳论而不能得，何忍轻言割弃。纵敌愿太奢，不能尽拒，该大臣但须将何处必不能允，何处万难不允，直抒己见，详切敷陈，不得退避不言，以割地一节归之中旨也。该大臣接奉此旨，一面将筹定办法及意中所欲言者切实奏复；一面遣李经方前往，先将让地应以一处为断，赔费应以万万为断，与之竭力申说，彼信中原有某某款不允之语，不嫌反复辩驳也。停战期迫，该大臣伤病未痊，似与之商议展期，在我亦属有辞，著李鸿章酌量办理。钦此。①

由此，清政府给出了讨价还价的大致原则。对于最关紧要的割地、赔款两项，其底线为割地一处，赔款一万万。至于割弃何处，尽管电旨声称"南北两地朝廷视为并重"，但根据"奉省乃陪都重地，

① 《译署来电》（光绪二十一年三月十四日巳刻到），《李鸿章全集》第 26 册，第96—97 页。

密迩京师，根本所关，岂宜轻让；台湾则兵争所未及之地，人心所系，又何忍辄弃资敌"的措辞，孰轻孰重似乎又有微妙的区别。然而，抉择仍然要李鸿章来做，这应该就是翁同龢"将稿删改数十百字"的效果。但他的努力正如石泉先生所言，"除于字句上有所抑扬增损之外，并无实际之影响"。①

顺便说一句，前一道电旨中的"苏、杭两处均系内河，亦多不便"一句，于理极为不通。如果说内河不便的话，"可允"的重庆、沙市、梧州哪处没有内河？四川京官刘光第当时在家书中写道："湖北沙市、四川重庆均应允修建各国洋码头。浙江湖州、湖南湘潭两处未允。此数日尚在争苏、杭两处不许建洋码头，不知争得过否？大约江浙人多在当路，或有争得过之势。"②他的记载有讹误之处（日方未要求湖州），但大体不错。"大约江浙人多在当路，或有争得过之势"一句，或可为不允苏、杭开埠做一注脚。此时的军机、总署大臣中，翁同龢（江苏常熟）、徐用仪（浙江海盐）、廖寿恒（江苏嘉定）、汪鸣銮（浙江钱塘）都是江浙人士（重庆、沙市、梧州所属的四川、湖北、广西则无一人）。尽管他们在议和过程中各有己见，但在反对苏、杭开埠一事上无疑结成了统一战线。

三月十三日是相对平静的一天。翁同龢在日记中写道："无甚要事，惟合肥回电殊费斟酌耳。"③总署当日两次致电李鸿章，在采纳赫德意见的基础上作出几条较细的指示：一、占领军费用算在赔款总数内较妥；二、深挖吴淞河沙为费甚巨，须与商改；三、更改

---

① 石泉：《甲午战争前后之晚清政局》，第 163 页。
② 刘光第致刘庆堂函，光绪二十一年四月二十五日，《刘光第集》，第 262 页。
③ 《翁同龢日记》第 6 卷，第 2837 页。

税则一条于中国关税危害太大，万不可允；四、应详考割地之界，"如让奉南，则宜多留北地"，"如让台、澎，则澎西各小岛坐落必须详细查考，画分清楚"；五、"制造、栈房等项尚不关要，可酌允"。①李鸿章次日回电，首先报告已对草案逐条作复，作成节略，拟于今晚递交。而割地、赔款两条不在其内，预备"另函请订期会商"。对于割地，表示"敌所已据处，争回一分是一分，其所未据处，丝毫断不放松也"，即于辽东力争少割，于台湾力争不割；对于赔款，一再向日方强调"力难多措"；对于通商，则打算"税则照各国一律。添口仅先允重庆一处，余俟会议时再酌"。②

　　同日，日方再度催逼表态。下午两点半，伊藤将新受全权大臣之任的李经方邀至行馆，指责中方未对草案全面作答，要求以翌日为答复的最后期限。李经方表示草案中有过半内容可以明确答复，但割地、赔款两项关系重大，尚须斟酌。伊藤当即断然拒绝。由于已从破译的总署来电中得悉了清政府规定的谈判底线，他干脆提前阻止中方讨价还价："为避免他日误解，特于此预先声明。关于赔款，虽能进行小额削减，大额削减绝无可能；关于割地，奉天、台湾均须割让。"最后，他胁以武力，声称："若本次谈判不幸破裂，一声令下，我六七十艘运输船将搭载增派之大军，舳舻相接，陆续发往战地，果如此则北京之安危亦有不忍言者。若更进一步言之，谈判破裂后清国全权大臣一旦离开此地，能否再安然出入北京城门恐亦无法保证。"无奈之下，李经方只得表示

① 《总署来电》（光绪二十一年三月十四日午刻到）、《总署来电》（光绪二十一年三月十四日未刻到），《李鸿章全集》第 26 册，第 98 页。
② 《复译署》（光绪二十一年三月十四日午刻），《李鸿章全集》第 26 册，第 97 页。

将在与父亲商议之后作出答复。①他携带的答复案（由科士达于三月十二日草拟，并经过李鸿章审查），没有派上用场。②

李鸿章随即致电总署，报告日方毫不松口之状，并提出了还价方案："将奉天之凤凰厅、安东、宽甸、岫岩四处边境割让，界北俟后再说，较之伊所划经纬线已少大半。澎湖既被占据，亦暂允让。赔费即遵电谕以一万万应之"。他表示，"倘彼犹不足意，始终坚执，届时能否允添，乞预密示。否则只有罢议而归"。此外，他还报告停战展期无望，请饬各将帅及时整备。③

三月十五日（4月9日），李鸿章送出了条约修正案。修正案对和约草案的主要修改为：第一款，中日共同保证朝鲜独立；第二款，割让辽东南部安东县、宽甸县、凤凰厅、岫岩州四处与澎湖列岛；第四款，赔款一万万两，不提利息；第五款，规定割让地区居民变卖产业并不纳税，移居割让地区之外后，原有产业应受日本保护；第六款，将具体商业要求全部删除，并规定中日互相享有最惠国待遇；第八款，日军暂行占领之地限于威海卫，末次赔款交清后立即撤军。

另外，修正案在原第十一款之前新添一款："现为预防将来中日两国更有争端战事，或因解释此约，或遵行此约，彼此歧异，又或会议或解释或遵行第六款内所云之通商行船条约、边界通商条

---

① 《科士达日记》，《中日战争》续编第 6 册，第 624 页；陆奥宗光：《蹇蹇录》，第 154—155 页。
② 《寄译署》（光绪二十一年三月十四日酉刻），《李鸿章全集》第 26 册，第 99 页；《科士达日记》，《中日战争》续编第 6 册，第 624 页。
③ 《寄译署》（光绪二十一年三月十四日酉刻），《李鸿章全集》第 26 册，第 98—99 页。"界北"在上海图书馆藏底本中作"海城"。

约，两国政府意见不合，非会议公牍所能办结者，两国约明，应公请友邦保荐公正人代为决断。如两国所拟请之公正友邦仍不能合，则由美国总统保荐一人充当公正人代为决断。两国约明公正人所下断语，当信实遵行。"①也就是说，准备将未来可能发生的中日纠纷付诸国际仲裁。这一点应当出于科士达的建议。美国正是当时国际仲裁制度的主要推行者。在 19 世纪，它是利用仲裁次数最多的国家。②

可见，这一修正案还价的尺度颇大。陆奥认为，李鸿章也不认为日方能够接受他的还价，只是担心己方若不作出答复，谈判便无法继续，因此未及等候请旨便即自行提出。③接阅修正案之后，陆奥致函伊藤，通报了其中要点以及破译的李鸿章前日致总署密电。他根据其中的"否则只有罢议而归"一语，认为谈判已有破裂的可能。④

第二天下午四点十五分，双方在春帆楼进行第五次正式会谈。⑤遇刺半个月后，李鸿章终于又坐到了谈判桌前。行刺事件发

---

① JACAR Ref. B06150071600（第6—36画面），日清講和条約締結一件/講和条約ノ一（2.2.1.1-4_001），日本外务省外交史料馆藏。该件包括汉文原件与英文本，汉文本收入《秘書類纂・雜纂其四》，第613—617 页，标为《媾和条约案》（丙）。汉文本另可见《第一次拟改日本和约底稿》（光绪二十一年三月十五日），《李鸿章全集》第 36 册，第71—73 页，文字偶有错讹。
② 杨泽伟：《国际法史论》，北京：高等教育出版社，2011 年，第86—87 页。
③ 陆奥宗光：《蹇蹇录》，第 156 页。
④ 陆奥宗光致伊藤博文函，1895 年 4 月 9 日（二通），《伊藤博文関係文書》第 7 卷，第322—323 页。
⑤ 双方记录见《会見要錄 第五回》，《日本外交文書》明治期第 28 卷第 2 册，第405—415 页；《第四次问答节略》，《李鸿章全集》第 16 册，第41—44 页。另可参见孙克复：《甲午中日战争外交史》，第236—250 页。中方记录以此次会议为第四次，即未算入前次李经方与陆奥的会谈。

生后，日方不遗余力地强化了马关的警备，城里三步一岗，五步一哨，通行证、登记和搜身更不在话下。有个议员身上带了一把剃刀，结果被警察盘问了足足三个钟头。假使再有人图谋行刺，真是难于登天。尽管如此，李鸿章这次走的也不是原先的大路，而是一条半山腰上的狭窄小路。①今天，那里立着一面"李鸿章道"的路牌。

图 21："李鸿章道"，作者摄于 2012 年 3 月。

---

① 高橋雄豺：《明治警察史研究》第 3 卷，第 393—402 页。

　　是日陆奥因罹患流感未能出席，仅有伊藤作为李鸿章的对手。寒暄之后，伊藤又亮出了冷峻的作派。他首先就中方的修正案提出再修正案，并言明"中堂见我此次节略，但有允不允两句话而已"。对于李鸿章"难道不准分辨"的诘问，他直截了当地回答："只管辩论，但不能减少。"

　　相对于议和草案，再修正案同意作出有限的让步。其要点为：第二款中的辽东割地范围有所缩减，采用了《媾和条约》（二）中的第三案（参见图24）；第四款中的赔款数量减为二万万两，分八次交清；第六款中，第一项放弃了顺天（北京）、梧州、湘潭的开埠要求，第二项放弃了湘江、西江的通航要求，第三（子口税）、第七（疏浚吴淞）两项删除；第八款中放弃了奉天府的占领要求，并规定威海卫的占领军在第一次赔款支付与新通商航海条约批准交换之后撤走，余下赔款以关税作为抵押。其余修正，则一概驳回。①对照此前总署来电可知，再修正案在某种程度上是参考清政府谈判底线作成的。②北京、湘潭的开埠，是清政府认为"大有窒碍"的；子口税、疏浚吴淞两项，也是清政府认为"万不可允"和"须与商改"的。而本来"可允"的梧州，则是为要求"均系内河，亦多不便"的苏、杭开埠所舍弃的。但在干系最大的割地、赔款两条上，日方的让步仍然与中方的底线相差甚远。

　　关于这些让步涉及的权益，日方私下开列了一张清单。值得玩

---

①　JACAR Ref. B06150071600（第37—51画面），日清講和条约締結一件/講和条約ノ一（2.2.1.1-4_001），日本外务省外交史料馆藏。因准备时间仓促，该案只有日、英文本，割地、赔款与占领三处有部分汉译。

②　被日方破译的两电见《機密日清戦争》，第274—276页。

味的是，其标题是"清国依照我之修正所得之利益"而非"我国依照我之修正放弃之利益"。①

阅读再修正案后，李鸿章就割地、赔款两条苦苦争辩，而伊藤丝毫不为所动。最终，李鸿章将还价归纳为三条：赔款再减，辽东割地之内除去商埠营口，台湾不割。而伊藤再度以武力相胁："现广岛已作好出征准备，随时可以解缆出航之运输船有六十只，昨晚至今晨，通过该海峡之运输船已达二十只，其所向之地，距天津不远。当然在停战期中，必须严守停战之义务，自不待言。但一旦时机到来，将立即进发而毫不犹豫。"

伊藤倒不是在空言恫吓。谈判期间，日方一直在做外交、军事的两手准备。作为预备进行直隶作战的军队，近卫师团、第四师团等部共三万五千官兵从前一天开始登船，三月二十四日抵达大连湾，"征清大总督"彰仁亲王与部下幕僚亦在其中。②倘若谈判破裂，其兵锋将直指北京。

无奈之下，李鸿章又转而寻求停战展期，伊藤亦坚决不允，并要求在三日后回复。李鸿章答以时间太短，再三争辩，最终伊藤同意延长一天，即以三月二十日（4 月 14 日）下午四点为最后期限。直到双方握手作别，李鸿章仍在请求减轻赔款。

当晚亥刻（夜间 9—11 时），李鸿章致电总署。报告了会谈情形之后，他表示"鸿力竭计穷，恳速请旨定夺"。③

---

① 《我修正ニ依テ清国ノ得ル所ノ利益》，《伊藤博文文书》第 19 卷，第 251—252 页。
② 斋藤圣二：《日清战争の军事战略》，第 196、203 页。
③ 《寄译署》（光绪二十一年三月十六日亥刻自马关发），《李鸿章全集》第 26 册，第 99—100 页。

为了加紧威逼中方就范，伊藤于三月十七日致函李鸿章，声称条件已减到无可再减，并又一次出言恐吓："战争乃有进无止之物，无论其军事上之行为或战争所生之结果，皆是如此。是以阁下切勿认为今日我所承诺之媾和条件，至日后尚可承诺。"李鸿章次日回函，再次论述议和条件的种种不合理之处，希望予以减轻。伊藤则再发一函，重申无可再让之意。[1]事已至此，这样的书信往来已经没有意义，关键在于清政府的态度以及列强的动向。

列强的动向

清政府此时并没有放弃外交努力。三月十五日，总署致电龚照瑗、许景澄，指出"现距停战期满不过旬日，各国如真心相助，正在斯时"，令二人亲赴英、德外交部劝说，"务望速发国电，实力劝阻"，并派参赞前往法、俄外交部。[2]

次日，龚照瑗即拜访金伯利，对方声称没有理由建议中国拒绝日本的条件。同日，驻法使馆参赞庆常拜访哈诺托，对方表示"法与大清利害相关，或劝减索项，或停战展期。即电商英、俄，设法办理，并电法使"。许景澄三月十八日拜访罗拔诺夫，被告知"连日俄教节期，尚未见俄主商定"。德国外交部的回应则是"以倭索

---

① JACAR Ref. B06150071600（第52—53、55—56、59—70画面），日清講和条約締結一件/講和条約ノ一（2.2.1.1-4_001），日本外务省外交史料馆藏。致函一事缘自中田敬义的提议，函稿由他与端迪臣商议之后起草，见《秘書類纂・雜纂其四》，第441页。
② 《清代军机处电报档汇编》第1册，第493页。

过多，云与英、俄、法商定再复"。①英国与俄、德、法三国的态度，已经可以看出明显的差异，但三国仍未明确表示即将干涉。

不过，多少有一些风声传了出来。欧格讷三月十六日（4月10日）电告金伯利："可能由于听说俄舰队增加了6艘巡洋舰的缘故，在天津人们普遍相信俄国打算进行干预。"②

俄国确实在增调军舰。前文曾经提到，正月初七日的俄国政府特别会议决定增强太平洋舰队的实力。这支舰队当时有主战舰艇22艘，司令官是后来曾任远东总督的阿列克塞耶夫（Евгений Иванович Алексеев）少将。随后，地中海分舰队的战列舰"尼古拉一世"与一等巡洋舰"弗拉基米尔·莫诺马赫"由俄国海军最优秀的将领马卡罗夫（Степáн Óсипович Макáров）少将率领，前往增援太平洋舰队。这两支舰队临时组成联合舰队，由俄国海军造舰与供应总局长、前太平洋舰队司令官特尔托夫（Павел Петрович Тыртов）中将指挥。③这样的实力，已经远远凌驾日本海军之上。人们以后会看到，它们在换约时对日本起到了极大的威慑作用。

---

① 《金伯利致欧格讷电（第 39 号）》（1895 年 4 月 10 日）、《金伯利致欧格讷函（第 55 号）》（1895 年 4 月 16 日），《中日战争》续编第 11 册，第 723—724、770 页；《龚照瑗往来官电（节录）》，同书第 6 册，第 597—598 页；《俄事纪闻》，第 30 页。

② 《欧格讷致金伯利电（第 27 号，密）》（1895 年 4 月 10 日发，同日到）、《欧格讷致金伯利函（第 129 号，绝密）》（1895 年 4 月 10 日发，5 月 31 日到），《中日战争》续编第 11 册，第 723、932 页。

③ 《露国軍艦及艦隊の挙動（1）》（第 26—28、32—33 画面），JACAR Ref. C08040485900；《露国軍艦及艦隊の挙動（2）》（第 1—4 画面），JACAR Ref. C08040486000，明治 27·8 年 戦史編纂準備書類 12，日本防卫省防卫研究所蔵。

关于干涉，更确切的消息来自通晓内情的巴兰德。三月十七日，李鸿章接到德璀琳来电："巴兰德电称：各国议论中国让地事，均不以为然，中国应勿急于成议。"他随即回电："日索奉天南已据各处并营口，又索让台湾全岛，限期成议。各国应不谓然。何勿急起争论，迟则无及。"次日，李鸿章又接到津海关道盛宣怀来电报告此事，亦指示"各国会商何时出代争论，望嘱速办，迟则无及"。德璀琳、盛宣怀接到回电后，转电巴兰德"催各国出头"，并嘱咐俄、法驻天津领事致电公使催办，英国方面则交给赫德办理。德璀琳称，列强干涉将会在八天之内发动，即在二十六日（4 月 20 日）之前。这一天正是停战协定期满之日，所以德璀琳表示"如两日能展限固好，如复准，亦必出为争论"。①十八日，盛宣怀还致电许景澄，告以巴兰德来电与谈判情形，请他敦促德国外交部干预。②

关于议和的商谈，原本仅限于总署与李鸿章之间，在天津的盛宣怀与德璀琳何以突然插了进来？据欧格讷三月十九日（4 月 13 日）给金伯利的密函，盛、德两人以俄、法、德即将干预为由，竭力劝说署理直隶总督、北洋大臣王文韶劝阻李鸿章勿签和约。而对方与总署磋商之后予以拒绝，二人只得以个人名义发电。③由王文韶日记可知，十七日德璀琳曾见过他，当为建言而来。④而盛宣怀二十日给他的信函却颇值得玩味：

① 见李鸿章与德璀琳、盛宣怀往来诸电，《李鸿章全集》第 26 册，第 101—103 页。
② 《俄事纪闻》，第 30—31 页。
③ 《欧格讷致金伯利函（第 138 号，机密）》（1895 年 4 月 13 日发，6 月 10 日到），《中日战争》续编第 11 册，第 945 页。
④ 袁英光、胡逢祥整理：《王文韶日记》，北京：中华书局，1989 年，第 881 页。

　　十八、十九傅相两电，谅邀钧览。兹将昨、今往复密电钞呈。傅相口气已奉旨矣。相来电，初盼各国帮助，继盼俄一国出头争论。因宣与俄使熟识，故数次电谕，意在催俄。然度俄惯做渔人，虽此次征调决不空费，亦未必能助我收回辽东也。平日与各国交，尽属虚文。临事求援，其何能济。此后，东三省全非我有矣。强邻环伺，巨债相逼，故辙不改，何以自振。①

由此看来，盛宣怀并没有像欧格讷所言那样劝阻签约，相反却对俄国的出面表示警惕。同样的意见，他也向李鸿章表示过。②这也可以解释，为何他和德璀琳两人会分别给李鸿章发电。

　　当天，王文韶致电总署、督办军务处：

　　津关德璀琳求随李鸿章出洋未准，意殊怏怏。此次议约，初以为德愿助成，而德复诿诸俄。现即以俄为言，谓俄必持公道，无论俄情叵测，即使真肯助我，必非数日间能见分晓。现在李鸿章所议如何，文韶不敢知。惟恐德璀琳曾以此说上达，幸勿为所摇惑。闻上年倭患初起，李鸿章即为此等议论所误，致有今日。总之，各国即有后议，必在定约以后。约事未定，必无人挺身而出也。事机甚迫，不堪再起波澜，望垂察焉。③

---

① 《盛档·甲午中日战争》下册，第 428 页。
② 《津海关盛道来电》（光绪二十一年三月十九日辰刻到），《李鸿章全集》第 26 册，第 103 页。
③ 《收署北洋大臣电》（三月廿日），《清代军机处电报档汇编》第 14 册，第 141 页。又可见《盛档·甲午中日战争》下册，第 623 页，文字有小异，编者将其归入二月发电，误。

王文韶认为列强即使出面干涉，也会在签约之后，因而反对在签约前"再起波澜"。在第二天的日记中，他写道："昨致总署督办处电，论德璀琳好议论往往误事，本日接复电深以为然。"①此电明显受到了盛宣怀的影响，显然也影响到了中枢的决策。

三月十九日，盛宣怀还致电李鸿章（次日到）：

> 效电转署，请商喀使，转许、王请促外部，并嘱四达电喀。四云，未揭穿前，各守局外，画押后，必出头争论。故让地可满允，兵费他人难问，能议宽期为妙。②

这里提到的"四达"，应为俄商四达祚福（一作四达尔祚福，Алексей Дмитриевич Старцев）。此人长年在天津经营茶叶生意，与清朝官员多有交往，时常在中俄交涉中穿针引线（如次年曾向中方游说中俄合股建立道胜银行），被评价为"在华多年，人情通达"。③盛宣怀请他致电喀希尼谋求干涉，而他表示列强将在条约签署之后出面（这一情报是准确的，详见第六章第一节），故建议接受割地要求，而争取赔款"宽期"。这或许能够体现喀希尼的意见。

此电接到后不久，李鸿章又接到德璀琳来电，其中意见与盛电略同：

---

① 《王文韶日记》，第882页。
② 《津海关盛道来电》（光绪二十一年三月二十日辰刻到），《李鸿章全集》第26册，第106页。许、王，即许景澄与赴俄唁贺使王之春。
③ 《盛宣怀致李鸿章函》（光绪二十二年十月二十五日），陈旭麓等主编：《盛宣怀档案资料选辑之五·中国通商银行》，上海：上海人民出版社，2000年，第15—16页。感谢北京大学历史学系庄宇女史帮助查证其俄文姓名。

恐各国非待中、日和议签押之后，不能说话。我想最好先将此约于限期届满之日画押。日后各国必将此约翻案另订，各国公同会议。俄国或拟取黑龙江省以资补救，或将辽东湾所有之倭人逐去。我信俄国必用第二条办法。①

三月二十一日（4 月 15 日），李鸿章再接德、盛二人来电。其中德电云：

来电已电巴兰德，至今未复。拟请哀的美敦期前签约，赫总税司亦同此意，盖各国公会恐无望也。②

盛电云：

此间分询各使，均云并无出力相助之议。许、龚来电亦只空言。喀使并云，巴兰德现是闲人，不可惑于浮论，致误大事等语。复接巴复电，诿诸俄，看来各国未必有办法。③

接连接到这样的报告，李鸿章自然不能指望签约之前能够得到列强干涉。他第二天复电盛宣怀："个电自是实情。伊藤与各国至契，

① 《天津德税务司来电》（光绪二十一年三月二十日巳刻到），《李鸿章全集》第 26 册，第 106 页。
② 《天津德税务司来电》（光绪二十一年三月二十一日午刻到），《李鸿章全集》第 26 册，第 107 页。
③ 《津海关盛道来电》（光绪二十一年三月二十一日戌刻到），《李鸿章全集》第 26 册，第 108 页。

亦不为浮言所动。"①

条约的签订

三月十八日，总署接到了李鸿章十六、十七两日所发三电，并进呈光绪、慈禧。当天，中枢诸臣见起，随后前往恭王府，"将早间面奏并面谕各节，公同商酌"，恭亲王"意见相同"。于是，当日有电旨一道发给李鸿章。②其中指示：

> 日本续送改定酌减条款，虽通商各条，所争回者甚为有益，惟两大款关系最重，赔费已减三分之一，若能再与磋磨，减少若干，更可稍纾财力。让地一节，台、澎竟欲全占，奉省所退无几，殊觉过贪。前电姑许矿利，该大臣虑其不允，为今之计，或允其割台之半，以近澎台南之地与之，台北与厦门相对，仍归中国。奉天以辽河为三省贸易出海之路，牛庄、营口在所必争。著该大臣将以上两节，再与竭力辩论，冀可稍益大局。伊藤连日词气极迫，倘事至无可再商，应由该大臣一面电闻，一面即与定约。该大臣接奉此旨，更可放心争论，无虞决裂矣。③

---

① 《复津海关盛》（光绪二十一年三月二十二日辰刻），《李鸿章全集》第26册，第109页。"个"是二十一日的代码。

② 军机处《洋务档》光绪二十一年三月十八日，转引自茅海建：《戊戌变法史事考二集》，第34—35页。

③ 《译署来电》（光绪二十一年三月十九日巳刻到），《李鸿章全集》第26册，第104页。标点有改动。"前电姑许矿利"，是指总署三月十七日去电中提议可将辽东、台湾两处矿利给予日本，"而土地人民仍归我有"。李鸿章当天回电，表示难以办到，见《译署来电》（光绪二十一年三月十七日卯刻到）、《复译署》（光绪二十一年三月十七日午刻），《李鸿章全集》第26册，第100—101页。

清政府在此再退一步，不求"让地应以一处为断"，只求保住台湾北部以及辽东重要商埠牛庄、营口（其实根据日方修正案，牛庄已不在割地范围之内）。而且，清政府对谈判桌上的讨价还价已经不抱多少指望，明确指示李鸿章若不得已可以签订条约。同日，总署将日方修正案透露给了各国公使。①

李鸿章于三月十九日收到总署发来的电旨。当天，他三次致电总署，表示伊藤已送来哀的美敦书（指十七日来函），"词已决绝，无可再商"，而且日军运兵船已开往大连湾，因此接连请求签约，以免决裂。②总署次日接到三电，进呈光绪、慈禧。③翁同龢当天在日记中写道："李相频来电，皆议和要挟之款，不欲记，不忍记也。"④是日又有电旨致李鸿章，再度表示可以签约："十八日所谕各节，原冀争得一分有一分之益，如竟无可商改，即遵前旨与之定约。"⑤

这一天也是李鸿章与日方约定的最后期限。当日未初（下午1时），伊藤派员催促李鸿章作出回复。由于尚未接到回电，李鸿章不敢立即表态，于是派李经方与伊藤商议，争取到了一天的缓冲时间，即以三月二十一日下午四点为限。李经方借机向伊藤透露了清政府最新的出价，依旧被严词拒绝。⑥

---

① 施阿兰：《使华记》，第51页。
② 见李鸿章与总署往来各电，《李鸿章全集》第26册，第103—105页。
③ 军机处《洋务档》光绪二十一年三月二十日，转引自茅海建：《戊戌变法史事考二集》，第35—36页。
④ 《翁同龢日记》第6卷，第2839页。
⑤ 《译署来电》（光绪二十一年三月二十一日辰刻到），《李鸿章全集》第26册，第107页。
⑥ 《寄译署》（光绪二十一年三月二十日酉刻自马关发），《李鸿章全集》第26册，第106页；《科士达日记》，《中日战争》续编第6册，第625页。

顺便一提，在李鸿章被刺后，明治天皇打算派人为他照相，被他以"余之肖像必遭侮辱"为由一口拒绝。而在日方的一再劝说下，他最终勉强答应。这一天在引接寺住所，摄影师长尾实摄下了他在谈判期间的唯一一张肖像照。①照片中，他面部的枪伤已不太显眼，而神色很是复杂，有几分悲凉，几分无奈，或许，还有几分藏在眼底的愤怒。

这是李鸿章个人命运的具象写照。

这也是中国国运的具象写照。

第二天上午辰刻（上午7—9时），李鸿章接到前述电旨。下午两点半，他在春帆楼与伊藤会面。②关于这次谈判，科士达在日记中写道："总督一开始就在原则上接受了日本的最后通牒，但试图做种种修改。"③李鸿章尽管不再奢望减少割地，但仍力争减轻其他条件，导致谈判一直拖到晚上七点半。据当时因病缺席的陆奥记载，"自李鸿章抵达下关之后，从未如当日会谈一般费尽唇舌辛苦辩论的。"他最为尽力争取的，是降低赔款数额，或减免利息。而所取得的进展，仅是日方同意若三年之内还清赔款，可将利息免除。④

---

① 《日清媾和記念写真》，第1页。据报道，这张照片一共冲洗了七张，其中两张进呈给天皇和皇后，两张由李鸿章签名后送给榎本武扬和佐藤进，三张留给李鸿章，见《媾和使节出発》，《東京朝日新聞》1895年4月19日。

② 双方记录见《会见要錄 第六回》，《日本外交文書》明治期第28卷第2册，第415—432页；《第五次问答节略》，《李鸿章全集》第16册，第44—50页。另可参见孙克复：《甲午中日战争外交史》，第258—281页。

③ 《科士达日记》，《中日战争》续编第6册，第625页。

④ 陆奥宗光：《蹇蹇录》，第160页。据陆奥记载，李鸿章甚至向伊藤求告，稍减赔款作为归国旅费，此说多为后人引用，但不甚准确。据日方记录，李氏原话是请求减少赔款作为"归国之纪念物"，中方记录也称"如能少减，即可定约，此亦贵大臣留别之情"。

图 22：李鸿章肖像照。采自《明治二十七八年日清戦役》（保勲会 1896 年版），日本福岛县立图书馆佐藤

此外，李鸿章还在一些次要问题上小有进展：取消第六款第四项中有伤清政府体面的"清国官员勿得从中干预"一语；删除第六款第五项即日本商人可在中国用日本银元纳税一项；第六款第六项中的"从事工艺制造"一条仅限于口岸地区；威海卫驻军费用减为一百万两。根据当日凌晨所接总署来电，他还声明，如果台民不肯迁出与变卖产业，致生事变，与清政府无涉。①

关于签约之后换约的期限，李鸿章与伊藤颇有一番争辩。李鸿章希望以一月为限，而伊藤认为太长，提议以驻军费用再减五十万两为条件，定为二十天。显然，他担心夜长梦多，又生变故。对此，李鸿章表示日期暂不确定，但五十万两的交换条件显然已令他心动。②另外，交割台湾之期定为换约之后的两个月内。至于签约日期，则定为两天后的三月二十三日（4月17日）上午十点。

当晚，李鸿章发电报告谈判情形并请求训示。③翌日下午总署接到此电后，翁同龢表示时间已晚，主张第二天再进呈。④于是，总署电称不及进呈，电旨在签约之前必不能到，"前旨既令定约，

---

① 该电指出："中国既让，以后只能将日本所议准百姓内迁及变卖田产两节晓谕明白，倘台民不服，因而生变，即与中国无涉。此层必须辩论在前，以免他日再生枝节。"见《译署来电》（光绪二十一年三月二十一日子刻到），《李鸿章全集》第 26 册，第 107 页。

② 李鸿章要求"只将驻军费用定为五十万两，至批准交换之期暂不决定"，而伊藤"谆谆以二十日为请，方可允贴费五十万"。

③ 《寄译署》（光绪二十一年三月二十一日亥刻），顾廷龙等主编：《李鸿章全集》电稿三，上海：上海人民出版社，1987 年，第 498—499 页。另可见《李鸿章全集》第 26 册，第 108 页，发电时间作三月二十二日，内容有小异（电文第一句，后者作"午前接皓、马电并二十日电旨敬悉"，而前者无"并二十日电旨敬悉"字样，"二十日电旨"即前文所引"十八日所谕各节"一电）。

④ 《翁同龢日记》第 6 卷，第 2840 页。

画押原系一事，应由尊处酌办"，即让李鸿章决定是否签约。①尽管三月二十三日发出的电旨表示"均照所请办理"，但在形式上，签约要由李鸿章自己作主。这是翁同龢负气之下耍出的小手腕：你谈的条约，就由你来决定签不签吧！②

　　三月二十三日上午十点，第七次会谈如期在春帆楼开始。③鉴于没有等到电旨，李鸿章只得自行决定签约。他自嘲地说，这正是

图 23：李鸿章、李经方、伊藤、陆奥在《马关条约》（日文本）上的签字。采自日本国立公文书馆网站，http://www.archives.go.jp/exhibition/digital/modean_state/contents/nisshin-war/photo/chouinsho/pn13.html。

---

① 《译署来电》（光绪二十一年三月二十三日午刻到），《李鸿章全集》第 26 册，第 109 页。点校者的断句为"前旨既令定约画押，原系一事"，误。
② 茅海建：《戊戌变法史事考二集》，第 41 页。
③ 会谈记录见《会见要錄 第七回》，《日本外交文書》明治期第 28 卷第 2 册，第 432—436 页。另可参见孙克复：《甲午中日战争外交史》，第 282—288 页。

"全权"的体现。当天，他与李经方代表清政府，与伊藤、陆奥一同签署了《讲和条约》即后世通称的《马关条约》，以及规定条约解释办法与批准事宜的《议订专条》（《議定書》）、规定日军暂驻威海卫的《另约》（《別約》）、规定停战延长二十一日的《停战展期专条》（《追加休戦定約》）。①

下午两点，李鸿章的轿子离开了下榻近一月的引接寺，李经方、科士达等人步行相随。一行人穿过因交通管制而空无一人的街道，又一次经过春帆楼前，登上等候在阿弥陀河畔的小渡船，驶向已经升火的"公义"和"礼裕"。为他们送行的，与来时一样，还是井上胜之助一人。三点过后，使团一行开船归国。②

李鸿章的余生再也没有踏上过日本的土地。有一段逸话流传甚广：

> （李鸿章）其使俄也，道出日本，当易海舶。日人已于岸上为供张行馆，以上宾之礼待之。文忠衔马关议约之恨，誓终身不复履日地，从人敦劝万端，终不许，竟宿舟中。新船至，当乘小舟以登，询知为日本舟，遂不肯行。船主无如何，为于两舟间架飞梁，始履之以至彼船。③

李鸿章出使俄国时并未途经日本，这个故事显然是出自虚构。④不

---

① JACAR Ref. B06150071700（第13—66画面），日清講和条約締結一件/講和条約ノ一，（2.2.1.1-4_001），日本外务省外交史料馆藏。
② 《媾和条约の調印》，《日清戦争実記》第25编，第43页。
③ 李岳瑞：《春冰室野乘》，北京：中华书局，2023年，第85页。
④ 蔡尔康、林乐知编译：《李鸿章历聘欧美记》，第35—39页。

过，那种"誓终身不复履日地"的刻骨愤恨，我想是真实的。

翌日，伊藤和陆奥亦返回广岛复命。其时场面的热闹，与前日李鸿章归国时的凄清恰成对照。据中田敬义回忆，码头上拥挤着送行的人群，以致栈桥不堪重负塌了下去，走在前头的陆奥险些掉进海里。旁边的护卫见状，连忙撇了手里的藤箱把他拉住。陆奥有惊无险，只是弄湿了裤子，但藤箱里等待天皇阅览的条约原件也被打湿了。归途中，中田和伊东巳代治、井上胜之助几个人手忙脚乱，拼命想在靠岸之前把条约弄干。①

这段喜剧性的插曲，似乎预示着日本不会轻轻松松地通过条约收获战争果实。条约虽然缔结了，但还没有产生效力。其最后一条规定，中日双方应于四月十四日（5月8日）在烟台换约。在此之前，仍有可能出现变数。

小　结

从双方谈判底线与谈判结果的对比上看，马关谈判是一场日方占尽上风的谈判。先看最关紧要的割地一条。由于日方事先要求使节应有割地的权限，李鸿章自不可能像普法议和之初的法国人那样坚持"决不让出一寸领土，亦不让出堡垒上的一块石头"。而清政府虽授予李鸿章割地之权，但并未给出明确的底线。三月十三日的电旨首次作出指示，"让地应以一处为断"，即在辽东、台澎中选择

---

① 《伊藤博文秘録》，第40页。另可参见《我全権の引揚》，《東京朝日新聞》1895年4月19日。

一处。李鸿章则秉持"敌所已据处，争回一分是一分，其所未据处，丝毫断不放松"的原则，在十五日的条约修正案中提出割让安东、宽甸、凤凰、岫岩与澎湖，等于给辽东、台澎两处割地各打了个大折扣。而在十六日的会谈中，由于日方不肯让步，李鸿章又退而提出不割台湾与营口。十八日清政府亦表示只求不割台湾北部与牛庄、营口。这一退再退的底线，最后仍未守住。至于日方，最初提出的割地方案是《媾和条约》（二）中的第二案，最终略作让步，改为第三案并付诸实现，完全是在按计划行事。

其次是赔款。关于这一点，清政府三月十三日指示"赔费应以万万为断"，李鸿章在条约修正案中亦如此办理。而在日方将赔款数额从三亿两降到两亿两后，李鸿章尽管一再力争，请求再减，最终仍是一无进展（仅将驻军费从两百万两减为五十万两）。这一亿两的让步不像割地的削减，原本不在日方的计划中，后人多言"李鸿章挨了一枪，为大清省了一亿两银子"云云，不无道理。

至于条目纷繁的通商条款，三月十三日的几道电旨给出的底线不很明晰，仅对税则一条严令"万不可允"。对这些条款，日方参照清政府底线作出了较多让步。可见，日方对通商权益的重视不及割地与赔款。不过，在这一方面争回的些许权益，根本无法弥补割地赔款两方面的巨大损害。

客观地讲，倘若战争胜负分明，议和谈判在很大程度上是任凭胜方取予求的。以普法议和为例，尽管法国谈判代表梯也尔是"一个充分利用最后一个机会的外交对手"，但他苦苦磋磨所取得的成果也就是将赔款从 60 亿法郎削减到 50 亿法郎，并保住了贝尔福

330 / 昂贵的和平：中日马关议和研究（修订版）

要塞而已。①因此，不应因为这个结果苛责李鸿章。然而，抛开一败涂地的战场形势不提，他和清政府仍然犯下了两个严重的错误。

一是低估了电报密码的重要性。早在路易十四时代，法国著名外交家卡利埃尔（Francois de Callières）就曾指出："秘密是交涉的生命。"为此，他建议在有关外交的书信中使用密码。②而由于战前电码已被日方破译，谈判期间李鸿章与国内的往来"密电"完全是公开的秘密。由此，日方把中方的底牌看得一清二楚，这对谈判的影响无可估量。电码被破虽是兵家常事，但谈判事关重大，无人提议另换一套密码，不能不说是一个不可饶恕的错误。

二是没有利用刺杀事件向日方施加压力。如前所述，李鸿章对自己被刺的反应只是愤怒和羞愧，清政府同样没有意识到其中的外交意义。结果，中方完全没有运用这一天降良机要挟日方，只是被动地接受日方在停战问题上作出的有限让步。待到谈判重新开始，日方已经通过成功的危机公关化解了列强的恶感，并了解到中方无意就此做文章，于是在谈判桌上又恢复了肆无忌惮的姿态。《国语》有云："得时无怠，时不再来；天予不取，反为之灾。"中方的不作为活生生地印证了这一古训。

不过，日方的外交也绝不能说是出色的。伊藤博文和陆奥宗光在谈判桌上做到了十二分的锱铢必较，对外部环境的观察却显得粗枝大叶。条约虽然如日方的意愿签订，但埋下了三国干涉还辽的伏笔。过犹不及，一流的外交家不会如此行事。

---

① （德）卡尔·埃利希·博恩等著，张载扬等译：《德意志史》第3卷下册，北京：商务印书馆，1991年，第269页。
② カリエール著，坂野正高訳：《外交談判法》，東京：岩波書店，1978年，第132页。

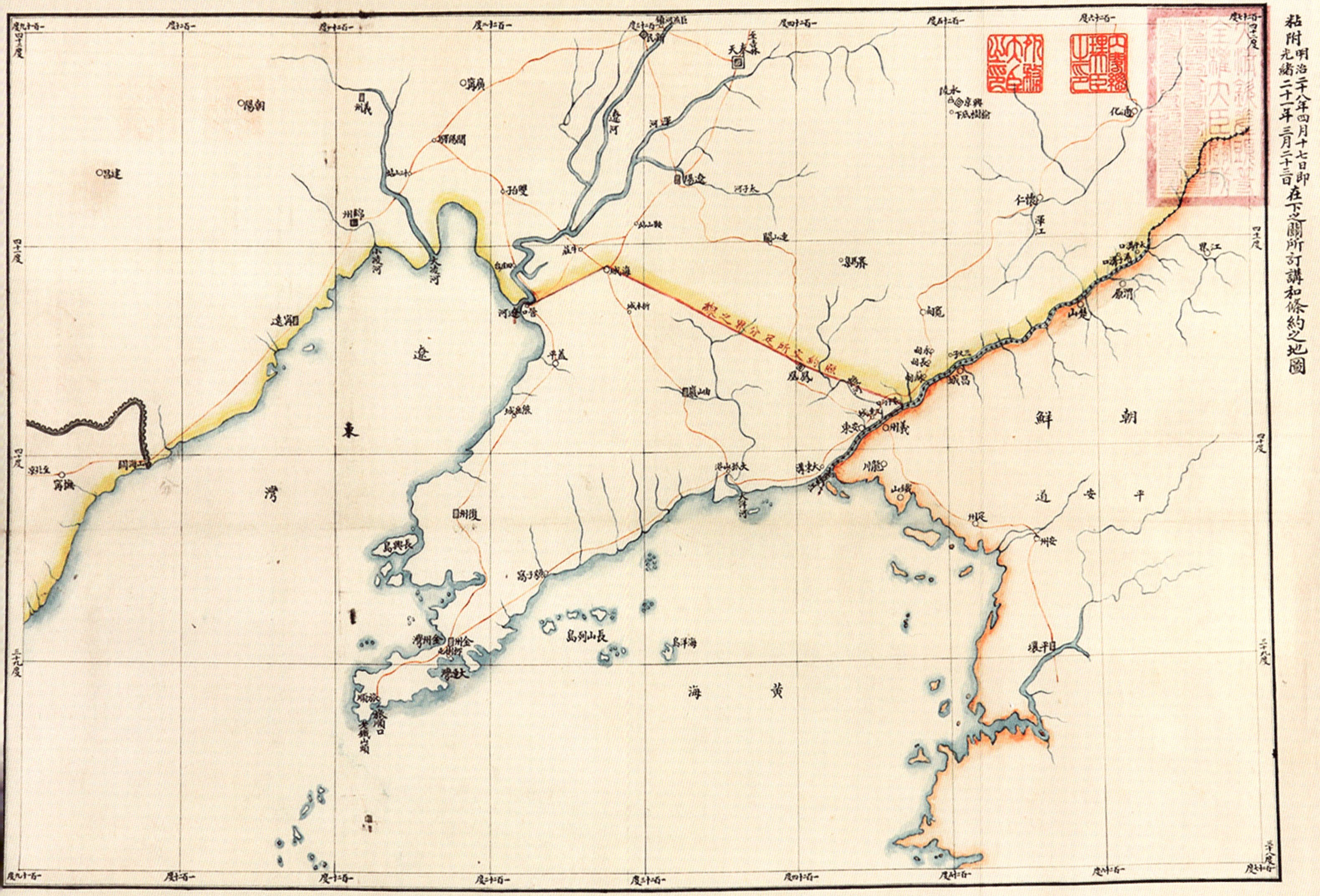

图 24:《马关条约》所附辽东割地示意图，红线以南为割地范围，与《媾和条约》（二）中的第三案相同。
采自日本国立公文书馆网站，http://www.archives.go.jp/exhibition/digital/modean_state/contents/nisshin-war/photo/chizu/index.html。

第六章　起而复平的余波

　　三月二十六日上午十点五十分，李鸿章一行回到天津。①当天，他派员以六百里加急的速度奏报谈判情形，并派随员杨福同将所签各项条约原本赍送北京。同时，他以负伤疲累为由请假二十日，暂留天津调养。②

　　在自己的地盘上，李鸿章受到了隆重的迎接。天津的《直报》当日做了这样的报道："傅相由马关元旋，已恭纪昨报。昨晚八点钟，轮船挂口，今晨五点钟驶入海河。相节暨随员人等，俱换乘'快马'轮船，于十点半钟到埠。同城各官有在车站祗迓者，有在萨宝实洋行茶座恭迓者，皆得以觇望颜色为幸。"③科士达也在一封信函中这样描述道："他们对总督举行一个大的欢迎，好像他不是签订屈辱的和约，而是凯旋归来。大沽炮台鸣炮致敬，铁路沿线排

---

① 《科士达日记》，《中日战争》续编第 6 册，第 626 页。
② 《钦差大臣李鸿章奏中日会议和约已成折》（光绪二十一年三月二十六日）、《李鸿章奏被刺后血气日衰又约款多不如意愤恨填膺困惫难支请假二十日片》，《清光绪朝中日交涉史料》卷 38，第 18—19 页。
③ 《相节元旋》，《直报》光绪二十一年三月二十六日，转引自茅海建：《史料的主观解读与史家的价值判断——复房德邻先生兼答贾小叶先生》，第 103 页。

列军队，举枪敬礼，官吏们叩头致敬，表示完全的顺服，似乎整个天津到车站奏军乐、鸣礼炮来欢迎他。"①

然而，这只不过是属下部曲的奉承而已。科士达接着写道："但是当他到了（他自己的）衙门，接见僚属，批阅函件以后，那些外部的表现变成深沉的凶兆了。他知道了各省总督及大部将官上奏，反对这个条约，于是他关于皇帝是否批准条约，至觉惶恐。"②

其实，即使是直隶的官吏，也不一定都对李鸿章恭恭敬敬。条约签订后，直隶布政使陈宝箴痛哭："无以为国矣！"李鸿章到津之后，他拒不往见，甚至放出话来，如果李鸿章早上回任，他晚上就挂冠而去！有人从中劝解，他说：

> 勋旧大臣如李公，首当其难，极知不堪战，当投阙沥血自陈，争以生死去就，如是，十可七八回圣听。今猥塞责、望谤议，举中国之大、宗社之重，悬孤注，戏付一掷。大臣均休戚，所自处宁有是邪？其世所蔽罪李公，吾盖未暇为李公罪矣。③

---

① 《科士达外交回忆录》，《中日战争》第 7 册，第 478—479 页。

② 《科士达外交回忆录》，《中日战争》第 7 册，第 479 页。

③ 陈三立：《皇授光禄大夫头品顶戴赏戴花翎原任兵部侍郎都察院右副都御史湖南巡抚先府君行状》，汪叔子、张求会编：《陈宝箴集》下册，北京：中华书局，2005 年，第 2000 页。另可参见黄濬：《花随人圣盦摭忆》上册，第 330—331 页。按，胡文辉先生近年怀疑陈宝箴抨击李鸿章"不当战而战"一事出自陈三立的日后建构，理由是"时过境迁，他对甲午之战及和约的认识当有修正，领悟战不可恃、和不可免，则有意无意之间，自不免要为其父的言行有所弥缝，同时也是为自己的言行有所弥缝"，见胡文辉：《辩陈三立请诛李鸿章问题》，《澎湃新闻·上海书评》2019 年 1 月 1 日。这一观点及其论证固然不无道理，但前引行状撰于光绪二十六年，其时距《马关条约》签订不过五年，清朝社会对战争、条约与李鸿章的主流观点并未改变，陈三立的思想是否真的剧变如此，以至于不惜虚构乃父言论？我认为，若要全盘否定行状的说法，还需要更加确凿的证据。

其时天下皆罪李鸿章，理由不外乎"主和误国"甚或"主和卖国"。陈宝箴的理由，却不是不当和而和，而是不当战而战。他责备李鸿章没有拼死一谏，制止这场没有胜算的战争。这种见解的确不凡，但未免有失公允。如第一章所述，李鸿章在战前曾经极力争取避战。即便他舍了身家性命，如陈宝箴所言"沥血自陈"，又哪能压住声势滔滔的主战派？

和亦罪，战亦罪，李鸿章注定两头得罪。

不过，既然条约已经签订，他可以暂时躲在天津舔舐伤口了。决策的重心，完全集中到了京师。

一、条约批准的历程

中枢决策的变动

条约签订之后，中枢的反应如何呢？翁同龢很想力挽狂澜，但一时无计可施。三月二十三日签约当晚，他和门生汪鸣銮（工部左侍郎兼总署大臣）长谈，"激于时议，颇有深谈"。次日，他因连日与同僚争论台事，见起时"不免愤激"。他当天在军机处"无所补救"，随后与李鸿藻在方略馆谈话，说到痛处，不禁涕泪横流。①他是希望有所补救的。

在李鸿章回津的前一天即三月二十五日，翁同龢似乎发现了一线希望。其日记载：

①　《翁同龢日记》第6卷，第2840页。

见起二刻余（封奏二，电九，内一乃俄请暂缓批准和约也。），书房一刻，极言批准之不可速，然无益也。①

所谓"俄请暂缓批准和约"，是指当日进呈的许景澄三月二十三日来电：

顷俄外部称：昨奉俄主谕，如和议画押，请中国暂缓批准。俟筹定即由喀使转告。已电喀先复。叩以何时可定，则云：但候法、德准信，不过二三日等语。又德主前日见巴使，德报谓倭议内地商务不便于德云。②

同日许氏另有一电称：

德外部称：劝事，除商各国外，已照电驻俄使转达，尚未得覆。俄事明日可晤外部，再闻。③

一直被寄予厚望的俄国，终于给出了即将干涉的信号。而在前一天晚上，喀希尼已经奉命告知总署，不要急于批准条约。④三国干涉行将浮出水面。

---

① 《翁同龢日记》第6卷，第2840页。
② 《俄事纪闻》，第31页。
③ 《收出使许大臣电》（三月二十四日），《清代军机处电报档汇编》第14册，第188页。
④ 施阿兰：《使华记》，第52页。

三月二十六日，翁同龢在日记中写道：

> 盛电谓巴兰德甚出力，令德纠约俄、法出论云云。同官或议为不足恃，余与兰孙（引者按：李鸿藻字）力斥之，在上前亦切陈之，三刻退，书房复申言之，已初散。小憩起饭。访张樵野，彼亦谓此机不可失。诣督办处要庆邸与语，似尚有入处，欲谒恭邸，而昨夜不眠，未敢以请也。①

盛宣怀当日来电报告，巴兰德电称，俄、德、法三国指示其驻日公使告知日本，"马关条约三国不允，定要更改"。②这个消息给清政府带来了新的希望，翁同龢与李鸿藻反复向光绪陈说此事。张荫桓与庆亲王也在一定程度上表示可以利用这个机会，但枢臣中亦有认为"不足恃"的（应当是孙毓汶、徐用仪二人）。病中的恭亲王态度不明。

次日枢臣见起之时，光绪下令发电询问许景澄，俄国向日本提出了什么要求。③是日，李鸿章由驿递送来的奏折与约本到达。光绪没有立即把它们下发军机处，而是先携至书斋出示给翁同龢，翌日发下。这透露出他对是否批约犹疑不决的心态，也体现出他对这位师傅臣下与众不同的信赖。

---

① 《翁同龢日记》第 6 卷，第 2841 页。
② 《收津海关盛道电》（三月二十五日），《清代军机处电报档汇编》第 14 册，第 192—193 页。
③ 《翁同龢日记》第 6 卷，第 2841 页。电旨见《清代军机处电报档汇编》第 1 册，第 500 页。

作为一位统治者，光绪实在是太年轻了。此时他亲裁大政仅有五年，且未尝处理过这样重大的国事。关键时刻，他最倚赖的还是平日传道授业的师傅翁同龢。光绪二十年再次补授军机大臣后，翁同龢曾在日记中充满感情地写道："每递一折，上必问臣可否，盖眷倚极重，恨臣才略太短，无以仰赞也。"①后来他又在自订年谱中这样记载：

> （光绪二十年底）自念以菲材而当枢要，外患日迫，内政未修，每中夜彷徨，憾不自毙。讲帷职事，仅有数刻。最难处者，于枢臣见起之先，往往使中官笼烛宣召，及见则闲话数语而出。由是，同官侧目，臣亦无路可以释疑。尝叩头奏："昔闻和珅曾如此，皇上岂欲置臣死地耶？"终不能回，亦奇事也。②

翁同龢晚年遭贬，自订年谱下笔自然慎之又慎。"及见则闲话数语而出"一句，无疑是其自我辩白之语。正当国难，皇帝哪有闲心成天把师傅兼枢臣召来说几句闲话？他的日记已经不止一次透露，书房中有着对国事的秘密商议。光绪在书房私下把条约拿给翁同龢看，就是一证。

同一天，李鸿章接到伊藤前日来电，内称明治天皇已批准和

---

① 《翁同龢日记》第 6 卷，第 2792 页。
② 《松禅自订年谱》，《翁同龢集（增订本）》第 4 册，第 1698—1699 页。此段文字由其日记中光绪二十年的岁末感言改写而成，见《翁同龢日记》第 6 卷，第2816 页。

约，要求光绪批准，随即转电总署，当日到达。①对于光绪、翁同龢君臣来说，这份电报不啻是一道催命符。

次日，光绪催促总署派人去俄国使馆"问回信"，即询问三国干涉的情况，结果由徐用仪前去。当天，翁同龢再次在书房"力陈批准宜缓"。②同日，许景澄三月二十六日电到，内称：

> 俄外部言：俄、德、法已各电驻使，劝倭减让，言明尤重辽地，此节已电喀。并述英以倭索未为太过不肯劝，谓劝亦不从。然倭果坚拒，只好用力。又称不能早定者，须俟全权画押，方有确据可说等语。并闻。③

该电中的"然倭果坚拒，只好用力"一句很容易引起误解。在当时的用语中，"用力"即动用武力。上述引文的点校者将此句断开，似认为这是"俄外部言"的内容。然而，如此轻率地承诺对日动用武力，不合俄国的做法。事实上，此句应与"劝亦不从"连结，属于英国的表态。也就是说，英国认为如果日本拒绝干涉，则可能导致开战。这是它拒绝参加干涉的理由之一。参照金伯利三月十六日与俄国驻英大使斯塔尔（Егор Егорович Стааль）谈话

---

① 《寄译署》（光绪二十一年三月二十七日辰刻），《李鸿章全集》第 26 册，第 110 页。收电日期见《收李中堂电》（三月二十七日），《清代军机处电报档汇编》第 14 册，第 205 页。伊藤原电见《中日战争》续编第 10 册，第 349 页。

② 《翁同龢日记》第 6 卷，第 2841 页。

③ 《许使寄译署》（光绪二十一年三月二十九日辰刻到），《李鸿章全集》第 26 册，第 116 页。又可见《俄事纪闻》，第 32 页，"用力"作"用兵力"。另可见《中日战争》续编第 3 册，第 91 页，"辽地"作"辽节"，"者"作"著"。

时的发言，便可辨明："由于联合起来的大国不会容忍其建议遭到漠视，那么其唯一的选择就是使用武力手段；在目前形势下，我们还不准备采用这种手段。"①下文也会说明，清政府同样误读了这一情报。

三月二十九日（4月23日），翁同龢日记有如下记述：

> 与庆王同见起，上以李鸿章复电言台湾事不能与伊藤说，甚怒。又诘问昨日徐用仪见喀使语如何。用仪奏：喀希尼云得本国电码多误，不能读，今电回国，但云辽东地不允倭占，请缓批准约章，又云俄廷不食言。至问以如何办法，则无的实语。上遂命奕劻、孙毓汶、荣禄今日往见喀使，传感谢之意，并告以批不能过缓，即电俄要的音。又命发电旨询许景澄，亦以此节详告。论及台民死守，上曰："台割则天下人心皆去，朕何以为天下主！"孙毓汶以前敌屡败对。上诘责以赏罚不严，故至于此。诸臣唯唯，引咎而已。伏睹皇上乾刚一振，气象聿新，窃喜又私自憾也。四刻退。至书房亦颇有论列，然事已难回矣。②

开战之后，光绪在议和问题上不常表露主见。而在此时，正如茅海

---

① 《金伯利致拉塞尔斯函（第98号A）》（1895年4月10日），《中日战争》续编第11册，第725页。另可参见古結諒子：《日清戦争における日本外交—東アジアをめぐる国際関係の変容—》，第69—71页；イアン・ニッシュ：《日清戦争とイギリス》，《日清戦争と東アジア世界の変容》上卷，第168页。

② 《翁同龢日记》第6卷，第2841—2842页。

建先生所说:"这是一个转折点,光绪帝公开表示了激烈的态度。"①
起到导火索作用的,是李鸿章的来电。"李鸿章复电言台湾事不能
与伊藤说",指的是李氏前日因接到总署三电(包括转寄署台抚唐
景崧反对割台的来电),回电表示"台事业与面谈详尽,难再电商,
商亦无益"。②光绪痛感自己身为人君而不能守住疆土,痛极而怒。
因此,他愈发希望三国干涉能为清政府带来转机。当天,前述许景
澄三月二十六日来电被进呈给光绪和慈禧,显然也起到了作用。③

对光绪的态度,翁同龢的评论也相当微妙。"乾刚〔纲〕一振"意
味着此前"乾纲不振",因此才会"私自憾也",确是师傅口吻。而他
在书房"颇有论列",但"事已难回"的,很可能是迁都的动议。④

① 茅海建:《戊戌变法史事考二集》,第45页。
② 《译署来电》(光绪二十一年三月二十八日子初到)(三通)、《复译署》(光绪二
十一年三月二十八日辰刻),《李鸿章全集》第26册,第111—113页。
③ 军机处《洋务档》三月二十九日,转引自茅海建:《戊戌变法史事考二集》,第
46页。
④ 李鸿章出使之前,德国公使绅珂对他表示"若不迁都,势必割地",翁同龢认为
"至言哉"。翁氏门生文廷式亦记载,"翁尚书亦主迁",曾统遣人询问礼部右侍
郎李文田所考历代迁避得失,欲通过书房功课影响光绪。欧格讷于三月初三日
致函金伯利,称得到可靠消息,翁同龢正在力劝皇帝离开京城。当时进京参加
会试的赵炳麟亦称"军机大臣翁同龢请迁都西安"。时任工部尚书的孙家鼐的年
谱也有记载:"辽师溃,水陆皆燔,朝廷汹惧。枢臣某仓皇议迁都,造公合门
商,公持不可,弗怿去。"光绪二十四年十月二十一日(1898年12月4日),
上谕将翁同龢革职永不叙用,其中也提到"至甲午年中东之役,主战主和,甚
至议及迁避"。见《翁同龢日记》第6卷,第2827页;《闻尘偶记》,《文廷式集
(增订本)》第3册,第1127—1128页;《欧格讷致金伯利函件(第107号,机
密)》(1895年3月28日发,5月13日到),《中日战争》续编第11册,第875
页;《光绪大事汇鉴》,黄南津等点校:《赵柏岩集》上册,南宁:广西人民出版
社,2001年,第188页;《寿州孙文正公年谱(选录)》,《中日战争》续编第6
册,第465页;《光绪宣统两朝上谕档》第24册,第539页。

条约能否不批准，关键在于列强是否干涉及其程度如何。许电中的"只好用力"一语引起了光绪的高度重视。当日有旨，令许景澄询问"用力""是否立时可办"，并请三国迫令日本同意延期换约，以便争取时间。①其实，当天三国驻日公使已向日方通告了干涉之意（详见下文）。

到了三月三十日（4月24日），光绪的态度又不似前日强硬，"天颜又霁，不似昨日威严矣"。看来，他的"乾纲"的确只是"一振"。当天他作出的决策是"命将昨今论和款折十一件持与恭亲王面商"。②这表明，越来越多的上奏开始引起了他的重视。

吏民上奏的作用

从谈判后期起，京师内外已开始流传和约条款。和约本已苛刻之至，而道路传闻更增添了不少离奇骇人的内容。茅海建先生在详细梳理相关档案之后指出，李鸿章到达马关以后，反对议和的奏折从来就没有停止过。③在此，我根据茅先生的统计，以图表展示出二月二十七日（4月21日）至四月二十一日（5月15日）与议和、条约有关的官员、士民上奏情况。④这些奏疏，基本都旗帜鲜明地

---

① 《电谕驻俄使臣许景澄先向俄致谢并请三国电倭展缓换约日期》（光绪二十一年三月二十九日），《中日战争》续编第3册，第93—94页。又可见《俄事纪闻》，第33页，文字有小异。

② 《翁同龢日记》第6卷，第2842页。

③ 茅海建：《戊戌变法史事考二集》，第6—14页。

④ 在此，同一人上奏的多份折片均分别计算；官员、士民联名上奏算作官员上奏，其中的士民人数则计入"士民上书人次"；候选、候补官员一律算作官员；教谕等教官因通常与举子联名，难以区别，一律算作士民；部分联名上书人数不明，暂以1人计。

反对议和。

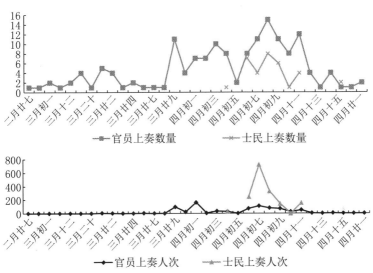

图 25：二月二十七日至四月二十一日官民关于议和的上奏情况统计。

从图表中可以看出，三月下旬以前的上奏数量大致平稳，三月二十九日迎来了第一个高峰。"是日封奏九件，八件言款不可行"。①由于上奏太多，军机处来不及处理，于是"折片用封套存堂"，留待次日再看。而在第二天，又有电奏一件、封奏两件反对和约，其中包括颇有分量的宗室联名上奏。②如前所述，这 11 件上奏被交给恭亲王咨询意见。对此，恭亲王"一无断语，大略谓廷议

① 《翁同龢日记》第 6 卷，第 2842 页。具体奏折见茅海建：《戊戌变法史事考二集》，第 8 页。
② 茅海建：《戊戌变法史事考二集》，第 8 页。

徒扰，邦交宜联而已"。①此后几日，拒和上奏络绎不绝，在四月上旬掀起了新的高峰。

条约签订之后，拒和的舆论更集中为拒约。早在条约签订的前一天，地位不高但身处机要的总署章京已经发出了拒约的先声。翁同龢三月二十二日得知，"译署章京五十六连衔说帖"，反对议和。②总署章京当时定额48人，另有8名"军机处兼行"，在这份说帖上具名的是其全部阵容。此后，以中下层官员为主的京官也纷纷上奏或由相关衙门代奏。

同时，各地封疆大吏也纷纷表示拒约。其中，署台湾巡抚唐景崧无疑是最关心条约的人物之一。谈判期间，他已听说日方要求割台，因此于三月十二日致电李鸿章询问。对方回电称"彼力索台，未允"。③十九日唐景崧再次电询，未接回电，认为"甚可疑"。④于是，他次日电奏，表示"臣愚以为赔兵费、通商则可，与土地则不可"，"北辽、南台，两者失一，我将无以立国"。⑤他显然已经知道了条约的大概内容。二十一、二十三、二十四、二十六、二十七

---

① 《翁同龢日记》第6卷，第2842页。
② 《翁同龢日记》第6卷，第2840页。因程序繁琐，该条陈直到四月初六日（4月30日）方由总署代奏，见茅海建：《戊戌变法史事考二集》，第10、20页。条陈内容见同书第102—104页。
③ 《复台湾署抚唐》（光绪二十一年三月十二日戌刻自马关发），《李鸿章全集》第26册，第95页。
④ 《唐抚台来电》（光绪二十一年三月二十二日未刻发，申刻到），《张之洞存各处来电》第19函第4册，所藏档，甲182-131。从现存史料来看，李鸿章似未接到此电。
⑤ 《收署台抚电》（三月二十日），《清代军机处电报档汇编》第14册，第147页。

日，他又连续五次电奏，或直接或间接地反对和约。①

继唐景崧之后，督办东征军务的钦差大臣刘坤一于三月二十二日电奏，表示听闻辽、台俱割，"既给赔款，又须割地，且割完富未扰之地，无此办法"，并声称山海关、天津、畿辅皆有重兵，可以一战，"战而不胜，尚可设法撑持"。②

刘坤一称，他的消息得自"昨今两日，递接津电"，即在天津的盛宣怀。同日，他致电署两江总督张之洞："现据盛道电称，于赔款外割辽东至营口及台湾全岛与之，二十一日定议画押，未知确否。"③从张之洞档案中可以看到，盛宣怀三月二十日曾电告张之洞与两广总督李瀚章（李鸿章之兄）以及江苏巡抚奎俊、浙江巡抚廖寿丰、安徽巡抚福润："傅相来电，和议明日会晤即定，欲保京城，不得不尔云。"④二十二日，盛宣怀又致电张之洞与奎、廖二人："李相创口渐愈，子未取出，约已定廿三画押，即回津。辽东至营

---

① 相关电奏见《清代军机处电报档汇编》第 14 册，第 155、179、196、206 页。

② 《钦差大臣刘坤一奏割完富未扰之地无此办法电》（光绪二十一年三月二十二日），《中日战争》续编第 3 册，第 63 页。又可见中国科学院历史研究所第三所主编：《刘坤一遗集》第 3 册，北京：中华书局，1959 年，第 1394 页，文字有小异。

③ 《山海关刘钦差来电》（光绪二十一年三月二十二日亥刻发，二十三日寅刻到），《张之洞存各处来电》第 19 函第 5 册，所藏档，甲 182-131。盛宣怀的原电，我尚未找到。另，二十三日盛宣怀又致电刘坤一："相电，约已定议，廿三画押，即回津云。"见《盛档·甲午中日战争》下册，第 629 页。

④ 《天津盛道来电（并禀广东李制台、苏州奎抚台、杭州廖抚台、安庆福抚台）》（光绪二十一年三月二十日未刻发，酉刻到），《张之洞存各处来电》第 19 函第 4 册，所藏档，甲 182-131。该电又可见《盛档·甲午中日战争》下册，第 629 页，但未说明并致李瀚章。

口又全台均割，赔款三万万，姑安旦夕，后事如何得了。"①致刘坤一电似与此两电内容相同，但从刘致张电可知，第二电中将二十三日画押误作二十一日。②

比起率军北上，离开本任的刘坤一，署理其江督遗缺的张之洞此时在各省督抚中的影响更大，隐然有领袖之势。他在京、津、沪、烟台、山海关等处皆派有坐探，消息相当灵通（当然不乏误报）。尤其重要的是，由于掌管中国电报局的盛宣怀有意投效，他得以知悉来自盛氏通报的议和内情。③

议和以来，张之洞与其他督抚多有电报往来，互通声气，和唐景崧的联系尤多。三月二十二日，唐景崧来电询问："闻和议已成，有割辽台之说，公有确信否？"次日再度致电，表示"崧一人力微，求公力争"。④同日，张之洞回电告以来自盛宣怀的情报，并表示了

---

① 《天津盛道来电（并致苏州奎抚台、杭州廖抚台）》（光绪二十一年三月二十二日戌刻发，丑刻到），《张之洞存各处来电》第19函第4册，所藏档，甲182-131。
② 致奎俊电中同样有这一错误，见《天津海关道盛宣怀为和约已定致奎俊等电》（光绪二十一年三月二十二日到），《中日战争》续编第3册，第66页。
③ 从李鸿章请训到烟台换约，盛宣怀至少向张之洞发出了10份有关议和与条约的电报（二月初六、二十九日，三月初五、初七、十四、二十、二十二、二十五、二十六日，四月初八日），见《盛档·甲午中日战争》下册，第619、629—631页；王尔敏、吴伦霓霞编：《清季外交因应函电资料》，台北："中央研究院"近代史研究所，1993年，第198页；《张之洞存各处来电》第19函第1—4册、第20函第1册，所藏档，甲182-131、132。关于盛宣怀当时有意投效张之洞一事，参见拙作：《甲午战争期间盛宣怀与张之洞的交结》，《问学——思勉青年学术集刊》第1辑，2015年。
④ 《唐抚台来电》（光绪二十一年三月二十二日未刻发，申刻到）、《唐署抚台来电》（光绪二十一年三月二十三日未刻发，亥刻到），《张之洞存各处来电》第19函第4、5册，所藏档，甲182-131。

拒约主战的态度。①二十四日，山东巡抚李秉衡电奏，声称听闻辽河以东与台湾均割，极力反对，"请皇上乾纲独断，决意主战，勿为浮言所惑"。同日，张之洞与李秉衡互相致电，交换关于条约的传闻，并询问对方有何办法。②二十四、二十五两日，张之洞又分别致电盛宣怀与在汉口的亲信恽祖翼，要他们探听刘坤一、王文韶与湖北巡抚谭继洵对条约的反应。③二十六日，张之洞自己方才电奏拒约，一方面请求"敕下王大臣等迅速会议，设法补救"，一方面提议"速向英、俄、德诸国力恳切商，优予利益，订立密约，恳其实力相助"。④

继唐、刘、李、张之后，上奏拒约的封疆大吏还有闽浙总督边宝泉、河南巡抚刘树堂、湖北巡抚（署湖广总督）谭继洵、广东巡抚马丕瑶、江西巡抚德馨、广西巡抚张联桂、陕西巡抚鹿传霖、陕西布政使（护理陕西巡抚）张汝梅、陕甘总督杨昌濬、署山西巡抚胡聘之、盛京将军裕禄、吉林将军长顺、黑龙江将军（署吉林将军）恩泽。各省督抚将军之中，有过半对和约表示了反对意见。最

① 《致台北唐抚台》（光绪二十一年三月二十三日卯刻发），《张之洞全集》第 8 册，第 6277 页。
② 《致总理衙门电》（光绪二十一年三月二十四日）、《致江宁张制台电》（光绪二十一年三月二十四日），戚其章辑校：《李秉衡集》，济南：齐鲁书社，1993 年，第 688—689 页；《致莱州李抚台》（光绪二十一年三月二十四日辰刻发），《张之洞全集》第 8 册，第 6284 页。
③ 《致天津盛道台》（光绪二十一年三月二十四日辰刻发）、《致天津盛道台》（光绪二十一年三月二十四日亥刻发）、《致汉口恽道台》（光绪二十一年三月二十五日寅刻发），《张之洞全集》第 8 册，第 6285—6286 页。
④ 《致总署》（光绪二十一年三月二十六日午刻发），《张之洞全集》第 3 册，第 2056—2057 页。

具声势的，是四月初十日（5月4日）的两份联名上奏。一份主张将条约展期数旬，由张之洞领衔，具衔者为闽督与鄂、赣、鲁、台、桂五省巡抚；一份声称奉天尚可力战，由裕禄领衔，具衔者为东三省文武大员。①

当时正值会试之期（三场分别在三月初八、十一、十四日入场②），云集京师的约五千名举人更壮大了这股声浪的势头。从四月初四日（4月28日）起，考完三场的试子们开始发挥他们的议政热忱。各省举人的联名上书即后世所谓的"公车上书"，与官员上奏形成了短暂的二重唱，其中，举人自行上书31件，有1555人次署名，另有135人次参加了京官领衔的7次上奏。③

广东举人康有为是"公车上书"的一位积极推进者。尽管他策划的十八省举人联名上书流产了，但通过本人和门徒的记述与渲染，成功书写了自己的公车上书史。④他在自传《我史》中写道："……再命大学士李鸿章求和，议定割辽、台，并偿款二万万两。三月二十一日，电到北京，吾先知消息，即令卓如（引者按：梁启超字）鼓动各省，并先鼓动粤中公车，上折拒和议。"⑤

康有为以为李鸿章关于和约内容的电报在三月二十一日到京（并不准确），却不知道前一天光绪已经下达了同意签约的电旨。茅

---

① 茅海建：《戊戌变法史事考二集》，第8—14页；贾小叶：《晚清大变局中督抚的历史角色——以中东部若干督抚为中心的研究》，上海：上海书店出版社，2008年，第144—146页。

② 茅海建：《从甲午到戊戌——康有为〈我史〉鉴注》，第88—89页。

③ 茅海建：《戊戌变法史事考二集》，第14页。

④ 茅海建：《戊戌变法史事考二集》，第87页。

⑤ 茅海建：《从甲午到戊戌——康有为〈我史〉鉴注》，第63页。

海建先生指出，康有为对和约的了解似来自与他关系密切的掌江西道监察御史王鹏运。王氏这样的京官，才是公车上书的真正组织者。而在他们背后，还有翁同龢、李鸿藻、汪鸣銮等政治高层。关于和约的信息，很可能是这些人有选择地透露的，目的在于激起拒约舆论，令光绪收回成命。①另外，张之洞也在指示京中的部下杨锐等人策动上奏拒约。②

拒约的舆论浪潮的确形成了，也对中枢决策产生了影响。四月初一日（4 月 25 日），光绪派庆亲王和军机大臣将三天内收到的 16件拒和上奏呈送慈禧，"面陈和战事"。正如此前借病回避表态割地与停战问题一样，慈禧又传下了"今日偶感冒，不能见，一切请皇帝旨办理"的懿旨。③

光绪踢给慈禧的皮球，一个回传，又被踢到了两位老臣脚下。当天，有电旨发给钦差大臣刘坤一、署直隶总督王文韶：

> 奉旨：新定和约条款，刘坤一、王文韶谅皆知悉。让地两
> 处，赔款二万万，本皆万难允行之事。而倭人恃其屡胜，坚执
> 非此不能罢兵。设竟决裂，则北犯辽沈，西犯京畿，皆在意
> 中。连日廷臣章奏甚多，皆以和约为必不可准，持论颇正；而
> 于沈阳、京师两地重大所关，皆未计及。如果悔约，即将决

---

① 茅海建：《戊戌变法史事考二集》，第 27—30、36—39 页；同氏著：《从甲午到戊戌——康有为〈我史〉鉴注》，第 66—69 页。
② 茅海建：《戊戌变法的另面："张之洞档案"阅读笔记》，第 148 页；同氏著：《戊戌变法史事考二集》，第 39 页。
③ 茅海建：《戊戌变法史事考二集》，第 48 页。

战。如战不可恃，其患立见，更将不可收拾。刘坤一电奏有云，战而不胜，尚可设法撑持。王文韶亦有"聂士成等军颇有把握，必可一战"之语。惟目前事机至迫，和战两事利害攸关，即应立断。著刘坤一、王文韶体察现在大局安危所系，及各路军情、战事究竟是否可靠，各抒所见，据实直陈，不得以游移两可之词敷衍塞责。①

这道电旨表明，在义理上"持论颇正"的拒约上奏让光绪不得不认真考虑拒约的可能性。显然，其关键在于军事方面：倘若拒约，清军能否顶住日军的下一步攻势，尤其是对清王朝新旧都城北京、奉天的进攻？对于这个问题，最需要的无疑是前敌主帅的意见。刘坤一于上年十二月初二日受任钦差大臣，"所有关内外防剿各军均归节制"，是前敌级别最高的统帅，当时坐镇山海关。而由于李鸿章尚未回任，王文韶仍是直隶防务的负责人，看守着北京的东路门户津沽。

自然，就这一问题表态是要担很大干系的，而且可谓左右为难：倘若给辖区内的防务打包票，一旦导致战事重开，二人将首当其冲；而如果承认战不可恃，又无疑会与电旨提及的二人之前的担保抵触，更会令朝廷追究"布防不力"的责任。盛宣怀在四月初二日（4月26日）致王文韶函中直白地表露了他的感觉："此政府欲将一个难题目架在师（引者按：即王文韶）与岘帅（引者按：即刘

---

① 《清代军机处电报档汇编》第 1 册，第 502 页。

坤一）身上。"①初四日，在天津办理粮台的广西按察使胡燏棻致信其弟，对此的评论与盛宣怀如出一辙："战事确有把握否，若一经毁约，盛燕两京，能保得住否，请两帅一决。明系难题目。津帅已逊谢不遑，刘帅曾翻案，颇难自圆其说。"②

对两人来说，回答这道题目，要考虑的不仅是国家大计，还有个人安危。

前敌主帅的报告

作为久历宦海的老官僚，刘、王二人都没有立即复奏。四月初二日接到电旨后不久，王文韶即收到刘坤一来电，"约明日赴关津适中之唐山地方会商一切"。显然，刘坤一打算和王文韶商议之后统一口径。次日，二人在唐山会谈三次，商定了复奏的大略。参与会谈的，还有直隶提督聂士成、广东南韶连镇总兵郭宝昌、贵州古州镇总兵丁槐等前线将领。商定之后，刘、王并未联名复奏，而是各自发电，以便"遵各抒己见之旨"。③

四月初三日，朝廷再次发下电旨催促刘、王复奏。④初四日下午，二人先后回电。其中王文韶奏称：

> 臣维此次议约，倭人要挟很[狠]鸷，实为中外臣民所共

---

① 《盛档·甲午中日战争》下册，第 433 页。
② 黄濬：《花随人圣盦摭忆》上册，第 268 页，标点有改动。"津帅已逊谢不遑"，应指王文韶四月初一日奏称力小任重，请饬李鸿章回任，见下文。
③ 《王文韶日记》，第 884 页；《盛档·甲午中日战争》下册，第 433 页。
④ 《清代军机处电报档汇编》第 1 册，第 505 页。

愤，不独言事者忠义愤发也。旨意以不合即战，计及沈阳、京师两地，重大所关，务筹万全之策，仰见圣虑深远，急其所急。臣在津言津，如提督聂士成、总兵吴宏洛、章高元、陈凤楼等军，声气联络，必可一战。其榆关以迄辽沈各路军营，亦各有可用之将。究竟是否可靠，臣实不敢臆断。现在事可胜不可败，势成孤注，与未经议约以前情形又自不同。传闻俄、法、德三国颇肯助我，外间未审确实。事关全局安危，应请饬下军机大臣、督办军务处、总理衙门通盘筹议，请旨定夺。再，臣与刘坤一昨在唐山晤商一切，意见大略相同。①

王文韶为人圆滑，人称"琉璃蛋""油浸枇杷核子"，这份电奏的婉转笔法正是他的一贯作风，但其主旨还是可以看清楚的：起初宣称"必可一战"，随后话锋一转，表示"究竟是否可靠，臣实不敢臆断"，又称"现在事可胜不可败，势成孤注"，暗喻不宜开战，最终又把皮球踢给了"请旨定夺"，自己半分责任也不担。他在日记中流露出了真实的想法："大局攸关，不敢作违心之论，惟遵旨据实直陈而已。"②也就是说，他不敢夸大清军的战斗力，以致促成废约再战。而在四月初一日，他已奏称"力小任重"，请求饬令李鸿章即回本任，好早日卸下直隶防务这一重担。③

---

① 《收署直督电》（四月初六日未刻），《清代军机处电报档汇编》第 14 册，第 271—272 页。
② 《王文韶日记》，第 884 页。
③ 王文韶折，光绪二十一年四月初一日，《光绪朝朱批奏折》第 10 辑，第 554—555 页，该折奉朱批"另有旨"。又可见《署理北洋大臣王文韶自陈力小任重请令李鸿章即回本任折》，《清光绪朝中日交涉史料》卷 39，第 24 页，（转下页）

刘坤一的电奏则云：

坤于新定条约虽未尽悉，要之让地赔款多节，目前固难允行，后患更不堪设想，宜战不宜和，利害重轻，事理显然。此固天下所共知，亦在圣明洞鉴。惟一经决裂，倭必分拥猛攻，自以保京畿、固辽沈为第一要义。查辽沈等军，依克唐阿、长顺、陈湜等皆与贼累战，甚为得力；唐仁廉亦系凤将，所部枪械已齐，当足以资抵御。更有宋庆、魏光焘、李光久诸军驻扎宁、锦一带，该将领等忠勇过人，屡经大敌，相机战守，似辽沈后路可无他虑。倭如图犯京畿，则自关到津沿海要口，处处设防，又有各大枝游击之师，合计不下十余万人，倭寇岂宜深入。纵或登岸，究属孤军。既有程文炳、董福祥两军堵御于前，而津、关各军可以多面夹击，即不得手，自可再战三战，以期必胜。未必彼即长驱直入，我即一蹶不振。万一京畿吃紧，坤必抽调劲旅，迅速入卫，以保无虞。前电所陈"尚可设法撑持"者，此也。夫利钝本难逆睹，但倭奴远道来寇，主客之形，彼劳我逸。近得探报，倭新卒多以老弱充数，饷亦不继，在我只须坚忍苦战，否则高垒深沟，严为守御，倭奴悬师远斗，何能久留，力尽势穷，彼将自为转圜之计。况用兵两年，需饷不过数千万两，较赔款尚不及半，而彼之所费愈多。持久二字，实为现在制倭要著。诸将一闻和约，义愤填胸，必

（接上页）所标时间"四月初四日"是接到日期而非发出日期。四月初四日有字寄致王文韶，否决了他的请求："仍著悉心经理，毋稍疏懈，以副委任。"见《光绪宣统两朝上谕档》第 21 册，第 106 页。

欲一决死战。坤职在兵戎，宗社所关，惟有殚竭血诚，力任战事，此外非所敢知。昨于初三日驰抵津、关适中之唐山，与王文韶、聂士成、丁槐等面商，意见相同。①

比起王电，刘电相对不易解读。石泉先生认为刘电系主战，"然而对于战事，亦无一确实有把握语，惟期拼力，尽其在我而已"。②茅海建先生则指出："刘坤一此电，著名一时，引者多有误解。他是按照传统的'武死战、不知和'的思路来写的，其中提到的依克唐阿、宋庆等部皆有败仗，在他的笔下成了有作战经验或有忠勇之气的名将；在京畿地区的作战上，大谈取胜的可能性，大谈日军的不足，但始终在回避有无胜利把握的关键词。从基调上来说，他与王文韶完全相反，但在最后又称其与王文韶'意见相同'，正说明他以更加委婉的言辞表示其对战争前景并无信心。"③贾小叶先生对此表示了不同意见，认为刘坤一"主战是真实的，也是一贯的"。④

其实，不论刘坤一的内心世界如何，关键在于其电奏的实际作用。由于正逢天津暴风雨大作，电线中断，刘、王的电奏一时未能到达御前。这几日间，由于得不到二人的回电，三国干涉的消息也不尽如人意（详见下文），中枢一直处于徘徊状态。据翁同龢日记，

---

① 《收刘大臣电》（四月初六日），《清代军机处电报档汇编》第 14 册，第 274—278 页。

② 石泉：《甲午战争前后之晚清政局》，第 168 页。

③ 茅海建：《戊戌变法史事考二集》，第 59 页。

④ 贾小叶：《也谈刘坤一、王文韶的两件电奏》，《近代史研究》2007 年第 3 期，第 130 页。该文收入氏著：《晚清大变局中督抚的历史角色——以中东部若干督抚为中心的研究》。

四月初二日慈禧传下懿旨："谓和战重大，两者皆有弊，不能断，令枢臣妥上一策以闻。"这算是对前日送交上奏的回应，仍属慈禧一贯的风格，避不表态。初四日，光绪显得极为煎熬："上以和约事徘徊不能决，天颜憔悴。"而翁同龢和李鸿藻在黄酒铺痛谈，"相对欷歔"。初五日（4月29日），慈禧又作了含糊的表态："恭闻东朝犹持前说，而指有所归。"①

次日，急不可耐的光绪谕令军机处字寄刘坤一、王文韶，让他们将电奏照录，由驿递以六百里的速度送来。②正在这天，电线修通，两电到达京师，但没有赶上早朝。③当天，枢臣奉命群集恭王府，"定和战之议"。根据翁同龢日记，会议上孙毓汶出示了所拟的宣示稿，"宣示者，俟批准后告群臣之词也，大意已偏在和字"，恭亲王表示同意。④和战的天平显然已经倾斜。

四月初七（5月1日），枢臣讨论了两份电奏。用词委婉但意思明确的王电显然没有引起争议，翁同龢对此一字不提。至于刘电，他写道："刘虽电复可战，而同列颇摘其一二活字，谓非真有把握也。"⑤尽管他认为刘坤一是主张"可战"的，但电奏中的"活

---

① 《翁同龢日记》第6卷，第2842—2843页。黄酒铺，在东华门外，当时枢臣散直后常在此小憩。茅海建先生指出，"'犹持前说'，即四月初二日懿旨，让军机大臣妥商一策以奏报；'指有所归'，即她已有倾向性意见，或大臣们已体会出她内心的意图。"见氏著：《戊戌变法史事考二集》，第55页。

② 《军机处寄谕和战之计尚未决断如电线未接通著刘、王两臣由六百里驰报》（光绪二十一年四月初六日），《中日战争》续编第3册，第161页。

③ 王电于未刻（下午1—3时）到达，刘电具体接到时间不详，见《收署直督电》（四月初六日未刻）、《收刘大臣电》（四月初六日），《清代军机处电报档汇编》第14册，第271、274页。

④ 《翁同龢日记》第6卷，第2844页。

⑤ 《翁同龢日记》第6卷，第2844页。

字"却给主和枢臣提供了反驳的根据。这一情形，对刘坤一恰是最为有利的：既不会促使废约再战，以致把自己推向作战的第一线，也不至于与之前的拒约上奏抵触，招致朝廷的诘问，更不会因主和败坏自己的声誉。

如石泉先生所说："此二电到京，自不能使中枢据以废和言战也。"①

此时发生的另一件事，同样让清政府需要前方将帅的报告，即津沽暴风雨与海啸②对直隶防务的影响。四月初三日起，津沽一带连日风雨大作，"一连三昼两夜不休，平地已有三尺水深"。初四日夜三更后又发生海啸，水高六七丈，为百年来所未有。狂风骤雨之下，"租界房屋向称坚固，亦无屋不□（引者按：原文缺字），其余茅檐草舍倾倒者不计其数"。此外，当地的电线和铁轨也遭到了破坏，交通一时受阻。③

海啸令驻防天津东、南的数十营清军深受其害，不仅营房被毁，辎重损失，还有不少官兵马匹溺死。冯玉祥当时是保定练军的一名士兵，驻守大沽口，他对这次天灾的回忆相当夸张，反映出烙在清军官兵脑海中的惨痛记忆：

---

① 石泉：《甲午战争前后之晚清政局》，第 168 页。
② 按照今天的灾害学术语，津沽当时发生的是一场风暴潮而非海啸。但当时记载皆称为"海啸"，本书亦从之。
③ 《盛档·甲午中日战争》下册，第 438—439 页；《王文韶日记》，第 884 页；《聂提台来电》（光绪二十一年四月十二日午刻到）、《胡臬司来电》（光绪二十一年四月初八日卯刻到），《张之洞全集》第 8 册，第 6336—6337 页；津南区地方志编修委员会编著：《天津市津南区志（蓝本）》上册，出版项不详，第 22 页；《淫雨为灾》，《直报》光绪二十一年四月初五日。

　　有一次飓风袭来，立刻发生海啸，大风大雨，翻江倒海。海浪拼命地往陆地上奔腾倾注，低洼的地方都成泽国。那时有位曹总兵，统带着二十多营新兵驻在大沽口的双桥。那是一个洼地，在飓风骇浪的猛袭之下，立时水深二三十尺。那些没有多少训练的新兵一个个都慌张乱逃，也不看清方向，也不辨别高低，只是你挤我推，一个劲地乱跑，越跑，水越深，结果二十多营人都惨遭灭顶，一个不留。[①]

至于实际情形，津沽各军主将多有报告。四月初五日下午，广西按察使胡燏棻向王文韶汇报了所部定武军与前澎湖镇总兵吴宏洛部宏字营的受灾情况。对方当即饬其确查，以便奏报。初六日上午，京沪电线勉强可通，王文韶即发电简要奏报水灾情形。随后，他得到了胡燏棻的报告，又以六百里驿递发出奏折，续报灾情。[②]初七日，王文韶再发电奏：

　　　　昨将风雨海溢情形，除电奏外，由驿六百里驰陈声明。远处各营节节阻水，俟查确再报。现查宏字、定武等十营，军装子药多被淹失。该两军弁勇各淹毙数十百人，余皆凫水避至新

① 冯玉祥：《我的生活——冯玉祥自传》，北京：世界知识出版社，2006年，第22—23页。"曹总兵"应指在津办理团练的前广东水师提督曹克忠。
② 《王文韶日记》，第884—885页；王文韶片，光绪二十一年四月初六日，《光绪朝朱批奏折》第10辑，第561页。电奏见《署直隶总督王文韶奏初四日风狂雨暴营地电线被毁甚多电》（光绪二十一年四月初六日），《中日战争》续编第3册，第159页。驿奏见王文韶折，光绪二十一年四月初六日，《光绪朝朱批奏折》第117辑，第534页。

河附近各村，并有由火车逃至天津者，人数尚未查清。其新河
以上津沽周鼎臣三营、芦台聂士成十营、新河以下新城章高元
八营、上古林等处曹克忠三十营均被水患，大约情形与宏字、
定武各营相同。此次大风雨三昼夜，继以海啸，沿海洋河口、
秦王岛及祁口、呈子口等处因电线中断，尚未据禀报，恐遭水
情形亦所不免。目下各军收集勇丁，先须抚恤，并重整军装，
沿海防务非一两月不能成军。正当和战未定之际，不敢不据实
直陈。再，由津至沪电线现在已通。①

四月初八日，王文韶因前日接到初六日的字寄，回电说明复奏情
形。该电称："沿海被水各营，现在加紧整顿。兹据曹克忠报到情
形，大略相同。现退屯小站旧营，重新整理。另由王文锦详细具
奏。"②王文锦是兵部左侍郎，当时在天津与前广东水师提督曹克忠
共同办理团练事宜。他于同日上奏，重点汇报了曹克忠部津胜营的
受灾情况：

> 窃津胜一军移扎沿海一带，业经臣等奏明在案。兹由本月
> 初三日起连日风雨，闻海潮异常泛滥，沿海一带多被冲没。当
> 即派员前赴新开路、双井等处行营往探。行至小站，因泥水阻
> 隔，未能前进。嗣后改由水路往探，旋准臣克忠由行营函称，

---

① 《收署直隶总督电》（四月初七日），《清代军机处电报档汇编》第 14 册，第
295—296 页。
② 《收署直督电》（四月初八日），《清代军机处电报档汇编》第 14 册，第 308—
309 页。

本月初三至初五等日阴雨三昼两夜不休，又兼东风大作，海潮
上溢，至平地水深四五尺，驻扎双井一带各营墙垒均被冲塌，
帐房亦被破坏，兵勇既无地栖身，亦且不能举火，当即飞饬后
路驻扎小站旧营煮粥蒸馍接济。各营计被水淹没勇夫六七十
名、土夫及贸易人共约一百三四十名。马匹亦淹毙甚多。及米
粮火柴等项冲没若干，尚未查清。至上古林、祁口等处营墙亦
多倾坍，人马尚无伤毙。刻下由臣克忠指被水各营勇夫暂且移
扎小站旧营，一俟积水消涸，即回原扎处所。①

四月十一日（5月5日），王文锦还致函李鸿藻报告此事：

夫子中堂钧座：敬启者，本月初三日至初五日天津风雨交
作，连宵达旦三昼两夜，初五日下晚始住。初六日闻有海啸之
说，当即派人赴行营往探，中途阻水而返。初七日复派人往
探，初八日接到曹提督信，当即具折入告。是日天津传闻和议
情形，有宜与曹提督面谈之语，遂于初九日偕同邓总兵往赴海
口行营，尚有六七营在水中央，其余均已消退。幸当时传令各
营抢护，军械、火药、铅丸毫无损失。至于米粮、军装等件不
能兼顾，飘没甚多。勇夫淹毙者均已具棺掩埋。现正查点一
切。曹提督虽经饥寒，尚幸无恙，当即嘱其速为整顿，准备战

① 王文锦：《奏为连日海潮冲溢津军营垒淹毙勇夫大概情形事》，光绪二十一年
四月初八日，军机处录副奏折，03-9638-038，中国第一历史档案馆藏。又可见
水利水电科学研究院编：《清代海河滦河洪涝档案史料》，北京：中华书局，
1981年，第586—587页，多有删节。

事。肃此奉达，祇请钧安，统希鉴照。受业王文锦谨启。四月十一日。①

海啸对津沽防务的影响，还有一点未被以上报告提及：据称大沽、北塘两处海口原本布设了一千八百具水雷，有一千四百具在海啸中被冲走。②

综合以上各种记载可知，这场海啸直接造成的清军减员并不很多，但对营盘和辎重的破坏是相当严重的。更重要的，是它对决策者产生的心理影响。

王文韶四月初七日的电奏次日到达中枢。翁同龢感叹道："此时值此奇变，岂非天哉。"这个消息，对朝廷来说有如压在骆驼背上的最后一根稻草。当天，光绪决定批准条约。③在换约后发布的朱谕中，他将"天心示警，海啸成灾，沿海防营多被冲没，战守更难措手"列为批准条约的理由之一。④

王文韶的电奏引起了拒约者的抨击。四月十一日，掌广西道监察御史高燮曾、浙江道监察御史李念兹分别上奏，对王文韶的灾情报告表示怀疑，请饬刘坤一与陈宝箴前往复查。⑤两人同日分别另

① 王文锦致李鸿藻函，光绪二十一年四月十一日，《李鸿藻存札》第2函第2册，所藏档，甲70-1。
② 姚学源致李鸿藻函，光绪二十一年四月十三日，《李鸿藻存稿（外官禀）》第1函第2册，所藏档，甲70-10。这个消息是直隶总督衙门巡捕祝台棠告诉姚学源的。
③ 《翁同龢日记》第6卷，第2844页。
④ 《朱谕》（光绪二十一年四月十七日），《清光绪朝中日交涉史料》卷44，第19页。
⑤ 茅海建：《戊戌变法史事考二集》，第13、68页。

上一折反对换约，高燮曾声称海啸是"天之以水灾示警，默牗圣聪，乃助战而非迫和"，李念兹则"吁恳皇上顺天心之悔祸，念人心之固结，力排前议，断之宸衷"。①然而，二人的上奏并未起到作用。

说海啸是"天心"示警主和，恐怕不能让拒约者信服。这类天灾的意义，本来就是可以根据政治需要随意解释的。若以现代的观点，所谓"天心"更是无稽之谈。比起来，李念兹提到的"人心"更有意义。不过，"人心"是否都像他说的那样"固结"呢？

李鸿藻的表弟姚学源是天津大盐商，战争期间时常向这位"四哥中堂"函告津门情形。②其中，光绪二十年十月二十九日函称：

> 昨见查九江分司，云顺天府传示大、宛、涿、房、良各属，雇备车辆一百五十辆备用等情，不知确否。为今之计如议及此，反不如禾旁，尚可暂居于目前，冀图恢复于异日。倘照前议，大事去矣。③

---

① 《御史高燮曾奏海溢助军不宜消沮遽允和款折》（光绪二十一年四月十一日）、《御史李念兹奏疆臣李鸿章不足与谋请罢和议勿急换约折》（光绪二十一年四月十一日），《中日战争》续编第3册，第326—328页。

② 关于姚学源对甲午战争的观察与议论，参见拙作：《姚学源致李鸿藻未刊信札解读》，《中国国家博物馆馆刊》2024年第9期。

③ 姚学源致李鸿藻函，光绪二十年十月二十九日，《李鸿藻存札》第3函第2册，所藏档，甲70-2。该函仅署"廿九日"，日期为我推定。查九江分司，应为长芦盐运使司下辖的天津、沧州、蓟永三个分司的长官之一。顺天府传令雇备大批车辆，如确，显然是为了预备京师有警时出逃。文廷式的记载可供参看："至甲午之役，倭人由辽渐迫，太后恒令顺天府备车二千辆，骡八百头，然始终不行。"见《文廷式集（增订本）》第4册，第1127页。刘光第也在家书中写道："现闻已拉官车六七百辆，言须到千四百辆，预备西巡之事。每日预（转下页）

光绪二十一年二月初九日函称：

> 津门人心尚称安定，惟一切生意俱不敢作，皆盼禾旁可成，为苟延之计。①

四月十三日函称：

> 海防本不足恃，忽又遭此急风暴雨，竟致无一足恃。战不足恃，惟有设法保全此局面，俾不至糜乱不可救药。缓缓以复元气而已。②

换约后又有一函称：

> 今幸倭奴因和议已成，不犯津沽，倘振旅而来，一切皆不足恃。事后思之，殊令人可怕。③

（接上页）给银二两一辆，现在贡院也。"见刘光第致刘庆堂函，光绪二十年十月某日，《刘光第集》，第 257 页。直隶饶阳县知县汪宝树光绪二十一年正月二十三日（2 月 17 日）的日记亦有记载："又闻京城向顺属各州县每处索车二三十辆，盖有迁避之意也。"见《汪宝树日记》第 2 函第 5 册，所藏档，甲 283-2。

① 姚学源致李鸿藻函，光绪二十一年二月初九日，《李鸿藻存札》第 5 函第 2 册，所藏档，甲 70-4。该函仅署"初九日"，日期为我推定。

② 姚学源致李鸿藻函，光绪二十一年四月十三日，《李鸿藻存稿（外官禀）》第 1 函第 2 册，所藏档，甲 70-10。

③ 姚学源致李鸿藻函，光绪二十一年五月二十七日，《李鸿藻存札》第 6 函第 2 册，所藏档，甲 70-5。该函仅署"廿七日"，日期为我推定。

前两函中的"禾旁"就是"和",议和之和。姚学源深知李鸿藻一向反对议和,因此连"和"字都不敢写明白。但他也道出了天津的民情:"皆盼禾旁可成"!

三国干涉的影响

回过头来再看三国干涉。

三国干涉于三月二十九日发动。几天前,德国驻日公使哥屈米德(Felix Friedrich Wilhelm Eduard Heinrich Freiherr von Gutschmid)已向日本外务省放出了风声。[①]二十九日当天下午,哥氏与俄国公使希特罗渥、法国公使哈尔曼一同来到外务省,提交备忘录,表示辽东的割让对北京造成威胁,并危及朝鲜独立,劝告日本放弃这一要求。[②]

其中,法俄两国备忘录的内容基本一致,语气也较为和缓。而德国备忘录篇幅较长,不仅历数了德国对甲午战争的态度,指责日本之前未接受劝告,还使用了相当强硬的措辞:

> 日本可以让步,因为与三国对抗是徒劳的。[③]

---

① 《林外务次官致佐藤外务书记官电》(1895 年 4 月 20 日下午 2 时 5 分发),《中日战争》续编第 10 册,第 112 页;陆奥宗光:《蹇蹇录》,第 165 页。

② 《驻东京公使哥屈米德男爵上首相何伦洛熙公文》(1895 年 4 月 24 日),《德国外交文件有关中国交涉史料选译》第 1 卷,第 34—37 页;《林外务次官致陆奥外务大臣等电》(1895 年 4 月 23 日下午 6 时 30 分发)、《林外务次官致陆奥外务大臣等电》(1895 年 4 月 23 日下午 8 时 45 分发)、《林外务次官致陆奥外务大臣等电》(1895 年 4 月 23 日下午 6 时 30 分发),《中日战争》续编第 10 册,第 125—127 页。

③ 《四月二十三日 林外務次官ヨリ(在舞子)陆奥外務大臣(在広島)佐藤外務書記官宛(電報)》,《日本外交文書》明治期第 28 卷第 2 册,第 15—(转下页)

如此在外交史上罕见的刻薄措辞，倒不是哥屈米德的创意。三月二十三日，外交大臣马沙尔曾致电他以便"指导措辞"，其中便包括这样的句子。①然而正如论者批评的，他将这一"参考"几乎原封不动地照搬到备忘录的行文中，严重伤害了日本政府的颜面，在外交上属不智之举。②

由于低估了列强干涉的可能性，三国公使的行动对日本政府如同当头一棒。陆奥当时因肺病发作在神户的疗养胜地舞子休养，公使们由林董会见。当天，陆奥与林董以及广岛的伊藤频频通电，商议对策。

四月初一日上午，广岛大本营召开御前会议商议对策。伊藤在会上提出了三个方案：

一、断然拒绝三国劝告。

二、将辽东半岛问题付诸国际会议解决。

三、完全接受三国劝告，归还辽东半岛。

伊藤当时还写过一份笔记，具体分析了三案的利弊：

（接上页）16 页。按，该备忘录为德文，《中日战争》续编第 10 册未收此件。哥屈米德拜访外务省时，用日语宣读了备忘录，措辞大体相同："对三国开战，归根到底对日本国并不是不能让步。"见《林外务次官致陆奥外务大臣等电》（1895 年 4 月 23 日下午 8 时 45 分发），《中日战争》续编第 10 册，第 127 页。

① 《外交大臣马沙尔男爵致驻东京公使哥屈米德男爵电》（1895 年 4 月 17 日），《德国外交文件有关中国交涉史料选译》第 1 卷，第 30 页。

② 《驻东京公使哥屈米德男爵上首相何伦洛熙公爵公文》（1895 年 4 月 24 日）附编者注三，《德国外交文件有关中国交涉史料选译》第 1 卷，第 37—38 页；福兰阁：《三国干涉还辽秘闻》，第 40—48 页；菲利浦·约瑟夫：《列强对华外交（1894—1900）——对华政治经济关系的研究》，第 108 页。

图26：《马关条约》签订后不久的陆奥宗光，摄于1895年5月13
　　　日。他于1897年8月24日死于肺结核。采自《一億人の
　　　昭和史》1977年5月号，第61页。

对俄德法三国之劝告，我应执行之方策，不出如左三策
之外：

第一、完全拒绝之。但于此情形，不得不有与三国以兵力
决雌雄之觉悟。换言之，目下对彼等之强大舰队，当建立何等
防御之策？

第二、将放弃占领金州半岛一事提交会议。但于此情形，
在何地召开何等会议，当与三国公使谈判后定之。况且会议既

364 / 昂贵的和平：中日马关议和研究（修订版）

开，英国要求加入自不必论，支那是否加入亦属疑问。

纵使付诸会议，于我亦以在批准交换之后为得策，然而会议即使在批准交换之后，终究不可预期。则于主权移转之情况下，应使我之权利得以巩固。

而且，还应要求交还金州之报酬。加之，在支那政府完全实行其他条件之前，应进行占领作为担保。

第三、完全接受三国之劝告，以该政府完全实行其他条件为前提，由我施恩地向支那政府交还金州半岛。①

鉴于日军已作战大半年，师老兵疲，国内空虚，采取第一案是不现实的。而如果实行第三案，又有碍日本的颜面。因此，会议决定采取第二案。当晚，伊藤前往舞子，次日清晨抵达，与陆奥、端迪臣商议此事。下午，从东京前来的大藏大臣松方正义、内务大臣野村靖亦到，加入讨论之中。陆奥主张先拒绝三国的要求，观其动向再取对策，但因伊藤、松方、野村一致反对而作罢。陆奥还认为，召开国际会议可能会节外生枝，导致日本在《马关条约》中取得的成果全部丧失，这一意见则被伊藤等人接受。②于是，野村当晚前往广岛，将这一决议上奏给明治天皇，得到批准。在换约之期到来

---

① 《伊藤博文秘録》，第39—40页。
② 陆奥的意见很可能是取鉴于俄土战争的先例。第四章第二节提到，俄国虽迫使土耳其签署《圣·斯特凡诺和约》，但因英、奥出头干涉，不得不与欧洲列强及土耳其在柏林开会解决，并吐出了相当一部分在条约中获得的权益。陆奥文书中有一个题为《〈圣·斯特凡诺和约〉及其他》的卷宗是关于这一问题的，见《サン·ステファノ条約（その他）》，陸奥宗光関係文書，書類の部，83，日本国立国会图书馆宪政资料室藏。关于俄土战争与柏林会议，参见朱瀛泉：《近东危机与柏林会议》，南京：南京大学出版社，1995年，第135—201页。

前，日方将努力以外交手段促使三国撤回或减缓要求，同时决心，"即便终将不得不对三国做出让步，对清国也应下定决心寸步不让"。①

此时清政府似已知道了干涉发动的消息。②当天有电旨致许景澄，令其探询"俄廷已得日本复信否"，"究竟俄外部之言有无实际"（指所谓"用力"一说），并让他与俄外交部商议，如果停战期限迫近时日本仍无答复，清政府能否直接知会日本，三国"不允新约，嘱中国暂缓批准"。③

四月初二日，根据光绪的意旨，总署致电龚照瑗、许景澄，再次命令他们向三国转达"国电"：

> 现承大德国大皇帝、大俄国大皇帝、大法国大伯理玺天德厚意，以中国与日本新定和约画押后嘱暂缓批准，由贵国力劝日本再加减让，甚为可感，专此致谢。惟换约日期已迫，所商情形如何，能否展缓互换之期，务希在中历四月初七日以前示复，以免迟误，实深殷盼。④

这道旨在催促三国尽快回复的"国电"，体现出了光绪的焦急情绪。

---

① 《機密日清戦争》，第296—302页；《伊藤博文伝》下卷，第213—218页；陆奥宗光：《蹇蹇录》，第166—168页。
② 这一消息最早可能是由三国驻华公使透露的。据施阿兰记载，他和喀希尼在三月二十七、八日接到了本国政府的通报。二十九、三十日，庆亲王率孙毓汶、荣禄等人拜访了施阿兰、喀希尼、绅珂。见施阿兰：《使华记》，第53页。
③ 《清代军机处电报档汇编》第1册，第502页。
④ 《清代军机处电报档汇编》第1册，第504页。

当天翁同龢在日记中写道："发三国二电，上意然也。三国无回信，而言者益多，劝成者益促。噫！难矣。"①可见，"言者"即上奏拒和者的频频出击，让"劝成者"即主和枢臣加紧催促光绪批准条约。要作出决断，就必须尽早知悉干涉的效果。

当天另有电旨致许景澄，要他请巴兰德尽力相助，可见前述盛宣怀三月二十六日来电的影响：

> 三国合劝一事，巴兰德颇为出力，昨已谕传旨嘉奖。现商展期一节，并著巴兰德尽力相助，以速为妙。所索条约由总署摘要电寄。②

四月初三日（4月27日），许景澄三月三十日来电到京：

> 遵旨托筹各节，据外部罗拔诺夫称：因法廷办理稍迟，须今明日告倭。此时但作三国自行情劝，不便勒展期限。然旬内外必有定办确信，不致逾限。如倭来催，中国宜不露他意，或以未查毕等词权答之。又云：喀亦来询，已电复等语。计三四日后倭复可到，再向探商续闻。③

这份电报的内容显然不会令光绪感到欣慰。翁同龢对此概括道：

---

① 《翁同龢日记》第 6 卷，第 2843 页。
② 《清代军机处电报档汇编》第 1 册，第 504 页。
③ 《收许景澄电》（四月初三日辰刻），《清代军机处电报档汇编》第 14 册，第 249 页。又可见《俄事纪闻》，第 33 页，文字有小异。

"许使有电，俄不能用力，语转松懈。"①为此，当天又有电旨一道致许景澄：

> 奉旨：许景澄三十电奏已悉。展期一节既不能办，现距换约只余十日，批准发往，为时更迫。日本复信，此间必须三四日内接到，方可赶上。著许景澄不时探问，立即电闻。三国情劝之信，既已交到日本，则公劝暂缓批准之语，亦可由我径告日本，较权词答复，似为直截，仍与外部商定速复。该大臣前电有倭果坚拒，只好用力之语，意颇切实。此时应问俄廷，能否先以兵舰来泊辽东海面为我臂助？倘真用兵力，中国愿与俄立定密约，以酬其劳。此节宜即诣外部，密与商定电复。②

这道电旨继续催问日本对三国干涉的反应。其中的"此间必须三四日内接到，方可赶上"一语，和前一电旨的"务希在中历四月初七日以前示复"是一致的。这是因为清政府根据当时的交通速度，确定四月初八日为决定批准与否的最后期限（见下文）。在此，光绪也向许景澄交了底，清政府愿意"与俄立定密约，以酬其劳"，以换取俄国出兵胁迫日本就范。

四月初四日，许景澄初二日来电呈递："遵晤罗拔诺夫密筹，据云三国现称为大局出劝，非与中国约同，公事易转，缓批一层请勿直告为妥。昨又电驻使合商，在批准期前定一日期，限倭确复允

---

①　《翁同龢日记》第6卷，第2843页。
②　《清代军机处电报档汇编》第1册，第505页。

否，杜其延宕等语。先闻。"①

　　许景澄仍然没有从俄国政府处知悉日本对干涉的答复，唯一的收获在于俄国答允在换约日期之前催促日本确复。而在同一天，李鸿章前日来电呈递："顷据伦敦路透电报：日本复俄、德、法三国公使云，日本百姓因屡战皆捷，现在无殊酒醉，如将中国拟让奉天之地辞而不受，则必激起内乱。英国新报以英国国家不肯与闻此事为甚是，德、法两国徒受俄国所指使。法国新报以法国干预此事为非是，虽见好于中国，必得罪于日本，非计之得云。"②据此文意，日本似已拒绝干涉。总署于是复电许景澄，令其再向俄国探询，并指明必须在四月初八日之前让北京得到确切消息：

　　　　奉旨：许景澄初二电奏悉。俄请勿直告，允于批准期前定一日限倭确复。所云批准期前，自指十四日之前，若于十二三日始接复信，则断来不及。计约本送至天津须三日，自津至烟台须一日，总须初八日以前复电到京方可。该大臣仍即日亲晤外部，询此确期，万勿延误。本日见路透电云，日本复三国公使云，百姓因屡战皆捷，无殊酒醉，如将中国拟让奉天之地辞而不受，必激成内乱等语。据此，则是日本已有复语，何以俄廷不以告我，著询明即日电复。初二日所发国电已接到分递

---

① 《收许大臣电》（四月初三日），《清代军机处电报档汇编》第 14 册，第 257 页。又可见《俄事纪闻》，第 34 页，文字有小异（其中"公事易转"作"冀事易转"，应以后者为是）。
② 《收李中堂电》（四月初三日），《清代军机处电报档》第 14 册，第 250 页。

否，并复。①

四月初五日，北京没有接到关于干涉的报告。当天有电旨致李鸿章，指出连日有上奏反对割台，以及唐景崧呈报"台民誓不从倭"，"著李鸿章再行熟察情形，能否于三国阻缓之时，与伊藤通此一信，或豫为交接地步，务须体朕苦衷，详筹挽回万一之法，迅速电复"。②

第二天，清政府本应接到许景澄四月初三日的来电。但因为前几日津沽暴风雨导致电线中断，电报迟迟不至。③当天军机处字寄王文韶，让他饬令天津电报局，"接到许景澄电信，如电线尚未接通，即将原码由六百里递至总理衙门为要。"④其实，当天许景澄初三、四日的三份来电已经到京，但没有赶在军机处散值之前。

同日，受李鸿章之托进京的科士达在总署会见了军机与总署王、大臣，庆亲王、翁同龢、李鸿藻、孙毓汶、荣禄、张荫桓、敬信、汪鸣銮在座。科氏"先叙李相（引者按：即李鸿章）之忠"，然后"极力向他们说明批准条约和在政府中实行改革的必要性"，据称会谈很愉快。⑤出于处境，李鸿章尽管主张换约，但一直不便

① 《清代军机处电报档汇编》第 1 册，第 506 页。又可见《俄事纪闻》，第 36—37 页，文字有小异。
② 《清代军机处电报档汇编》第 1 册，第 506 页。
③ 《翁同龢日记》第 6 卷，第 2844 页。
④ 《军机处寄谕和战之计尚未决断如电线未接通著刘、王两臣由六百里驰报》（光绪二十一年四月初六日），《中日战争》续编第 3 册，第 161 页。
⑤ 《科士达外交回忆录》，《中日战争》第 7 册，第 479—481 页；《科士达日记》，《中日战争》续编第 6 册，第 626 页；《翁同龢日记》第 6 卷，第 2844 页。科士达在三月二十八日（4 月 22 日）曾致函总署，叙述议和情形并为李（转下页）

作出正面表态，所以派科士达出面。他表达的意见，又在换约论的秤盘上加了一个砝码。

四月初七日，许景澄初五日来电又到，连同昨日到达的三电一同被进呈。其内容如下：

> 昨复商罗拔，如限期迫近，非权答可宕，拟但以三国出论，碍难批准告之。彼云本部总不愿中国牵说三国之事，必不得已，可言现听闻三国与日本商改新约，是否仍可批准，专作商词。然能不说尤妙。用力一说，系副大臣基斯敬因代为密述，不作公谈。并云在华俄舰数十艘已足当倭，法十余艘，德六艘，新拨二艘在途，此似已有布置，但指坚拒而言，其意仍主持重。俟再续探，请代奏。巴暂署外部副大臣。澄。江。

> 询外部，倭未复到。另探闻，倭令驻使密叩俄，将辽地作暂押，罗拔谓须商德、法。此节请勿询喀。国电即递。澄。支。

> 江电谨悉。俄廷催限倭复，亦为期迫起见。惟缓批乃俄主关切密告，揭[谒]罗拔，不愿说破，图泯形迹。现在专探倭复，如允俄劝，则请其将换约一层一并筹妥。如不允，俄当别有举动，即密询中国应如何办理，以定要计。奉旨商问事，俟订晤外部再闻。澄。支二。

（接上页）鸿章辩护，最后声称中国如果"采用泰西新法"，十年之后必能富强，见《美国科士达为函报中日马关议和实在情形函》（光绪二十一年三月二十八日），《中日战争》续编第5册，第354—356页。他这次的发言似与该函内容大体一致。

国电已送外部接递，并切陈期限迫促情形。据罗拔诺夫称，日本仍未复到，现无可复商，缓换约俄国委难照办。现查知，新约期限专指换约，若批准界址，仍候三国办理准信，以定应换与否。操纵较便，请中国自酌。叩以约既批准，恐于三国商改有碍。彼云准而不换，约仍无用，即使已换，亦不能阻三国所商等语。查俄廷前劝缓批，今又拟候信定换，亦少确见。察其商倭口气，并未松劲。请代奏。澄。歌。①

这四电通报的信息，依然没有清政府迫切需要的"确信"。当天有电旨致许景澄："许景澄四电均悉。国电既递，有无复信？商办密约，能否就绪？此两节再电速复。"②

此外，当天还呈递了四月初六日接到的龚照瑗、杨儒关于干涉的来电，其中也没有能让清政府增强信心的内容。③

当天还有廷寄致李鸿章：

三国劝阻之议，许景澄电称，外部允催日本驻使于批准定期之前定一日期，限倭确复，迄今未到。询以可否由中国径告

---

① 以上四电内容见《清代军机处电报档》第 14 册，第 289—294 页，进呈时间见同书第 280 页。又可见《俄事纪闻》，第 35—36 页；《李鸿章全集》第 26 册，第 120、122 页，文字有小异。"江""支""歌"分别是初三、初四、初五日的代码。

② 《清代军机处电报档》第 1 册，第 507 页。

③ 《收龚大臣电》（四月初六日，二通）、《收杨大臣电》（四月初六日），《清代军机处电报档》第 14 册，第 286—288、290 页，进呈时间见同书第 280 页。三电内容又可见《李鸿章全集》第 26 册，第 121 页，文字有小异。

> 日本三国劝暂缓批准之意，外部以为未可，嘱以尚未查清，权词答复。现在为期更促，为我自计，似究以明告日本为妥，三国谅亦不能借口，著李鸿章即行妥筹复奏。昨因台民具呈，援公法两条，谓民不顺从，不得视为易主。电谕李鸿章详筹挽回办法。不意日来电线忽断，特饬照录驰递，著一并奏复。将此由六百里谕令知之。①

这道廷寄一方面因电线中断，重申前日电旨中提到的台民公呈；另一方面征询李鸿章对"明告日本"的意见。其实，李鸿章四月初六日已经接到电旨，并复电称："鸿到津后尚未与伊藤复电，因原议只批准，可电知也。若令鸿为改约电议，适速其决裂兴兵，为大局计，未敢孟浪。且除电报外，亦无通信之法，只可俟另派大员换约时，详切与商，或三国商阻定局，另有办法。"这份电报当天到京，次日呈递。②

清政府此时已向日本挑明了三国干涉一事。四月初七日，总署请田贝转电日本："中国政府请贵大臣转电日本政府，现闻俄、法、德三国与日本商改中、日新约，须候定议。十四日换约之期太促，拟展缓十数日再行互换，望即转商。候复。"③促使清政府下定决心

---

① 《廷寄》（光绪二十一年四月初七日），《李鸿章全集》第 26 册，第 121—122 页。
② 《复译署》（光绪二十一年四月初六日申刻），《李鸿章全集》第 26 册，第 120 页。收电及呈递时间见《清代军机处电报档》第 14 册，第 269 页。
③ 《译署致驻日美使》（光绪二十一年四月初八日卯刻到），《李鸿章全集》第 26 册，第 122 页。电文末尾，有庆亲王、孙毓汶、徐用仪的书押。该电注明"译署致驻日美使"，但事实上并非总署直接致电谭恩，仍是通过田贝向谭恩转达的，见《交美使田贝致日本电信稿》（光绪二十一年四月初七日），《清光绪朝中日交涉史料》卷 41，第 21 页。

的一个关键因素，显然是前述许景澄初三日电报的报告——俄国不太情愿地表示："必不得已，可言现听闻三国与日本商改新约，是否仍可批准，专作商词。"

四月初八日是清政府要作出最后抉择的日子。由于三国并未提供有力的保证，再加上津沽海啸的影响，光绪最终还是决定批准条约。翁同龢在当天的日记中写道："见起三刻，上意幡然有批准之谕。臣对以三国若有来电何以处之。上曰：'须加数语于批后，为将来地步。'于是战栗哽咽，承旨而退。书斋入侍，君臣相顾挥涕，此何景象耶！退拟批，与孙力争，午初散。"①当天，李鸿章三月二十六日所上的《中日会议和约已成折》终于奉到朱批，即前引翁同龢日记提到的"批"："依议。单、图并发。该衙门知道。惟闻俄、德、法三国现与日本商改中日新约，将来如有与此约情形不同之处，仍须随时修改。"②其中最后一句，便是"为将来地步"所备。

总署当天致电李鸿章，通告了这一情况，并指示"贵大臣即可将业经批准一节电知日本，俾亦派员来烟，以便互换"。③随后，总署又发一电，取消了知会日本的命令："顷电换约事宜，系先行预备，以待届期互换。批准一节，暂应秘密，切勿先电日本，至要，至要。"④此电体现了翁同龢等人仍然希冀出现转机的心态。张之洞

---

① 《翁同龢日记》第 6 卷，第 2844 页。
② 《钦差大臣李鸿章奏中日会议和约已成折》（光绪二十一年三月二十六日），《清光绪朝中日交涉史料》卷 38，第 19 页。
③ 《译署来电》（光绪二十一年四月初八日戌刻到），《李鸿章全集》第 26 册，第 123—124 页。
④ 《译署来电》（光绪二十一年四月初八日亥刻），《李鸿章全集》第 26 册，第 124 页，标点有改动。

这天也在鼓动翁同龢用"实惠"引诱列强要求日本展期。①而李鸿章同日亦致电总署，重申了主张批准的意见："窃闻三国劝缓批准，各外部并未明言，似难援为确据。若径告日本，恐彼借口责我反约。盖停战第二款'两国不允批准，即将此约作为废止'云，约既废止，立即决裂。三国各行己志，未肯助攻，转无从商改。原约若暂行批换，我仍可与三国互商，敬求妥慎筹办。"②

四月初九日（5月3日），翁同龢日记载："闻昨日喀使致书小云（引者按：徐用仪字）阻用宝批准，今日午庆、孙、徐三人往见，施使（引者按：即施阿兰）问之，而仍请今日用宝发下，意恐误事也。"③喀希尼阻止批准条约，显然不是俄国政府的意旨，这种自作主张的行为令人费解。④我倾向于认为，这是翁同龢错听传言

① 李鸿藻存札中有一份电报抄件："江谕甫到，迟延可恨。闻姻伯调和两宫，香帅及僚属顶礼钦佩。沪探俄德法两次责倭不从，又探倭有将辽东押与俄之说，可知结援须有实惠，非可空言相许。三处电已得覆否？现在事急期迫，各国筹商，并候内廷定断，万来不及。此时惟有急速飞请各国商倭展限停战议约为第一要义，并将实惠歆动，以免为倭所惑。叩求速决。克萨借款须公使电知洋行始能提银，香帅顷有电奏，恳速照办，以应急需。敬祷。祁禀。庚。"见《李鸿藻存稿（外官禀）》第1函第1册，所藏档，甲70-10。"庚"是初八日的代码。"祁"是张之洞的幕僚恽祖祁，张之洞当时经常授意他致电翁同龢商议外交策略（参见下文）。这份电报应是恽祖祁四月初八日发给翁同龢的。"江谕甫到"一语可作为佐证："江"是初三日的代码，翁同龢四月初三日"得恽电，即日复"，见《翁同龢日记》第6卷，第2843页。

② 《收李中堂电》（四月初八日），《清代军机处电报档》第14册，第306—307页。

③ 《翁同龢日记》第6卷，第2845页。按，"施使"原作"旋使"，查日记影印本，应为"施"字（《翁文恭公日记》，《续修四库全书》第573册，第745页）。日记以往诸整理本（中华书局2006年版、中西书局2012年版）亦作"施"字。

④ 根据许景澄四月初七日电报，"俄主亦以批准发往，候信再定换否为便，并已电喀"，见《收出使许大臣电》（四月初九日），《清代军机处电报档汇编》第14册，第321页。

或翻译有误所致。喀希尼本人的记载虽未发现，但根据与他私交甚好，并称"北京外交界的连体兄弟"的施阿兰记述，二人始终拒绝支持清政府拒约。①无论如何，用宝并未因此耽搁。当天的《宫中杂档》记载：

> 光绪二十一年四月初九日，给日本国条约正、副各一本，是日用皇帝之宝各一颗，均在首页白纸正中，"大清"之大字（旁批：应在首页白纸前半页正中用宝）。是日派章京延祉，会同内阁学士垄岫，在懋勤殿监视用宝。②

光绪终于批准了条约。但在换约之前，条约仍未生效，一切仍有变数。

二、条约的交换

"全面让步"与"寸步不让"

此时的日本政府，其焦虑或许不亚于清政府。干涉发动后的几

---

① 施阿兰：《使华记》，第55—57页。"北京外交界的连体兄弟"（Siamese twins of Peking diplomacy）一语，见 Sir Valentine Chirol：*The Far Eastern Question*，London：Macmillan and Co.，Ltd.，1896，p.69。另外，时任德国驻华公使馆翻译的福兰阁甚至写道，喀希尼终日享受生活，将工作看作烦扰。他的工作都是施阿兰的事情，后者"给那个俄国大人物（引者按：指喀希尼）殷勤当差，不断地奔走于总理衙门和俄国公使之间"。见艾林波、巴兰德等：《德语文献中晚清的北京》，第309页。

② 《宫中杂档·光绪二十一年懋勤殿类》，中国第一历史档案馆藏，转引自孔祥吉：《戊戌维新运动新探》，长沙：湖南人民出版社，1988年，第10—11页。

日间，日本在外交方面不遗余力，一面与三国周旋，一面劝说英、美、意相助。但其成果正如陆奥所说，"虽博得了其他第三国的一些好意与同情，但并未获得具有实力的强援"。[①]驻俄公使西德二郎、驻朝公使井上馨两名老资格外交官皆发电主张接受三国的要求。[②]西氏的意见尤其有分量。他在四月初四日再度致电陆奥，语气中已大有责备之意："本公使相信贵大臣对俄、法、德联合舰队之总力已有所了解。本公使实难以理解，不顾惹起战端的危险，而一味排除彼等之提议，对我国是否是有利之策。"[③]因此，陆奥虽然一直力图顶住三国的压力，最终也不能不作出让步。

四月初六日，在三国公使的一再催促下，日本政府首度对干涉作出正式回应。陆奥当日致电林董，令其向三国公使递交备忘录。同时致电驻俄、德、法公使西德二郎、青木周藏、曾祢荒助，也让他们向驻在国政府传达备忘录。备忘录同意以追加定约的形式对《马关条约》作出两条修改：一、日本放弃除金州厅以外的辽东半岛，但要求相当金额作为报酬；二、日本在清政府完全践行条约规定之前，仍占领辽东半岛作为担保。[④]

---

① 陆奥宗光：《蹇蹇录》，第 172 页。

② 《驻朝鲜国井上公使致陆奥外务大臣电》（釜山 1895 年 4 月 25 日发，4 月 26 日收）、《驻俄国西公使致陆奥外务大臣电》（1895 年 4 月 25 日下午 2 时 25 分发，4 月 27 日下午 3 时 30 分到），《中日战争》续编第 10 册，第 142、144 页。

③ 《驻俄国公使致陆奥外务大臣电》（1895 年 4 月 28 日下午 5 时 40 分发），《中日战争》续编第 10 册，第 159 页。

④ 《陆奥外务大臣致林外务次官电》（1895 年 4 月 30 日下午 10 时 20 分发，11 时 5 分到）、《陆奥外务大臣致驻俄德法三国公使电》（1895 年 4 月 30 日发自京都），《中日战争》续编第 10 册，第 163—164 页。

对于这一仍有保留的让步，三国明确表示不能满意。①陆奥认为，鉴于此时清政府已经以干涉为由要求推迟换约，干涉和换约两个问题交织在一起，"终有'鸡飞蛋打、两头落空'之虞"。他断定，已经到了实行"对俄、德、法三国全面让步，对清国则寸步不让"决策的时机。②

四月初十日，伊藤博文、陆奥宗光、松方正义、西乡从道、野村靖、桦山资纪在京都会晤。经过几乎一整天的讨论，会议通过了伊藤与陆奥所持的意见，即"对三国之答复应只干净利索地表示完全接受其忠告即可，不必再言及归还辽东半岛有无附带条件，以此为他日外交上保留一些主动"。当晚取得天皇批准之后，陆奥于次日清晨电告林董与驻三国公使，表示放弃辽东半岛。③

在不得已向三国屈服的同时，日本对清政府确实"寸步不让"。一方面，它在不得已放弃辽东的同时，仍从清政府大捞一笔赎金。其金额原定一亿两，但在三国压力下先减为五千万两，终减为三千万两。④还有军人提出，即使辽东的大门向日本关闭，也要留下它

---

① 相关情况见陆奥与林董、青木、西往来诸电，《中日战争》续编第 10 册，第167、169—172 页；马沙尔记录及其致德皇与驻俄、英、日使节电，《德国外交文件有关中国交涉史料选译》第 1 卷，第 41—44 页。

② 陆奥宗光：《蹇蹇录》，第 175 页。

③ 陆奥宗光：《蹇蹇录》，第 175—176 页；《伊藤博文传》下卷，第 226—227 页；《陆奥外务大臣致林外务次官电》（1895 年 5 月 5 日上午 2 时 43 分发，4 时 20分到）、《陆奥外务大臣致驻俄国西公使电》（1895 年 5 月 5 日发自京都）、《陆奥外务大臣致驻德国青木驻法国曾祢公使电》（1895 年 5 月 5 日上午 4 时发自京都）、《中日战争》续编第 10 册，第 172—173 页。

④ 戚其章：《甲午战争史》，第 433—435 页；葛夫平：《法国与晚清中国》，第122—130 页。

的钥匙——军事价值重大的长山列岛。①另一方面，日本坚决主张
按时换约。前文已经提到，四月初七日总署通过田贝转电日本，请
求延期换约。日方次日收到了这份电报。②同日，陆奥向谭恩表示
了拒绝之意。③初九日，总署从田贝处收到了答复。④当日李鸿章亦
致电总署：

> 夜间接伊藤初八戌刻英文电开：中国请暂缓互换批准和约
> 一节，当经日本政府答以无论因何情形互换批准必不能缓。且
> 因缔结两国和好，互换一节更不容缓，并经告明。如以俄、
> 法、德三国请改约款为虑，则互换之后更易商改，向来办法系
> 属如此。日本全权大臣于限期互换之前必到烟台，今为两国有
> 益起见，本大臣特此反复丁宁，电告贵大臣，务请将此批准条
> 约于续展停战限期未满之前即行互换，是为至要。伊藤博文自
> 日本西京发云。田贝想亦接复电。昨奉庚电，知和约已奉批
> 准，日本既不肯展缓，十四期迫，应由鸿即复伊藤已批准，派

---

① 西海舰队司令官鲛岛员规当时向西海舰队司令长官井上良馨提出意见书，主张
"永久占有"长山列岛。井上于四月二十九日（5 月 23 日）向海军大臣西乡从
道转递这一意见书，并附上自己对长山列岛军事价值的评价。见《帝国西海艦
队司令官ノ清国長山列岛占有ニ関スル意見書》，JACAR Ref. B08090008500,
日清韓交涉事件関係雑件 第二卷 （5.2.18.2_002），日本外务省外交史料馆藏。
西乡曾就此与陆奥商谈，并于闰五月初十（7 月 2 日）将意见书转给代理外
务大臣西园寺公望，但我未查到外交部门的回复。

② B06150072200（第 56—58 画面），日清講和条約締結一件/講和条約 二 （批准
書交換）（2.2.1.1-4_002），日本外务省外交史料馆藏。

③ 《陆奥外务大臣致美国公使函》（1895 年 5 月 2 日发自京都），《中日战争》续编
第 10 册，第 351—352 页。

④ 《美署中日议和往来转电节略》，《中日战争》续编第 6 册，第 611 页。

员如期互换，应请速派全权大臣前来。现饬留"公义"商轮在津守候，计由津出沽口须一日，又一日夜至烟台，必须十二日到烟布置一切，以便会商互换，庶无贻误。①

总署随即回电："本日奉旨：著添派三品衔升用道联芳与伍廷芳同往烟台换约。"②本来，前日已有旨："著派二品顶戴候选道伍廷芳前往烟台，与日本使臣换约。俟到烟台后前期一日听候谕旨，再行互换。"③翁同龢四月初九日的日记透露了添派联芳的原因："见起二刻，请旨添派联芳偕伍廷芳送约，盖喀谓伍习于倭而特举联以请也。（此未奏明）"④联芳是同文馆学生出身，曾长期在驻外使馆担任翻译、参赞，后在李鸿章麾下办理武备学堂，此时丁忧期满不久。⑤喀希尼推荐他监视伍廷芳，大概因为其人曾任驻俄参赞，与俄国人比较熟络。但从日后的换约谈判记录中看，联芳几乎一言不发，完全由伍廷芳出头。这样的二人搭档，一如广岛谈判中的张荫

---

① 《寄译署》（光绪二十一年四月初九日辰刻），《李鸿章全集》第 26 册，第 124 页，下加点为光绪所加朱点。伊藤原电见 JACAR Ref. B06150072200（第 70—72 画面），日清講和条約締結一件/講和条約　二（批准書交換）（2.2.1.1-4_002），日本外务省外交史料馆藏。

② 《译署来电》（光绪二十一年四月初九日午刻到），《李鸿章全集》第 26 册，第 124 页。

③ 《清季中日韩关系史料》，第 4265 页。

④ 《翁同龢日记》第 6 卷，第 2845 页。石泉先生认为添派联芳是"应伍之请"，不确，见氏著：《甲午战争前后之晚清政局》，第 171 页。其引注为《清季外交史料》卷 109 所载伍廷芳等呈总署文，其中有"十一日行抵天津，邀同职道联芳，即于是日附轮赴烟"一句，依据想必为"邀同"二字。但其实该文此前已经写明四月初九日奉旨添派联芳一事。

⑤ 丁进军编选：《清外务部部分主要官员履历》，《历史档案》1986 年第 4 期，第 43 页。

桓与邵友濂。

总署当日还致电李鸿章，要求就近刊刻伍、联二人的"大清钦差换约大臣"关防。李鸿章收电后，回电指出伍、联的品秩低于日方所派换约大臣伊东巳代治，职位又无"全权"字样，请求添加此二字。广岛拒使的教训，显然给他留下了深刻印象。总署次日回电表示同意。①

同日，李鸿章电告伊藤，条约已经批准，同时要求："缘台湾各色人等现在万分愤乱，应将台湾一事重为虑及，另行筹商。"②

换约前的彷徨

批准条约并不意味着清政府已经放弃外交努力。四月初八日，许景澄初七日来电到达，次日呈递。这份电报对初二日请巴兰德"尽力相助"的电旨作了回复："巴使称，直归辽地恐难，或可改暂押。如需偿款，可待筹借等语。"③总署次日回电："许景澄电悉。巴使所云暂押如何办法，著明晰电复。现在换约期迫，三国尚无准信，只好先行派员赍约赴烟，候旨遵行。日内仍著该大臣催询确信，立时电奏。"④初九日傍晚，孙毓汶、徐用仪受邀前往法国使

---

① 《复译署》（光绪二十一年四月初九日戌刻）、《译署来电》（光绪二十一年四月初九日戌刻到）、《译署急电》（光绪二十一年四月初十日申刻到），《李鸿章全集》第 26 册，第 125—127 页。

② 《寄译署》（光绪二十一年四月初九日申刻），《李鸿章全集》第 26 册，第 125 页；JACAR Ref. B06150072300（第 66 画面），日清講和条約締結一件/講和条約 二（批准書交換）（2.2.1.1-4_002），日本外务省外交史料馆藏。

③ 《收许大臣电》（四月初八日），《清代军机处电报档汇编》第 14 册，第 316 页。

④ 《清代军机处电报档汇编》第 1 册，第 507 页。

馆，被施阿兰告知："接本国电：倭允让辽地，但未知所让多少及让后须添费耳。"①这是前述日本第一次答复的内容。

四月初十日，许景澄初七日来电呈递，内称"国电"已递，沙皇亦主张清政府先行批准条约，"候信再定换否"。②由于条约已经用宝，翁同龢对此认为"无甚要紧"。而昨日施阿兰透露的消息之中，"添费"一节引起了他的警惕。他主张，务必当天发下电旨询问许景澄。尽管"邸（引者按：即恭亲王或庆亲王）不了了，两君（引者按：应指孙毓汶、徐用仪）者不谓然"，最终他依然力排众议，发电叮嘱许景澄赔款万难再增，"著该大臣即向外部谆托，迅电驻倭俄使，于会议时，如有此说，必须严斥，不可稍松口气，致贻后患"，并诘问"法使既得倭信，何以俄廷尚不告我"。③（同时有电旨致赴俄唁贺的王之春，见本章第三节）

四月十一日，许景澄又有两电到京。其中初八日电回复总署初三日"能否先以兵舰来泊辽东海面，为我臂助"的询问，表示"俄舰二十余由海部调泊倭海口，恐难改调"，"俄意阴主兵胁，不便改泊松劲"；初九日电称日本仍无回复，并答复总署初九日电的询问，称巴兰德的"暂押"建议"只系悬揣，并无办法"。④当天，翁同龢在日记中感叹，"穷思稍延换约之日而不可得"。⑤

---

① 《翁同龢日记》第 6 卷，第 2845 页。
② 《收出使许大臣电》（四月初九日），《清代军机处电报档汇编》第 14 册，第 321 页。
③ 《翁同龢日记》第 6 卷，第 2845 页；《清代军机处电报档汇编》第 1 册，第 508 页。
④ 《俄事纪闻》，第 37—28 页；《随手记》，《翁同龢集（增订本）》第 4 册，第 1826—1827 页。
⑤ 《翁同龢日记》第 6 卷，第 2845 页。

四月十二日（5月6日），昨日到京的两份许景澄初十日来电呈递：

> 格总办述罗拔言：倭复分辽地为六处，五处作暂押，惟旅顺一处不还。俄主仍持初议驳复。惟换约期迫，是否照换，请转达中国自定等语。再四商论，其争全辽，口气颇坚，而换否决断，彼终不肯担认。①
>
> 详查利害，不换约，倭必构战，三国仍守局外；如换，三国争辽如故，恐收地后，别作办法。拟明日称接中国电复，再请俄廷明阻换约，但期迫无及，一面由换约大臣以俄、日现论情形商倭使，约后添注辽地俟日本与三国议定另约专条，请示日廷，冀稍腾挪。二事均无把握，姑陈钧署备闻。②

第一份来电透露了日本的第一次答复，并称俄国对此并不满意，这是清政府乐于见到的。不过，俄国同时也从建议"候信再定换否"转而表示"中国自定"，撇清了自己的干系。对此，翁同龢提议向日本要求展期换约。因孙毓汶、徐用仪坚持反对，他甚至在军机处中揎袖捋臂，颇动声色。随后，他"见起三刻余，书房一刻，颇有所陈说，退而定随约照会两件"。③

---

① 《宫中电报电旨》第43盒，下加点处为光绪所加朱点，转引自茅海建：《戊戌变法史事考二集》，第69页，标点有改动。格总办，即俄国外交部亚洲司司长克卜尼斯特（Дмитрий Алексеевич Капнист），当时译作格毕。
② 《俄事纪闻》，第39页。
③ 《翁同龢日记》第6卷，第2845—2846页。

光绪似乎并不赞同翁同龢的展期换约之议，两份致日方的照会中没有提及此事，只声明换约后鉴于三国干涉，有更改条款的可能，这与许景澄第二电中的建议相合。①当天，两份照会电达李鸿章。他收电之后，认为该照会比起科士达所拟照会稿更加简洁，于是转电伍廷芳，令他照此准备。②

① 照会内容分别为："中国政府为照会事：前由头等全权大臣李奏请批准换约一件，奉旨：依议。该衙门知道。惟闻俄、法、德三国现与日本商改中、日新约，将来如有与此约情形不同之处，仍须随时修改。钦此。为此恭录知照，请贵大臣转达贵国政府查照可也。须至照会者。""中国政府为照会事：前接美国田大臣复信，述贵国政府云，按期互换和议最为紧要，如谓因俄、法、德三国所商改之事，若系须照办者，互换以后，较未换以前更为容易等语。与中国之意相同，届时如有改易情形，自须另立专条，以资遵守。再，现在台湾各色人等万分惊扰，势将变乱，互换以后，应将台湾一事重为虑及，另作办法。除已由头等全权大臣专电达知外，特再具照会声明，惟希贵大臣转达贵国政府查照可也。须至照会者。"见《寄烟台伍道等》（光绪二十一年四月十二日酉刻），《李鸿章全集》第 26 册，第 131 页。
② 《寄烟台伍道等》（光绪二十一年四月十二日酉刻）、《复译署》（光绪二十一年四月十二日酉刻），《李鸿章全集》第 26 册，第 131—132 页。此前，李鸿章于四月十一日与科士达商议，在换约之前向日方递交照会，由科氏拟出草稿："查本约第二款让地一节，当中国全权大臣应允之先，曾经指驳，此系向例所无，殊非情理。嗣经日本全权大臣限期迫胁，如不应允，即再行开仗，后此所索之款，必较此更重等语，中国全权大臣只得勉让。至和款为各国共知之时，中国所与交涉通商亲睦和好之三大国，将约内让地一款向日本指驳，并向中国殷切陈说，谓践行该约所应有办法，请暂延缓三大国于所关让地一事得遇有商改之机会而止。中国政府因即向日本政府电商，将互换批准和约之期展缓，日本内阁总理大臣前充议约全权大臣因有此项商酌之事，电催中国头等全权大臣，内开：为两国有益起见，批准和约，务届期互换。至俄、法、德所请商改之款，互换之后，更易商办等因。兹为日本内阁总理大臣陈说之语，并中国政府与日本政府办理交涉事宜谨慎确实起见，中国全权大臣现在即按照约内所定日期，将批准所订和约互换，为此特行宣告：此约虽经互换，而约内所开让地各节，非俟俄、法、德三国筹商办理定议，即不能设法按约办理。中国与各大国，或因交界，或因通商，久缔盟好，不得不如此办理。且日本内阁总理大臣既有前（转下页）

同日，庆亲王、孙毓汶、荣禄奉命前往俄国使馆询问有无确信，喀希尼表示如果换约就可惜了，但也没有给出有力的保证，只是说"若届时前数刻电到，当有办法"。[1]

延期换约的风声，也从中枢传了出来。四月二十三日（5月17日）陈宝箴致电张之洞，内称："前闻换约展期，即电禀李、翁，乞请旨派宪台全权往烟台与各国论议改约，且言俄王游鄂时，宪所心佩云云。"[2]也就是说，他听说要延期换约，便致电李鸿藻、翁同龢，请求派张之洞为全权大臣前往烟台谈判改订条约。不过，这一建议没有提上议事日程。就算提上了，张之洞也决不会自己来蹚这趟浑水。

四月十三日（5月7日），翁同龢继续前日之议，主张致电日本，要求展期换约。他在军机处极力争论，以致"声彻户外"，然后又在见起时力争，终于通过此议。于是，他与孙毓汶共同拟定致日本政府电文。他认为"词甚卑柔"，不大满意。[3]

（接上页）项陈说，则日本政府自必允照该大臣所说者，更无疑义。"见《寄译署》（光绪二十一年四月十二日午刻），《李鸿章全集》第26册，第130—131页。比较起来，科士达的版本更明确地表示让地一节应遵从三国的意见，但没有提到台湾。李鸿章后来又因德璀琳的意见打算改用科士达的版本，因总署表示反对而作罢，见《寄译署》（光绪二十一年四月十三日酉刻）、《复烟台伍道等》（光绪二十一年四月十三日酉刻）、《急急寄烟台伍道等》（光绪二十一年四月十四日申刻），《李鸿章全集》第26册，第133、137页。

① 《随手记》，《翁同龢集（增订本）》第4册，第1828页。

② 《保定陈藩司来电》（光绪二十一年四月二十三日酉刻发，二十四日丑刻到），《张之洞存各处来电》第20函第3册，所藏档，甲181-132。所谓"俄王游鄂"是指沙皇尼古拉二世为皇太子时于1890—1891年间游历欧亚各国，其间曾在汉口会见张之洞。

③ 《翁同龢日记》第6卷，第2846页。

这道电文全文如下：

> 中国政府请美国田公使转电日本政府，前因中国拟展缓互换和约日期，请电商日本政府。后接复信云，查无实有须行展缓情形，仍应按期互换，中国已派换约全权大臣伍廷芳、联芳二员赴烟等候。惟连日以来，俄、法、德三国屡嘱暂缓互换，候信办理，至今尚无复信。因念三国与中国素敦睦谊，未便拂其调停之意，且前次日本复信，原因尚无须行展缓情形，今闻所商辽东之事已有办法，与前日情形不同，与其俟互换之后再行更改，似不若于未换之前妥为商议。为此，再恳即日转电日本政府，道达中国因三国谆嘱候信再换，是以再请日本将换约停战日期另行改订，以期从容定议。应候日本政府详筹速复。中国已饬换约大臣在烟静候，并请日本政府电知换约大臣一体办理。①

该电除当天由田贝转电日本外，还发给了李鸿章。后者次日收电后，奉命转电伊藤博文，"免致一电或有失误"。同时，他还摘要致电在烟台的伍、联二人。②

---

① 《译署来电》（光绪二十一年四月十四日巳刻到），《李鸿章全集》第 26 册，第 135—136 页。又可见 JACAR Ref. B06150072200（第 92—93 画面），日清講和条約締結一件/講和条約 二（批准書交換）（2.2.1.1-4_002），日本外务省外交史料馆藏，这一版本注明电文后有孙毓汶、庆亲王、荣禄的签押。

② 《译署来电》（光绪二十一年四月十四日巳刻到）、《急急寄烟台伍道等》（光绪二十一年四月十四日巳刻）、《复译署》（光绪二十一年四月十四日午刻），《李鸿章全集》第 26 册，第 135—136 页。

这份电报中的"三国屡嘱暂缓互换，候信办理"，显然是在虚张声势以图压服日本。根据现有史料，只有俄国曾经表示"以批准发往，候信再定换否为便"，且此时已经转而主张"中国自定"。不过，三国驻华公使的个人意见都是赞成要求展期。据孙毓汶向翁同龢透露，当天，他和庆亲王、荣禄再赴俄国使馆打听复信，施阿兰、绅珂亦至，"告以展期换约事，三人皆云极是"，田贝亦以为然。但绅珂又接到本国电令，表示如果不换约就不能相助。[①]他接到的电令，是前一天外交大臣马沙尔发给他的，内容如下：

> 中国代办告诉我，因谈判悬而未决，皇帝不欲批准条约。我说批准是绝对不可避免的；如果不批准，我们将听中国自己决定其命运。日本已正式向三国声明，在批准实行后，它将以适当增加赔款为放弃辽东半岛包括旅顺在内的交换条件。请通知中国政府。

德国人一面通报了日本对三国干涉的第二次回应，一面劝告清政府换约。这样做，是马沙尔旨在避免过于得罪日本的计策，德皇也对此表示赞同。[②]

四月十四日是预定换约之期。翁同龢日记称，当日上午在军

---

① 《翁同龢日记》第6卷，第2846页；《随手记》，《翁同龢集（增订本）》第4册，第1828页。

② 《外交大臣马沙尔男爵致驻北京公使绅珂男爵电》（1895年5月6日）、《外交大臣马沙尔男爵奏德皇威廉二世电》（1895年5月5日），《德国外交文件有关中国交涉史料选译》第1卷，第44—45页。

机处，徐用仪"持德使绅珂函来，谓不换约则德国即不能帮"。①
翁氏《随手记》的记载稍详："德使绅珂译其本国电云，辽地已
还，添费由中日议，约必须换，若不换即不能帮助矣。"②前文已
述，绅珂前日已经透露了这一情况。对此，翁同龢"笑置之"，不
以为意。稍后，中枢争执愈发激烈，而翁同龢趋于孤立："已而许
景澄电至，谓旅顺亦肯还，至换约一节，俄外部云已经明告，则
中国换约大臣自能办理，固未尝催令换约也。而同人轰然，谓各
国均劝换，若不换则兵祸立至，而敬子斋（引者按：即兵部尚书、
总理衙门大臣敬信）特见恭邸，絮语刻余，恭邸亦为之动，余力
争不回。"③

在此起到关键作用的是许景澄的电报。当日，他有三电
进呈：

　　昨商德外部明阻换约，据复：倭已允退辽，但恐另议偿
费，中国此时总以先换约息战要著云。查倭复俄节略太简，德
外部所虑，或非无因。

　　俄外部告：昨晚日使交来节略，允退全辽，已电喀使。询
以是否暂押，答云：节略未说明。又询换约办法，答云：中国
既得俄国明告，两国换约大臣自能商办等语。

　　探询添费一层，据格毕云：日使曾言，如还地，当向中国
另索贴费，本部未与置论。切告已许巨款，万难再加，全仗俄

---

① 《翁同龢日记》第 6 卷，第 2846 页。
② 《随手记》，《翁同龢集》下册，第 1156 页。
③ 《翁同龢日记》第 6 卷，第 2846 页。

国驳阻。彼云，此时暂可不论等语。①

许景澄报告，日本已经允诺退还全部辽东割地。关于换约，德国劝告先换以便终结战争，俄国则不置可否。这虽然称不上"各国均劝换"，但至少没有哪国支持展期。

于是，随后中枢诸臣见起之时，光绪"催令即刻电伍廷芳如期换约，因令庆王、孙、徐三人先退"。但翁同龢提出，昨日喀希尼约定当天上午十点会见总署大臣，此时应当去听回信。庆亲王等三人表示，如果喀希尼传达的信息与许景澄电报相同，便立即致电伍廷芳；如有不同，则再请旨。他们匆匆前去俄国使馆。②

在那里，三国公使根据昨日接到的电报，向庆亲王等人宣布了干涉的结果。施阿兰的记载称：

> 把这一结果告诉他们以后，中国的亲王大臣们感到乐不可支，他们表示感恩不尽，情意非常动人。之后，又由于这一问题曾使他们几星期来感到痛苦和不安，于是他们向我们询问，日本的答复和允诺，同意以附件方式归还满洲领土，是否可以认为有了确实的保证。当我们断然地肯定确实如此时，他们就决定立即电令在芝罘携有批准书的两个中国代表，同早已到达那里的日本全权代表举行换约仪式。但是，他们直到最后一分

---

① 《宫中电报电旨》第43盒，转引自茅海建：《戊戌变法史事考二集》，第72页。"据格毕"原作"擒谶华"（《随手记》作"擒燕毕"），据《俄事纪闻》改。
② 《翁同龢日记》第6卷，第2846页。

钟还存在着不安和怀疑。①

据此，光绪下达电旨，决意按期换约：

> 奉旨：现已接三国复信，著伍廷芳、联芳即与日本使臣换
> 约。照会二件随约交付。昨商展期，已由田贝电日本，作为
> 罢论。②

翁同龢稍后知道了这一消息："嗣闻俄使语与许同，又有总署交田
贝达日本信一件，告知换约如期，昨信作罢论。"③他尽管感叹"覆
水难收，聚铁铸错，穷天地不塞此恨矣"，但并没有就此再作无用
的争论，只是担心辽东被列强瓜分："退后忽思，允让全辽三国虽
电告中国，中国未尝与日本言明，设换帖后各国瓜分此地，（所谓
别有办法也）奈何？"他向恭亲王建议，应该让伍廷芳准备照会，
声明此节，对方不肯。他又送信给孙毓汶，也没有回音。然后，他
在督办军务处再度力劝恭亲王，终于说动对方让总署总办章京去
办。但他仍然怀疑，"亦未知总署肯发此电否也"④（总署确实发送
了此电，详见下文）。

---

① 施阿兰：《使华记》，第 57 页。
② 《清代军机处电报档汇编》第 1 册，第 511 页。
③ 《随手记》，《翁同龢集（增订本）》第 4 册，第 1829 页。
④ 《翁同龢日记》第 6 卷，第 2846—2847 页。翁同龢致孙毓汶函全文为："允让全
辽一节，虽三国有电，而我与日本尚无一语提及，可否速电换约大臣，将此节
备文知照方为周妥，乞酌夺。瓶生顿。迟庵先生。十四日午正。"见《近代史所
藏清代名人稿本抄本》第一辑第 40 册，第 74 页。

此外，当天法国驻津总领事也致函李鸿章，奉施阿兰的指示通告日本允退全辽，建议清政府换约。[①]

有论者认为，换约系由慈禧拍板决定，甚至认为慈禧胁迫光绪换约，根据是杨锐致沈曾植的一封密函：

> 今晨军机散值，孙、徐即呼章京之书法敏捷者，急缮电报，与伍廷芳，一切照原议换约，并闻恭邸云："三国来电，意见亦不同，将来恐生枝节，不如仍旧为便。"此大栈要人通内取长信之旨，胁为此言耳。[②]

"长信"即汉代长信宫，太后居之，此处自指慈禧无疑。"大栈"不可解，疑为"大抵"之讹。杨锐时为内阁额外中书，当年三月初四日进京，为张之洞打探政情。他与沈曾植的关系很密切。[③]问题在于，杨锐并非身处枢要的军机、总署官员，对于这种机密政情未必了解确切。如前引翁同龢日记所述，当天见起之时，光绪本人催令即刻换约。同日军机处有奏片："遵拟电谕伍廷芳一道，又德国使臣绅珂送来该国信一件，一并恭呈慈览。"[④]从"拟"字来看，

---

① 《译法国驻津总领事来函》（光绪二十一年四月十四日酉刻到），《李鸿章全集》第 26 册，第 138 页。

② 孔祥吉：《关于杨锐的历史评价》，《史学月刊》1989 年第 4 期，第 63—64 页。该文收入氏著：《晚清史探微》，成都：巴蜀书社，2001 年。另可参见氏著：《晚清佚闻丛考：以戊戌维新为中心》，成都：巴蜀书社，1998 年，第 159 页。

③ 茅海建：《戊戌变法的另面："张之洞档案"阅读笔记》，第 145—149 页。

④ 军机处《洋务档》光绪二十一年四月十四日，转引自茅海建：《戊戌变法史事考二集》，第 74 页。

这是在电旨寄发之前呈送的，属于事前请示。①这道电旨经过了慈禧的批准。但要说换约由慈禧决定甚或胁迫光绪，论据仍嫌不够充分。

烟台换约

四月初九日，清政府换约大臣伍廷芳从北京出发，十一日在天津会同联芳乘"公义"轮出海，前往烟台（芝罘），次日到达。②另一方面，日方换约大臣伊东巳代治于初八日从宇品港出发，中途在旅顺口短暂停留，十三日上午六点抵烟。③

伊东出发时乘坐的是通报舰"八重山"。该舰航速高达 20 节，在日本海军各舰（不含鱼雷艇）中名列第二，仅次于著名的"吉野"，因此常被用作要员的交通船，伊藤、陆奥从马关回广岛时乘坐的就是此舰。而在前往烟台时，伊东却改乘航速仅有 10 节的运输船"横滨丸"。后来他向伍廷芳解释，自己的使命是恢复和平，乘坐军舰"恐惊贵国人民"，因此宁可乘坐慢吞吞的运输船。④

其实，真正的理由并没有这么冠冕堂皇。四月初十日在旅顺口，伊东曾接到陆奥的电报："传闻俄国军舰尽数集中于芝罘。故

① 关于光绪与慈禧当时的权力关系，参见茅海建：《戊戌变法史事考》，第 29—38 页。
② 《换约大臣伍廷芳联芳禀》（光绪二十一年五月初一日），《中日战争》续编第 5 册，第 375 页。
③ 広瀬順晧監修・編集：《伊東巳代治日記・記録：未刊翠雨荘日記》第 1 卷，東京：ゆまに書房，1999 年，第 65、75 页。伊东的随员有外务省参事官西源四郎，内阁属官龙居赖三、佐藤显理、楢原陈政、石原锅藏，陆军炮兵中佐村田惇，海军大尉山县士藏、野间口兼雄，前驻华公使馆书记官郑永昌，见《伊东全权办理大臣之工作报告书》，《中日战争》续编第 10 册，第 370 页。
④ 《伊東巳代治日記・記録：未刊翠雨荘日記》第 1 卷，第 97 页。

贵官乘军舰前往该地，较为适宜。"①不过，万一俄国人翻脸动手，区区一舰根本无济于事。同日，大本营又向旅顺口的彰仁亲王发电表示了相反的意见：鉴于俄舰云集烟台，"我全权大臣前往芝罘，乘坐普通之商船，不由我军舰保护，反而不起嫌疑，此为得策"。②《伊藤博文秘录》对此的说法颇有传奇色彩：伊东原本乘坐"八重山"前往烟台，中途得知俄国人不怀好意，于是返航旅顺口，换乘"横滨丸"。该书甚至援引前贵族院副议长细川润次郎的手记，说俄国舰队当时已准备好在烟台击沉"八重山"，但这个情报被细川的一个朋友得知，报告给了陆奥。③鉴于当时无线电通讯尚未实用化，伊东不可能在船上接到消息，俄舰也绝不会无缘无故地袭击日舰，这样的记载并不可信。不过，这倒是反映了伊东宁坐商船不坐军舰的真实心态。

烟台的气氛确实相当紧张。当时此处聚集了 12 艘俄国军舰，包括 1 艘战列舰、3 艘铁甲舰、3 艘巡洋舰、2 艘炮舰、2 艘驱逐舰和 1 艘鱼雷艇，另有 3 艘德国军舰（巡洋舰二、炮舰一）、1 艘法国巡洋舰。三国（主要是俄国）在此集结了足以压倒日本联合舰队的舰只，威慑的意味十分明显。不仅如此，三国军舰还摆出了一副剑

---

① 《陆奥外务大臣致伊东办理大臣电》（1895 年 5 月 4 日上午 9 时 30 分发），《中日战争》续编第 10 册，第 352 页。据伊东的随员佐藤显理记载，日方原先准备让伊东率领西海舰队前往烟台，后取消，见《日清戦役ノ起原及媾和談判始末（佐藤顕理述）》，憲政史編纂会收集文书，外交問題主要事件资料，552，日本国立国会图书馆宪政资料室藏。日本海军西海舰队拥有巡洋舰"金刚"等 10 艘较旧较小的舰船，当时驻在旅顺口。但我没有查到能够证实此事的档案。

② 《作成に関する緊要雑件（17）》（第 22 画面），JACAR Ref. C08040463800，明治 27・8 年 戦史編纂準備書類 2，日本防衛省防衛研究所藏。

③ 《伊藤博文秘錄》，第 437—438 页。

拔弩张的姿态。港内的英美军舰，皆派出军官对伊东做了礼节性拜访。而三国军舰不仅"未施任何之礼"，还频频用望远镜观察日方动向，互相以旗语联络，甚至着手进行战前准备，尤以俄舰为甚：有的涂上鼠灰色的战斗涂装，暗示不惜一战，有的则在练习实弹射击，"白烟蔽海，山岳为之震动"。英国驻烟台领事的报告称："俄国舰队到此的目的显然是为了坚决不让日本攫取满洲领土。所有俄舰都已严阵以待。水手们整个下午都在忙着往俄国领事馆搬运舰上的活动木板，甚至连舱门也包括在内。军官们则买下了烟台药铺的所有绷带和医疗用品。"港内的一艘俄国商船甚至奉命解雇了所有日籍船员。受李鸿章之托前往烟台协助换约的科士达也报告："口内现泊俄舰十二艘，帆索捆扎，舱面扫除，物之无用者运岸，诸已整备，若临敌然。英水师提督谓，以此灭倭水师不难。"①

　　俄国熊在炫耀着自己的尖牙利爪，伊东的烟台之行显得危机四伏。据说，当时他已经有了毕命于斯的觉悟。②

---

①　关于当时烟台港内的情形，参见《平和条约の交換時に於ける芝罘港の状況》，JACAR Ref. C08040498100，明治 27·8 年 戦史編纂準備書類 18，日本防卫省防卫研究所藏；《阿林格致外交部函（第 16 号）》（1895 年 5 月 8 日发，6 月 24 日到）、《阿林格致欧格讷函》（1895 年 5 月 7 日）、《阿林格致欧格讷函》（1895 年 5 月 9 日），《中日战争》续编第 11 册，第 1027—1030 页；《寄译署》（光绪二十一年四月十六日辰刻），《李鸿章全集》第 26 册，第 142 页；《媾和条约的批准交换》，《日清战争实记》第 28 编，第 5—6 页。关于俄舰的舰种，各种记载的划分有所不同，这里采用日方使团随员山县文藏海军大尉报告的说法，并参考 T. A. Brassey：*The Naval Annual*（*1902*），London：Simpkin Marshall & Co.，1902，Robert Gardiner：*Conway's All the World's Fighting Ships 1860—1905*，London：Conway Maritime Press，1979.

②　《日清戦役ノ起原及媾和談判始末（佐藤顕理述）》，宪政史编纂会收集文书，外交问题主要事件资料，552，日本国立国会图书馆宪政资料室藏。

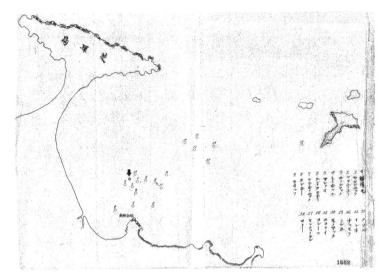

图 27：伊东的随员山县文藏海军大尉绘制的烟台港舰船泊位图，箭头（作者所加）所指处是"横滨丸"，其余皆为列强舰船。采自《平和条約の交換時に於ける芝罘港の状況》（第 13 画面），JACAR Ref. C08040498100，明治 27·8 年 戦史編纂準備書類 18，日本防卫省防卫研究所藏。

至于在东亚海军力量不亚于俄国的英国，只派出了两艘军舰，显然摆明了置身事外。①

在三国的强大压力尤其是武力威胁下，日方对换约不得不谨慎从事。《陆奥宗光关系文书》中收有一份题为《全权（大臣）对于

---

① 《伊東巳代治日記・記録：未刊翠雨荘日記》第 1 卷，第 75—76 页；《日清戦役ノ起原及媾和談判始末（佐藤顕理述）》，憲政史編纂会収集文書，外交問題主要事件資料，552，日本国立国会図書館憲政資料室藏。关于英国此时在东亚的海军力量，见《英国軍艦及艦隊の挙動（2）》（第 38—42 画面），JACAR Ref. C08040498100，明治 27·8 年 戦史編纂準備書類 12，日本防卫省防卫研究所藏。

批准讲和条约应注意之条项》的文件，规定了换约的基本原则。其
全文如下：

今次批准之事，其执行当取圆滑且捷敏之手段，为此与外
务大臣协议之要项如左：

一、委任状格式之事。

彼所带之委任状，假令不如我所带之正式，亦应避此形式
上之争，努力了结交换之执行。

二、文字上误脱之事。

除有影响条约上之条件之虞以外，文字上之误脱不认作故
障，应行交换。

三、皇帝亲署之事。

我国惯例，既钤国玺，又有天皇之亲署，然在彼则止于单
钤国玺，并无亲署，就今次李鸿章所赍委任状可为明白。故虽
仅有国玺，亦应认可交换。

四、条约附添之地图之事。

彼提出之地图，若多少有所谬误，我宁可不予收受。彼若
不肯，原样受领交换亦无妨。

五、恣意变更割让地之时之事。

例如，恣意变更金州或台湾、澎湖岛之经界等，于条约面
上漫作加减，则应断然拒绝批准交换，归国。

六、为批准交换所作约定之事。

进行批准交换时，所附加之必要约定，应遵从国际法上之
惯例，裁酌议定签署。

七、交换期限之事。

批准交换以五月八日正午为期，其期为条约明文所记，两国全权应同日会合进行。然若有患病或其他难避之明白情形，假令日期已过，双方之间达成协议之时，应交换无碍。于此情形，实际至九日或十日交换，抑或八日交换，条约上所谓批准交换后何月何日，均由八日算起。反之，彼若希望于日期之先交换，自然应其希望立即交换。实际不拘何日，条约规定之交换日期，既规定以五月八日为起点。所有情形下之期限，皆从五月八日算起。但如右两项之情形下，批准交换议定书中应尽力设置明文，约定讲和条约之起算点。然以彼全权之力，若无设置特约之权力或拒绝，则应照原样了结交换。然彼若故意不交换，或至日期仍不在指定地会合，恶意显然，则不作交换，照旧归国。

八、为督促或他事发电之事。

在日期之先前往芝罘，等待彼之全权大臣之情形下，得直接向李鸿章发送督促或商议他事之电报。

九、复命之事。

不问批准交换与否，归国后应直赴阙下伏奏。

十、就批准交换之结果发电之事。

不问批准交换与否，先将其结果以普通英语致电总理大臣、外务大臣。

十一、会合场所之事。

会合之场所，彼或将准备。然若其未设，则应借用外国宾馆之场所，或于乘船之内会合亦无妨，全权办理大臣得便宜取计。①

这样的原则，可以用一句俗语概括：见风收篷。日方此时最盼望的是尽快换约，免得夜长梦多，给列强干涉制造机会。因此，除非中方要求变更条约内容或逃避换约，日方预备在一切枝节问题上作出让步。即使是曾被日方当作广岛拒使借口的全权证书问题，如今也可以置而不问。

到达烟台后，伊东于四月十三日上午八点半先派遣随员佐藤显理、郑永昌拜访美国驻烟领事，托对方向登莱青道兼东海关监督刘含芳递交照会，询问中方换约大臣身份与换约时间。刘含芳复照介绍了使臣身份，并请伊东登岸，但回避了换约时间一事。对此，伊东表示"须定有互换时刻及会晤地方，方可登岸"。由于此时烟台尚未接到换约的电旨，伍廷芳等人只能先劝伊东登岸，并指定新书院为会谈地点。而伊东则要求以德国人经营的海滨饭店（Beach Hotel）②作为"公中之地"。

下午六点半，伍廷芳、联芳在饭店与伊东会面。③寒暄之后，伊东要求首先交换全权证书。伍廷芳称未带证书，提议明日再行交

---

① 《講和条約批准ニアタリ全権ノ注意スベキ条項》，陸奥宗光関係文書，書類の部，80-20，日本国立国会图书馆宪政资料室藏。

② 该饭店的名称，中方记录作"顺德饭店"，我没有找到相关记载。而据日方记录，会谈地点为"ビーチホテル"，即 Beach Hotel，见《機密日清戦争》，第329页。

③ 双方会谈过程，见伊东与陆奥往来诸电，《中日战争》续编第10册，第357—362页；《换约大臣伍廷芳联芳禀》（光绪二十一年五月初一日），《中日战争》续编第5册，第375—381页；《機密日清戦争》，第329—407页；《伊東巳代治日記·記録：未刊翠雨荘日記》第1卷，第75—187页。

图 28：老明信片中的 Beach Hotel。作者收藏。

换。而伊东要求在当日之内交换，并在明日上午换约。他声称，根据座船的航速，自己最迟须在中午一点返航，如此晚上十一点可到"征清大总督府"所在地旅顺口，以便赶在零点停战期结束之前通知前线军队。而鉴于烟台和日军占领下的旅顺口不通电报，如果经由烟台—上海—东京或京都（当时大本营已移驻京都）—旅顺口线路辗转发电，至少要八九个小时，也不比乘船快。①伍廷芳一再劝

---

① 从实际情况来看，伊东没有夸大发报所需的时间。从烟台发电给日本，以次日伊东报告第三次会谈的电报为例，在东京的陆奥下午十点半收电，发电时间未载，当在下午一两点左右，则耗时约为八九个小时，见《伊东办理大臣致陆奥外务大臣电》（1895 年 5 月 8 日下午 10 时 30 分接到），《中日战争》续编第 10 册，第 359 页。而从日本发电给旅顺口，以大本营通知"征清大总督府"条约交换的电报为例，该电四月十五日（5 月 9 日）下午三点二十五分发，五点四十分到，耗时两个多小时，见《大本营发 大总督府宛 批准交换へ昨（转下页）

说伊东明早交换全权证书，未果，于是约定当晚交换。

晚上九点半，双方在广仁堂①再度会谈。伊东出示了天皇所颁全权证书②，而伍、联由于没有受领证书，便出示了总署给二人的照会以及另纸抄录的谕旨。③对此，伊东指摘其中的"听候谕旨"一语与全权身份不符，甚至暗自怀疑文件是在天津等处伪造的，又指摘中方使节没有批准书。不过，根据前述换约原则，这些问题都是可以忽略的。陆奥四月十一日给伊东的电令中也再次指示："必须主张进行批准交换，从速停止两国间之战争最为必要。"④因此，会谈并未因此受到影响。

会谈之中，适有电报到来，伍廷芳暂时离席。该电为总署发来

（接上页）8 日執行し終れり》，JACAR Ref. C06061060200，明治 28 年自 4 月 18 日至 5 月 2 日「着電綴（十二）」，大本営電報綴，日本防卫省防卫研究所藏。

① 广仁堂是光绪十七年（1891）时任登莱青道的盛宣怀创办的慈善机构，原址在今烟台市芝罘区公证处，光绪三十三年（1907）改建为登莱青道新衙署，原衙署改作广仁堂，见王以兴：《烟台广仁堂的前身——兼善堂》，《芝罘文史资料》第 4 辑，1989 年，第 186—187 页；丁抒明主编：《烟台港史（古、近代部分）》，北京：人民交通出版社，1988 年，第 107 页。

② 伊东的全权证书内容为："天佑保有万世一系之大日本国皇帝（御名）向拜见此书众民宣示：朕以内阁书记官长正四位勋二等伊东巳代治才能敏捷，委之以批准明治二十八年四月十七日于马关帝国与大清帝国间所缔结讲和条约及另约之全权。"见《中日战争》续编第 10 册，第 348—349 页。

③ 该照会为："光绪二十一年四月初八日奉旨：著派二品顶戴候选道伍廷芳前往烟台，与日本使臣换约，俟到烟台后前期一日听候谕旨，再行互换。钦此。四月初九日奉旨：著添派三品衔升用道联芳与伍廷芳同往烟台换约。钦此。除电头等全权大臣李刊给换约大臣关防，届时钤用外，应恭录谕旨，照会贵大臣钦遵可也。"谕旨即照会中的两道谕旨。见《清季中日韩关系史料》，第 4265 页。

④ 《陆奥外务大臣致伊东办理大臣电》（1895 年 5 月 5 日下午 4 时 40 分发），《中日战争》续编第 10 册，第 353 页。

的电旨："奉旨：现因俄使坚嘱候信，已由田贝函商日本展缓互换
日期，须待日本覆信。伍廷芳、联芳著静候谕旨，再行互换。"①于
是，伍廷芳根据此电要求延期换约，并将电文出示给伊东。

对此，伊东声称未接到本国关于延期的指示，并一再表示自己
的使命只限于换约，因此坚决要求按期换约。最终，双方约定一面
由伊东电询国内是否延期，一面做好明日换约的准备。直到深夜十
一点半，会谈方才结束。

伊东回到饭店之后，随即于次日凌晨两点致电陆奥，通报了会
谈情形，并拿出了自己的预案：

> 本使臣今晨（引者按：原文如此）虽逼迫彼等务必进行批
> 准交换，但如果过于进行责难，其结果或发生破裂情况。如于
> 今日下午以前贵大臣未发来任何指令，则准备将批准交换期限
> 延期三日。
>
> 如果清国对此亦加以拒绝，只可视为拒绝进行批准交换。
> 并且要向清国政府提出抗议，本使臣将立即出发。②

尽管伊东在会谈中对延期表现得态度强硬，但这只不过是谈判伎俩
而已。根据谈判原则第七条，稍作延期是日方可以接受的。于是，
他预备同意延期三天。当天晚上七点半，陆奥接到了这份电报。不

---

① 《清代军机处电报档》第1册，第510页；《换约大臣伍廷芳联芳禀》（光绪二十
一年五月初一日），《中日战争》续编第5册，第378页。
② 《伊东全权办理大臣致陆奥外务大臣电》（1895年5月8日下午7时30分接到），
《中日战争》续编第10册，第358页。

过，后来伊东呈送给天皇的复命书中丝毫没有提及这个预案。由于预案最终没有派上用场，他自然乐得不谈自己让步的打算。

在此之前，陆奥亦已同意延期，且期限还要宽一些。谭恩于四月十四日凌晨二点四十五分接到田贝转来清政府要求延期的电报后，六点五十五分转发给陆奥。接到此电后，陆奥决定接受。他请谭恩转电，表示日本已接受三国劝告，允诺嗣后修改条约，并同意展期五天，要求在此期限之内完成换约。鉴于李鸿章以同样的内容转电伊藤，伊藤也回电表达了同样的意愿，但在电末警告"如不能进行批准更换，必将产生严重后果"。[①]同时，陆奥致电伊东，通知延期之事，并命令他在接到进一步指示之前在烟台待命。[②]

四月十四日凌晨两点，前日下午四点从旅顺口出发的日本运输船"肥后丸"抵达烟台。用于联络的该船并未带来任何电报，更没有延期的命令。于是，伊东于上午十点派汉文翻译楢原陈政通知伍、联二人，如果当天中午仍未换约，使团将开船回国。[③]显然，如果能够迫使中方当天换约，伊东是不希望执行延期预案的。

---

① JACAR Ref. B06150072200（第 92 画面），日清講和条約締結一件/講和条約　二（批准書交換）（2.2.1.1-4_002），日本外务省外交史料馆藏；《美国公使致陆奥外务大臣电》（1895 年 5 月 8 日上午 6 时 55 分发自东京）、《在京都之陆奥外务大臣致美国驻日公使电》（1895 年 5 月 8 日发）、《伊藤总理大臣致李鸿章函[电]》（1895 年 5 月 8 日发），《中日战争》续编第 10 册，第 353—355 页。

② 《陆奥外务大臣致伊东办理大臣函[电]》（1895 年 5 月 8 日发）、《伊东办理大臣致陆奥外务大臣》（1895 年 5 月 9 日上午 1 时 30 分接到），《中日战争》续编第 10 册，第 355—356、359 页。

③ 中方记录称，楢原"奉伊使谕来告，本日两点钟，如不换约，渠等当即上船回国。"但根据日方记录，伊东要求最迟中午一点开船。见《换约大臣伍廷芳联芳禀》（光绪二十一年五月初一日），《中日战争》续编第 5 册，第 379 页；《機密日清戦争》，第 369 页。

随后，伍、联赶到饭店，于上午十一点半第三次会谈。伍廷芳一再抗辩，指出日方同意延期的电报可能正在路上。但经过反复争论，伊东仍坚持前日的要求，最迟中午一点从烟台返航。时为十二点零五分，伍廷芳看表之后颇为慌张，于是准备发电请旨定夺，为此要求延期至晚上十一点。伊东虽同意发电，但只同意拖到下午四点。最终，双方约定三点再行商谈。①时间紧迫，伍廷芳不由感叹："目下之一瞬，实贵重无比。"十二点四十分，会谈结束。之后伊东致电陆奥，报告了自己的催促行动，并表示如果中方不肯换约，则将如凌晨电报所言，"协商解决"延期问题。②

下午三点，伍、联仍赴饭店进行第四轮会谈。③二人仍坚持以十一点为换约的最后期限，而在伊东的压力下转而同意提前到十点，双方就此达成协议。会谈于五点五十分结束。

这时，伊东的高压战术看起来马上就要奏效，延期的预案应该已经用不上了。

① 日方会谈记录作两点半，但中方记录与伊东的电报皆称三点，见《换约大臣伍廷芳联芳禀》（光绪二十一年五月初一日），《中日战争》续编第 5 册，第 379 页；《伊东办理大臣致伊藤总理大臣及陆奥外务大臣电》（1895 年 5 月 9 日上午 11 时 54 分发自旅顺，下午 4 时 30 分发自釜山，下午 11 时 20 分收到），同书第 10 册，第 362 页；《機密日清戦争》，第 372 页。
② 《伊东办理大臣致陆奥外务大臣电》（1895 年 5 月 8 日下午 10 时 30 分接到），《中日战争》续编第 10 册，第 359 页。
③ 日方会谈记录作四点，但中方记录与伊东的电报皆称三点，见《機密日清戦争》，第 373 页；《换约大臣伍廷芳联芳禀》（光绪二十一年五月初一日），《中日战争》续编第 5 册，第 379 页；《伊东办理大臣致伊藤总理大臣及陆奥外务大臣电》（1895 年 5 月 9 日上午 11 时 54 分发自旅顺，下午 4 时 30 分发自釜山，11 时 20 分收到），同书第 10 册，第 362 页。伊东的笔记则称伍、联三点前来，但等到四点方才会谈，不知何故，见《伊東巳代治日記·記録：未刊翠雨荘日記》第 1 卷，第 153 页。

接下来，双方几乎同时接到了相反的训令。伍、联回到住处之后收到李鸿章转来的饬令换约的电旨，于是准备遵旨换约。①另一方面，伊东马上让佐藤显理准备一份照会，抗议中方使节迟迟不肯换约，给催逼的压力再加一把火。当佐藤起草完毕回到伊东的房间，对方怒气冲冲地递给他一份电报。这是伍、联二人离开仅五六分钟后送来的，正是前文提到的陆奥通知延期五天的那份电报。这时，伊东连礼服都没换下来。②

这份电报，让伊东感到煮熟的鸭子要飞走了。他随即向陆奥发电，报告谈判情形，并表示"将视今夜十时彼全权大臣之所为，再作决定"。为求迅速，此电不从烟台拍发，而由"肥后丸"带到旅顺口拍发（次日上午十一点五十四分发出）。他次日凌晨又发一电，质询此电的真实性。③据佐藤显理记载，鉴于此前日方始终用密码发报，而此电却是明码，他向伊东表示怀疑这是中方做的手脚。事后他认为，用明码发送如此重要的电报，表明外务省在三国干涉的压力下乱了阵脚。④

电报往来的时间差，让烟台换约充满了戏剧性。

---

① 《换约大臣伍廷芳联芳禀》（光绪二十一年五月初一日），《中日战争》续编第 5 册，第 380 页。

② 《日清戦役ノ起原及媾和談判始末（佐藤顕理述）》，憲政史編纂会収集文書，外交問題主要事件资料，552，日本国立国会图书馆宪政资料室藏。

③ 《伊东办理大臣致陆奥外务大臣》（1895 年 5 月 9 日上午 1 时 30 分接到）、《伊东办理大臣致伊藤总理大臣及陆奥外务大臣电》（1895 年 5 月 9 日上午 11 时 54 分发自旅顺，下午 4 时 30 分发自釜山，11 时 20 分收到）、《伊东全权办理大臣之工作报告书》，《中日战争》续编第 10 册，第 359、362、367 页。在前一电中，伊东称陆奥通知延期的来电是晚上十点收到的，当系笔误。

④ 《日清戦役ノ起原及媾和談判始末（佐藤顕理述）》，憲政史編纂会収集文書，外交問題主要事件资料，552，日本国立国会图书馆宪政资料室藏。

另一方面，李鸿章于当日申初（下午 3 时）接到了伊藤同意延期的来电。由于在此前的未刻（下午 1—3 时）已收到电旨，他回电表示将奉旨饬令换约，并撤回延期的请求。伊藤于晚上七点三十五分收到此电，随即回电表示取消前电。同时，陆奥致电伊东，通知延期作废，立即换约。①

李鸿章没有试图利用延期的机会，看似应当指责。如《东方兵事纪略》根据不甚准确的资料称："倭人已允展换约期七日，而鸿章转促之。"②但是，既然取消延期一事已同时由田贝转电日本，即使他敢于抗旨不令换约，也势必难以成功。

当晚，双方使节在饭店第五度会面，开始办理相关手续。③由于中方使节没有携带批准书，批准书按照日方版本准备中、日文本各两份，中文本内容为：

> 大清帝国钦差换约全权大臣二品衔伍廷芳、钦差换约全权
> 大臣三品衔联芳，大日本帝国钦派全权办理大臣伊东巳代治，

---

① 《译署来电》（光绪二十一年四月十四日未刻到）、《寄译署》（光绪二十一年四月十四日酉刻）、《寄译署》（光绪二十一年四月十五日辰刻）、《寄烟台伍道等》（光绪二十一年四月十五日辰刻），《李鸿章全集》第 26 册，第 136、138—139 页；《李鸿章致伊藤总理大臣电》（1895 年 5 月 8 日下午 7 时 35 分到）、《伊藤总理大臣致李鸿章电》（1895 年 5 月 8 日发自京都），《中日战争》续编第 10 册，第 356—357 页。其中，李鸿章致伊藤电的收电时间被编者误作发电时间，已参照原书（《日本外交文书》明治期第 28 卷第 2 册，第 450 页）改正之。

② 姚锡光：《东方兵事纪略》，北京：中华书局，2009 年，第 122 页。

③ 会谈开始的时间，日方会谈记录作九点半，伊东的笔记作九点五十分，中方记录作十点，见《機密日清戦争》，第 388 页；《伊東巳代治日記·記録：未刊翠雨莊日記》第 1 卷，第 176 页；《换约大臣伍廷芳联芳禀》（光绪二十一年五月初一日），《中日战争》续编第 5 册，第 380 页。

为互换经奉大清帝国大皇帝、大日本帝国大皇帝批准，大清帝
国与大日本帝国于光绪二十一年三月二十三日、即明治二十八
年四月十七日在下之关所订和约及另约，互相会同将和约及另
约详加查核，俱属妥善无讹，照式互换。为此，两国全权大臣
欲立文凭署名盖印，以昭信据。

　　大清帝国钦差换约全权大臣二品衔伍廷芳

　　大清帝国钦差换约全权大臣三品衔联芳

　　大日本帝国钦派全权办理大臣伊东巳代治

　　光绪二十一年四月十四日、明治二十八年五月初八日订于
烟台。①

按照双方之前的协议，中方使节还因光绪未在约本上亲笔署名而递
交了一份解释照会。②

　　正在会谈之际，伊东接到了陆奥之前发来的"必须毫不犹豫执
行批准交换之电令"。③其实，即使没有这份电报，他也决不会放过
眼下立即换约的机会。换约过程中发生没有什么争论，只有一点小
波折：日方约本的第一款"中国认明朝鲜国"一句中漏写了"国"
字，中方要求添入。而伊东以约本已经天皇批准为由拒绝，声称此
字系缮写脱漏，无关紧要，中方最终接受了这一约本。

① 《機密日清戦争》，第392—394页。
② 《伊东全权办理大臣之工作报告书》，《中日战争》续编第10册，第368页。
③ 《伊东办理大臣致伊藤总理大臣及陆奥外务大臣电》（5月9日上午11时54分
　 发自旅顺，下午4时30分发自釜山，11时20分收到）、《伊东全权办理大臣之
　 工作报告书》，《中日战争》续编第10册，第364、368页。

十一点半，换约仪式结束，《马关条约》就此产生效力。

随后，伍廷芳向伊东递交了三份照会，其中两份是四月十二日翁同龢起草的照会，事关修改约款；另一份是十四日总署在翁同龢力劝下拟成的照会，事关声明辽东不割让给列强。伊东一再声称接收照会不在自己职权之内，最终勉强收下。次日凌晨一点四十分，会谈结束。

同日清晨四点五十分，日本使团乘"横滨丸"离开烟台。临行前，伊东起草了一份照会，连同中方的三份照会一同交给美国领事，托对方退还给中方使节。①伍、联一行亦于当天下午乘船回津，四月二十一日进京复命。②

战争结束了。

三、保台的努力与失败

战争结束了，但事情还没有完全尘埃落定。由于三国干涉，朝野上下对辽东已不是十分关注，尽管接收还要费一番周折。但在另一方面，借列强之力保全台湾的外交努力此时仍未停息。

不同于此前清政府结连外援的外交行动，保台在很大程度上是由若干臣僚自行策划的，或者可说是一种"人臣外交"。其具体操

---

① 《伊东全权办理大臣之工作报告书》，《中日战争》续编第 10 册，第 369 页。该件称出发时间为上午十点，根据伊东笔记可知不确，见《伊東巳代治日記·記錄：未刊翠雨莊日記》第 1 卷，第 187 页。伊东于十点五十分抵达旅顺口。
② 《换约大臣伍廷芳联芳禀》（光绪二十一年五月初一日），《中日战争》续编第 5 册，第 376 页。

办者是驻英、法公使龚照瑗与赴俄唁贺专使王之春，在中枢得到了翁同龢的同情，而关键的主持者则是署两江总督张之洞。即使是当事人署台抚唐景崧，也事事惟张之洞马首是瞻——他本来就是张氏的旧部。[①]

张之洞，字孝达，号香涛，直隶南皮人。他早年科场得意，十四岁中秀才，十六岁得解元，同治二年（1863）二十七岁时殿试高中探花。在京师为官时，他与李鸿藻、张佩纶、陈宝琛等人过从甚密，跻身清流健将之列。因勤于上奏言事的表现，因清流领袖李鸿藻与族兄张之万两位枢臣的提携，也因慈禧太后的眷顾，他在官场逐渐飞黄腾达。自光绪七年（1881）起，他出任疆吏，历官山西巡抚、两广总督、湖广总督，在任内大办洋务，因此又被后人目为洋务殿军。[②]

张之洞为官圆熟，有"巧宦"之目。第二章第三节提到他不愿在和战之争的当口奉旨进京，本章第一节提到他在上奏拒约之前探听其他疆吏的态度，都是佐证。不过，心机的深沉，和士大夫的家国情怀是可以并行不悖的，张之洞确实是个忠心为国的臣子。开战之初从刘坤一手里接掌两江之后，他除了支撑北上湘军的开销之外，还不断招募勇营、兴办团练、订购军械、修筑炮台，尽管这里一直没有成为战区。这种规模的备战工作，在全国各省首屈一指。策划保台，更是超出了两江一隅的宏大计划。正如之前筹划芦汉铁路、创办汉阳铁厂一样，张之洞从来都不缺乏办大

---

① 中法战争期间唐景崧请缨抗法，曾隶属时任两广总督的张之洞部下。
② 对张之洞仕途生涯的整体性论述，参见李细珠：《张之洞与清末新政研究（增订版）》，北京：中国社会科学出版社，2015 年，第 23—73 页。

事的气魄。

张之洞初次将借助外力保台之议提上台面，是在光绪二十一年二月初。初四日，他致电总署：

> 传闻倭有索台湾、开矿十年等语，未知确否？即使倭真有此意，朝廷权衡至当，知亦必断然不允。查台湾极关紧要，逼近闽、浙，若为敌踞，南洋永远事事掣肘。且虽在海外，实为精华，地广物蕃，公家进款每年二百余万，商民所入数十倍于此，未开之利，更不待言。去腊洞托寓居美国之道员容闳借洋款，容复电云："若肯以台湾作押，可借美国银元十万万元"等语。查美银元每元合中国银一两余，十万万元是值银一千余兆。又上海英律师丹文来言："若中国需银，可以台湾押与英人，可借巨款"等语。洞以其语不得体，当即峻词斥之。即此两说可见外洋各国艳羡之意，另设一权宜救急之法，似可与英公使、外部商之。即向英借款二三千万，以台湾作保，台湾既以保借款，英必不肯任倭人盗踞，英必自以兵轮保卫台湾，台防可纾。借款还清，英自无从觊觎，台湾其权在我。如照此办法，英尚不肯为我保台湾，则更有一策：除借巨款外，并许英在台开矿一二十年。此乃于英国家有大益之事，必肯保台湾矣。[①]

张之洞是文字游戏的老手。他表面上斥责容闳①与丹文②"其语不得体"，潜台词却是"其策可用"。他提出的"以台湾作保"，实际上与"以台湾作押"并无区别。他的策略，其一是借债主之力保台，其二是以借款充作军费。之所以选择丹文推荐的英国而非容闳推荐的美国，原因大概在于英国在东亚的兵力。

　　二月十一日，总署回电，称赫德表示各国局外中立，势不能行，问张之洞有无"确实办法"。③对此，他回电表示，"窃思惟有探询外部，方能得其真际"，已致电龚照瑗、许景澄，让他们询问英、俄外交部是否愿意出面保台。他开出的报酬是"多与利益"，如给予修路、开矿或商务利益，甚至还可问问英国人和俄国人自己想要什么！不过，他当然不敢擅自代清政府出价，因此要求龚、许以他的"私见空论"名义传达。他建议："如朝廷以为可商，恳电饬龚、许两使筹商，方能切实与议。"④在此，张之洞没有给出"确实办法"，相反请求朝廷出面以加强交涉的分量，自然不能打动朝

① 容闳（1828—1912），广东香山人，时为江苏补用道，寓居美国。据其自述，他于光绪二十年冬致书友人蔡锡勇（张之洞幕僚），提出两策，一为雇佣洋兵抄袭日本之后，一为抵押台湾借款四亿美元，见容闳：《西学东渐记》，长沙：岳麓书社，1985年，第114页。另外，驻美公使杨儒当时亦致电张之洞，转述容闳之言："如台湾全省作押，可借二万万镑，即美洋十万万元。"见《华盛顿杨钦差来电》（光绪二十年十二月二十日辰刻发，亥刻到），《张之洞存各处来电》第17函第2册，所藏档，甲181-129。
② 丹文（通译担文，William Venn Drummond），在上海开业的英国律师，其人情况参见陈同：《略论近代上海外籍律师的法律活动及影响》，《史林》2005年第3期，第29—32页。
③ 《清代军机处电报档汇编》第1册，第454页。
④ 《致总署》（光绪二十一年二月十三日午刻发），《张之洞全集》第3册，第2043页。

廷传下旨意。

　　龚、许二人传来的消息同样不乐观。龚照瑗接到张之洞的电报后回电表示"押台系上策"，已嘱驻英使馆英籍参赞马格里（Samuel Halliday Macartney）向英国外交部密商。而马格里会晤金伯利之后报告，对方表示"定做不到"。①许景澄则认为"各国互有牵忌，万难用战国法约结"，根本就没去问俄国外交部。②于是，这一提议暂时搁浅。

　　而在谈判展开之后，由于日方暴露了对台湾的觊觎，李鸿章于三月初四日致总署电中询问，"不知前议押与英商何如"。总署初六日回电称，此事本系臆说，日军进攻澎湖之后更无法办理，已经作罢。③另外，初七日龚照瑗按李鸿章的指示拜访了金伯利，探听英国对日本索取台湾的意见，顺便询问对抵押台湾的看法是否改变，对方仍然予以拒绝。④

---

① 《轮墩龚钦差来电》（光绪二十一年二月十五日未刻发，十九日午刻到），《张之洞存各处来电》第18函第5册，所藏档，甲181-130；《龚照瑗往来官电（选录）》，《中日战争》续编第6册，第594—595页。马格里与金伯利的谈话，可参考《金伯利致欧格讷函（第42号A，机密）》（1895年3月15日）、《金伯利致欧格讷函（第42号B，机密）》（1895年3月15日），《中日战争》续编第11册，第631—632页。
② 《俄事纪闻》，第28—29页。
③ 《寄译署》（光绪二十一年三月初四日亥刻）、《译署来电》（光绪二十一年三月初七日巳刻到），《李鸿章全集》第26册，第87、89页。
④ 《寄伦敦龚使》（光绪二十一年三月初五日辰刻），《李鸿章全集》第26册，第88页；《金伯利致欧格讷函（第50号）》（1895年4月1日）、《金伯利致欧格讷电（第32号）》（1895年4月2日），《中日战争》续编第11册，第692—694页。

另一方面，张之洞也没有放弃。一方面，他派道员姚文栋赴台活动。①《马关条约》签订的当天与次日，姚氏秘密会见英国驻淡水领事金璋（Lionel Charles Hopkins），向他游说成立中英同盟以抵御日本。几天后的三月二十六日，唐景崧亲自会见金璋。与之同行的台湾士绅还写下了一份备忘录，其大意为：

> 台湾全体民众不愿归顺日本。他们希望请求英国保护台湾疆土及居民。金、煤、硫、樟脑及茶制品税金由英国征收。人口、土地税、疆土及管理权仍为中国所有。

对这样的建议，英方不屑一顾，欧格讷将其喻为"好像是向一家已破产的、被抵押给另一个人的地产业提供贷款"。另外，龚照瑗接到唐景崧来电后，于四月初五日派马格里拜访英外交部，询及此事，亦被告以这一计划是不现实的。②此后，张之洞终于对英国死了心。从英国的外交政策观之，这确实是白费力气。③

---

① 姚文栋（1852—1929），上海人，曾任驻日公使黎庶昌、驻俄德奥荷公使洪钧的随员，时为直隶候选道，闲居乡里。其人生平，可参考姚明辉编撰、戴海斌整理：《姚文栋年谱》，《近代史资料》第 125 号。此人由唐景崧推荐给张之洞，见《唐署抚台来电》（光绪二十一年正月二十六日午刻发，申刻到）、《唐抚台来电》（光绪二十一年正月三十日戌刻发，二月初一日寅刻到），《张之洞存各处来电》第 18 函第 3、4 册，所藏档，甲 181-130。

② 关于这一交涉，见欧格讷与金伯利、金璋往来诸函电，《中日战争》续编第 11 册，第 780、837—840、955—960 页；同书续编第 6 册，第 684—685、687、694 页。

③ 关于英国对割台的态度，参见尾崎庸介：《日清戦争期にみる領土割譲問題と日英関係—台湾領有問題をめぐって—》，《大阪学院大学国際学論集》第 14 卷第 2 号，2003 年。

另一方面，王之春正在张之洞的指示下积极活动。他此时已经完成了暗贺的使命，正在英法两国之间穿梭，为南洋办理借款、购械、雇员等事务，并与驻英法外交官频频联络，俨然是又一位驻外公使。①四月初二日，他致电张之洞，汇报了从法国得来的情报：

> 奉艳电，属密商外部，如能助兵胁倭废约，当请以厚报，并问所欲数端等语。春当浼勘界西友往商，西以事可商，不须酬。问奉旨否，春以公指浼再往。据覆，俄、法联集水师，兵力已厚，自可胁倭减约。俄已不许辽东，法应续阻台湾，倭未必遽从。法、俄拟约德，合力诘责，无虑英人袖手。此事至密，告华政府勿稍泄漏，恐不利于华。为华计，先宜以各不允索地，新约未便互换，藉此宕。倭有外迫，必难持久，如此，则将来地可归华。若约已换，则各国分地于倭，与华无涉，以后华患更大云。语由私述，姑摘备录。至外部尚未晤谈。一切不能尽商，须有旨方便登答，庶与驻使无碍。②

尽管只是从"勘界西友"③处得来的说辞，这一情报仍然令张之洞大为兴奋。次日收电后，他将原稿稍作修改后转电总署，并请求授

---

① 关于王之春的活动，参见拙作：《"中央外交"与"地方外交"之间：甲午战争期间王之春出使述论》，《政治大学历史学报》第50期，2018年。
② 《王钦差来电》（光绪二十一年四月初三日申刻到），《张之洞全集》第8册，第6302—6303页。
③ 此人可能是此前参与中越勘界的法国军官西威仪（Armand Servière）。此人长期在法国驻越陆军任职，后升任驻阿尔及利亚的第19军团司令官。中文文献中未见此人法文名，同门钱盛华为查询提供了帮助，谨此致谢。

权王之春与法国交涉。这份电奏用专门密码转发给天津的广西按察使胡燏棻，令其照录并专差急送总署，理由是"天津奸细太多"。①

同一天，王之春造访法国外交部，并致电张之洞：

> 顷赴外部约，言德向助日，因俄法牵制，复忌其强，遂有压日之举。兹日电称彼邦屡胜，碍难相让，若照所请，恐激民变云。假如中国台闽粤民变，何以处之？或足抵制。当称谢，因请设法相助，随问奉旨否，对未，但不便再商，乞密商台抚、沈道、粤抚，从民变着想，当有权衡。②

外交部的表态和"勘界西友"的说辞却又不同，不提法国将有何举动，却把中国的"民变"说成交涉的筹码。这样的筹码显然一钱不值，不管日本还是列强，都不会理睬条约是否会激起民变。尽管如此，张之洞四月初五日据此致电总署时仍然显得自信满满："查路透电报：'倭拒俄、法诸国，确系以恐激民变为词。'正与法外部之言相同。倭既藉民变以拒诸国，我更可藉民变恳诸国以拒倭。"③

四月初七日，有电旨致张之洞："张之洞电奏已悉。著即派王

---

① 致总署电，光绪二十一年四月初三日戌刻发，《张之洞电稿》光绪二十一年，所藏档，甲181-482。修改后的内容又可见《张之洞全集》第3册，第2062页。

② 《巴黎王钦差来电》（光绪二十一年四月初三日酉刻发，初五日巳刻到），《张之洞存各处来电》第20函第2册，所藏档，甲181-132。沈道，应为张之洞幕僚沈瑜庆。他此后曾致电其乡试座师翁同龢，力主保台，见《沈道致京户部翁电》（光绪二十一年四月二十七日申刻发），《张之洞电稿乙编》第8函第4册，所藏档，甲182-69。粤抚，广东巡抚马丕瑶，为张之洞任山西巡抚时的旧部。

③ 《致总署》（光绪二十一年四月初五日亥刻发），《张之洞全集》第3册，第2062—2063页。

之春将来电所言各节速与法外部切实商办，如有头绪，即电复。此旨即由张之洞转电。"①张之洞转电王之春时，将"将来电所言各节商办"解释为"恳阻台、恐民变、探所欲许厚谢、托展限"四层，并将"切实"解释为"必须肯用兵力胁倭方为切实"。②

同一天，因递交本章第一节提到的"国电"来法的龚照瑗致电唐景崧，称："法有保台、澎不让倭意，与瑗言甚切。并云'现不便言谢项，只须华与法先立一约，云台、澎有交涉事件为法保护之据。'似此办法，请商湘帅，奏由总署与驻京法使密议，万望机密。"③四月初九日，唐景崧致电总署报告此事，并称王之春亦电告"法提督到台请密商"。他认为，"法肯保台，亦救急法"。④法国似乎给保台带来了一线新的希望。

四月初八日，王之春又向张之洞报告了法国外交部的表态："伊云：倭已有怵，阳许减约，阴耸李入京逼批，以机不可缓，言次遂发电，调兵轮分布基隆、沪尾，限日到。请唐若法提督就商，万勿疑贰。法并约西班牙协助，另电诘倭。德本勉从，英私诈。前台电求英，置之不理。淡水英领事须防。此行权之举，勿泄。纵令批准，法作不算等语。"此外，他还表示不能信任李鸿章的同乡龚照瑗，担心如果龚、李串通一气，逼迫自己离开欧洲，谋划则有中

① 《清代军机处电报档汇编》第 1 册，第 507 页。
② 《致巴黎王钦差》（光绪二十一年四月初八日丑刻发），《张之洞全集》第 8 册，第 6327—6328 页。
③ 《龚照瑗往来官电（选录）》，《中日战争》续编第 6 册，第 599—600 页。湘帅，即张之洞（本官为湖广总督）。
④ 《台抚寄译署》（光绪二十一年四月初十日），《李鸿章全集》第 26 册，第 126 页。

断之虞。①张之洞次日转电总署。②

如本章第二节所述，四月初十日翁同龢力争发电旨给王之春。这道电旨（并致龚照瑗）指示：

> 前谕王之春与法外部密商保台办法，本日据唐景崧电称，接龚照瑗电，法外部告庆常云，须中、法先立一约，云台湾有交涉事，为法作保护之据。已谕总署密询施阿兰，曾否得本国信，如何切实保护，俾日本不至另生枝节。并著王之春、龚照瑗与外部迅速密商电奏，候旨办理。③

但是，"总署密询施阿兰"的结果是当头一盆冷水。施阿兰作出的表态完全是另一回事。据其回忆录，在 5 月初，庆亲王与总署大臣频频拜访俄、德、法三国使馆（尤其是俄、法使馆），屡次询问能否保住台湾。他写道："我们（引者按：指施阿兰和喀希尼）不得不在几天之后，用直截了当的和极其明确的措词来拒绝他们，免得我们自己和他们都为一个既无希望又无益处的企图所纠缠不休，而且这种企图还可能会严重危及我们的干预行动。"④这表明施阿兰与外交部的意见有所分歧，还是说外交部的表态根本就是虚情假意？

---

① 《王钦差来电》（光绪二十一年四月初九日巳刻到），《张之洞全集》第 8 册，第 6328 页。
② 该电为保密起见，寄总署大臣汪鸣銮转交总署，见《张之洞电稿》光绪二十一—二十二年，所藏档，甲 181-483。其内容又可见《张之洞全集》第 3 册，第 2064 页。
③ 《清代军机处电报档汇编》第 1 册，第 508 页。
④ 施阿兰：《使华记》，第 55、88 页。

我认为是后者。

事实上，法国虽对日本割占台湾颇为不满，但缺乏其他列强（特别是盟友俄国）的支持，难以独力进行干涉。有论者指出："三国干涉的结果表明，如果法国在远东的利害与俄国不一致，法国是无法独自追求它的利益的。"法国此时的目标，仅限于让日本保证台湾海峡的自由航行权与澎湖的非军事化。①因此，中方的努力注定难以奏效。

法国外交部的表态很快也变了。四月初十日，王之春致电张之洞，表示龚照瑷因不知他奉旨与法国交涉，颇有掣肘，而外交部也因此起疑，停议两日。②等到张之洞次日为此致电总署，③同一天龚照瑷已报告总署，法国因条约批准而放弃了保台的打算："据哈大臣云：'经议减索地后，倭允不占辽东。保台一节，已连合西班牙、和〔荷〕兰，正在筹画。适闻中日新约批准，事势既定，动多掣肘，一切布置，徒费苦心'等语。"④

哈诺托在此声称曾经联合西班牙、荷兰策划保台，恐怕属于夸大其辞。当时西班牙因担心割台影响其在菲律宾的利益，要求日本

① リチャード・シムズ：《幕末・明治日仏関係史—1854～1895 年—》，第 245 页。由于缺乏俄、德两国的支持，法国的两个目标后来只实现了一半。日本虽同意前者，但拒绝后者（之后接受了法国的让步方案，同意保证不将台、澎割让给他国）。
② 《巴黎王钦差来电》（光绪二十一年四月初十日午刻发，十一日午刻到），《张之洞存各处来电》第 20 函第 2 册，所藏档，甲 181-132。
③ 《致总署》（光绪二十一年四月十一日未刻发），《张之洞全集》第 3 册，第 2066 页。同日张之洞还致电在京幕僚杨锐，让他劝说吏部右侍郎、总署大臣廖寿恒，"勿堕龚计，力为主持，万勿令王离法"，见《张文襄公电稿墨迹》第 1 函第 6 册，转引自茅海建：《戊戌变法的另面："张之洞档案"阅读笔记》，第 139 页。
④ 《龚照瑷往来官电（选录）》，《中日战争》续编第 6 册，第 600 页。

声明不侵犯巴士海峡以南的岛屿，并得到了法俄两国的支持，但还不至于为保台出力。至于荷兰，虽有舆论因割台的刺激呼吁加强在荷属东印度群岛的海军力量，但也没有迹象表明其政府有进一步的举动。①

四月十二日，王之春亦向张之洞报告法国欲罢保台之举，表示"生灵百万系在我师一人，祈商台抚，仍以激变情形设法，则法可着手"。②对此，张之洞次日一面复电王之春，声称条约虽批准但未交换，仍可另议，要他"仍切商外部，勿游移松劲"，③一面致电总署，声称法国确实答允保台，只要朝廷让使臣"切托"，他保证法国会"实力相助"。他认为，"大国虽不图钱财，断无不图土地之理"，为此开出了不小的价码："朝廷若肯以回疆数城让俄，以后藏让英，以云南极边地让法，三国同助，则不惟台湾可保，倭约竟可全废，断无战事。"④以挖肉补疮的方法换取列强的帮助，是他此前曾提出过的策略。⑤

---

① 施阿兰：《使华记》，第 89 页；《外交大臣马沙尔男爵致驻圣彼得堡大使拉度林公爵电》（1895 年 5 月 9 日），《德国外交文件有关中国交涉史料选译》第 1 卷，第 46—47 页；《朗博尔德致金伯利函（第 42 号，机密）》（1895 年 4 月 25 日发，4 月 29 日到），《中日战争》续编第 11 册，第 835—836 页。

② 《王钦差来电》（光绪二十一年四月十二日亥刻到），《张之洞全集》第 8 册，第 6341—6342 页。

③ 《致巴黎王钦差》（光绪二十一年四月十三日子刻发），《张之洞全集》第 8 册，第 6341 页。

④ 《致总署》（光绪二十一年四月十三日申刻发），《张之洞全集》第 3 册，第 2066—2067 页。

⑤ 据张之洞幕僚郑孝胥记载，三月二十九日张氏召集幕僚议事，有"或割西藏以与英，或割新疆以与俄，则兵事可以立息"之说，郑氏认为未可必成，而张氏"颇护己说"，见《郑孝胥日记》第 1 册，第 486 页。此后，张之洞在（转下页）

另外，张之洞还授意幕僚恽祖祁致电翁同龢，表示龚照瑗是李鸿章一党，应请旨令其回英，把对法交涉交给王之春，以免掣肘。①其实就在当天，清政府已经应张之洞四月十一日电奏的请求下达电旨：

> 王之春所商一节，已经总署告知法使电其外部，尚无回信。著该督电知王之春，仍探问法廷如何办法电闻，并令庆常帮同办理此事，切须秘密，以免别生枝节。龚照瑗著回英国，以免两使之疑。②

（接上页）四月初二日电奏中正式提议割地结援："窃思威、旅乃北洋门户，台湾乃南洋咽喉，今朝廷既肯割此两处与倭，何不即以此赂倭者转而赂俄、英乎？所失不及其半，即可转败为功。惟有恳请敕总署及出使大臣急与俄国商订立密约，如肯助我攻倭，胁倭尽废全约，即酌量划分新疆之地，或南路回疆数城，或北路数城以酬之，并许以推广商务。如英肯助我，则酌量划分西藏之后藏一带地，让与若干以酬之，亦许以推广商务。"见《致总署》（光绪二十一年四月初二日辰刻发），《张之洞全集》第 3 册，第 2061 页。另外，直隶布政使陈宝箴亦有相似见解。他在烟台换约后曾致电张之洞，主张"目前至计，仍亟以让地结俄、与立密约，为一要义"，见《保定陈藩司来电》（光绪二十一年四月二十三日酉刻发，二十四日丑刻到），《张之洞存各处来电》第 20 函第 3 册，所藏档，甲 181-132。

① 《恽道致京都户部翁电》（光绪二十一年四月十三日午刻发），《张之洞电稿丙编》第 11 函第 2 册，所藏档，甲 182-90。张之洞之所以通过恽祖祁致电，盖因翁张关系不佳，而翁恽私交甚密，参见茅海建：《"张之洞档案"阅读笔记之三：戊戌政变前后张之洞与京、津、沪的密电往来》，《中华文史论丛》2011 年第 1 期，第 192 页，该文收入氏著：《戊戌变法的另面："张之洞档案"阅读笔记》。另外，恽祖祁之兄祖翼与翁同龢交情亦好，见《致恽祖翼函》（光绪八年九月二十四日），《翁同龢集（增订本）》第 2 册，第 429 页。

② 《清代军机处电报档汇编》第 1 册，第 511 页。

张之洞如愿拿到了尚方宝剑，让王之春专权交涉保台。四月十六日（5月10日），总署通过张之洞转电王之春，通告"昨法使赴总署，述外部电询台湾一事，中国拟如何办法，当告以台民不甘外属，愿以税课矿利给他国求保护，土地人民仍归中国。现国和约已换，前议办法尤须归之。台民与国家无涉，方不致倭启衅。往来筹商切宜秘密"，要他"向外部将总署答法使之言告知，并询法廷能否速以兵力护台"。①

然而，在四月十四日换约之后，法国更不可能出面。十七日（5月11日）庆亲王、孙毓汶、徐用仪至各使馆致谢时，施阿兰声明不愿干预台湾，并要求撤王之春回国。②他在回忆录中写道："我们不得不以请求召回这位中国钦使和依职权吊销他的护照来要挟他们，以结束这种行为，因为这种企图可能严重妨碍已在东京开始进行的、旨在归还满洲领土问题的行动。"在他看来，他和外交部长哈诺托好不容易摆脱了总署和王之春的纠缠。③

张之洞此时尚不知情，四月十八、十九两日（5月12、13日）还连发两道电奏，请求饬龚照瑗尽快离开法国，饬王之春与法国切商。④十八日，他又两度令恽祖祁致电翁同龢，自己则致电总署大臣汪鸣銮，力促此事。在他看来，"龚必欲将台湾送脱，不知是何

---

① 《致巴黎王钦差》（光绪二十一年四月十六日亥刻发），《张之洞全集》第8册，第6358—6359页。
② 《翁同龢日记》第6卷，第2848页。
③ 施阿兰：《使华记》，第88页。施阿兰与庆亲王等人的对话节略，见《总理各国事务衙门与法使问答节略》，《清光绪朝中日交涉史料》卷44，第21页。
④ 《致总署》（光绪二十一年四月十八日戌刻发）、《致总署》（光绪二十一年四月十九日丑刻发），《张之洞全集》第3册，第2067—2068页。

居心"，只要踢开这块绊脚石，事情就有希望。①而总署于二十二日（5月16日）致电驻法使馆参赞庆常，询问"能否再践护台前议"。庆常次日回电称，哈诺托表示前后情形不同，此事难办。②同一天，王之春也向张之洞表示"台难补救，前电祈作罢论"，请求尽早回国。③

此外，在翁同龢、李鸿藻的主张下，四月十八日有电旨致许景澄："闻台民不愿从倭，意在他国保护。著许景澄将此情形密商俄外部，能否仍联三国，设一公同保护之策"。许景澄二十一日回电，称俄德两国均表示不能保台。④

列强没有给台湾留下一根救命稻草。

四月十八日，伊藤致电李鸿章，告以日本已派桦山资纪为台湾总督，希望中方迅速派员与之办理台湾交割手续。李鸿章次日转电总署，并借科士达之口道出了按约交割的意见，主张派唐景崧前去。⑤

对此，朝廷于四月二十日（5月14日）下达电旨，称唐景崧

---

① 《恽道致京翁尚书电》（光绪二十一年四月十八日未刻发）、《致南池子箭厂胡同总理衙门大臣汪侍郎》（光绪二十一年四月十八日戌刻发），《张之洞电稿乙编》第8函第3册，所藏档，甲182-69；《恽道致京翁尚书电》（光绪二十一年四月十八日未刻发），《张之洞电稿》光绪二十一年二—五月，第2册，所藏档，甲182-481。

② 《龚照瑗往来官电（选录）》，《中日战争》续编第6册，第604页。

③ 《巴黎王钦差来电》（光绪二十一年四月二十二日亥刻发，二十三日未刻到），《张之洞存各处来电》第20函第3册，所藏档，甲181-182。

④ 《翁同龢日记》第6卷，第2848页；《俄事纪闻》，第42—43页。

⑤ 《寄译署》（光绪二十一年四月十九日酉刻），《李鸿章全集》第26册，第145—146页。日方另通过田贝转电总署，四月二十五日（5月19日）接到，见《美署中日议和往来转电节略》，《中日战争》续编第6册，第612页。

为守台之官，万无交台之理，且此时已被台民迫留，亦已无权交割，最后又把问题交给了李鸿章："台湾如此情形，该大臣设身处地，将何以措置。前所谓另行筹商者，究竟有何办法，如何补救，著妥筹复奏。"①李鸿章次日回电，表示已致电伊藤，要求商议台事并令桦山暂缓起程。毫无悬念，伊藤拒绝了。②

四月二十四日（5月18日），鉴于外援无望，朝廷下旨决定割台："著派二品顶戴前出使大臣李经方前往台湾，与日本派出大臣商办事件。"③对这一任命，李鸿章大为恼怒，但坚辞未果。科士达认为："这表明北京感兴趣的是把人们对条约的全部憎恨都加在他和他的亲属身上。"④李氏父子与这份屈辱和约的关系，又深了一层。

李鸿章所能做的，只是恳求科士达陪同李经方前去。科士达在回忆录中写道：

> 他派毕德格先生恳求我去上海，陪他的儿子去台湾。毕德

---

① 《清代军机处电报档汇编》第1册，第515—516页。
② 《寄译署》（光绪二十一年四月二十一日申刻），《李鸿章全集》第26册，第146—147页；《伊藤总理大臣致陆奥外务大臣电》（京都1895年5月16日下午1时发，3时10分收），《中日战争》续编第10册，第452—453页。
③ 《清代军机处电报档汇编》第1册，第519页。
④ 《寄译署》（光绪二十一年四月二十五日巳刻）、《寄李经方》（光绪二十一年四月二十五日酉刻）、《寄李经方》（光绪二十一年四月二十六日酉刻），《李鸿章全集》第26册，第151—153页；《科士达日记》，《中日战争》续编第6册，第628—629页。关于选派李经方的内幕，徐用仪在四月二十二日致孙毓汶函中有所透露："合肥请派唐抚与日使会议，势固难行，两尚书皆谓非小李不可，只好如此。盖无论何人前往，势必不能登岸，不过藉此搪塞，听其自为而已。"见《近代史所藏清代名人稿本抄本》第一辑第40册，第85—86页。两尚书，应指翁同龢和李鸿藻。小李，即李经方。

格说，这位父亲处于极大的忧惧之中，惟恐李爵士（引者按：即李经方）被狂怒的台湾人杀死。李鸿章对他没有什么信心，因为他缺乏历练。而我曾是一位"老军人"，经验丰富，将会知道如何保护和帮助他。

......

起航前，我收到了毕德格的一封长信，那是总督授意他写的。我从中摘录了几句话："总督希望你保护他的儿子免遭伤害。别让他登陆，除非那完全在日本佬控制之下；也别让他被当地官吏或其他人拉去上岸访问或是离开日军的战线，不管是什么理由……你必须让小李答应，没有你的事先了解和同意，他不去任何地方，不见任何人。"①

在这些话语中，什么宰相威仪，什么大臣气度，统统荡然无存。人们看到的，只是一位为儿子远行而操心的老父。

这也是科士达在中国从事的最后一桩使命。本来，李鸿章盛情邀请他留下来做一名长期顾问。而科士达一再谢绝，最后搬出了一条看起来很过硬的理由：自己已经答应了外孙，这个夏天要带他做一次钓鱼旅行。如果失约，他就再也不会相信外公了。而李鸿章仍然不死心地劝道，他可以把孙儿接来，在御苑的湖里钓鱼！这个天方夜谭式的条件，依然没能打动他。②

---

① John Watson Foster：*Diplomatic Memoirs*，vol.2, pp.155, 158.

② John Watson Foster：*Diplomatic Memoirs*，vol.2, p.156."御苑"原文系"Emperor's Summer Palace"。"Summer Palace"现在专指颐和园，但亦有可能指圆明园（正式英文名称为"Old Summer Palace"）。无论如何，如果科士达的记（转下页）

这年夏天，科士达如约带着七岁的杜勒斯在圣劳伦斯河上泛舟，还幸运地钓上了一条硕大的北美狗鱼。他兴致勃勃地给李鸿章寄去了一张孙儿扛着大鱼的照片。①而在那时，李鸿章还在为《马关条约》的善后忙碌。

五月初十日（6月2日）深夜，李经方与桦山资纪在基隆口外的运输船"横滨丸"上完成了割台手续。②自此之后，台湾从中国的版图中被抹去，为期长达半个世纪。

（接上页）载不错，李鸿章显然是夸了海口。光绪二十二年（1896）九月，他出使欧美诸国归来后曾游览圆明园，三天后即有上谕："本月十五日李鸿章擅入圆明园禁地游览，殊于体制不合，著交部议处。"吏部议复的意见是革职，加恩改为罚俸一年，不准抵销。见《光绪宣统两朝上谕档》第 22 册，第 209、225 页。圆明园当时几近废弃，已有如此处分，更无法想象让洋人进颐和园。

① John Watson Foster：*Diplomatic Memoirs*，vol.2，p.157. 科士达后来仍为若干清政府官员所倚重。俄国强占旅大时，李鸿章幕僚吴汝纶曾致函李鸿章次子经迈，主张"窃谓师（引者按：即李鸿章）宜劝朝廷延往年所请之福世德（引者按：即科士达）来华，处以总署首席，俾之斟酌邦交，随机应付，或尚可以图全"，见《吴汝纶全集》第 3 册，第 176 页。光绪三十三年，科士达作为清政府代表参加第二次海牙保和会，任全权议员。时年十九岁的杜勒斯跟随外公充参赞之职，为代表团处理礼仪事务并充当法文翻译。见 John Watson Foster：*Diplomatic Memoirs*，vol.2，pp.211—241，林学忠：《从万国公法到公法外交：晚清国际法的传入、诠释与应用》，第 328—330 页；唐启华：《清末民初中国对"海牙保和会"之参与（1899—1907）》，《政治大学历史学报》第 23 期，2005 年，第 59—60 页；（美）约翰·鲁宾逊·比尔等著，上海市"五·七"干校六连翻译组编译：《约翰·福斯特·杜勒斯》，上海：上海人民出版社，1976 年，第 8—10 页。

② 《桦山台湾总督卜清国交接委员李经方卜会合シ台湾及城垒官有物等ノ引渡结了ニ付右受授公文及谈判要领笔记ノ件》，JACAR Ref. A03023062300，公文别录·内阁·明治十九年～大正元年·第一卷·明治十九年～大正元年，日本国立公文书馆藏；《寄译署》（光绪二十一年五月十三日辰刻），《李鸿章全集》第 26 册，第 172—173 页。

一夜之间惊觉已成亡国奴的台湾民众，将满腔怒火倾泻向他们心目中出卖自己的"贼臣"身上。当时有一篇署名"台湾省死不与贼臣俱生之臣民公启"的檄文，以极其激烈的言辞，将矛头直指李鸿章、孙毓汶、徐用仪三人：

> 痛哉！吾台民，从此不得为大清国之民也！吾大清国皇帝何尝弃吾台民哉！有贼臣焉，大学士李鸿章也，刑部尚书（引者按：应为兵部尚书）孙毓汶也，吏部侍郎徐用仪也。台民与汝李鸿章、孙毓汶、徐用仪有何雠乎？大清国列祖列宗与汝有何雠乎？太后、皇上与汝有何雠乎？……我台民非如汝李鸿章、孙毓汶、徐用仪无廉耻、卖国固位、得罪于天地祖宗也。我台民父母、妻子、田庐、坟墓、生理、家产、身家、性命，非丧于倭奴之手，实丧于贼臣李鸿章、孙毓汶、徐用仪之手也。……我台民与李鸿章、孙毓汶、徐用仪，不共戴天，无论其本身、其子孙、其伯叔兄弟侄，遇之船车街道之中、客栈衙署之内，我台民族出一丁，各怀手枪一杆，快刀一柄，登时悉数歼除，以谢天地、祖宗、太后、皇上，以偿台民父母、妻子、田庐、坟墓、生理、家产、身家、性命；无冤无雠，受李鸿章、孙毓汶、徐用仪之毒害，以为天下万世无廉无耻、卖国固位、得罪天地祖宗之炯戒。①

台民因亡国之恨而迁怒"贼臣"，感情上是可以理解的。然而，要

① 《台湾人民抗战檄文》，《中日战争》第 6 册，第 449—450 页。

说李鸿章等人"卖国"是为了"固位",显然与事实不符。恰恰相反,他们的政治生命都由此遭到了沉重一击。

孙毓汶于四月十九日请病假并接连续假,尔后两次称病请求开缺,终获允准,他的宦海生涯就此终结,四年后去世。[①]当《马关条约》签订之时,他肯定已想到了这样的结局。陈衍《石遗室诗话》说:"济宁(引者按:即孙毓汶)刚悍,素以李赞皇、张江陵自命,坐待和议成而即去。"[②]李赞皇,唐代名相李德裕。张江陵,明代名相张居正。两人皆有权臣之目,颇有作为,最终也同样没有保住政治名誉。不过,这已是最好的结局。正如茅海建先生所言:"孙入值军机处十年,太了解政治操作之要诀,求退的路也走得平平稳稳,丝毫未受伤。"[③]

徐用仪的政治智慧远不及孙毓汶。当年六月,他被御史王鹏运弹劾,奉旨退出军机处与总署,走得灰头土脸。[④]戊戌政变后,他重新进入总署。据说当时有人以"时事方艰",劝他"乞身勇退",他答道:"吾通籍将五十年,竟不得一日为尚书,孤负此生矣。终须一陟正卿,始乞退耳。"[⑤]次年,他升任都察院左都御史,又改兵部尚书,总算实现了"一陟正卿"的梦想,其时年已七十有四。下一年,庚子事变爆发,他因反对排外被处死。

李鸿章于当年七月进京复命,旋即奉旨"留京入阁办事",就

---

① 茅海建:《戊戌变法史事考二集》,第 75 页。
② 陈衍著,郑朝宗、石文英校点:《石遗室诗话》,北京:人民文学出版社,2004年,第 110 页。
③ 茅海建:《戊戌变法史事考二集》,第 75 页。
④ 茅海建:《从甲午到戊戌——康有为〈我史〉鉴注》,第 124—126 页。
⑤ 李岳瑞:《春冰室野乘》,第 134 页。

此当起了有职无权的"空头大学士"，后来又外放两广总督，远走岭南。他再度出任直隶总督兼北洋大臣，是在五年后庚子事变的风口浪尖上。随后，他又再度担负"全权大臣"的使命，再度尝到签订屈辱和约的滋味，同时也再度被国人骂作"汉奸"。①《辛丑条约》签订两个月后，他在北京总布胡同宅中病故。②

小　结

《马关条约》的签订并不意味着甲午战争已经尘埃落定。从条约签订到烟台换约的二十一天里，外交的波澜起伏丝毫不亚于马关

---

① 戏曲作家齐如山有这样一段引人深思的回忆："当义和团正盛、西后最得意的时候，合肥（即李鸿章）正在广东，旗人们有的说他能勾结外国人，太监们说得更厉害，所以想着把他调进京来杀了他。……各国军队进京后，……（旗人）从前虽骂他，但现在已知道非他不可，所以大家都盼他来，因他来得慢，大家又怨恨他。……他来的那两天，北京所有的人，可以说是狂欢。尤其旗人，自西后光绪走后，他们每月的钱粮，谁也得不到。可是旗人又专靠钱粮吃饭，所以几个月以来，都跟没有娘的孩子一样。听说李鸿章要来，总以为他是跟外国人勾手的，他来了一定有办法。……东四牌楼一带，旗人（在小饭铺）吃饭的很多，正喝着酒，忽提李鸿章来了，便高兴地说，再来一壶，盼他来的程度，就如是之高。我问他们，你们向来很讨厌李鸿章，为什么现在这样欢迎呢？他们的回答是：说人家是汉奸，没人家又不成，就是里勾外联的这么个人。……彼时许多人对李鸿章都是这样的批评。"转引自姜鸣：《天公不语对枯棋：晚清的政局和人物》，北京：生活·读书·新知三联书店，2006 年，第 37 页。
② 以往论著（包括本书初版）往往以为李鸿章的故世地点为北京贤良寺，姜鸣先生近年根据一手史料纠正了这一错误印象，指出："贤良寺是李鸿章的行辕，既具有办公会客功能，又可以住宿，而为世人熟悉。总布胡同则是私宅，李鸿章生命的最后岁月，按照传统习惯，应当在家中寿终正寝，所以病重之后，他就转回到总布胡同居住了。"参见姜鸣：《却将谈笑洗苍凉：晚清的政局和人物三编》，北京：生活·读书·新知三联书店，2020 年，第 331—334 页。

谈判的二十九天，甚至犹有过之。这是因为，列强中的俄、德、法三国此时终于由幕后走向了台前。它们，尤其是在东亚利害攸关、军力强大的俄国，拥有能够左右局势的力量。

因此，清政府在换约与拒约之间苦苦煎熬之时，虽考虑了多种因素，而决定性的因素终究是列强能否"实力相助"。清政府对此抱有很大希望，但事实很清楚：尽管俄、德、法发动了干涉，而目标仅限于迫使日本放弃辽东，绝不会支持清政府拒约。于是，清政府终究不敢拒约，条约按期交换。

烟台的换约谈判时间虽短，情势却相当微妙。与在马关时不同，此时日方更急于给战争画上句号，为的是避免给三国提供继续插手的理由。不过，这并非意味着谈判破裂、列强介入的结果会对中方有利。假使如此，甲午战争也许会以柏林会议的模式收场——由列强（以俄国为首）联合决定中国的命运。这样做，日本或许会吐出更多胜利果实，但中国也将被迫向列强出让更多权益。甲午战后的"瓜分狂潮"可能会提前上演。

另一方面，三国干涉的成果令清政府期望借列强之力收回另一块割地——台湾。对此，清政府将希望寄托于利害关系较深的英法两国身上。其中，英国一如既往地拒绝干涉，而法国尽管曾经表现出若干兴趣，毕竟还是缺乏干涉的决心。借助外力保台的尝试，最终仍是付诸东流。

第七章　昂贵的和平

《马关条约》签订的当天下午，李鸿章的座船徐徐驶出港口的同时，伊藤博文正在春帆楼答谢当地要人对谈判的协助。他当场发表了这样的感言：

> 回顾此地，距今三十二年前曾与外国缔结和平条约，如今又结成东洋之和平，可谓奇遇。①

话虽说得平淡，他的内心必是波澜起伏的。所谓"距今三十二年前曾与外国缔结和平条约"，就是本书引言提到的那段故事：英美法荷四国联合舰队炮击马关。此前，正在英国游学的伊藤博文和井上馨在《泰晤士报》上看到长州藩炮击外国舰船的消息，决定立即回国劝说藩主停止这样的"攘夷"行为，免得引火烧身。待到他们回到家乡，气势汹汹的四国舰队已然兵临城下。

---

① 《伊藤全権の挨拶》，《東京朝日新聞》1895 年 4 月 19 日；《媾和条約の調印》，《日清戦争実記》第 25 編，第 43 页。

他们说服了藩主，却不能阻止战争。马关的炮台被摧毁之后，他们又受命参与谈判，最后签署了这样的条约：

条约书

一、自今往后外国船只通航马关时应予优待。

一、应卖给外国船所用之煤炭、食物、柴水。

一、马关海湾为风涛强劲之处，故遭风波之难时应允许自由登岸。

一、修筑新炮台自不必言，修缮旧炮台、安放大炮亦在禁止之列。

一、外国军舰本可开炮烧毁马关市街而未烧毁之，故应支付补偿金。此外应支付军费。此两条应在江户由四国钦差决定。①

这无疑是屈辱的条约。尤其是最后一条，简直是强盗逻辑，淋漓尽致地体现了19世纪通行的强权法则。伊藤、井上谈判之时，心中的苦痛可想而知。不惟如此，在"攘夷"情绪高涨的长州藩，他们还被视为国人皆曰可杀的卖国贼。个中况味，三十多年后的李鸿章加倍地尝到了。

无论伊藤当年在马关蒙受了怎样的耻辱，如今同在此地，他的耻辱得到了最彻底的洗雪。比起《马关条约》，之前那个条约不过

---

① 《伊藤博文传》上卷，第119—180页；《世外井上公传》第1卷，第100—166页。

是小打小闹而已。

即使和以严苛著称的《法兰克福和约》相比，《马关条约》亦是不遑多让。当时日方有人撰写长文赞扬日本全权大臣的功绩，宣称："帝国依据日清和平条约所得之利益，除去返还辽东半岛之外，仍较德意志帝国依据千八百七十一年之德法和平条约所得之利益远为巨大。"接下来，该文分几个方面列举数据，按战争成本与和约收益的比率论证了《马关条约》比《法兰克福和约》所获利益为大。换句话说，也就是在证明前者较后者苛刻：

（一）彼我赔款额之比较。确定赔款额之标准，第一为军费，第二为对人员死亡及负伤之赔偿，第三为对其他损害之赔偿。世之政党虽对此并无异议，而欲知军费之多寡，不可不着重调查出师之人员，研究物价之高低。关于对人员死亡及负伤之赔偿，应据其人数而决；关于对其他损害之赔偿，应根据铁道之破坏，制造业之损害，尤以固定资本所受损害、其他实业所受损害为重，并包含罚金之性质。今就以上诸项，将帝国与德国之情形加以比较如左：

（イ）出师之比较。千八百七十年至七十一年间，德军开赴法国境内战场之将校、兵士、医师，合计百十四万六千三百五十五人，尚有留在本国，一声令下即可出师之三十四万八千零五十七人。而我帝国军开入清国之将校兵士十四万人，人夫八万人，合计不过二十二万人而已。故帝国军仅为德军之五分之一强。

（ロ）死亡及负伤之比较。德法战争中死亡、负伤及失踪之数，将校、兵士、医师合计十二万九千六百人。而我军死亡及失踪之数，将校兵士等合计约二千六百九十三人，合负伤之数，不过为德军几分之一而已。

（八）彼我物价之比较。欧洲各国诸物价较之本邦，较意想之外尚为昂贵，此乃洋行熟知之事。英、德、法之间虽多少有所差异，大体言之，较之本邦，英为十倍上下，德为七八倍之间，法为八九倍之间。如衣食住医药等类与其他费用合计，显较本邦之军费为贵。况且彼统率较我五倍强之大军，每一战役，德法以十六万乃至二十三万之兵相战乎！德军以半数驻扎于麦茨前方，以十五万人向巴黎进军，屯驻于五十英里之外。而法国因虑及停战中或未能缔结和平条约，于二月九日及十日之军议上决定，将十万乃至十五万兵力隶属于科伦布将军，令其组织布列塔尼军团，向为数十六万之卢瓦尔军团靠拢。千八百七十一年三月一日（即批准前一日），德军在法国境内者，由五十六万九千四百九十三人、六万一千二百四十三匹马、一千四百七十二门大炮构成。德法各大军之动向如是。

据以上（イ）（ロ）（ハ）三条，德意志帝国军费及损害赔偿金合计额，应为我帝国军费及损害赔偿金之五倍乃至八倍，方为理所当然。德自法处所得五十亿法郎（合二亿镑，一镑现合我之九日元三四十钱），即我之十八亿八千万日元。而依之下关条约第四条所得金额二亿两（一两合我之一日元五十钱），即三亿日元。此金额之五倍乃至八倍，即十五亿日元乃至廿四亿日元。与德自法处所得赔款相比，决不可谓少。况且倘若因返还辽东半岛而增加赔款（以果真增加三千万两而论），我赔款之比率较之德国可见为优。今请再就德从法处所得阿尔萨斯全部及洛林之五分之一与我得之台湾全岛及澎湖列岛比较论之。

（二）割让地之比较。千八百七十一年德自法处所得阿尔萨斯全部及洛林之五分之一，面积五千六百六十八平方英里。而我之台湾全岛面积一万四千九百八十二平方里，此面积之中若加入澎湖列岛五十五岛，则为一万五千平方里以上。显而易见，较之阿尔萨斯、洛特林根①，其面积为三倍弱二倍强。

此处更有欲呼吁世之政党注意者。德自法处所得之阿尔萨斯、洛林，乃据西历千六百九十七年十月三十日之赖斯韦克条约，法国路易十四世乘德意志帝国虚弱之时，将阿尔萨斯划归法国永远占有，又割占斯特拉斯堡。尔来百七十有四年，德意志小联邦因互相猜忌嫉恶之故，未能对德意志之公敌法国报仇。普王威廉一世以绝代英资，得俾斯麦、毛奇辅弼，五十年间夙夜尝胆卧薪，经营规划，一朝时机到来，率德意志联邦试之实地，得以实现统一帝国、雪祖先雠之夙愿，割取阿尔萨斯全部及洛林之五分之一。然则德之阿尔萨斯、洛林与其说自法处所得，毋宁说回复为妥。今割占未曾为我所有之台湾，较之曾为所有之阿尔萨斯、洛林，其难易自不待智者而后知。若夫未来台湾军事上及殖产上之价值，世间既有定论，自不需余喋言。因以观之，虽将辽东返还与清国，我下关条约与法兰克福条约相较，无论以赔款抑或土地视之，只有优于其上，毫无逊

---

① 即洛林（Lorraine）的德语名 Lothringen。

色之处。此非议论，而为数理及事实所证明。况有新得之实权实益，如新开港口、如得以从事制造业、如废除厘金税，较之德法和平条约，可见甚为优越。然而德法和平条约缔结，法国之梯也尔成为总统，而德国之俾斯麦由伯爵晋封侯爵，独我两全权大臣以责任问题横遭刺议。呜呼！此为当国家大任者所应身受乎！①

这篇文章的主旨在于为伊藤与陆奥歌功颂德，以便开脱两人因三国干涉而招致的攻击，但所做的比较还是有说服力的。如第四章所述，《法兰克福和约》是日方制订条约草案的主要参照。就榨取利益之多而言，《马关条约》较之可谓青出于蓝。这是一纸让日本大赚一笔的契约。

反过来说，对中国而言，这个条约带来的是昂贵的和平。和平是中国当时迫切需要的，无论代价如何都不得不接受。而代价居然如此昂贵，令无数时人与后人为之扼腕痛惜。在中国人的心目中，马关、春帆楼这两个异国地名，自此成了国耻的代名词。

清人刘声木记载：

　　日本马关春帆楼旅馆，光绪乙未□月，李文忠公鸿章渡海

---

① 《「責任問題」ニ対シ世ノ政党ノ妄ヲ辯ス》，《伊藤博文文書》第 24 卷，第 155—162 页。该文无署名，使用海军用笺。同书收有该文的另一版本，无标题与引言，用笺无标识，见同书第 143—153 页。又见《日清平和条約ノ価值》，陆奥宗光関係文書，書類の部，80-27，日本国立国会图书馆宪政资料室藏。该件与前件内容相同，使用外务省用笺。

议和，即驻节于此处。事后日本人榜示通衢，大书特书，曰
"清国李鸿章谈判所"，以羞辱之。光绪□□年，吴挚甫京卿汝
纶，往日本考查学务，路经其地，旅馆主人乞题榜字。京卿沉
吟半响，即书"伤心之地"四字与之，最为沉痛。试思除此语
外，更有何言哉！①

这是一段为时人所熟知的掌故。马关偏偏又居于当时的中日交通要
道之间。甲午战后，东游的中国人与日俱增，船过此地，抚古思
今，留下不少诗句，内中总少不了"伤心"二字。

如康有为诗：

碧海沉沉岛屿环，万家灯火夹青山。有人遥指旌旗处，千

---

① 刘声木：《苌楚斋随笔续笔三笔四笔五笔》上册，北京：中华书局，1998 年，
第 327 页。吴汝纶日记光绪二十八年九月十八日（1902 年 10 月 19 日）载：
"船至马关，前来时未及上岸，今船人约往一游。至春帆楼，李文忠与伊藤议和
处也。楼主人乃一寡妇，姓藤野，乙未和定后，日本政府欲买此楼归公，主人
不肯也；闻余至，备素绢求书，为书前过马关诗一绝与之。主人留余等饮，及
去，又以茶馈余。船人以开行尚早，复导至接引寺，门署云：'清国请和大使李
鸿章旅寓'，入室，则皆议和时所留摄影也。"见《吴汝纶全集》第 4 册，第
790 页。"过马关诗"为吴汝纶之前乘船经过马关时所作："愿君在莒幸无忘，
法国摧残画满墙。闻道和亲有深刻，欲移此碣竖辽阳。"见同书第 1 册，第 447
页。在此，吴汝纶未记载自己曾题"伤心之地"四字。但吴汝纶之子闿生为
《过马关》一诗所作笺证云："公过马关，访李文忠议约故址春帆楼，主人请题
榜，公为书'伤心之地'四大字，一时报纸轰传，以为名笔。'愿君无忘在莒
也'，见《管子》。"见同书第 1 册，第 493 页。吴闿生当时在日游学，其记载似
亦可信。录此备考。又，"法国摧残画满墙"一句，应指巴黎有以普法战争法军
败绩为主题的巨幅壁画。薛福成有《观巴黎油画记》一文记此事，是为晚清散
文名篇。文中有云："余闻法人好胜，何以自绘败状，令人丧气若此？译者曰：
'所以昭炯戒，激众愤，图报复也。'则其意深长矣！"可为此句作注。

古伤心过马关。①

又如梁启超诗：

> 明知此是伤心地，亦到维舟首重回。十七年中多少事，春帆楼下晚涛哀。②

这样的伤心经久不去，反而因此后的坎坷国运增添了新的内容。

《马关条约》签订后四分之一世纪，1920 年，巴黎和会后一年。时任民国政府外交总长的陆征祥在恩师许景澄遗集的序言中写道：

> 余独忆夫马关订约时，文肃太息语余曰：国际强弱，自昔恒有，惟人心不可死，今日割台湾，洵可辱也；然法兰西为普鲁士战败，曾割阿、罗两省请盟，当时葡尔铎议员退出议院，大声疾呼，昌言否认，此所谓人心不死，即先例也。是时中国去代议政体甚远，然文肃尚希冀于察院言官者屡屡。悲夫！文肃之苦心，视国家尺寸土地即其自身有之性命也。今日阿罗两省，余在和会中已亲见法国收回复隶其版图矣，而我文肃心目

---

① 《九月二十四夜至马关，泊船二日，即李相国议和立约遇刺地也，有指相国驻节处者，伤怀久之》，姜义华、张荣华编校：《康有为全集》第 12 册，北京：中国人民大学出版社，2007 年，第 199 页。
② 《辛亥二月二十四日，偕荷广及女儿令娴乘笠户丸游台湾，二十八日，抵鸡笼山，舟中杂兴》，汤志钧、汤仁泽编：《梁启超全集》第 17 集，北京：中国人民大学出版社，2018 年，第 662 页。

中之台湾，究何若焉？而我之类似于台湾者，更何若焉？①

马关议和时，陆征祥还是驻俄使馆的一名年轻翻译官。条约签订后，许景澄叮咛他："你总不可忘记马关，你日后要收复失地，洗尽国耻。"日后，他在外交总长办公室内挂着请林纾写的"不忘记"三字，下注马关。②而在巴黎和会上，陆征祥作为中国首席代表饱尝弱国外交的辛酸。法国在此一举涤荡前耻，而中国不要说台湾，连"类似于台湾者"即山东都无法收回。

《马关条约》签订后半个世纪，1945 年，全面抗战的第八年。这年 4 月 17 日，在重庆召开的"马关条约五十周年纪念会"上，台湾革命同盟会领导人之一李万居以回顾五十年前的今日为起首，演讲这一纪念的意义：

> 今天是一个多么沉痛的日子，尤其是站在台湾民众的立场，更加万感交集，悲愤填胸！《马关条约》是五十年前的今天，清廷代表李鸿章与日本代表伊藤博文在马关春帆楼签字的。这一纸条约的签字，一面使中日两国间结下了永远的仇恨，一面则使当时三百余万的台湾民众顿时失去了依据，而变成了日本的奴隶。③

---

① 许同莘编：《许文肃公（景澄）遗集》，台北：文海出版社影印本，1968 年，第 1026 页。文肃，许景澄。阿、罗，即阿尔萨斯与洛林。葡尔铎，可能是文豪维克多·雨果，他是普法战争时期国民议会中的左翼领袖。《凡尔赛预备和约》被提交国民议会时，雨果发表长篇演说抨击和约，随后退场。
② 罗光：《牧庐文集·八十述往（一）》，台北：辅仁大学出版社，1991 年，第 430 页。本书承门陈肖寒提示。
③ 李万居：《马关条约五十周年纪念的意义》，秦孝仪主编：《抗战时期收复台湾之重要言论》，台北：中国国民党中央委员会党史委员会，1990 年，第 238 页。

《马关条约》签订的五十周年，也就是割让台湾的五十周年。李万
居是土生土长的台湾人，出生时家乡已处于日本统治之下。他十八
岁时，母亲因不堪日本税吏催逼而悬梁自尽。①这一纸条约给他带
来的不仅是国恨，还有家仇。

　　几个月后，日本战败投降，台湾回归中国。

　　在举国"大酺三日乐无穷"的狂欢中，历史学家陈寅恪写下一
首七绝《春帆楼》：

　　　　取快恩仇诚太浅，指言果报亦茫然。当年仪叟伤心处，依
　　旧风光海接天。②

相较以往这一主题的咏史诗，此诗有着与众不同的气象。中国如今
是对日的战胜国，谈起马关，已不会再有前人那样的切肤之痛——
即使"伤心"也只是"当年"。而国人算起老账，不免油然而生
"因果报应"之类的感慨。这种感慨是正常的，但也是肤浅的。真
是诗家之笔，史家之思。

　　再将视线拉近，似乎又让人难以轻松。

　　1979年，一位在日本的大学教书的台湾学者踏访了马关的
"日清讲和纪念馆"。他在游记中这样写道：

---

① 杨瑞先：《珠沉沧海——李万居先生传》，台北：文海出版社影印本，1981年，
　第30—32页。
② 陈美延、陈流求编：《陈寅恪诗集》，北京：清华大学出版社，1993年，第46
　页。该诗有序："光绪乙未，李合肥与日本订约于马关之春帆楼，吴桐城题其处
　曰'伤心之地'。仪叟者合肥晚岁自号也。"

南面的墙上挂着毛笔写的马关条约全文，我的学生像是突然发现了奇迹似地对我说：

"您看，这上面写着割让台湾给日本的事，这是真的吗？"

"如果不是真的，台湾会成为日本五十年的殖民地吗？"

"哦！原来如此啊！嘿！这倒是我第一次知道了这件事。"

"你不知道日清战争和马关条约吗？"

"知道是知道，可是不知道这件事和台湾有这么大的关系。"

"你以前没有来过这里？"

"来过呀！我姐姐就是在对面料亭举行结婚式的，我也和父亲来这里吃过河豚料理，王老师知道吗？这里的河豚料理和结婚会场是下关最有名的。"学生可爱兮兮地笑着回答着，我忽然觉得他对中日之间的历史远不如他对宫本武藏和佐佐木小次郎那么熟悉，这也难怪他，因为他本来就是叫做"不知道战争的孩子"的战后青年。

日本学生所说的以河豚料理驰名的料亭（高级日式餐馆），就是战后重新开业的春帆楼。在这里，作者和一位日本老妇人又有一番对话：

"来这里的客人很多吗？"我问。

"好多啊！尤其是河豚的季节，每天都是客满的，简直要把我们累死一样。"

"去那边看日清讲和馆的人也很多吗？"

"去那边的倒不多，虽然不用花钱就可以进去看，但是里面除了一些桌子椅子也没有别的好看的东西，倒是中国人来这里的话，好像都会走过去看看。"

"常常有'中国人'来这里吗？"

"也不怎么多，您知道中国人是不敢吃活的河豚的，所以自然不会闻名而来了，哦！对了，倒是前几天来了一个中国人，好奇怪的中国人噢！"

"怎么奇怪？"

"是一个中国老头子，不大会说日本话，他先来这里说要吃饭，点了好几样菜，后来就到那边的讲和馆去了，他回来的时候，我已经把他'注文'（引者按：日语'点菜'）的菜都摆在桌上了，可是他却对着这些料理流泪，一点也没吃，呆呆地坐了一会，擦了擦眼泪，付了帐走了，大概是这里有点毛病吧！"老妇人用手指了指脑袋说。

"……"

说什么好呢？我不知道。①

逍遥乐天的日本青年与黯然神伤的中国老者，两个对比强烈而意味深长的意象。二战结束三十余年，日本早已从一片废墟中重生，一跃成为世界第二大经济体，即使是经济高速增长中的台湾地区也未能望其项背，而大陆更是刚刚从十年浩劫中解脱出来。

历史造就了现实，现实又令人对历史难以释怀。

---

① 王孝廉：《春帆依旧在》，台北：洪范书店有限公司，1984 年，第 25—28 页。

2012年初春，我写完本书的第一稿之后，也踏上了马关的土地。从停在春帆楼前的车辆看，这里的生意依然不错。而对面依然不用花钱的纪念馆，门庭依然冷清。

如今的国力，让我在寻访议和故地的时候心中不会太过压抑。然而，在日的所见所闻，令我时时感到中日两国现代化的差距。这又是让人无法完全轻松的。

今天，甲午战争已是二甲子之前的旧事。经过如此之长的时间来沉淀，对这段历史理应看得足够清楚，相应也应有足够的反思。

如果说，两次鸦片战争是一把尺子，"量出了'天朝'与'泰西'之间在近代化上的差距"①，那么甲午战争则是量出"天朝"与"东洋"差距的尺子。干戈相交，高下立判，这样的差距在战场上是最为明显的。已有的史料与研究可以证明，甲午战争对中国而言是一场必然失败的战争。

本书所探讨的主要是外交。外交不如军事那样光彩夺目，往往只在不显山不露水的平淡中发挥作用。因此，中日外交实力的差距，看似不如军事实力的差距那样分明。而这种差距同样影响着国运的走向。将双方的外交实力加以全面对比，已超出了本书的范围。不过，在本书的若干章节段落之间，不难真切地发现种种差距：

外交公文的格式，属于基本的国际法常识。中方居然在打开国门半个多世纪后仍未分清"全权证书"与"国书"的区别，日方则将国际法用作武器，利用这个机会轻易破坏了广岛谈判。

---

① 茅海建：《近代的尺度：两次鸦片战争军事与外交（增订本）》，第365页。

保密与破译的暗地较量，令外交如同充满诡道的赌局。中日双方的表现，犹如新牌手对老赌客。春帆楼上的李鸿章，浑不知自己手里的牌已被做上了记号。

小山丰太郎的一枪，是马关议和中最为戏剧化的一幕。日方对此如临大敌，采取了无微不至的"危机公关"，中方却对其外交意义懵然无知，平白错过一次良机。

这些差距决定，甲午战争中的清朝外交也是必然失败的。所谓失败，即在开战前不能以外交手段尽力避免战争，在开战后不能以外交手段迅速结束战争，甚至在谈判桌上也不能"少输当赢"地多挽回一些损失。

当李鸿章走进春帆楼之时，结局已注定是昂贵的和平。

这样昂贵的和平，本有抑制战后的中国再起复仇之意。可以说，日本的这个目的达到了。此后数十年间，中国对日本完全没有还手之力。

而另一种"复仇"是不可阻挡的。甲午战后，有位"蛰叟"对这段史事写下了若干问答体的感言，其中一则言及"复仇"：

> 或问复仇。先生曰："圣者仇己，愚者仇人。"①

这是儒家"反求诸己"的智慧。正如《论语》所言："君子求诸己，小人求诸人。"

---

① 《蛰叟七篇（选录三篇）》，《中日战争》续编第 12 册，第 373 页。"蛰叟"即时为陕甘总督陶模幕僚的王树枏，其自订年谱光绪二十四年载："撰《蛰叟七篇》。"见王树枏：《陶庐老人随年录》，北京：中华书局，2007 年，第 41 页。

民族间的仇恨不应助长。

"仇己"则理应深化。

历史上的仇恨可以消解。

"仇己"则难以止息。

对自己的失败，国人常以一句"就当是交了学费"自我解嘲。那么，在前人支付了昂贵的"学费"之后，今天的我们又能由此学到什么？

2012 年 3 月一稿于新潟

2013 年 5 月二稿于北京

2014 年 5 月三稿于北京

2024 年 11 月修订于珠海

附录一：大事记

光绪二十年（明治二十七年，1894 年）

五月十九日（6 月 22 日）：陆奥宗光向汪凤藻递交照会，即"第一次绝交书"。

六月十二日（7 月 14 日）：小村寿太郎向清政府递交照会，即"第二次绝交书"。

六月二十一日（7 月 23 日）：荒川巳次致电陆奥宗光，通知李鸿章拟派罗丰禄赴日。

日军攻占朝鲜王宫。

六月二十三日（7 月 25 日）：丰岛海战。日本制造"高升"号事件。

七月初一日（8 月 1 日）：光绪皇帝与明治天皇分别下诏宣战。

八月十六日（9 月 15 日）：日军攻占平壤。

八月十八日（9 月 17 日）：黄海海战。

九月初一日（9 月 29 日）：上谕派恭亲王管理总理各国事务衙门事务，并添派总理海军事务，会同办理军务。

九月初二日（9月30日）：翁同龢在天津与李鸿章会谈。

九月初八日（10月6日）：英国向俄、德、法、美提议联合调停。

九月初十日（10月8日）：英国以朝鲜独立与赔偿军费为条件向日本提出调停。

　　陆奥宗光致函伊藤博文，提出三个议和方案。

九月二十五日（10月23日）：日本拒绝英国调停。

九月二十六日（10月24日）：日军第一军渡过鸭绿江，第二军在辽东半岛登陆。

十月初四日（11月1日）：沙皇亚历山大三世驾崩，尼古拉二世即位。

十月初六日（11月3日）：总署请求美、俄、英、德、法调停。

十月初七日（11月4日）：毕德格在东京与外务省官员就中日议和谈话。

十月初九日（11月6日）：美国向日本提出调停。

十月十五日（11月12日）：张荫桓在天津与李鸿章会谈。

十月二十日（11月17日）：日本拒绝美国调停。

十月二十五日（11月22日）：日军攻占旅顺口。

　　清政府委托美国向日本传达承认朝鲜独立与赔偿军费的议和条件。

十月二十九日（11月26日）：日本拒绝清政府的议和条件，表示议和应任命全权大臣。

　　德璀琳抵达日本。

　　陆奥宗光致函伊藤博文，建议以保护朝鲜独立为由占领辽东。

十一月初三日（11月29日）：日本拒绝德璀琳会见伊藤博文。

十一月初十日（12月6日）：张荫桓再次在天津与李鸿章会谈。

十一月二十四日（12月20日）：清政府任命张荫桓、邵友濂为全
　　权大臣。

十二月二十五日（1月20日）：日军第二军在荣成湾登陆。

光绪二十一年（明治二十八年，1895年）

正月初二日（1月27日）：日本御前会议讨论条约草案。

正月初五日（1月30日）：张、邵使团抵达日本。

正月初六日（1月31日）：英、俄公使向日本提交照会，建议向清
　　政府公布议和条件。

正月初七日（2月1日）：第一次广岛谈判。
　　法国公使向日本提交照会，建议向清政府公布议和条件。

正月初八日（2月2日）：第二次广岛谈判。日方拒绝继续谈判。

正月十八日（2月12日）：张、邵使团离开日本。
　　威海卫刘公岛守军投降。

正月十九日（2月13日）：清政府任命李鸿章为全权大臣。

正月二十二日（2月16日）：日本向美国公使表示，清政府应以赔
　　偿军费、朝鲜独立、割让土地与签订新约为前提派遣议和
　　使节。

正月二十八日（2月22日）：李鸿章进京。

二月初五日（3月1日）：光绪通过恭亲王等人向李鸿章传达面谕，
　　授予"商让土地之权"。

二月初六日（3月2日）：清政府令龚照瑗、许景澄向英、俄、法、

德传达"国电"（初九日追加致意大利电），请求"设法力劝"。

二月十三日（3月9日）：田庄台会战，清军大败。

二月十八日（3月14日）：李鸿章使团出发。

二月二十三日（3月19日）：李鸿章使团抵达马关。

二月二十四日（3月20日）：第一次马关谈判。

二月二十五日（3月21日）：第二次马关谈判。日方提出停战条件。

二月二十七日（3月23日）：日军开始进攻澎湖。

二月二十八日（3月24日）：第三次马关谈判。李鸿章拒绝日方的停战条件。

李鸿章遇刺。

二月二十九日（3月25日）：日军完全占领澎湖。

三月初二日（3月27日）：日本御前会议通过新的停战条件。

三月初三日（3月28日）：陆奥宗光拜访李鸿章，之后提出停战协定草案。

三月初四日（3月29日）：陆奥宗光拜访李鸿章，完成停战协定的修改。

三月初五日（3月30日）：陆奥宗光拜访李鸿章，签署停战协定。

三月初六日（3月31日）：伊藤博文、西乡从道拜访李鸿章。

三月初七日（4月1日）：第四次马关谈判。双方确定谈判程序。

日方向中方递交条约草案。

三月初九日（4月3日）：总署王、大臣拜访诸国公使，透露除通商条款外的条约草案主要内容。

陆奥宗光致电驻俄、美、英、法公使，指示将条约草案主要内

容告知驻在国政府，同时由林董向各国公使通报（翌日追
加德国）。

德国驻英大使哈慈菲尔德拜访金伯利，表示德国愿就中日会谈
与英俄两国磋商，并与列强一致行动。

三月十一日（4月5日）：山县有朋致函陆奥宗光，担心英俄两国
干涉，建议对俄妥协。

中方递交关于议和条件的复文。

三月十二日（4月6日）：日方递交复文，要求李鸿章对议和条件
全面表态。

清政府添派李经方为全权大臣。

三月十三日（4月7日）：伊藤博文向李经方催促对议和条件表态。

清政府向李鸿章下达电旨，指示"让地应以一处为断，赔费应
以万万为断"。

三月十四日（4月8日）：俄国向英、德、法建议劝告日本放弃吞
并旅顺。

英国向德、俄、法表示拒绝参与干涉。

德国加入干涉。

三月十五日（4月9日）：中方递交条约修正案

三月十六日（4月10日）：第五次马关谈判。日方提出条约再修正
案，以二十日下午四时为回答期限。

三月十八日（4月12日）：法国加入干涉。

清政府向李鸿章下达电旨，将谈判底线改为"或允其割台之
半，以近澎台南之地与之，台北与厦门相对，仍归中国。
奉天以辽河为三省贸易出海之路，牛庄、营口在所必争"。

三月二十日（4 月 14 日）：李经方与伊藤博文商议，决定中方延迟
　　一天作出回复。

三月二十一日（4 月 15 日）：第六次马关谈判。李鸿章接受日方的
　　大多数条件。

三月二十二日（4 月 16 日）：总署致电李鸿章，表示是否签约由其
　　"酌办"。

三月二十三日（4 月 17 日）：第七次马关谈判。《马关条约》签订。
　　李鸿章使团离开马关。

三月二十四日（4 月 18 日）："征清大总督"彰仁亲王率近卫师团、
　　第四师团等部在大连湾登陆。

三月二十六日（4 月 20 日）：李鸿章使团回到天津。

三月二十九日（4 月 23 日）：三国干涉发动。

四月初一日（4 月 25 日）：清政府向刘坤一、王文韶下达电旨，询
　　问军事是否可恃。
　　日本御前会议讨论三国干涉的对策。

四月初二日（4 月 26 日）：伊藤博文、陆奥宗光、松方正义、野村
　　靖在舞子讨论三国干涉的对策。
　　清政府令龚照瑗、许景澄向俄、德、法转达"国电"，询问能
　　　　否展期换约。

四月初四日（4 月 28 日）：刘坤一、王文韶回奏。
　　津沽海啸。

四月初六日（4 月 30 日）：科士达拜会军机、总署王、大臣。
　　日本对三国干涉作出回应，同意放弃除金州厅外的辽东半岛，
　　　　但要求索取赎金，并在清政府践行条约之前占领辽东半岛

　　作为担保。

四月初八日（5 月 2 日）：光绪决定批准《马关条约》。

　　清政府任命伍廷芳为换约大臣。

四月初九日（5 月 3 日）：《马关条约》用宝。

　　清政府添派联芳为换约大臣。

四月初十日（5 月 4 日）：日本决定完全接受三国干涉。

四月十二日（5 月 6 日）：伍廷芳、联芳抵达烟台。

四月十三日（5 月 7 日）：日本换约大臣伊东巳代治抵达烟台。

四月十四日（5 月 8 日）：三国驻华公使向总署宣布干涉结果。

　　《马关条约》交换。

四月二十四日（5 月 18 日）：清政府派李经方交割台湾。

五月初六日（5 月 29 日）：日军在台湾登陆。

五月初十日（6 月 2 日）：李经方与桦山资纪完成割台手续。

附录二:《日清媾和条约案并其理由》

吉 辰 译

本件为清缮本,全一册,现藏于日本福岛县立图书馆佐藤文库(索书号 S221.2-N)。其扉页钤有"中山氏藏书之记"印,可知系日本东洋史学者中山久四郎(1874—1961)旧藏。文中加粗字原文为红字,着重号为原文所有。

这是马关议和前某日本人(可能是外务省官员)拟出的一份中日和约草案,其最大特点是对所拟条款皆一一说明参照的外交案例,并详细解释用意所在,对于理解《马关条约》草案的形成颇具参考价值(参见本书第四章第二节)。由此可以看出,作者如何"借鉴"以往的列强争霸与侵略史,为日本政府规划对中国的全面掠夺以及日后的扩张路线,又尽量以文辞掩饰其企图。

鉴于此文件独特的文献价值,特全文译出供学界参考。

日清媾和条约案并其理由

条约书中之文字虽片言只语,颇要慎重,谨为选择。故此案文

中文字必有出处，然不一一详记，仅就其中之重点朱批于字旁，并于字下插注其出处。

日本国皇帝陛下及清国皇帝陛下现为平息两国政府间存在之纷争（千八百六十年英清条约第一条），保固亚细亚之和平之故（千八百七十九年奥德同盟条约主意书），更欲敦两国之交谊（同上），为之各命全权大臣如左：

日本国皇帝陛下　　　某某

清国皇帝陛下　　　某某

右之全权大臣互相示以委任状，认为良好正当（千八百六十年法清条约中），协议决定（千八百八十四年英韩条约）如左之条约十二条。

理由

日清开战之大诏焕发以来，义旗所向，草木皆靡，胜败之数如今已定。彼清国者无所施策，唯有前来乞和一事。而局外列国皆惊于我兵之强勇，生畏敬之念，同时又有欲抑制我势力之增进者，其势在所难免。是以缔结媾和之条约，当预先确定我之方针，以决意断乎从事。

熟察本邦之现况，如以今回之战争决定亚细亚问题之最终处分，其准备未完，情势未可。其第一步，暂以达到如左之三大目的为期，为他日收效全功之地步。

第一，立下针对欧洲之亚细亚同盟之基础。

察今日世界之大势，其争端虽有种种，终归于人种之竞争。

而白皙人种日逞其势力，终欲完全压倒黄色人种。此时如欲固我国基，不若先以针对白皙人种之黄色人种同盟为计。

第二，推进亚细亚文化，以保东洋和平。

膺惩清国并诱导之，脱其冥顽。厘革朝鲜之秕政，促其国力之发达。推进亚细亚文化，以保东亚和平。

第三，确立我日本为亚细亚盟主之基础。

巩固亚细亚之同盟，推进其文化，以盟主活动其同盟者，实日本之任也。是以确立我政治、商业、工业之三大对策之基础不可不定。

若缔结与清国之媾和条约，必以此三大目的为标准。但仅论此三大目的，或驰于空理，有空漠望洋之感。其实际之运用，若据下条连载之要目步武而进，则实行决不为难，更勿论可得确立维持东亚和平之大基础矣。

第一条

日本国皇帝陛下及其后嗣与清国皇帝陛下及其后嗣之间，并两国皇帝陛下之邦土臣民之间（**日英旧条约第一条**），应永远和平亲睦，由缔约两国巩固协同（**千八百七十九年奥德同盟条约**），以保持与增进东洋之和平（**同上**）与利益（**同上**）为其义务（**日清条约第二条**）。

理由

人或以本条公然表白日清两国间同盟之意志而非议之，然今之日清两国和亲条约第二条已有此明文，且美韩条约第一条与英韩条约第一条亦皆有明文，应为韩国对第三者斡旋辅翼。论者之非议，盖为一片杞忧而已。

往年英国对清国开战之时，有名曰科布登、布莱特①等在野之名士颇唱反对之议，攻击宰相巴麦尊氏。与之相对，巴氏之辩论实有远大之政略。其要为重修英清间之外交，以益敦亲密云云，其意为示清国以十分之武威，挫折彼之自尊，然后谋以同盟。目下英国于清国保有伟大之势力者，主要由战胜之结果。又，闻西乡南洲翁②主张讨清之议，亦为惩清国之自尊，然后怂恿固两国之同盟。东西英杰之见所在，往往若合符节，实可谓奇也。去明治十八年清法构战之结果，终以法国之失败告终，招致清国忽复从来之自尊主义，外交上往往有骄傲之迹象。故精通东洋事情之欧洲外交官，皆以今次之战争于清国为必要。然我今与彼相战，即是与彼相知之道。膺惩其傲慢自不必论，亦令其对我之感触一变，自觉为一般之劣等国。且令彼觉悟，若谋将来东洋之和平并永久维持之，必得依赖我帝国，始终巩固同盟之念。

第二条

两国致失和好（**千八百六十年清英条约第一条**），起因乃是清国皇帝陛下之政府以属邦待自主国（**日韩条约第一条**）之朝鲜，直接破坏天津条约（**"直接破坏"**，见于千八百七十七年土国政府对于

---

① 理查德·科布登（Richard Cobden，1804—1865），英国政治家。约翰·布莱特（John Bright，1811—1889），英国政治家。两人皆为主张自由贸易的"曼彻斯特派"的领袖人物。
② 即西乡隆盛。

俄国宣战布告诉诸欧洲强国之语）。清国皇帝陛下深以招致如此纷争为遗憾（千八百六十年英清条约第一条）。

理由

今次之战争，起因乃是清国之暴慢，今更无须赘辩。当初出兵之通知列有"遵据属邦有事时之例"云云之文字，不唯毁损认定朝鲜自主（日韩条约第一条）并向万国绍介之我帝国之面目，因欧美诸强国与朝鲜国之盟约皆认彼为自主国，故亦损伤其面目。悖戾国际上之义务，实可谓甚也。故此第二条有必要先令清国不特对我帝国，而向订盟诸国表白谢罪之意。本条全体对于文明诸强国间之条约并无必要，然对于如彼清国之徒好名分、夸大自尊之国，实为必要之条项。以往欧洲强国对清国，用本条之意之实例甚少，明文记载者有千八百六十年英清和平条约第一条、同年清法和平条约第一条，英清萱茉［芝罘］条约第一章第六条亦明文记载，对云南事件①应向英国送交谢罪国书。

第三条

清国皇帝陛下约诺，已认识朝鲜国王之主权及政治上之完全独立（千八百六十二年法安南条约第二条），应与朝鲜国王缔结证明其认识之通商条约（霍尔氏《万国公法》），派公使或其他外交官驻扎朝鲜国都（同上），迎接朝鲜国王差遣之外交官，予以国际法上应属之权利、特权（普清条约），订明此意且宣言（千八百六十

---

① 即马嘉理事件。

年英清条约)。而清国皇帝陛下订明宣言,不问有何事情之情况(日美引渡罪人条约第一条),皆无向朝鲜派遣军队之权利(千八百八十五年英土条约第六条)。

理由

令清国悟视朝鲜为属邦之非并谢其罪,既如第二条所示。如此,将来随之不可不公认朝鲜之独立。以往清韩两国间之清韩贸易规则,为明治十五年李鸿章所制定,清国以之看做赐予藩属国之特权之一,全然认朝鲜同于藩属国。朝鲜又以之自认为清国之藩属,终成堪称两国秘密条约之景况。今回事变以来,我政府劝告韩廷,既已废弃之。自今不可不缔结证明公认朝鲜独立之新条约。俄土战争之终局,以《圣·斯特凡诺条约》,俄国令土国承认将来门的内哥罗、塞尔维亚、罗马尼亚之独立与保加利亚自治,有此之实例。又,其驻在朝鲜之使臣,不可如彼之袁世凯之资格,即总理交涉通商事宜云云之暧昧,应派遣有国际上正当资格之外交使臣。朝鲜向清国派遣之使臣,亦应受与各国使臣同一之待遇。本条之实例,普清条约第三条中有"迎接授予国际法上之权利、特权之外交官"云云之文意。此外,英清条约第三条及法清条约第二条皆为同一条项。为对欧洲诸强国之自尊主义之故,或为藩属使臣之待遇之故,皆有必要插入本条。况且对朝鲜之使臣,此条最为必要。又,今回战争之起源为牙山出兵之一事,故禁止清国遣兵,非独为日韩两国谋和平,亦在为东洋全局保持和平之大目的。全体禁止派兵之实例,千八百八十五年英土条约第六条中,有"除英国之外任何一国皆不许向埃及国内出兵"之明文。如此,有实例禁止数国出兵。综上所述，条约禁止清国出兵，决非无理由之事。且朝鲜之将来，终究期为我之保护国，今日便应下此决意。

第四条

因日本国皇帝陛下之政府为保持朝鲜王国政治上之独立与境土之无缺（**克里米亚战争之时，巴麦尊氏向内阁提出之宣战意见书中之语**），且为要求匡正清国皇帝陛下之政府之暴举不义及不敬（**英清南京条约第六条**）而不得不动用兵马（**千八百五十四年英国对俄国宣战布告**），清国皇帝陛下为赔偿日本国之军费（**英清南京条约第六条**）及因破坏和平而令日本国民蒙受之诸般损害，约诺支付一亿镑（**同上**）。

支付一亿镑全额之方法如左（**同上第七条**）。

全额中五千万镑应立即支付（**普法和平条约**）。

残额五千万镑应分十五年征收，其年征收金应分每年二回支付，即第一回为六月三十日，第二回为十二月三十一日。

又，盛京省中北纬三十九度半以南之地，以及海洋岛与其他散在该岛与大连湾之间诸岛，应立即让与日本国。若在之前约定之期限内，于支付上记金额之期有些许之误时（**英清南京条约第七条**），盛京省中北纬三十九度半之线与九连城经凤凰城、栎［析］木城、海城至牛庄城，沿辽河下至营口之线之间土地，应立即无条件让与日本国。赔款金额之支付告终之前（**法安南条约第二条**），日本海陆军队应占领前记之土地，占领费用由清国皇帝陛下之政府支付。

理由

　　发数万之大军以保护朝鲜之独立，其意岂止在朝鲜一国之利益？毕竟，目下万一朝鲜国成为清国或其他强国之藩属，或其境土有几分受其侵略，与我帝国之利害即有莫大关系，此实为明白之结果。故我保护朝鲜，即出于我之自防自卫之必要，公法上有阻碍为自己利害所系而向他国开战之条（霍尔氏《万国公法》中自防自卫篇）。往年有名为克里米亚之战争，其起之先，俄国之南下于英国利害关系重大，故唱保持土国政治独立与其境土无缺之必要，断然公布宣战，有此实例。我对清国公布宣战，殆为同一事例。且今回清国对朝鲜事件，非但以彼之天津条约中保护藩属之名派遣大兵于牙山，更于开战之后，公告人民悬赏以求日本人之首级。又，如广东地方之厘金局号令禁止输入我之物产，乃拿破仑一世以来所无之不义举动。加之如天津河口重庆号中兵士暴行，决不可熟视无睹，非加以匡正不可。因此不得已而动兵马兴义举，清国政府亦承认之，欧美诸国皆认我为义举而称赞之。如左所示，如今两国媾和之际，我要求支付相当之赔款，固为当然之事宜。

　　赔款之额定为一亿镑，其项目为军费之支出及因和平破坏而令我国民蒙受之诸般损害所混合。所谓此诸般之损害，乃与商工业及运输事业所关。昔年俄土战争告终之际，俄国要求土国之赔偿金项目中，亦有对此诸般损害即商工业及铁道事业要求四亿卢布（《圣·斯特凡诺条约》）之条。

　　又，币种取镑，乃因如下原因。清国现在并无本位货币制度，单以"两"之名称之，而无其实货。若称以镑，则仅为一亿之数；

若称以"两"，则成十亿之大数目。以称呼数目之大小相较，若闻以大数，其感触则为非常。为将来我之国政计，第一应购入军舰与其他兵器等，故不得不向欧洲大量付款。然目下金银价之差异日益悬殊，不知伊于胡底。赔款之标准当定若干为可，颇为困难。兹以英国货币之镑算定。

一亿镑之额似为过当，其实决不为过当。今若将此额以白银换算，总计当为十亿圆。然若试换算以金币，则仅不过五亿圆而已。又，若与俄土战争结局之赔款金额十四亿一千万卢布相比，并无多大差别。且普法战争之赔偿金为五十亿法郎，世上皆为其异数之巨额所惊。既而至今，德人犹悔其金额之寡少。如左所示，今日对清国之一亿镑之金额，他日或与德人同作一悔，亦未可知。此额不为过当之事实，已如左证。今回之战争，为募集我之军费，公债达一亿五千万圆。若以之按比例分摊于我之人口，则一人当四圆弱。今若以十亿圆按比例分摊于清国之人口，一人仅不过二圆五十钱而已，故可知决不为不堪支出也。假令实际无法支出，尚有募集外债之手段。是以清国得一亿镑之金额，决不为难。现在英国首相罗兹伯理伯爵之东洋政策，自日清事件之破裂以来专以掌握东洋实利上之主权为主眼，此乃明白之事实。此际若以准许英国政府或其臣民自由经营清国内地之铁道矿山相关事业为条件，并以舟山岛或他处作为抵押，要求必需之金额，如先年购买苏伊士运河股票（四百万镑，相当我之四千万圆），英政府自不必论，如谢菲尔德、伯明翰、曼彻斯特之工业区之富豪皆将投入资金，毋庸置疑。

又，交付赔偿金，其例往往按年交割，大抵以三年为限。法之于普，清之于英，皆分三年交割（英清南京条约第七条）。今对清国定为分十五年交割者，于政略上应尽量延长其交割年限故也。为保持将来东洋之和平，我整顿诸般之准备，势必需数年（少则十年）之长，其间以不断继续与清国之交涉为便。此与俄国对土国强行督促缴纳赔偿金之政略，为同一事例也。

前记赔偿金内之五千万镑即其半额必令立即支付，此乃以我之将来计划十分之目的而算定。然根据实际谈判之情形，亦不免有所增减，然决不可低于二千万镑。若立即收领此二千万镑，下条记载之计划依然有变更之必要。此立即支付之款，为战争之终结与同时诸般整理所必要之额。普之于法，令将五十亿法郎内之十亿法郎立即支付，英之对清，令将二千一百万元内之六百万元立即支付（南京条约第七条），即其例也。

所谓战争者，其损害所及既大且广，故当其终局，不得不细心注意计划善后之方策。故胜者对败者要求赔偿金，可谓自然之举。然定其赔偿之额，若单以军费与官民之损害为标准，其结果所谓止于一时之弥缝，决不足以保持永久之和平。今后我帝国负担之义务，即将来永远保持与增进东洋之和平与利益之义务，并收确立履行此义务之大基础之资本，实为必要。欲永远保持东洋之和平，势不能不为东洋之盟主。为东洋之盟主，非实际得其势力不能为也。比斯马公①有言曰：一回之战争，必为萌生其他战争之种子。今回日清之战争，为他日东洋战争之种子可知也。其对手当非独清国，而远及欧洲诸强国。为将来之对手，不可不做十分之准备。如左所示，近则控制清国复仇之心，以备东洋盟主之实力；远则防遏欧洲

———————

① 即俾斯麦。

强国干涉之非望，欲履行我帝国永远之义务，不可不有所准备，令兵备外交等皆足以防遏欧洲强国。今举其概要如左。

扩张海陆军

海军为五舰队。

陆军为十二师团六军团。

海军五舰队之内，三舰队为立即新设，其他二舰队定设置时日为十年乃至十五年。一舰队应以如左舰数组织：

战斗舰 二只 巡洋舰 六只 炮舰 二只 报知舰 二只

计十二只。

此外

鱼雷艇 若干。

新设如右三舰队之费用为一亿五千万圆。

陆军十二师团之内，若于北海道置一师团，于清国新占领地设二师团乃至三师团，势必较现在之数有所增加。又，兵器之改良，炮台之建筑等，亦不可不与师团之增设相副。而其所需一切之费用，大略为八千万圆乃至一亿圆。

与前述海陆军之扩张同时，有必要准备军资金一亿圆。其意非他，当十九世纪之今日，军备上海陆军之势力无论如何强大，万一军资欠乏，有朝一日若有战争，则无能为也。当日清事件之初，微国库中剩余金之存在，即不能派遣大军，遭遇非常之困难。以今日推想当日，二千六百余万圆之剩余金，可谓殆与几万之兵力等同矣。今以德国为例，该国国库中另备有六亿二千万马克之军资金，以供不时开战之用。右之六亿二千万马克之内，一亿二千万马克为金币，藏于尤里乌斯塔之内，五亿马克称为帝国伤病兵资金，可代替货币作为军费支出。

以前记之海军五舰队、陆军六军团立于东洋,海上足以当英国东洋舰队及列国联合之舰队,陆军足以敌俄国及数邦之同盟。

近时欧洲各国渐次采用金本位。抱持英国终将采用金银双本位之妄念,踌躇不采金本位者虽多,然英国决不致采用双本位。印度既已采用金本位,岂非实证耶?

经济上欲与诸强国比肩,实施金本位之制为一大要件。于银价低落殆不可知其底之今日,若荏苒放任现时之景况,恐欲与各国相并驰而不可得矣。非独并驰而不可得,若不能确立货币基础,百事皆将招致土崩瓦解之危殆,其最终则至于不幸亡灭。故宜定采用金本位之方针,以一亿圆充其资金,立实施之计划。曩者德国战胜之后,径采用金本位,经济上至于今日之整饬;意大利于国内统一之后,徒专务兵备之扩张,疏于经济上之注意,以致如今财政紊乱,此等实例不可不深鉴也。假若我国将来之地位仅局束于东洋之范围内,必为和平之战争即贸易事业所致也。印度既已以黄金为本位,故我亦不可不随之觉悟。况且,既与欧美诸国相对峙从事和平之战争,除强大之铁甲舰、精锐之连发枪外,非倚赖金币之势力,颇难期其战胜也。

要之,货币之基础乃金本位,为贸易上之必要,已如前述,为举行建设一国之诸般政务所最不可欠者。换言之,货币为国家之基础,基础若不巩固,则独求国家之安全而不可得。金本位之制,岂容或忽耶?

作为保外交上强国地位之手段,先升驻扎欧洲强国之我国公使为大使,而速与东方问题中之诸国即暹罗、波斯、土耳其、希腊等缔结通商条约，进而执其牛耳，相提挈以期制止诸强国之欲望。

其他商业工业上应予施行之处亦复不少。航路之扩张，制铁所之设立，船坞之筑造等，皆急务中之急务也。况且倘若占有台湾岛，炮台之建筑，政厅兵营之新设，海底电线之架设等，皆需巨额之经费。

通计以上诸准备所需费用，非立即收领共五千万镑（乃至二千万镑）之赔款不能办。而此皆一时使用之物。若论所谓资本金者，为永远保持之计，作为国民全体之负担，自今每年之岁入，至少亦不可不高至一亿一千万圆。万一不能得此岁入，将来实行东洋盟主之大目标不能实行，固不俟言；所招致不堪言之危害，亦不可测。故当局者自不待言，一般国民自今亦不可无寻求相当财源之觉悟。

占领地之处分尤需注意，故应先将割让限于旅顺角①及其附近群岛一节深存政略之中。今若径直将占领地之全部作为我有，必需二师团之兵与要塞炮兵若干队。随之，其费用当在四五百万圆内外。故暂且返还于彼，令彼支付我军队屯驻之费用。他日若误赔款交纳之期，则使之割让。盛京省究为清朝坟墓之地，若以之为我有，为清人所不欲也，故支付赔款必当不遗余力。假令全部支付完毕，亦为我诸般之准备完成之日，何忧无将其占有之机会口实耶？

论及将来我帝国之政略，一面在保护朝鲜，一面在控制清国，故于二国之中间占领若干土地是所必要。其土地即旅顺角及其附近诸岛，此际断不可不使之割让。其割让与否，于将来亚细亚之兴废

---

① 原文如此，即辽东半岛。

存亡有莫大关系。何也？他日西比利亚①铁路完成，俄国南下之策恐不可测。故在今应尽早占有旅顺角，预为遏绝俄之欲望，令其南下之锋西转，朝向印度及东欧，不得不出与英国冲突之策。俄之为国也，跨欧亚二洲，为封豕长蛇，渐次蚕食四邻。防其南下，非独为保东洋之和平，实可谓为谋宇内之安宁，促进其文化之长计也。

第五条

清国皇帝陛下为巩固东洋和平之维持（**千八百五十八年英清条约第二条**）且保亚细亚之国势平均（**千八百八十七年法国政府关于苏伊士之局外中立外交书中之语**），将澎湖岛并台湾岛让与日本皇帝陛下，日本皇帝陛下及其后嗣应永远占有统治之（**英清南京条约第三条香港让与之件。"占有统治"字样，见于柏林条约第二十五条与关于塞浦路斯岛之英土条约中**）。

理由

现在清之为国也，政府与国民常有如同毫不相关之状。政府偏在北方为政，国民在南方，其实况如成别国。故今我帝国之政策如欲控制清国，自不得不与其方向相异。换言之，为控制政府，应占领旅顺角及山东角②；为控制国民，则应占有台湾岛。此岛之地形殆突出于亚细亚洲之中央海面，其地位实堪称为亚、澳、欧交通来往一关口也。我当占领之并以精锐之海军舰队守之，以制清国南部

---

① 即西伯利亚。
② 即山东半岛。

之死命。又，英国据香港而在太平洋拥有之势力，与比斯马公之东洋政略中占领新几内亚之计划（占领新几内亚，以切断英国南北太平洋航路之计划）皆不免归于乌有。俄国及其他全欧诸国之东洋政略，悉不能不为之一变。且乘清国内地有变乱之际立即突入台湾，戡定讨灭之，以拥有贯彻亚细亚最终处分之便利与势力，可谓将来达我南进之目的之一阶梯也。

又，此岛之地质极为丰沃。其产出物之大者，为砂糖、茶、石炭，金矿亦散在各地。一年之收入，据云通计在四五百万圆内外。其附近之澎湖岛固应并有，据云颇富良港（因台湾无良港故也）。如昔年法将孤拔之占领，亦因知其有要港也。若以其一港许以自由贸易，必为航海通商上之东洋一大市场无疑。

无论英德，皆垂涎台湾日久。万一此岛为他国占领，东洋国势忽失平均，难望维持，东洋和平之道随之终不能得。故此际向清国要求割让澎湖岛并台湾岛，乃于国势之平均与维持和平最关紧要之条项。若论为保持国势之平均而割让土地，其例自来频有。如彼英国于地中海占领马耳他，又为防俄国之南下领有塞浦路斯岛（柏林会议时），又近时英国一时占领巨文岛等。为此国势平均，据称英国自千六百八十八年以来前后历经八回之战争，所费达二十亿九千三百万镑之巨额。今台湾若为他国占领，他日若任意侵略琉球诸岛，又何以防御耶？是所谓无自防自卫之道也。以此点论之，占领该岛于公法上决非不当之事。

大凡为尽海军之用，保持其势力，不可徒求军舰之多数，应先以占领堪为军港之要冲之地，以坚海军之根据为主。英国所以威震地中海者，以占领马耳他及直布罗陀也；防备黑海，以塞浦路斯；

于红海，有丕林岛、亚典①；于印度洋，有锡兰、新加坡之诸港；于支那海，占领香港及纳闽岛，使其国威大为赫耀。今我帝国已领有对马大岛及津轻海峡之要冲，加之此际占领台湾（并澎湖岛）及旅顺角、山东角，若又自朝鲜永远借领巨济岛以资防备，制东洋之大势，亦何忧其难耶！

第六条

日本国不得不有使将来足以轻易且充分制止清国非礼不信之行为（**千八百五十六年巴黎条约第二十条**）之地位，于现时之情势（**英国占领巨文岛时之理由**）明显必要，且为所希望者（**南京条约第三条**）。清国皇帝陛下允诺于嗣后十五年间，无论如何皆不在山东半岛中东经百二十度以东之地屯驻清国军队，而在前记之年限间，该地之炮台、军港、兵营由日本海陆军队占领。日本海陆军队在本半岛之费用由清国政府支付。

理由

于十五年间暂时军事占领山东半岛，以控制清国，保一时国势之平均，于我整顿诸般之准备实为必要。论本世纪战争之主眼，专在减杀敌国之战斗力。彼法帝拿破仑一世对普国，十年间禁士兵之员数在四万二千人以上（千八百八年九月八日之条约）。克里米亚之役后，由巴黎条约第十四条、第十八条，塞瓦斯托波尔之炮台应予破坏，军舰禁止进入黑海。如比斯马公为充分减杀法国之战斗力

---

① 即亚丁。

（先年于法国征收五十亿法郎作为赔款，已有全灭法之战斗力之意，孰料未数年其战斗力重又回复），千八百七十五年企图再发大兵攻击，为英俄两国所妨；如俄土和平之后，破坏多瑙河沿岸之诸城砦，皆减杀敌国之战斗力之手段也。今我一时军事占领山东半岛时，有立即进入中央，使之南北两断之势力，故彼无复有抵抗我之力。止于一时之占领，而不要求割让者，第一以省供养一师团驻屯兵与若干军舰之经费，第二为避局外各国之批议。其所以然者，我已占有旅顺角，加之若又略取山东半岛，则将引来日本将并吞清国之批难，难保不启容喙之端。或曰：然则宜破坏其炮台。是又不免为浅近之见。此炮台乃是为他日东洋全局以防白皙人种侵入之必要物，不可不保存之。对清国已施以军事占领，充分减杀其战斗力，更无必要加以无用之破坏。

第七条

日本政府在嗣后十五年间，于认为有必要保护在北京之日本公使馆及在诸开港场之领事馆之时，有差遣宪兵或警察之权利。

理由

取得本条之权利，为备不虞也。战争之余，两国之人心未得融和之间，难保无万一之变。现北京俄国公使馆有哥萨克兵七名，上海居留地有英法各国警察驻扎。

第八条

现拘留于清国内之日本臣民，应不附加任何条件立即释放（**南**

京条约第九条）。拘留于日本国内之清国臣民，亦应以不受任何处罚之条件释放。

理由

本条固为当然之事，现有之南京条约第九条亦有明条。然清国政府于违约平然处之，不可以普通之情理律之。往年当长发贼之乱时，南京城中之贼兵凡有二三万人乞降。虽有戈登将军之誓言，然悉数被处以斩首之刑，此其实例也。是以末段之约定仍为必要。

第九条

清国皇帝陛下约诺，当缔结通商条约之时，应授予日本国如左之条件权利：

第一，日本有权于北京驻扎全权大使（**公法上之用语**）。

第二，在留清国之日本臣民及在留日本国之清国臣民应服从日本国之法权（**同上**）。

第三，清国税关应将日本货币作为法定货币受领。

第四，于杨［扬］子江及西江流域全部应授予日本国臣民及其船舶通商航海之完全自由（**英暹罗条约第八条**）。于山东省中开通商之一港，并以通州府及奉天府为互市之地。

第五，以日本国人之技术劳力（**法清条约**）开设天津北京间及大连湾奉天府间之铁路，施行吴淞疏浚工事。是等工事应于一年内着手。

第六，明确约定，经由清国之输出品于生产之时至船舶积载之间，课税以一次为限，其他厘金、内国税、通过税、输出税等，无论以何等名称，皆不课税（**英暹条约第八条**）。又，经由日本之输入品不问何等名称，纳税一次之后，不受其他之课税（**同上**）。

第七，日本国政府及臣民应充分且同等享有清国皇帝陛下授予或应当授予他国政府及臣民之诸般权利、特权、利益（**同上第十条**）。

理由

交战两国媾和之时，从前之条约回复效力，为国际法上之通例。然我国如今方在与各国商议条约改正之中，清国条约改正之期限亦已经过，故此际以新订条约于政略上有利。何也？当他日订约之时，难免不生种种之故障，故以借订结和平条约之机订约为得策。其目的如左：

第一，促进清国之文化。

第二，开拓日本商工业之市场，立下对欧美竞争之基础。

第三，定日本于东洋之地位。

第四，以战争之利益分诸欧美各国人，以增加日本之威信。

就本条各项之要求，略举其理由如左：

第一，将来须于清国驻扎全权大使，占各国外交官之首席。由是应令清国明白承诺之，以防他日之异议。由全体国际公法上（罗兰氏国际法）之通义，各国皆有派遣皇室之名誉上大使之权，然实际惯行者仅于特别之场合始行派遣。克里米亚之役后，依巴黎条约，土国始得参与欧洲列国之中，立即向诸强国派遣大使，为其一例。

第二，完全我国主权之作用之同时，应以法律之思想注入清国。

第三，因清国无一定之通货，应通用我货币以图通商之便。或云：干涉货币之制度，有侵彼之主权之嫌。然现在我国与外国之条约中（日美旧条约第五条）亦有关于货币之规定。又，清国与普国及英国之条约中（普清条约第二十八条、英清条约第三十四条）亦有关于度量衡之规定。若据此例，并无妨碍。

第四，杨［扬］子江之通商航海权，为我国人所未有，不可不获得之。而许西江之通商航海，于山东省中增开一港，为欧美人所渴望者。故我应收此利益，以之分与欧美人。清国本无铁路之便，河川为通商上之要道，此点不可或忘。以其通州府与奉天府为互市场者，以其应为铁路起点之地也。

战争终结之后要求开市开港之实例，有千八百三十九年清国为英国开五港，千八百五十八年开九港，千八百七十六年开十二港，千八百八十六年对法国开一港二市等。

第五，令彼籍日本人之力施行本项之诸工事者，一则作为今回战争之纪念，留文明之模范，一则在分其利益与欧美人。如大连湾铁路，有将来可使满洲之贸易向我新领地良港集中之利，他日可期令其一端与亚［西］比利亚铁路相连络。

第六，厘金为各国人所厌苦（以萱苤［芝罘］条约第三章之第一、第三、第六项，有几分之制限），不可不令我之出入品与之脱离。此一则为推进清国之贸易，一则为分其利与欧美人。

第七，本项所谓最惠国条约者，据闻往年日清条约缔结之际，曾国藩、李鸿章二氏因未将此条款插入条约之中，颇夸称其技能云。若无此条款，我丧失利益之大者，第一为不能得诸开港场之便

利，第二为不能为沿岸贸易，第三不得为内地商业旅行。若占有此
等贸易，将来必可一同占有欧美人应占有之利益，故今日之机会决
不容逸去。

第十条

本条约批准交换之后，为立即（**德清条约第四十二条**）令其为
一般所周知（**英清条约第七条**），应署清国皇帝陛下之名，钤玺
（**南京条约第九条**），公布于国都及全国（**德清条约第四十二条**），
而预先将其清文示于日本国驻扎大使（**萱苨〔芝罘〕条约第一章第
六项**）。

理由

清国境土广大，各省殆成割据之势。故设如本条之条款，令战
争之结果为全国所周知，实为必要。美、英、普国与清国之条约
中，插入如此之条款者为数不少（普国在第四十二条，英国在和平
条约第七条、南京条约第九条，美国在条约第三条）。令预示其清
文者，所以防彼之诈诳也。如萱苨〔芝罘〕条约中（第一章第六
项）设清国应将赠英之国书预示于英国公使之条款，亦出于同一
主旨。

第十一条

接清国皇帝陛下批准本条约之公报，且受领赔款之第一次支付
额（**南京条约第十二条**）五千万镑后，日本国军队自——退去（**千
八百六十年法清条约第七条**）。

理由

支付赔款之后退兵，为当然之事。南京条约第十二条及法清和平条约第八条即其实例。

第十二条

对本约条［条约］，日本国皇帝陛下及清国皇帝陛下之批准应极速以便交换。而交换之际，两国之全权大臣各代表其君主，于本条约之副本上署名钤印，以之交换。其订约条项之全部即立刻发生效力（**英清南京条约第十三条**）。

理由

待条约之批准而后令其产生效力，虽非国际法上之通则，然作为特例允许其事，为国际法所认可。南京条约第十三条、法清和平条约第七条中皆有如此项之明条。加之欧洲亦有如左之实例，即千八百四十年关于伦敦海之问题，奥、英、普、俄、土之间缔结之条约①如是。清国往往有拒绝批准条约（对于伊犁事件，破毁崇厚订结之条约，处崇厚以死刑），或背约袭击（为在北京交换千八百五十八年天津条约，翌年千八百五十九年英法公使北上之时，遭大沽炮台攻击）等之实例，故本条之特例实为必要。此外，亦为预防局外各国干涉，使其无容喙批准之可否之间隙。

---

① 本条约应即 1841 年在伦敦签署的《法国、奥地利、英国、普鲁士以及俄国和奥斯曼帝国之间关于对各国军舰封闭达达尼尔和博斯普鲁斯海峡的公约》，简称《伦敦海峡公约》。所谓"关于伦敦海之问题"，可能是作者望文生义了。

局外诸国容喙媾和国之两国成立之条约，必在条约缔结之后，得以批准之前。故欲使无对此条约容喙之事，外交上之运动若非极活泼极敏速，难保本条约不成空文。故应断然将大本营进至旅顺角，由我定下适任之全权委员，常在进军中之军司令部中。在彼亦应以对中外有重望且与皇室相亲近如恭亲王其人者（对英法同盟军缔结条约之时以恭亲王为全权，故无向例之翰林学士辈之弹劾等，批准得以平滑了结，有此等实例）为全权委员。如若不然，假令委任李鸿章等，今日之李氏，又非昔日之李氏，内外之信用大薄，成清国民之怨府，清廷内难免无容喙之事。故必令选如恭亲王之有重望之人，于缔结完成之日，克日神速了结批准，以结其局，方能制止外间之容喙（方普法战争之时，普帝常在军中，是以条约之批准了结最速，且常出以势制外之策，丝毫不与外国容喙之余地）。

本项之主旨在于待条约具有效力，然或有容喙或破毁之恐，故举如恭亲王之人以为预防之目的。然仍恐未必无破弃之道，故更取担保主义，履行如左记之手续实为必要。

凡敌国申请临时休战之时，与之相对，要求相当之担保以减杀彼之战斗力，为至当之事。今清国欲与我媾和，虽非别有休战之申请，然以彼之违约不信之行为实例颇多，故要求与申请临时休战情形相同之担保，为紧要之事。又，彼清国已屡向外国请求仲裁之事，然因我所要求之条件尚未明白之故，皆不肯仲裁。如左所示，如今回媾和使来朝之举，恐徒为探闻我要求之条件，其真意不可测。如今即使假定其意为探闻，于允诺充分之担保之时，我亦无妨试为申告所要求之条件。又，绝局外各国之干涉之道，无论其为单独抑或同盟，凡发意干涉者，则足以决意以为我世世之仇敌。彼比利时，实蕞尔一小国耳，而能介立于大国之间，保全独立之权理〔利〕者，只以断然一决意也。即倘若当先进入其国内一步，侵害中立之权利时，便即认其国为敌国之决意。

却说前记担保之要求，若在威海卫陷落之前，则令将威海卫之军港与渤海沿岸之各炮台、天津山海关间之铁路及北洋舰队交付与我，且令清兵退出各炮台之二十里以外。若在威海卫陷落后，则令将渤海沿岸之各炮台、天津山海关间之铁路交付与我，清兵退出各炮台二十里以外，且将南洋舰队交付与我。若在我兵进入山海关、太〔大〕沽之后，则令将天津及通州交付与我，且令北京戍兵兵器为我所收，退出城外。

举普法及俄土之实例一二如左：

普军占领巴黎周围之全部炮台，并悉数收缴除巴黎守备队之内一万二千人以外之武器。若谈判之结果未至和平，则全部以之为俘虏，而法政府应供养之。

又，俄土和平条约中，与缔结休战条约同时，土国政府应立即命其军队退出乌基、罗斯切克、西里斯托索及阿尔斯罗姆之诸城砦。

结　论

理由开头所表示之三大目的，以取得前述各条项中之要目为全其用之第一步，而实行各条项之要目，须经过十年乃至十五年之岁月后，待我诸般之准备着着整理，得以坚其基础，东洋之盟主之资格全然具备之日，最终方可期待达到遂行最后处分之机会。

据今次战争之结果，倘若可判明清国政府中心真心畏服我之威武之事实，一变从来之顽陋，无存将来复仇之念，归于与我相提挈之政策，我亦与彼相协同共谋东洋之和平，以遂行最终之处分。然而倘若不幸，非但彼无反省之意，且至国内纷扰，濒于所谓四分五裂之境遇，我之政策亦当随之做一大变更之时，不可不断然坚定决意，以求维持东洋全局之方策。万一当是时决意不坚，方策未定，我国独立之危一发千钧，殆无望维持矣。总之，清之于我，乃所谓唇齿相依之关系，更无须赘辩。曾有以外交官驻在清国北京，涉四十年之长，有最为精通清国事情之名之威妥玛氏（往年大久保大使拂袂而去北京之时，曾追迹伴其再至北京之人），于日清战争论中大意曰此：

支那国民所以畏服清廷者，以满洲之地也。然今日其大半为日军所占领，犹招致更甚之败亡。万一行迁都之举，清廷骤失其威严，陷颠覆之不幸，又无政府取而代之，国内争乱蜂起，欧洲诸强国生干涉之必要，最终支那此一大国归于全灭。加之数年之内，日本亦将践同一之辙，因欧洲强国之故至于亡灭之不幸。[1]

苟注意目下之大势者，皆首肯此论。我国将来负担之任务实颇为重大，不可不决心永远维持东洋和平。

今次日清之战争，非独止于日清两国之事件，甚或为他日战争之种子。为维持我之独立与东洋和平，不可不断然决意，有不得已与诸国构战之觉悟，且确定对其之方策。

---

[1] 关于威妥玛的这一言论，参见《英前使华威妥玛大臣答东方时局问》，《万国公报》第73册，第5—11页。

征引文献

一、未刊史料

中国第一历史档案馆藏

王文锦：《奏为连日海潮冲溢津胜军营垒淹毙勇夫大概情形事》，光绪二十一年四月初八日，军机处录副奏折，03-9638-038

中国社会科学院近代史研究所档案馆（现为中国历史研究院图书档案馆）藏

《李鸿藻存札》第 2、3、5、6 函，甲 70-1、70-2、70-4、70-5

《李鸿藻存稿（外官禀）》第 1 函，甲 70-10

《张之洞电稿乙编》第 8 函，甲 182-69

《张之洞电稿丙编》第 11 函，甲 182-90

《张之洞存各处来电》第 13、16—20 函，甲 182-125、182-128、182-129、182-130、182-131、182-132

《张之洞电稿》光绪二十一年二—五月，甲 182-481

《张之洞电稿》光绪二十一年，甲 182-482

《张之洞电稿》光绪二十一—二十二年，甲 182-483

《瑞洵笔记》，甲 205

《汪宝树日记》第 3 函，甲 283-2

《许同莘札记》，甲 622-8

《罗丰禄信稿》，甲 628

日本外务省外交史料馆藏（本书使用亚洲历史资料中心公布的电子资料）

《日清講和条約締結一件》(2.2.1.1)

《東学党変乱ノ際日清両国韓国ヘ出兵雑件》(5.2.2.1)

《日清韓交渉事件関係雑件》（5.2.18.2）

日本国立公文书馆藏（本书使用亚洲历史资料中心公布的电子资料）

《樺山台湾総督卜清国交接委員李経方卜会合シ台湾及城畳官有物等ノ引渡結
了ニ付右受授公文及談判要領筆記ノ件》，JACAR Ref. A03023062300，公
文別録・内閣・明治十九年～大正元年・第一巻・明治十九年～大正元年

日本防卫省防卫研究所藏（本书使用亚洲历史资料中心公布的电子资料）

《大本営発 大総督府宛 批准交換へ昨 8 日執行し終れり》，JACAR Ref.
C06061060200，明治 28 年自 4 月 18 日至 5 月 2 日「着電綴（十二）」，大
本営電報綴

《日清の交渉講和始末（2）》，JACAR Ref. C08040460900，明治 27・8 年 戦
史編纂準備書類 1

《作成に関する緊要雑件（17）》，JACAR Ref. C08040463800，明治 27・8 年
戦史編纂準備書類 2

《露国軍艦及艦隊の挙動（1）》，JACAR Ref. C08040485900，明治 27・8 年
戦史編纂準備書類 12

《露国軍艦及艦隊の挙動（2）》，JACAR Ref. C08040486000，明治 27・8 年
戦史編纂準備書類 12

《清国の商船及び運送船（1）》，JACAR Ref. C08040491800，明治 27・8 年
戦史編纂準備書類 16

《英国軍艦及艦隊の挙動（2）》，JACAR Ref. C08040498100，明治 27・8 年
戦史編纂準備書類 12

《平和条約の交換時に於ける芝罘港の状況》，JACAR Ref. C08040498100，明
治 27・8 年 戦史編纂準備書類 18

《占領地を変して属領地と為すために取るべき手段に就いて》，JACAR Ref.
C08040503000，明治 27・8 年 戦史編纂準備書類 全 雑事

日本国立国会图书馆宪政资料室藏

憲政史編纂会収集文書

《兵庫県知事周布公平ノ報告、内閣書記官長伊東巳代治宛》，551-（1）-14

《伊東巳代治手記》，551-（1）-16

《使節ノ派遣手続及其ノ資格ニ関スル件》，551-（1）-17

《知事周布公平ノ政府回答伝達及之ニ対スル「デットリング」ノ答》，551-（1）-19

《徳瓅琳応対顛末》，551-（1）-21

《兇行者小山六之介身元取調ノ顛末》，551-（1）-45

《日清戦役ノ起原及媾和談判始末（佐藤顕理述）》，552

陸奥宗光関係文書

　　書簡の部

　　《山県有朋書翰 陸奥宗光宛》（明治28年4月5日），41-18

　　書類の部

　　《上海申報切抜 撃敵懸賞》，78-8

　　《占領地ヲ変シテ属領地ト為スタメニ取ルヘキ手段ニ就テ》，80-2

　　《ヨーロッパニ於ケル戦争結末ノ土地譲与例》，80-3

　　《五〇億法償金論》，80-4

　　《仏国償金論》，80-5

　　《休戦規約ニ就テ》，80-6

　　《岩倉大使一行ニ対スル宣示詔勅》，80-12

　　《講和条約批准ニアタリ全権ノ注意スベキ条項》，80-20

　　《日清平和条約ニ就テ》，80-26

　　《日清平和条約ノ価値》，80-27

　　《媾和豫定条約》，80-39

伊藤博文関係文書（その1）（書類の部）

　　《〔日清戦争休戦条約締結ニ関スル意見書草案〕》，68

　　《〔李経芳全権問題〕》，132

樺山資紀関係文書（その3）

《露土両国休戦ノ談判及条約》，22

樺山資紀関係文書（第二次受入分）

　　《敵地領有ニ関スル意見》，383

　　《新締日清条約に関する管見一斑》，388

　　《占領地ヲ変シテ属領地ト為スタメニ取ルヘキ手段ニ就テ（其一）》，399

　　《独仏戦争の媾和条件》，512

斎藤実関係文書（書類の部 1）

　　《独仏戦争の媾和条件》，17-10

河野広中関係文書（書類の部）

　　《日清戦争及戦後ニツイテノ意見》，504

　　《李鴻章宛 自由党衆議院議員見舞状》，505

石黒忠悳関係文書

　　《営務日誌 第五 自明治二十八年二月十六日至四月十二日》，1851

日本鹿儿岛县历史资料中心黎明馆藏（本书使用国立国会图书馆宪政资料室藏缩微
　　胶片）

黒田清隆関係文書

　　日清関係書類（II）

日本福岛县立图书馆佐藤文库藏

　　《日清媾和条約案并其理由》，S221.2-N

日本鹿岛市民图书馆藏

　　《李鴻章遭難慰問》，西岡家資料 3-2

二、已刊史料

中国史学会主编：《中国近代史资料丛刊·中日战争》，上海：新知识出版社，
　　1956 年

戚其章主编：《中国近代史资料丛刊续编·中日战争》，北京：中华书局，1989—
　　1996 年

中国史学会主编：《中国近代史资料丛刊·中法战争》，上海：上海人民出版社，
　　1957年

中国史学会主编：《中国近代史资料丛刊·洋务运动》，上海：上海人民出版社，
　　1961年

故宫博物院编：《清光绪朝中日交涉史料》，北平：故宫博物院文献馆，1932年

"中央研究院"近代史研究所编：《清季中日韩关系史料》，台北："中央研究院"近
　　代史研究所，1972年

中国第一历史档案馆编：《光绪朝朱批奏折》，北京：中华书局，1995年

中国第一历史档案馆编：《光绪宣统两朝上谕档》，桂林：广西师范大学出版社，
　　1996年

中国第一历史档案馆编：《清代军机处电报档汇编》，北京：中国人民大学出版社，
　　2005年

中国第一历史档案馆编：《清代军机处随手登记档》，北京：国家图书馆出版社，
　　2013年

徐致祥等撰：《清代起居注册》光绪朝，台北：联合报文化基金会国学文献馆，
　　1987年

朱寿朋编：《光绪朝东华录》，北京：中华书局，1958年

《清实录》，北京：中华书局影印本，1987年

中国近代经济史资料丛刊编辑委员会主编：《中国海关与中日战争》，北京：中华书
　　局，1983年

陈霞飞主编：《中国海关密档》，北京：中华书局，1992年

陈旭麓等主编：《盛宣怀档案资料选辑之三·甲午中日战争》，上海：上海人民出版
　　社，1982年

陈旭麓等主编：《盛宣怀档案资料选辑之五·中国通商银行》，上海：上海人民出版
　　社，2000年

陈旭麓等主编：《盛宣怀档案资料选辑之八·轮船招商局》，上海：上海人民出版社，
　　2002年

王尔敏、吴伦霓霞编：《清季外交因应函电资料》，台北："中央研究院"近代史研究所，1993 年

翁万戈辑：《翁同龢文献丛编之五·甲午战争》，台北：艺文印书馆，2003 年

王家胜等总主编：《甲午、甲辰战争史料选编》，沈阳：辽宁民族出版社，2012 年

中国社会科学院近代史研究所《近代史资料》编辑组编：《义和团史料》，北京：中国社会科学出版社，1982 年

张蓉初译：《红档杂志有关中国交涉史料选译》，北京：生活·读书·新知三联书店，1957 年

孙瑞芹译：《德国外交文件有关中国交涉史料选译》，北京：商务印书馆，1960 年

广西师范大学出版社编：《中美往来照会集（1846—1931）》，桂林：广西师范大学出版社，2006 年

汤效纯等整理：《曾国藩全集》书信十，长沙：岳麓书社，1994 年

顾廷龙等主编：《李鸿章全集》电稿三，上海：上海人民出版社，1987 年

顾廷龙、戴逸主编：《李鸿章全集》，合肥：安徽教育出版社，2008 年

苑书义等主编：《张之洞全集》，石家庄：河北人民出版社，1998 年

中国科学院历史研究所第三所主编：《刘坤一遗集》，北京：中华书局，1959 年

欧阳辅之编：《刘忠诚公补过斋文集》，宣统元年刻本

谢俊美编：《翁同龢集（增订本）》，北京：中华书局，2021 年

戚其章辑校：《李秉衡集》，济南：齐鲁书社，1993 年

吕伟达主编：《王懿荣集》，济南：齐鲁书社，1999 年

汪叔子编：《文廷式集（增订本）》，北京：中华书局，2018 年

汪叔子、张求会编：《陈宝箴集》，北京：中华书局，2005 年

《刘光第集》编辑组编：《刘光第集》，北京：中华书局，1986 年

王栻主编：《严复集》，北京：中华书局，1986 年

黄南津等点校：《赵柏岩集》，南宁：广西人民出版社，2001 年

喻岳衡点校：《曾纪泽遗集》，长沙：岳麓书社，1983 年

许同莘编：《许文肃公（景澄）遗集》，台北：文海出版社影印本，1968 年

徐寿凯、施培毅校点：《吴汝纶全集》，合肥：黄山书社，2002 年

中国文化书院学术委员会编：《梁漱溟全集》，济南：山东人民出版社，1989 年

中国蔡元培研究会编：《蔡元培全集》，杭州：浙江教育出版社，1998 年

姜义华、张荣华编校：《康有为全集》，北京：中国人民大学出版社，2007 年

汤志钧、汤仁泽编：《梁启超全集》，北京：中国人民大学出版社，2018 年

徐世昌：《退耕堂政书》，台北：文海出版社影印本，1968 年

杨效杰校点：《谏垣存稿》，兰州：甘肃人民出版社，1991 年

《散木居奏稿》，台北：华文书局影印本，1968 年

瑞洵著，杜宏春校证：《散木居奏稿校证》，北京：商务印书馆，2018 年

许恪儒整理：《许宝蘅藏札》，北京：中华书局，2013 年

《翁常熟（同龢）手札》，台北：文海出版社影印本，1970 年

赵平笺释：《翁同龢书信笺释》，上海：中西书局，2014 年

李红英整理：《常熟翁氏友朋书札》，南京：凤凰出版社，2020 年

马忠文、谢冬荣编著：《甲午时期翁同龢朋僚书札辑证》，北京：北京联合出版公司，
    2023 年

翁万戈编，翁以钧校订：《翁同龢日记》，上海：上海辞书出版社，2020 年

《翁文恭公日记》，《续修四库全书》第 573 册，上海：上海古籍出版社，2002 年

任青、马忠文整理：《张荫桓日记》，北京：中华书局，2015 年

袁英光、胡逢祥整理：《王文韶日记》，北京：中华书局，1989 年

中国历史博物馆编，劳祖德整理：《郑孝胥日记》，北京：中华书局，1993 年

北京市档案馆：《那桐日记》，北京：新华出版社，2006 年

祁龙威：《张謇日记笺注选存》，扬州：广陵书社，2007 年

孙宝瑄：《忘山庐日记》，《中华文史论丛》增刊，上海：上海古籍出版社，1983 年

张佩纶：《涧于日记》，台北：学生书局影印本，1966 年

王世儒编：《蔡元培日记》，北京：北京大学出版社，2010 年

李文杰整理：《杨宜治日记》，上海：上海人民出版社，2020 年

李向东等标点：《徐兆玮日记》，合肥：黄山书社，2013 年

吴思鸥等点校：《徐世昌日记》，北京：北京出版社，2018 年

苏州工业园区档案管理中心编：《李超琼日记（元和—阳湖—元和）》，南京：江苏
　　人民出版社，2012 年

王清穆撰，胡坚整理：《知耻斋日记（续）》，《历史文献》第 13 辑，2009 年

贺培新辑：《徐世昌年谱》，《近代史资料》第 69 号

曾宝荪、曾纪芬：《曾宝荪回忆录 附崇德老人自订年谱》，长沙：岳麓书社，1986 年

李宗侗、刘凤翰：《清李文正公鸿藻年谱》，台北：台湾商务印书馆，1981 年

虞和平主编：《近代史所藏清代名人稿本抄本》第一辑，郑州：大象出版社，
　　2011 年

陈美延、陈流求编：《陈寅恪诗集》，北京：清华大学出版社，1993 年

王钟翰点校：《清史列传》，北京：中华书局，1987 年

蔡冠洛编：《清代七百名人传》，台北：文海出版社影印本，1971 年

广东文征编印委员会：《广东文征》，香港：广东文征编印委员会，1973 年

刘禺生：《世载堂杂忆》，北京：中华书局，1960 年

刘声木：《苌楚斋随笔续笔三笔四笔五笔》，北京：中华书局，1998 年

王树枏、龙顾山人：《陶庐老人随年录 南屋述闻》，北京：中华书局，2007 年

黄濬：《花随人圣盦摭忆》，北京：中华书局，2008 年

姚锡光：《东方兵事纪略》，北京：中华书局，2009 年

何刚德、沈太侔：《话梦集 春明梦录 东华琐录》，北京：北京古籍出版社，1995 年

李岳瑞：《春冰室野乘》，北京：中华书局，2023 年

吴趼人著，卢叔度辑注：《俏皮话 附录新笑林广记、新笑史》，广州：广东人民出版
　　社，1981 年

蔡尔康、林乐知编译：《李鸿章历聘欧美记》，长沙：湖南人民出版社，1982 年

容闳：《西学东渐记》，长沙：岳麓书社，1985 年

冯玉祥：《我的生活——冯玉祥自传》，北京：世界知识出版社，2006 年

罗光：《牧庐文集·八十述往》，台北：辅仁大学出版社，1991 年

陈衍著，郑朝宗、石文英校点：《石遗室诗话》，北京：人民文学出版社，2004 年

中国历史研究社编：《东行三录》，上海：上海书店出版社，1982 年

王铁崖编：《中外旧约章汇编》，北京：生活·读书·新知三联书店，1957 年

傅德元点校：《星轺指掌》，北京：中国政法大学出版社，2006 年

水利水电科学研究院编：《清代海河滦河洪涝档案史料》，北京：中华书局，1981 年

津南区地方志编修委员会编著：《天津市津南区志（蓝本）》，出版项不详

《国际条约集（1648—1871）》，北京：世界知识出版社，1984 年

《国际条约集（1872—1916）》，北京：世界知识出版社，1986 年

王绳祖等主编：《国际关系史资料选编（17 世纪中叶—1945）》，北京：法律出版
　　社，1988 年

秦孝仪主编：《抗战时期收复台湾之重要言论》，台北：中国国民党中央委员会党史
　　委员会，1990 年

郑曦原编：《帝国的回忆：〈纽约时报〉晚清观察记》，北京：生活·读书·新知三联
　　书店，2001 年

长顺：《长顺函稿》，《近代史资料》第 28 号

杨儒辑：《俄事纪闻》，《近代史资料》第 46 号

李文杰整理：《吕海寰资料两种》，《近代史资料》第 123 号

姚明辉编撰，戴海斌整理：《姚文栋年谱》，《近代史资料》第 125 号

丁进军编选：《清外务部部分主要官员履历》，《历史档案》1986 年第 4 期

徐一士：《谈李经方》，《国闻周报》第 11 卷第 44 期，1934 年

镇江市博物馆：《邵友濂使俄文稿和家书中的沙俄侵华史料》，《文物》1976 年第
　　10 期

姚瀚霖、杨杰译：《海外报纸对李鸿章在日遇刺的报道》，《太平天国及晚清社会研
　　究》2021 年第 1 辑

张达骧、李石孙：《张之洞事迹述闻》，《文史资料选辑》第 99 辑，1984 年

费泽甫：《李鸿章轶事》，《合肥文史资料》第 1 辑，1984 年

王以兴：《烟台广仁堂的前身——兼善堂》，《芝罘文史资料》第 4 辑，1989 年

（日）陆奥宗光著，（日）中塚明校注，赵戈非、王宗瑜译：《蹇蹇录：甲午战争外交

秘录》，北京：生活·读书·新知三联书店，2018 年

（英）李提摩太著，李宪堂、侯林莉译：《亲历晚清四十五年——李提摩太回忆录》，
　　天津：天津人民出版社，2005 年

（英）戴乐尔著，张黎源、吉辰译：《我在中国海军三十年——戴乐尔回忆录》，北
　　京：文汇出版社，2011 年

（法）施阿兰著，袁传璋、郑永慧译：《使华记》，北京：商务印书馆，1989 年

（俄）维特著，张开译：《俄国末代沙皇尼古拉二世——维特伯爵的回忆》，北京：新
　　华出版社，1983 年

（德）福兰阁著，王光祈译：《三国干涉还辽秘闻》，上海：中华书局，1929 年

（德）海靖夫人著，秦俊峰译：《德国公使夫人日记》，福州：福建教育出版社，
　　2012 年

（德）艾林波、巴兰德等著，王维江、吕澍辑译：《德语文献中晚清的北京》，福州：
　　福建教育出版社，2012 年

外務省編：《日本外交文書》明治期第 5 卷，東京：日本国際協会，1939 年

外務省編：《日本外交文書》明治期第 27—28 卷，東京：日本国際連合協会，
　　1953 年

伊藤博文編，金子堅太郎等校訂：《秘書類纂·雑纂》，東京：秘書類纂刊行会，
　　1935 年

伊藤博文編：《機密日清戦争》，東京：原書房，1967 年

檜山幸夫編集·解題，伊藤博文文書研究会監修：《伊藤博文文書》，東京：ゆまに
　　書房，2008 年

伊藤博文関係文書研究会編：《伊藤博文関係文書》，東京：塙書房，1974 年

尚友倶楽部山県有朋関係文書編纂委員会編：《山県有朋関係文書》，東京：山川出
　　版社，2005 年

早稲田大学大学史資料センター編：《大隈重信関係文書》第 2 卷，東京：みすず書
　　房，2005 年

陸奥宗光伯七十周年記念会編：《陸奥宗光伯 小伝・年譜・付録文集》，東京：霞関会，1992 年

島内登志衛編：《谷干城遺稿》，東京：靖献社，1912 年

日本弘道会編：《西村茂樹全集》，東京：日本弘道会，2006 年

時事新報社編：《福沢全集》，東京：国民図書株式会社，1926 年

《北一輝著作集》，東京：みすず書房，1967 年

安在邦夫、望月雅士編：《早稲田大学図書館所蔵佐佐木高行日記—かざしの桜—》，東京：北泉社，2003 年

広瀬順晧監修・編集：《伊東巳代治日記・記録：未刊翠雨荘日記》，東京：ゆまに書房，1999 年

亀井茲明：《日清戦争従軍写真帖：伯爵亀井茲明の日記》，東京：柏書房，1992 年

大里浩秋：《宗方小太郎日記 明治 30～31 年》，《神奈川大学人文学研究所報》第 44 号，2010 年

進修太郎：《日清戦争ト経済社会》，東京：富山房，1894 年

竹越與三郎：《支那論》，東京：民友社，1894 年

尾崎行雄：《支那処分案》，東京：博文館，1895 年

ゲヲルグ・ヒルト編，大蔵省抄訳：《独仏戦争軍費始末書》，東京：大蔵省，1894 年

バンベルゲル著，美濃部俊吉訳：《五十億法償金論》，東京：農商務省，1895 年

アドルフ・ショートベール著，磯部正春訳：《仏国償金論》，東京：農商務省，1895 年

アドルフ・ワグネル：《千八百七十年乃至七十一年独仏戦争ニ関スル財政論》，東京：農商務省，1895 年

下之関媾和談判場保存会編：《日清媾和記念写真》，下関：下之関媾和談判場保存会，1895 年

明治史蹟研究会編：《下関春帆楼に於ける両雄の会見》，福岡：明治史蹟研究会，1925 年

宫内庁：《明治天皇紀》第 8 卷，東京：吉川弘文館，1973 年

参謀本部編纂，檜山幸夫監修：《明治二十七八年日清戦史》，東京：ゆまに書房，
　　1998 年

大本営野戦衛生長官部：《明治二十七八年役陣中日誌》，刊本，出版项不详，日本
　　福岛县立图书馆佐藤文库藏

《明治二十七八年戦役統計附図》，刊本，出版项不详，日本福岛县立图书馆佐藤文
　　库藏

保勲会：《明治二十七八年日清戦役》，刊本，1896 年，日本福岛县立图书馆佐藤文
　　库藏

平塚篤編，伊藤博邦監修：《伊藤博文秘録》，東京：春秋社，1929 年

春畝公追頌会編：《伊藤博文伝》，東京：春畝公追頌会，1940 年

井上馨侯伝記編纂会編：《世外井上公伝》，東京：原書房，1968 年

德富猪一郎：《公爵山県有朋伝》，東京：山県有朋公記念事業会，1933 年

德富猪一郎：《公爵松方正義伝》，東京：明治文献，1976 年

林董著，由井正臣校注：《後は昔の記 他 林董回顧録》，東京：平凡社，1970 年

青木周蔵著，坂根義久校注：《青木周蔵自伝》，東京：平凡社，1970 年

桂太郎著，宇野俊一校注：《桂太郎自伝》，東京：平凡社，1993 年

巌本善治編，勝部真長校注：《海舟座談》，東京：岩波書店，1994 年

勝海舟著，江藤淳、松浦玲編：《氷川清話》，東京：講談社，2000 年

石黒忠悳：《懐旧九十年》，東京：岩波書店，1983 年

小山六之助：《活地獄》，東京：日高有倫堂，1909 年

坪谷水哉編：《医学博士佐藤進先生自伝》，東京：今野周作，1899 年

対支功労者伝記編纂会編：《対支回顧録》，東京：原書房，1968 年

朝日新聞社編：《図録日本外交大観》，東京：朝日新聞社，1936 年

《司法資料》第 232 号，明治二十八年三月二十四日清国李欽差頭等全権大臣鴻章ヲ
　　狙撃シタル小山豊太郎ニ対スル謀殺未遂被告事件ノ公訴記録，東京：司法省
　　調査部，1937 年

広瀬順晧監修・編・解題：《近代外交回顧録》，東京：ゆまに書房，2000 年

中山泰昌編著，中山八郎監修：《新聞集成明治編年史》，東京：本邦書籍，1982 年

石田文四郎編：《新聞記録集成明治・大正・昭和大事件史》，東京：日本図書センター，2010 年

山口県史編纂委員会編：《山口県史・史料編・近代 2》，山口：山口県史編纂委員会，2010 年

佚名：《仲裁談》，《東京経済雑誌》第 754 号，1894 年 12 月 1 日

小山六之助：《舊夢譚—馬関狙撃事件の思ひ出—》，《日本及日本人》1938 年第 5—7 号

永岡栄吉：《緑と黄の対角線—下関講和会議始末—》，下関郷土会編：《郷土》第 11 集，1965 年

江村房次郎：《目撃者が語る小山事件》，下関郷土会編：《郷土》第 13 集，1967 年

普魯西参謀本部戦史課編，日本参謀本部第四部訳：《千八百七十年千八百七十一年独仏戦史》，東京：東京偕行社，1907—1910 年

カリエール著，坂野正高訳：《外交談判法》，東京：岩波書店，1978 年

Emerich de Vattel：*The Law of Nations*，London：G. G. and J. Robinson，1797

Treaties Between the Empire of China and Foreign Powers，*Together with Regulations for the Conduct of Foreign Trade*，*Conventions*，*Agreements*，*Regulations*，*etc*，Shanghai：North China Herald，1906

Sir Valentine Chirol：*The Far Eastern Question*，London：Macmillan and Co.，Ltd.，1896

James Harrison Wilson：*China*：*Travels and Investigations in the "Middle Kingdom"*，New York：D. Appleton & Co.，1887（1st edition）/1894（2nd edition）

Charles Denby：*China and Her People*，Boston：L. C. Page & Company，1906

John Watson Foster：*Diplomatic Memoirs*，Boston and New York：Houghton Mifflin Company，1909

John Watson Foster：*American Diplomacy in the Orient*，Boston and New York：

Houghton Mifflin Company，1926

T. A. Brassey：*The Naval Annual*（*1902*），London：Simpkin Marshall & Co.，1902

Jules Davids ed.：*American Diplomatic and Public Papers*：*The United States and China*：*Series III*，*The Sino-Japanese War to the Russo-Japanese War*，*1894—1905*，Wilmington：Scholarly Resources Inc.，1981

《直报》

《万国公报》

《大公报》

《東京朝日新聞》

《日清戦争実記》

《一億人の昭和史》

三、研究著作

陈寅恪：《寒柳堂集》，北京：生活・读书・新知三联书店，2001 年

石泉：《甲午战争前后之晚清政局》，北京：生活・读书・新知三联书店，2023 年

王信忠：《中日甲午战争之外交背景》，北平：国立清华大学出版事务所，1937 年

孙克复：《甲午中日战争外交史》，沈阳：辽宁大学出版社，1989 年

戚其章：《甲午战争国际关系史》，北京：人民出版社，1994 年

戚其章：《甲午战争史》，上海：上海人民出版社，2024 年

戚其章：《甲午战争新讲》，北京：中华书局，2009 年

戚其章：《甲午日谍秘史》，天津：天津古籍出版社，2004 年

茅海建：《天朝的崩溃：鸦片战争再研究》，北京：生活・读书・新知三联书店，2005 年

茅海建：《近代的尺度：两次鸦片战争军事与外交（增订本）》，北京：生活・读书・新知三联书店，2011 年

茅海建：《戊戌变法史事考》，北京：生活・读书・新知三联书店，2005 年

茅海建：《戊戌变法史事考二集》，北京：生活·读书·新知三联书店，2011 年

茅海建：《戊戌变法史事考三集》，北京：生活·读书·新知三联书店，2024 年

茅海建：《从甲午到戊戌——康有为〈我史〉鉴注》，北京：生活·读书·新知三联书店，2009 年

茅海建：《戊戌变法的另面："张之洞档案"阅读笔记》，上海：上海古籍出版社，2014 年

邵循正：《中法越南关系始末》，北京：商务印书馆，2024 年

姜鸣：《天公不语对枯棋：晚清的政局和人物》，北京：生活·读书·新知三联书店，2006 年

姜鸣：《却将谈笑洗苍凉：晚清的政局和人物三编》，北京：生活·读书·新知三联书店，2020 年

姜鸣：《龙旗飘扬的舰队——中国近代海军兴衰史》，南京：江苏凤凰文艺出版社，2021 年

李细珠：《张之洞与清末新政研究（增订版）》，北京：中国社会科学出版社，2015 年

王开玺：《清代外交礼仪的交涉与论争》，北京：人民出版社，2009 年

王尔敏：《弱国的外交：面对列强环伺的晚清世局》，桂林：广西师范大学出版社，2008 年

黄嘉谟：《美国与台湾》，台北："中央研究院"近代史研究所，1979 年

孔祥吉：《戊戌维新运动新探》，长沙：湖南人民出版社，1988 年

孔祥吉：《晚清史探微》，成都：巴蜀书社，2001 年

孔祥吉、（日）村田雄二郎：《中岛雄其人与〈往复文信目录〉：日本公使馆与总理衙门通信目录 1874—1899》，北京：北京图书馆出版社，2009 年

林文仁：《派系分合与晚清政治：以"帝后党争"为中心的探讨》，北京：中国社会科学出版社，2005 年

马忠文：《荣禄与晚清政局》，北京：社会科学文献出版社，2021 年

韩策：《江督易主与晚清政治》，北京：北京大学出版社，2023 年

张丽：《折冲樽俎——维特远东外交政策研究》，北京：北京大学出版社，2011 年

戴东阳：《晚清驻日使团与甲午战前的中日关系（1876～1894）》，北京：社会科学
　　文献出版社，2012 年

葛夫平：《法国与晚清中国》，北京：中国社会科学出版社，2022 年

贾小叶：《晚清大变局中督抚的历史角色——以中东部若干督抚为中心的研究》，上
　　海：上海书店出版社，2008 年

高阳：《翁同龢传》，合肥：黄山书社，2008 年

高阳：《柏台故事》，北京：华夏出版社，2004 年

林学忠：《从万国公法到公法外交：晚清国际法的传入、诠释与应用》，上海：上海
　　古籍出版社，2009 年

王树卿、李鹏年：《清宫史事》，北京：紫禁城出版社，1986 年

宝成关：《奕訢慈禧政争记》，长春：吉林文史出版社，1990 年

陆玉芹：《穿越历史的忠奸之辨：庚子事变中"五大臣"被杀研究》，北京：中国社
　　会科学出版社，2010 年

郭铁桩等主编：《旅顺大屠杀研究》，北京：社会科学文献出版社，2004 年

周育民：《晚清财政与社会变迁》，上海：上海人民出版社，2000 年

杨瑞先：《珠沉沧海——李万居先生传》，台北：文海出版社影印本，1981 年

王孝廉：《春帆依旧在》，台北：洪范书店有限公司，1984 年

朱瀛泉：《近东危机与柏林会议》，南京：南京大学出版社，1995 年

丁抒明主编：《烟台港史（古、近代部分）》，北京：人民交通出版社，1988 年

杨泽伟：《国际法史论》，北京：高等教育出版社，2011 年

中国社会科学院近代史所翻译室编：《近代来华外国人名辞典》，北京：中国社会科
　　学出版社，1981 年

（日）信夫清三郎编，天津社会科学院日本问题研究所译：《日本外交史》，北京：商
　　务印书馆，1988 年

（日）信夫清三郎著，吕万和等译：《日本政治史》，上海：上海译文出版社，
　　1988 年

（日）信夫清三郎著，于时化译：《甲午日本外交内幕》，北京：中国国际广播出版社，1994 年

（日）藤村道生著，米庆余译：《日清战争》，上海：上海译文出版社，1981 年

（日）中塚明著，于时化译：《还历史的本来面目——日清战争是怎样发生的》，天津：天津古籍出版社，2004 年

（日）安冈昭男著，胡连成译：《明治前期日中关系史研究》，福州：福建人民出版社，2007 年

（日）和田春树著，易爱华、张剑译：《日俄战争：起源和开战》，北京：生活·读书·新知三联书店，2018 年

（日）安川寿之辅著，刘曙野译：《福泽谕吉的战争论与天皇论》，北京：中国大百科全书出版社，2013 年

（日）井上晴树著，朴龙根译：《旅顺大屠杀》，大连：大连出版社，2001 年

（日）内藤湖南研究会编著，马彪等译：《内藤湖南的世界》，西安：三秦出版社，2005 年

（美）马士著，张汇文等译：《中华帝国对外关系史》，北京：生活·读书·新知三联书店，1957 年

（美）约翰·鲁宾逊·比尔等著，上海市"五·七"干校六连翻译组编译：《约翰·福斯特·杜勒斯》，上海：上海人民出版社，1976 年

（美）安德鲁·马洛泽莫夫著，商务印书馆翻译组译：《俄国的远东政策 1881—1904 年》，北京：商务印书馆，1977 年

（美）福尔索姆著，刘悦斌、刘兰芝译：《朋友·客人·同事：晚清幕府制度研究》，北京：中国社会科学出版社，2002 年

（美）杰弗里·瓦夫罗著，林国荣译：《普法战争：1870—1871 年德国对法国的征服》，北京：社会科学文献出版社，2020 年

（英）菲利浦·约瑟夫著，胡滨译：《列强对华外交（1894—1900）——对华政治经济关系的研究》，北京：商务印书馆，1959 年

（英）伯尔考维茨著，陈衍、江载华译：《中国通与英国外交部》，北京：商务印书

馆，1959 年

（英）泰勒著，沈苏儒译：《争夺欧洲霸权的斗争 1848—1918 年》，北京：商务印书馆，1987 年

（英）杨国伦著，刘存宽、张俊义译：《英国对华政策（1895—1902）》，北京：中国社会科学出版社，1991 年

（英）托马斯·奥特著，李阳译：《中国问题：1894—1905 年的大国角逐与英国的孤立政策》，北京：生活·读书·新知三联书店，2019 年

（英）布思主编，杨立义译：《萨道义外交实践指南》，上海：上海译文出版社，1984 年

（英）贝里奇著，庞中英译：《外交理论与实践》，北京：北京大学出版社，2005 年

（苏）福森科著，杨诗浩译：《瓜分中国的斗争和美国的门户开放政策 1895—1900》，北京：生活·读书·新知三联书店，1958 年

（苏）鲍里斯·罗曼诺夫著，陶文钊等译：《俄国在满洲》，北京：商务印书馆，1980 年

（德）奥本海原著，（英）劳特派特修订，王铁崖、陈体强译：《奥本海国际法》，北京：商务印书馆，1989 年

（德）德国马克斯·普朗克比较公法及国际法研究所主编，中山大学法学研究所国际法研究室译：《国际公法百科全书》第三专辑《使用武力、战争、中立、和约》，广州：中山大学出版社，1992 年

（德）卡尔·埃利希·博恩等著，张载扬等译：《德意志史》，北京：商务印书馆，1991 年

巽来治郎：《日清戦役外交史》，東京：東京專門學校出版部，1902 年

深谷博治：《日清戦争と陸奥外交》，東京：日本放送出版協会，1940 年

田保橋潔：《日清戦役外交史の研究》，東京：刀江書院，1951 年

信夫清三郎著，藤村道生校訂：《増補日清戦争：その政治的·外交的観察》，東京：南窓社，1970 年

信夫清三郎：《陸奥宗光》，東京：白揚社，1938 年

中塚明：《日清戦争の研究》，東京：青木書店，1968 年

高橋秀直：《日清戦争への道》，東京：東京創元社，1995 年

斎藤聖二：《日清戦争の軍事戦略》，東京：芙蓉書房，2003 年

東アジア近代史学会編：《日清戦争と東アジア世界の変容》，東京：ゆまに書房，
　　1997 年

古結諒子：《日清戦争における日本外交―東アジアをめぐる国際関係の変容―》，
　　名古屋：名古屋大学出版会，2016 年

李穂枝：《朝鮮の対日外交戦略：日清戦争前夜 1876―1893》，東京：法政大学出版
　　局，2016 年

佐々木雄一：《日本帝国の外交 1894―1922：なぜ版図は拡大したのか》，東京：東
　　京大学出版会，2017 年

佐々木雄一：《陸奥宗光：「日本外交の祖」の生涯》，東京：中央公論新社，
　　2018 年

佐々木雄一：《リーダーたちの日清戦争》，東京：吉川弘文館，2022 年

大沢博明：《明治日本と日清開戦―東アジア秩序構想の展開―》，東京：吉川弘文
　　館，2021 年

檜山幸夫：《日清戦争の研究》，東京：ゆまに書房，2023 年

安岡昭男：《陸奥宗光》，東京：清水書院，2012 年

高橋雄豺：《明治警察史研究》，東京：令文社，1963 年

鶴岡静夫：《知られざる裁判干渉：李鴻章狙撃事件裁判》，東京：雄山閣，1974 年

工藤章、田嶋信雄編：《日独関係史 一八九〇―一九四五》，東京：東京大学出版
　　会，2008 年

波多野善大：《中国近代工業史の研究》，京都：東洋史研究会，1962 年

石井孝：《明治初期の国際関係》，東京：吉川弘文館，1977 年

松浦玲：《明治の海舟とアジア》，東京：岩波書店，1987 年

松浦玲：《勝海舟》，東京：筑摩書房，2010 年

朝日新聞百年史編修委員会編：《朝日新聞社史》，東京：朝日新聞社，1990 年

リチャード・シムズ著，矢田部厚彦訳：《幕末・明治日仏関係史―1854～1895
　　年―》，京都：ミネルヴァ書房，2010 年

Ernest Mason Satow：*A Guide to Diplomatic Practice*，London：Longmans Publication，1917

Marilyn Blatt Young：*The Rhetoric of Empire*：*American China Policy 1895—1901*，
　　Cambrige：Harvard University Press，1968

Robert Gardiner：*Conway's All the World's Fighting Ships 1860—1905*，London：
　　Conway Maritime Press，1979

Michael J. Devine：*John W. Foster*：*Politics and Diplomacy in the Imperial Era*，*1873—*
　　1917，Ohio：Ohio University Press，1981

David M. Pletcher：*The Diplomacy of Involvement*：*American Economic Expansion Across the*
　　Pacific，*1784—1900*，Columbia，MO：University of Missouri Press，2001

Rolf-Harald Wippich：*Japan und die deutsche Fernostpilitik 1894—1898*：*vom Ausbruch des*
　　Chinesisch-Japanischen Krieges bis zur Besetzung der Kiautschou-Bucht；*ein Beitrag zur*
　　wilhelminischen Weltpolitik，Stuttgart：Franz Steiner Verlag，1987.

四、论文

茅海建：《"公车上书"考证补（一）（二）》，《近代史研究》2005 年第 3、4 期

茅海建：《史料的主观解读与史家的价值判断——复房德邻先生兼答贾小叶先生》，
　　《近代史研究》2007 年第 5 期

茅海建：《戊戌年徐桐荐张之洞及杨锐、刘光第之密谋》，《中华文史论丛》2007 年
　　第 4 期

茅海建：《"张之洞档案"阅读笔记之二：张之洞与杨锐的关系——兼谈孔祥吉发现
　　的"百日维新密札"作者》，《中华文史论丛》2010 年第 4 期

茅海建：《"张之洞档案"阅读笔记之三：戊戌政变前后张之洞与京、津、沪的密电
　　往来》，《中华文史论丛》2011 年第 1 期

茅海建：《"张之洞档案"阅读笔记之五：张之洞与陈宝箴及湖南维新运动》，《中华文史论丛》2011 年第 3 期

茅海建：《"张之洞档案"阅读笔记之六：戊戌前后诸政事（上）》，《中华文史论丛》2011 年第 4 期

茅海建：《论张荫桓——以光绪二十三年（1897）出席英国女王庆典为中心（上下）》，《中国文化》第 55、56 期，2022 年

崔丕：《中日〈马关条约〉形成问题研究》，《近代史研究》1987 年第 4 期

夏良才：《关于中日甲午战争中一起"倒清拥李"的密谋事件》，《近代史研究》1984 年第 6 期

房德邻：《康有为与公车上书——读〈"公车上书"考证补〉献疑（一）》，《近代史研究》2007 年第 1 期

贾小叶：《也谈刘坤一、王文韶的两件电奏》，《近代史研究》2007 年第 3 期

蒋立文：《甲午战争赔款数额问题再探讨》，《历史研究》2010 年第 3 期

葛夫平：《法国与中日甲午战争》，《中国社会科学》2013 年第 3 期

王美平：《甲午战争前后日本对华观的变迁——以报刊舆论为中心》，《历史研究》2012 年第 1 期

王刚：《甲午战争中的督办军务处》，《军事历史研究》2017 年第 2 期

吕万和：《甲午战争中清政府的密电码是怎样被破译的》，《历史教学》1979 年第 6 期

夏维奇：《晚清电报保密制度初探》，《社会科学辑刊》2009 年第 4 期

薛轶群：《日本破译清政府外交密电考——以"壬午兵变"为例》，《军事历史》2020 年第 5 期

李宗侗：《光绪中俄密约之交涉与签订（一）》，《传记文学》第 36 卷第 4 期，1980 年

孔祥吉：《关于杨锐的历史评价》，《史学月刊》1989 年第 4 期

唐启华：《清末民初中国对"海牙保和会"之参与（1899—1907）》，《政治大学历史学报》第 23 期，2005 年

刘岳兵：《胜海舟的中国认识——兼与松浦玲先生商榷》，《南开学报》2012 年第

1 期

陈同：《略论近代上海外籍律师的法律活动及影响》，《史林》2005 年第 3 期

张畅：《德璀琳与赫德的矛盾关系》，《历史档案》2010 年第 3 期

翟后柱：《晚清海关子口税的起源和发展》，戴一峰主编：《中国海关与中国近代社
　　会：陈诗启教授九秩华诞祝寿文集》，厦门：厦门大学出版社，2005 年

王宏斌：《光绪朝"政府"词义之嬗变》，《近代史研究》2007 年第 6 期

任云兰：《20 世纪初都统衙门对天津的城市管理探析》，《城市史研究》第 27 辑，
　　2011 年

戴海斌：《清史与近代史研究的"彼此系连"与"交互映发"》，《清史研究》2024
　　年第 4 期

胡文辉：《辩陈三立请诛李鸿章问题》，《澎湃新闻·上海书评》2019 年 1 月 1 日

吉辰：《略论胜海舟与晚清中国人的交往》，《大连近代史研究》第 9 卷，2012 年

吉辰：《影像中的马关议和》，《老照片》第 85 辑，2012 年

吉辰：《马关议和清政府密电问题考证补》，《山东社会科学》2014 年第 6 期

吉辰：《甲午中日议和中的全权证书问题——国际法视角下的考察》，《史林》2015
　　年第 1 期

吉辰：《甲午战争期间盛宣怀与张之洞的交结》，《问学——思勉青年学术集刊》第 1
　　辑，2015 年

吉辰：《"自出机杼"的创举：论清末民初外交中的"国电"》，《政大史粹》第 29
　　期，2016 年

吉辰：《清代的花衣期制度——以万寿节为中心》，《史学月刊》2016 年第 5 期

吉辰：《"中央外交"与"地方外交"之间：甲午战争期间王之春出使述论》，《政治
　　大学历史学报》第 50 期，2018 年

吉辰：《甲午战争期间浙江京官上书恭亲王考》，《西部史学》第 5 辑，2020 年

吉辰：《政治宣传与历史书写：论晚清"帝党""后党"概念的起源》，《史学理论与
　　史学史学刊》2022 年上卷

吉辰：《姚学源致李鸿藻未刊信札解读》，《中国国家博物馆馆刊》2024 年第 9 期

（美）徐中约著，林勇军译：《中俄伊犁条约谈判》，《国外中国近代史研究》第 10
　　辑，1988 年

中塚明：《下関条約論》，《奈良女子大学文学会研究年報》第 10 号，1966 年

本野英一：《下関条約第六条第二項第四問題再考—イギリス側史料を中心とし
　　て—》，《中国近代史研究》第 7 号，1992 年

堀口修：《下関講和談判における日本の通商要求について—特に原敬通商局長の意
　　見書を中心として—》，《中央史学》第 2 号，1979 年

堀口修：《日清講和条約案の起草過程について（I）（II）》，《政治経済史学》第
　　230—231 号，1984—1985 年

堀口修：《『明治天皇紀』の叙述をめぐる問題について—日清戦争開戦時の宣戦奉
　　告問題を事例として—》，《明治聖德記念学会紀要》第 47 号，2010 年

岩壁義光：《自由党の日清講和条約構想—森本駿の講和構想を中心として—》，《政
　　治経済史学》第 203—204 号，1983 年

君塚直隆：《イギリス政府と日清戦争—ローズベリ内閣の内外政策決定過程—》，
　　《西洋史学》第 179 号，1995 年

尾崎庸介：《日清戦争期にみる領土割譲問題と日英関係—台湾領有問題をめぐっ
　　て—》，《大阪学院大学国際学論集》第 14 巻第 2 号，2003 年

古結諒子：《日清戦争終結に向けた日本外交と国際関係—開戦から「三国干渉」成
　　立に至る日本とイギリス—》，《史学雑誌》第 120 巻第 9 号，2011 年

小林和幸：《谷干城の議会開設後における対外観・外交論》，《駒沢史学》第 57 号，
　　2001 年

朴羊信：《陸羯南の政治認識と対外論（2）》，《北大法学論集》第 49 号，1998 年

北田耕也：《西村茂樹の国民形成論—『德学講義』を中心に—》，《明治大学社会教
　　育主事課程年報》第 2 号，1993 年

洞富雄：《明治天皇と「親政」》，大久保利謙：《大久保利謙歴史著作集》第 8 巻付
　　録，東京：吉川弘文館，1989 年

初版后记

"你的硕士论文做马关议和吧。"

2009 年的一个秋日，拜入师门不久的我接到了导师的电话。电话那头，当时大致是这么说的。那时我没有想到，此后的几年中要为这个题目投入多少心力。

后来我在论文后记中这样写道：

"从朝鲜事起到烟台换约，这篇论文涉及的时间段是一年左右。而写作过程差不多相当于它的两倍，前一半在北京，后一半在新潟。如果加上搜集史料、做大事记这些前期工作，时间几乎长达三年，贯穿了我四年硕士生活中的大部分。这几年间，我对此倾注了许多，或许是过多的心血。如人饮水，冷暖自知。"

所谓日久生情。与电脑里的论文朝夕相处，无时无刻不萦怀，自然会有别样的感觉。朝思暮想，念兹在兹，热恋不过如此。夜里伏案写作时，心头甚至会有莫名的感动。

更没有想到，这篇论文会早早付梓，成了个过早见到公婆的丑媳妇。尽管通过答辩后又花了近一年时间修订，心中仍然不免忐忑。"画眉深浅入时无"，还请读者品评。

一路走到这里，有太多的人需要感谢。首先感谢导师茅海建教授。由于老师几年前已调往华东师大，平常亲炙的机会是不多的。但在不多的见面中，时时令我感到草偃风从般的力量。静园二院和未名湖畔的几次谈话，会让我受益终身。那种四两拨千斤式的点拨，使我相信自己是在正道上前行。

感谢芳井研一教授，在我赴日交流时照顾有加。感谢王晓秋教授、郭卫东教授、尚小明教授、王奇生教授、金以林教授、罗志田教授、汪朝光教授，担负论文的开题、评审与答辩。感谢中国社会科学院近代史研究所档案馆的茹静老师与张璐老师，以及副馆长马忠文老师，我在那里查档时多承关照。感谢日本国立国会图书馆宪政资料室、东洋文库、福岛县立图书馆、鹿岛市民图书馆的诸位女士和先生，让我"気軽い"地查阅资料。感谢北京大学韩策、邵声、许美祺、赵诺、刘庆霖、田卫卫、大城洋介、新潟大学园田清人、京都大学席澜波、御茶水女子大学权慧颖诸学友，为我查找资料或指点日文。感谢曲柄睿兄的鼓励和切磋，同他探讨争论是愉快而有助益的。感谢陈以奎兄为我翻译俄文《尼古拉二世日记》片段，这一内容多是吃喝玩乐的材料没能在书中派上用场，实在抱歉。感谢众位同门几年来的关心与帮助，尤其是在我最失落的时候伸出的援手。

感谢责任编辑罗康老师辛劳的工作，尤其是为本书的修订提出了切中肯綮的意见，并细心地摘出了若干疏忽笔误。

不消说，以上致谢并无推卸责任之意。本书中出现的错误，一概由我个人负责。

在此还要对我的父母说声谢谢。自从我选择历史专业，走上研究道路，你们一直是我最坚实的后盾。

　　谨以本书献给我的外公。在书稿的修订阶段，他以九十一岁高龄长眠。相信这本书会让他在天国感到快慰。

吉　辰

2014 年 8 月 5 日于西安

8 月 7 日修订于北京

新版后记

本书初版已有十年，如今有机会再版，自然是值得欣喜的事情。待到动笔写作新版后记，却有不知从何说起的感觉。二十六七岁时的少作，年近不惑时再做修订，真可谓"悠悠岁月，欲说当年好困惑"。时隔十年，我的见识多少有所增进，然而当年那股劲头，现在恐怕很难再有了。蘸着心血写下的文字，就算再青涩稚拙，终究不同于蘸着墨水写下的。

为本书付出的心血，所幸总算有所回报。初版面世之后，陆续承蒙一些识或不识的师友同道加以褒扬，让我备受鼓舞之外更有心暖之感。读者的肯定，永远是对作者最好的奖赏。

此次修订，主要是增补了这十年来新出或新见的史料与研究成果，并修正了初版中的若干错误，行文亦有不少增删润色。不过，我对这段史事的基本看法，依然没有改变。

吉　辰

2025 年 6 月 22 日于珠海

图书在版编目(CIP)数据

昂贵的和平 ：中日马关议和研究 / 吉辰著.
修订版. -- 上海 ：上海人民出版社，2025. -- (论衡).
ISBN 978-7-208-19481-6

Ⅰ. D829.15

中国国家版本馆 CIP 数据核字第 2025WP9786 号

责任编辑　邵　冲
封面设计　赤　徉

论衡

昂贵的和平
——中日马关议和研究(修订版)
吉　辰 著

出　　版　上海人民出版社
　　　　　　(201101　上海市闵行区号景路 159 弄 C 座)
发　　行　上海人民出版社发行中心
印　　刷　浙江新华数码印务有限公司
开　　本　890×1240　1/32
印　　张　16
插　　页　6
字　　数　349,000
版　　次　2025 年 7 月第 1 版
印　　次　2025 年 10 月第 2 次印刷
ISBN 978-7-208-19481-6/K·3479
定　　价　98.00 元